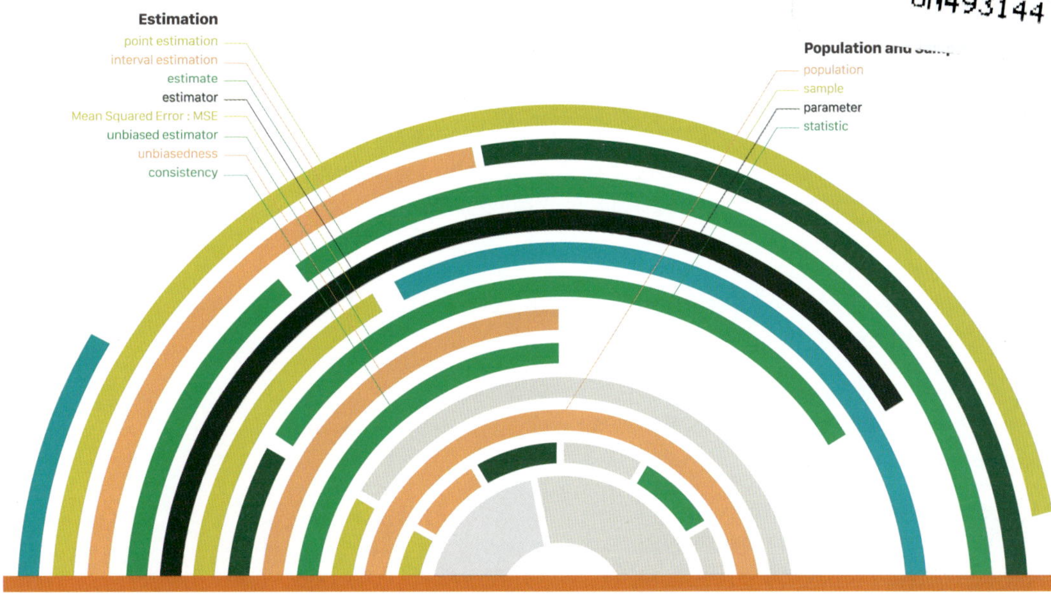


# 제대로 시작하는 기초 통계학

Excel 활용

노경섭 지음

2판

한빛아카데미
Hanbit Academy, Inc.

지은이 **노경섭** nonmoon.kr@gmail.com

현재 한국연구네트워크 LLC의 대표이며, 미국에서 데이터 분석 AI 플랫폼 Qaicle 프로젝트를 진행하고 있다. 정보통신산업진흥원(NIPA), 정보통신기획평가원(IITP), 한국산업기술평가관리원(KEIT), 한국정보통신진흥협회(KAIT), 중소기업기술정보진흥원(TIPA), 한국방송통신전파진흥원(KCA)의 심사평가위원으로 활동하고 있으며, 경영지도사로도 활동하고 있다. 경북대, 경희대, 고려대, 부산대, 서울대, 숭실대, 연세대, 포항공대, 한국외대, 홍익대 등에서 대학생과 대학원생들을 위한 통계학과 통계분석 방법론, 논문 관련 특강을 진행했다. 관심 연구 분야는 인공지능, 빅데이터, 네트워크 기반 예측(The prediction of network) 등이다. 주요 저서로는 『제대로 알고 쓰는 논문 통계분석 : SPSS & AMOS(개정증보판)』(한빛아카데미, 2019), 『제대로 작성하는 논문 : 시작부터 마무리까지』(한빛아카데미, 2021)가 있다.

- **홈페이지** www.nonmoon.kr
  이 책으로 학습하는 독자를 위해 유용한 학습 자료와 정보를 제공하는 공간입니다.
  오프라인 강의도 안내하고 있습니다.
- **질문 전용 메일** nonmoon.kr@gmail.com
  이 책을 학습하면서 이해되지 않는 내용이 있다면 메일을 보내주세요.
  성심껏 답변해드립니다.
- **저자 직강 동영상** www.youtube.com/@ksnoh
  책만으로는 이해가 되지 않는다면 저자의 강의를 들어보세요.

**제대로 시작하는 기초 통계학** : Excel 활용 2판

**초판발행** 2021년 1월 6일
**7쇄발행** 2026년 1월 16일

**지은이** 노경섭 / **펴낸이** 전태호
**펴낸곳** 한빛아카데미(주) / **주소** 서울시 서대문구 연희로2길 62 한빛아카데미(주) 2층
**전화** 02-336-7112 / **팩스** 02-336-7199
**등록** 2013년 1월 14일 제2017-000063호 / **ISBN** 979-11-5664-515-3 93310

**총괄 · 책임편집** 김은정 / **기획** 박현진 / **편집** 고지연 / **교정** 박정수 / **진행** 윤세은
**디자인** 이아란 / **전산편집** 임희남 / **제작** 박성우, 김정우
**영업** 김성삼, 이정훈, 임현기, 이성훈, 김주성, 심지연

이 책에 대한 의견이나 오탈자 및 잘못된 내용은 출판사 홈페이지나 아래 이메일로 알려주십시오.
파본은 구매처에서 교환하실 수 있습니다. 책값은 뒤표지에 표시되어 있습니다.
**홈페이지 www.hanbit.co.kr / 이메일 question@hanbit.co.kr**

지은이 머리말

# AI와 Big Data 시대에 반드시 필요한 통계학, 단순 계산이 아닌 이해와 적용이 중요하다

2016년에 이 책이 처음 발간된 후로 지금까지 정말 많은 사랑과 관심을 받았습니다. 이제 다시 개정판(2판)을 출간하게 되어 독자들께 감사의 인사 말씀을 전합니다.

처음 통계를 접할 때 어렵게 느끼는 이유는 정답을 내기 위한 계산을 목적으로 학습하기 때문입니다. 이런 학습법에서 벗어나 실제로 적용 가능한 통계학을 배울 수 있게 해야겠다는 생각이 들었습니다. 이것이 이 책을 집필한 목적입니다. '수식→풀이→정답'에서 탈피해 '조사/관찰→적용→해석'이란 접근 방법이 주효할 것이라는 믿음이 있었고, 독자들에게서 실제로 도움을 많이 받았다는 격려의 메일도 많이 받았습니다. 또한 독자 질문에 답을 드리는 소통 과정에서 초판의 약점을 파악할 수 있었으며 이를 바탕으로 보완 작업을 진행했습니다.

통계학을 공부하는 방법은 많지만, 반드시 어떻게 해야 한다는 정답은 없습니다. 다만 이해하기 쉬운 예를 이론과 같이 학습해서 반복을 통해 체화할 수 있는 좋은 재료가 있다면, 이미 반은 해결됐다고 봐도 좋습니다. 통계학을 공부하겠다고 마음먹은 이상, 끝까지 해내는 실행력만 있으면 더 이상 통계학으로 인해 고민하지 않아도 됩니다.

이번 개정 작업을 진행하면서 가졌던 기본 마음가짐이 있습니다. 통계학을 공부한다는 접근이 아닌, 통계학을 실생활에 녹여 그동안 몰랐던 의미를 스스로 찾을 수 있는 도구로 만들어야겠다는 생각이었습니다. 이런 의도가 독자 여러분께 잘 전달되길 바랍니다.

### 이 책의 특징

1 첫 장부터 마지막 장까지 통계학의 학습 과정을 하나의 흐름으로 인식하도록 했다. 모든 장을 하나의 유기적인 흐름으로 연결하여 구성하였다.

2 정답 맞히기 방식에서 벗어나, 반드시 알아야 할 개념과 참고해야 할 핵심 내용을 [NOTE]와 [참고] 섹션으로 안내하였다.

3 각종 시험은 물론 실무에 적용해 활용할 수 있도록 다양한 예를 들었고 이를 통해 통계학에 대한 흥미를 고취할 수 있도록 하였다.

4 연습문제를 정비하고 해답을 제공하여 독자들이 배운 내용을 정리하고 확실하게 다질 수 있게 하였다.

5 강의자에게는 별도의 문제를 제공하여 기본기 확인 및 심화 학습을 할 수 있게 하였다.


### 감사의 글

이 책이 나오기까지 고생해주신 한빛아카데미㈜에 감사의 말씀을 전합니다. 새로운 환경에 잘 적응하고 있는 사랑하는 아들 형준과 딸 희원에게도 응원의 말을 전합니다. 무엇보다 이 책을 선택해주신 독자들께 건강을 기원하며 감사의 말씀을 전합니다.


군자동 연구실에서
**노경섭**

## 이 책을 쉽게 보는 방법

**학습목표 / Keywords**
해당 절을 학습함으로써 얻는 목표와 주요 키워드를 소개한다.

SECTION 02

# 확률변수의 평균과 분산

- 확률변수의 평균(기대값)에 대해 이해한다.
- 확률변수의 분산과 표준편차에 대해 알아본다.

Keywords | 확률변수의 평균(기대값) | 확률변수의 분산 | 확률변수의 표준편차 |

**본문**
통계학에 필요한 기본 지식과 통계 이론의 핵심을 간결하게 설명한다.

표본의 특성을 파악하려면 표본으로부터 얻은 자료에서 평균과 분산을 구하여 표본분포의 특성을 확인해야 한다. 이어서 확률변수를 통해 확률을 확인하고 확률분포를 구성하면 그 자료에 대한 직관적인 판단이나 예측을 내리기가 수월해진다.

**사례**
통계 이론이 실생활이나 실무에서 어떻게 적용되는지를 보여준다.

**룰렛! 나는 이 경기에서 이길 수 있을까?**

카지노에서 접할 수 있는 룰렛은 회전판을 돌려서 자신이 배팅한 숫자나 색깔에 볼이 들어가면 이기는 게임이다. 일단 게임이 시작되면 어떤 경우라도 볼이 숫자에 들어가지 않는 경우는 없다. 반드시 결과는 발생하며 오직 그 결과를 맞히는 사람만이 경기의 승자가 된다.

결국 다른 도박도 마찬가지지만 룰렛도 딜러와 경기자 간의 확률 싸움이다. 통계학을 위한 확률에 입문하는 우리가 카지노에서 이길 확률은 어느 정도일까?[5]

[그림 4-10] 룰렛의 확률

**Note** 확률 사건

- **합사건($A \cup B$)**
  사건 A와 B에 대해 A가 발생하거나 B가 발생하는 사건을 A와 B의 합사건이라 한다.

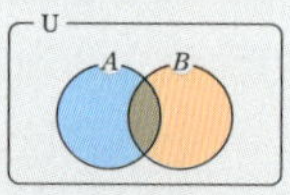

[그림 4-4] 합사건

- **곱사건($A \cap B$)**
  사건 A와 B에 대해 A와 B가 동시에 발생하는 사건을 A와 B의 곱사건이라 한다.

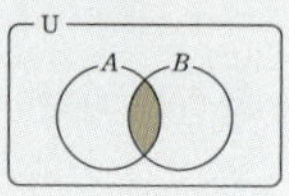

[그림 4-5] 곱사건

**Note**
자주 혼동하는 개념, 반드시 확인해야 하는 사항들을 제시한다.

**참고**
본문 내용을 보충하거나 알아두면 좋을 내용을 보여준다.

**참고 포아송분포의 확률함수 유도 과정**

각 $n$개의 구간에서 발생할 확률 $\frac{\lambda}{n}$를 ${}_nC_x \cdot p^x \cdot (1-p)^{(n-x)}$에 대입하면 다음과 같다.

$$
\begin{aligned}
{}_nC_x \cdot p^x \cdot (1-p)^{(n-x)} &= \frac{n!}{x! \cdot (n-x)!} \cdot \left(\frac{\lambda}{n}\right)^x \cdot \left(1-\frac{\lambda}{n}\right)^{(n-x)} \\
&= \frac{n!}{x! \cdot (n-x)!} \cdot \left(\frac{\lambda}{n}\right)^x \cdot \left(1-\frac{\lambda}{n}\right)^n \cdot \left(1-\frac{\lambda}{n}\right)^{-x} \\
&= \lim_{n\to\infty} \frac{1}{x!} \cdot \frac{n(n-1)(n-2)\cdots(n-x+1)}{n^x} \cdot \lambda^x \cdot \left(1-\frac{\lambda}{n}\right)^n \cdot \left(1-\frac{\lambda}{n}\right)^{-x} \\
&= \lim_{n\to\infty}\left[\frac{\lambda^x}{x!} \cdot \left(1-\frac{\lambda}{n}\right)^n \cdot 1\right]
\end{aligned}
$$

$\lim_{n\to\infty}\left(1-\frac{\lambda}{n}\right)^n = e^{-\lambda}$이므로 포아송분포의 확률함수는 $P(X=x) = \frac{\lambda^x e^{-\lambda}}{x!}$가 된다.[10]

**각주**
본문 관련 정보나 추가 내용을 페이지 하단에 제시한다.

10 $e$는 $f(x)=e^x$ 혹은 $\exp(x)$로 사용하는 지수함수다. $e$는 2.7182818…의 무리수이며, 자연로그와 역함수 관계다. 지수함수는 미분을 해도 함수가 변하지 않는다.

**예제 6-2** 모집단의 분산을 아는 경우 모평균의 신뢰구간 구하기 준비파일 | 6장_신뢰구간.xlsx

A 회사에서 생산하는 전구의 평균 수명을 확인하고자 한다. 무작위로 200개의 표본을 추출하여 수명을 측정했더니 평균 수명이 30,000시간, 모분산은 250,000이었다. 이때 95%의 신뢰수준으로 모평균의 신뢰구간을 추정하라.

**풀이**

$\bar{x} = 30{,}000$, $z = 1.96$, $\sigma^2 = 250{,}000$, $n = 200$이므로 다음과 같이 구할 수 있다.

$$30{,}000 - 1.96 \cdot \sqrt{\frac{250{,}000}{200}} \le \mu \le 30{,}000 + 1.96 \cdot \sqrt{\frac{250{,}000}{200}}$$

$$29{,}931 \le \mu \le 30{,}069$$

**실습**

**01** Excel을 실행하여 '6장_신뢰구간.xlsx' 파일을 불러온다.

**02** ❶ B6셀에 셀 포인터를 두고 ❷ 하한값을 구하는 계산식 '=B3-(1.96*(SQRT(D3/E3)))'를 입력한다.

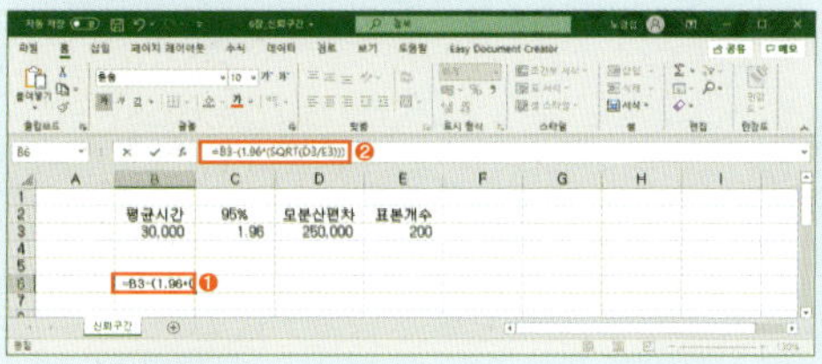

[그림 6-4] 신뢰구간의 하한값 계산

**예제 / 풀이**

본문에서 다루는 개념들을 적용한 문제와 그에 대한 상세한 풀이를 보여준다.

**실습**

Excel을 활용하여 통계 결과를 도출해내는 과정을 단계별로 제시한다.

CHAPTER **10** 연습문제

1. 연관성 분석을 하는 이유와 그 종류에 대해 설명하라.

2. 상관분석에 대해 설명하고, 산포의 종류에 따른 상관의 의미를 설명하라.

3. 공분산에 대해 설명하고, 공분산으로 계산된 수치가 무엇을 의미하는지 설명하라.

4. [컴퓨터 실습] 스마트폰 사용 시간과 성적 간의 관계를 조사하고자 한다. 임의로 지난 학기 통계학 수업을 듣는 25명을 대상으로 하루 평균 스마트폰 이용 시간과 성적에 대한 자료를 수집하였다. 연습문제.xlsx의 '10장_스마트폰과 성적' 시트를 이용하여 스마트폰의 사용 시간과 성적의 관계를 확인하기 위해 공분산을 구하라.

5. 상관계수에 대해 설명하고, 상관계수의 특징을 설명하라.

6. [컴퓨터 실습] 연습문제.xlsx의 '10장_스마트폰과 성적' 시트를 이용하여 상관계수를 구하라.

7. 교차분석과 카이제곱 검정의 관계를 설명하라.

8. 교차표에 나타나는 빈도에 대해 설명하고, 이때 활용하는 카이제곱 통계량에 대해 설명하라.

9. 교차분석에서 적합도 검정을 하는 이유를 설명하라.

**연습문제**

해당 장의 내용을 제대로 이해했는지 확인하는 문제를 제시한다.

**컴퓨터 실습**

Excel을 이용한 실습 문제를 제공한다.

## ◆ 강의 보조 자료

- 한빛아카데미에서는 교수/강사님들의 효율적인 강의 준비를 위해 온라인과 오프라인으로 강의 보조 자료를 제공합니다.
- 다음 사이트에서 회원으로 가입하신 교수/강사님께는 교수용 PPT 자료를 제공합니다.
  **http://www.hanbit.co.kr**
- 온라인에서 자료를 다운받으시려면 교수/강사 회원으로 가입한 후 인증을 거쳐야 합니다.

## ◆ 예제 파일

- 이 책의 실습에서 사용되는 예제 파일은 다음 주소에서 다운로드할 수 있습니다.
  **http://www.hanbit.co.kr/src/4515**

## ◆ 강의 스케줄 표(한 학기 강의)

| 주 | 해당 장 | 주제 |
|---|---|---|
| 1 | 1장 | 통계학의 이해 |
| 2 | 2장 | 모집단과 표본 |
| 3 | 3장 | 데이터와 통계량 |
| 4 | 4장 | 확률과 통계 |
| 5 | 5장 | 확률분포 |
| 6 | 6장 | 추정 |
| 7 | 7장 | 가설검정 |
| 8 | | **중간고사** |
| 9 | 8장 | 두 모집단 간의 추론 |
| 10 | 9장 | 분산분석(분산분석, 일원 분산분석) |
| 11 | 9장 | 분산분석(이원 분산분석) |
| 12 | 10장 | 연관성 분석(연관성 분석, 상관분석) |
| 13 | 10장 | 연관성 분석(공분산과 상관계수, 교차분석) |
| 14 | 11장 | 회귀분석 |
| 15 | | **기말고사** |

# Contents

지은이 소개 • 2
지은이 머리말 • 3
이 책을 쉽게 보는 방법 • 4
강의 보조 자료 및 강의 스케줄 표 • 6

## Chapter 01 통계학의 이해

01 통계학을 공부하는 이유 • 12
02 통계분석과 그 한계 • 18
03 Excel의 통계 기능과 데이터 입력 • 23
연습문제 • 31

## Chapter 02 모집단과 표본

01 모집단과 표본추출 • 34
02 표본의 분포 • 41
03 표본분포와 중심극한정리 • 49
연습문제 • 55

## Chapter 03 데이터와 통계량

01 데이터의 수집 • 58
02 데이터의 표현 방법 • 62
03 기초 통계량 • 78
연습문제 • 111

Contents


## Chapter 04 확률과 통계

01 확률과 의사결정 • 114

02 확률변수의 평균과 분산 • 124

연습문제 • 130

## Chapter 05 확률분포

01 확률분포 • 134

02 이항분포 • 147

03 포아송분포 • 154

연습문제 • 164

## Chapter 06 추정

01 점추정과 구간추정 • 168

02 모평균의 구간추정 • 174

03 모집단 비율 및 분산의 구간추정 • 186

연습문제 • 196

## Chapter 07 가설검정

01 가설검정과 유의수준 • 200

02 단일 모집단 평균의 가설검정 • 208

03 단일 모집단 비율 및 분산의 가설검정 • 219

연습문제 • 229

Contents


## Chapter 08 두 모집단 간의 추론

01 두 모집단의 평균 차이에 대한 가설검정 : 대응표본 • 232
02 두 모집단의 평균 차이에 대한 가설검정 : 독립표본 • 238
03 두 모집단의 비율 차이에 대한 가설검정 • 251
연습문제 • 259

## Chapter 09 분산분석

01 분산분석의 기본 • 262
02 일원 분산분석 • 268
03 이원 분산분석 • 278
연습문제 • 288

## Chapter 10 연관성 분석

01 연관성 분석의 기본 • 292
02 상관분석 • 293
03 공분산과 상관계수 • 298
04 교차분석 • 310
연습문제 • 318

## Chapter 11 회귀분석

01 회귀분석의 기본 • 322
02 단순회귀분석 • 325
03 다중회귀분석 • 344
연습문제 • 358

찾아보기 • 360

CHAPTER

# 01

# 통계학의 이해

Introduction of Statistics

## 수학이 싫어서 문과를 지원했는데, 대학에 가서도 통계를 공부해야 하나요?

우리는 이미 고등학교 수학에서 '확률과 통계'라는 제목으로 통계를 학습했다. 미적분이니 벡터니 하는 다른 골치 아픈 분야들보다 통계가 다소 쉽기는 하지만, 어쨌든 통계도 '수학'이라는 점 때문에 본능적으로 거부감을 느끼는 듯하다.

대학교 수업에서 통계는 피할 수 없는 과목이다. 대부분의 학과에서는 통계학을 필수 과목으로 지정하여 학습하도록 커리큘럼을 구성하고 있다. 수학이 싫어서 문과를 선택한 학생이라면 통계학이 필수 과목이라 어쩔 수 없이 수업을 듣기는 해도 따라가기가 힘들 것이다. 하지만 지금은 4차 산업혁명이 화두가 되는 시대다. AI와 빅데이터가 강조되는 현재 분위기에서 이제는 스스로의 필요에 의해 통계를 학습하는 상황이 되었으니 아이러니라 하지 않을 수 없다.

그렇다면 학생들이 통계학을 꺼리는 이유는 무엇일까? 통계에 대한 접근 방법 때문이다. 통계학은 풀이가 아닌, 현실 상황에 대한 이해가 목적인 학문이다. 안타깝게도 우리는 고등학교에서 통계가 실생활에 어떻게 적용되는지, 통계가 애매모호한 것들을 얼마나 이해하기 쉽게 만들어주는지 배우지 못했다.

지금부터는 새로운 방식으로 통계를 만나보자. 이 책에서는 '수식 → 풀이 → 정답'의 과정을 탈피하여 '조사/관찰 → 적용 → 해석'이라는 방법으로 통계에 접근하고자 한다. 이러한 접근 방식을 통해 통계학은 넘어야 할 산이 아닌 가까이 해야 할 친구이자 동료, 든든한 뒷배경이 되어줄 것이다.

### Contents


01_ 통계학을 공부하는 이유

02_ 통계분석과 그 한계

03_ Excel의 통계 기능과 데이터 입력

연습문제

SECTION 01

# 통계학을 공부하는 이유

- 인문/사회과학에서 통계학을 공부하는 이유를 살펴본다.
- 통계학의 정의와 목적을 이해한다.

Keywords | 통계학을 공부하는 이유 | 통계학의 정의와 목적 |

우리는 그동안 통계 공부에 많은 시간을 할애해왔다. 고등학교 시절에는 정답 맞히기에 집중하여 통계를 접하면 풀어야 한다는 강박관념이 있었다. 하지만 통계학은 수식 풀이나 정답 맞히기가 목적이 될 수 없는 학문이다. 뿐만 아니라 지금은 4차 산업혁명의 간판스타라 할 수 있는 AI와 빅데이터(Big Data)가 강조되는 시대다. 통계학은 인문/사회과학을 비롯한 인간 생활의 전 영역에 깊이 들어와 있다. 통계를 실제 상황에 맞게 적절히 적용하는 일이 매우 중요하다. 적용을 잘못하면 아무리 풀이가 좋아도 필요한 결과를 도출해내지 못하기 때문이다.

따라서 이 책에서는 수식 풀이 관점이 아닌, 하나의 도구로써 통계를 다루고자 한다.[1] 이 책에 기술한 통계와 관련된 개념들을 이해하고 각 장의 유기적인 흐름을 자연스럽게 따라간다면 지금까지 가졌던 통계에 대한 선입견과 오해가 풀릴 것이라 생각한다.

## 인문/사회과학에서 통계학을 공부하는 이유

수학의 한 분야로 인식되는 통계학은 이공 계열 학과에서는 주로 교양 과목으로 다뤄진다. 그러나 사회과학을 포함해 대부분의 문과 계열 학과에서는 통계학을 필수 과목으로 지정하여 학습한다. 필수 과목으로 지정했다는 것은 전공 공부를 하는 데 그 학문이 반드시 필요하다는 의미다. 그런데도 많은 학생들이 통계학을 어렵게 느껴 공부하기를 꺼린다.

우리가 통계학을 어렵게 느끼는 데에는 몇 가지 이유가 있다. 가장 큰 이유는 범용성의 문제다. 범용성은 '어떤 제약 조건도 없이 여러 분야에 두루 사용되는 것'이다. 과연 통계는 우리 생활에서 범용성을 가지고 있을까?

1 이 책에서는 통계학과 통계를 학문적 관점과 도구적 관점으로 구분하여 설명한다. 그러나 실제로 활용되는 측면을 보면 이 둘을 명확하게 구분하기는 쉽지 않다.

이후의 장에서 설명하겠지만, 통계는 실생활에서 광범위하게 활용되고 있다. 그러나 우리는 고등학교에서 실생활에 사용되지도 않는 어려운 용어로 수식 풀이만을 위해 통계를 학습했다. 물론 평균과 같은 용어는 일반화되어 있어 많이 사용하지만 분산, 표준편차, 정규분포, 왜도, 첨도 등의 용어는 일상적인 대화나 생활에서 자주 쓰이지 않는다. 심지어 통계학 관련 분야가 아니면 다른 학문 분야에서도 이들 용어는 거의 사용하지 않는다. 이처럼 일반적으로 범용성이 떨어지는 용어를 사용하기 때문에 통계를 더 어렵게 느낀다.

그렇다면 쉽지도 않은 통계학을 경영학, 심리학을 비롯한 많은 사회과학 분야에서 왜 필수 과목으로 지정하여 학습하도록 할까? 그 이유를 정리하면 다음과 같다.

**■ 자료에 통계를 적용하면 신뢰도가 높아진다.**

일상생활에서 통계를 직접 사용할 일은 별로 없지만, 우리가 접하는 정보 중 대부분은 통계를 거쳐 가공되어 전달된다. 다음 상황을 가정해보자.

국내에서 가장 뛰어난 미각의 소유자가 있다. 그는 운동을 하다 갈증을 느껴서 이온 음료를 한 잔 마신 후 "이런, 이 음료수에는 나트륨 성분이 포장재에 표기된 것보다 더 많은 것 같군"이라고 중얼거렸다. 그 옆에서 같이 운동하던 방송 기자가 마침 이 말을 듣고, 국내에서 가장 뛰어난 미각의 소유자가 한 말이므로 그의 말을 신뢰하여 뉴스에서 보도했다.

이 뉴스로 제조사는 매출에 상당한 타격을 입을 수 있다. 검증되지 않은 자료를 바탕으로 보도했기 때문에 제조사는 그 기자를 명예훼손으로 고소할 가능성이 크다. 그러나 신뢰할 만한 기관에서 이온 음료 100개를 무작위로 선별하여 성분 조사를 한 후, 포함된 나트륨 성분의 수치를 밝혔다면 상황은 완전히 달라질 것이다. 이처럼 통계는 사회에서 발생할 수 있는 다양한 상황에서 신뢰할 수 있는 자료를 가공해내고, 우리는 이를 활용한다.

**■ 통계는 의사결정에 대한 과학적 근거 자료를 제시한다.**

공학이나 자연과학에서는 실험을 통해 결과를 기준으로 하여 원인과 결과를 기술해서 '1+1=2'와 같은 결론에 도달한다. 물론 인문/사회과학에서도 실험과 관찰 등을 통한 연구를 하고 결론을 도출하지만 100% 같은 결론으로 귀결되지는 않는다. 주로 실험이나 설문, 현상에 대한 측정 도구를 기준으로 조사가 이루어지기 때문에 어떤 근거로부터 도출된 별도의 기준을 마련하여 수치화해야 한다. 인문/사회과학분야는 상황이나 현상에 따라 움직이는 생명체와도 같다. 따라서 일상생활이나 현상 등을 조사자(연구자)가 정한 규칙으로 수치화하여, 그때그때의 상황에 맞게 수집된 적절한 데이터를 기준으로 조사·분석하는 과학적 접근과 해석이 필요하다.

예를 들어, 다이어트에 탁월한 효과가 있는 신약을 개발한 제약회사가 있다고 가정하자. 이 제약회사는 어떻게 신약을 마케팅해야 비용 대비 효과가 크게 나타날까? 기본적으로

떠오르는 홍보 방법으로 전단지, 구전 광고, 거리 홍보, 라디오 광고, TV 광고 등이 있을 것이다. 홍보 비용과 상관없이 많이 판매하는 것이 목적이라면 최고 인기 배우를 섭외하여 TV 광고를 하면 될 일이다. 그러나 비용 대비 효과를 생각한다면 무작정 이 방법을 사용할 수 없다. 그렇다면 제약회사에서는 최소 비용으로 최대 효과를 얻을 수 있는 방법을 찾아야 하는데, 이러한 방법에 대한 선택을 의사결정(decision making)이라 한다. 경영자가 어떠한 의사결정을 내릴 때 통계는 그 결정에 대한 충분한 과학적 근거가 된다.

■ **통계는 현상을 분석하여 실증 자료를 제시한다.**

'인간의 소비 행동은 자신의 불만족감을 만족감으로 바꾸려는 행동이다'라는 이론이 있다고 가정하자. 그렇다면 기업에서는 소비자의 만족도를 충족하기 위해 어떤 연구를 해야 할까?

이 이론에 따르면 소비자들의 행동은 불만족감에서 비롯되며, 불만족감을 해소하기 위해 소비 행동을 한다. 이 이론이 맞다고 가정하고 스마트폰 제조업체의 예를 들어 살펴보자. 기업에서는 소비자의 불만족이 어디서 발생하고 있는지를 파악해야 매출을 올릴 수 있다. 만약 소비자들이 스마트폰을 선택하는 기준이 디자인, 편의성, 유용성이라면 이러한 측면에서 소비자들이 만족감을 느낄 수 있도록 제품을 개발해야 한다.

물론 최적의 결론은 이 세 가지 측면에서 전부 소비자의 만족을 최대한으로 이끌어내는 것이다. 그러면 최고의 제품이 개발되겠지만 이를 위해서는 상당한 비용과 노력, 개발 기간이 필요할 것이다. 만약 여러 가지 이유로 이 중 한 가지 측면에만 총력을 기울일 수밖에 없다면 어디에 중점을 두어야 할까? 이때 통계는 소비자가 가장 원하는 부분(needs)을 찾아냄으로써 그 해답을 제시할 수 있다.

이처럼 몇 가지 이유만 살펴보아도 통계학을 배워야 할 이유는 충분하다. 눈으로 확연히 보이지는 않지만 경험으로 알 수 있는 현상들에 대해 과학적 근거를 제시할 수 있다면, 통계는 기업을 경영하는 입장에서도 상당한 무기가 될 수 있다.

통계의 역할과 중요성은 시간이 갈수록 커지고 있다. 또한 정보통신기술(Information Communication Technology, ICT)의 발달로 통계를 적용할 수 있는 범위도 점점 더 넓어지고 있다. 통계를 활용해 사회현상을 분석하려면 사회현상을 숫자의 형태, 즉 수치화하여 수집해야 한다. 그런데 사회현상은 쉽게 숫자 형태로 표시되는 경우도 있지만, 조사자가 일정한 규칙을 정해야만 수치화되는 경우도 있다. 따라서 특정한 사회현상을 통계로 표현하려면 기획 단계에서 어떤 형태의 데이터를 수집할 것인지를 명확하게 정하고, 그러한 데이터를 조사 목적과 분석 방법에 맞춰 수집해야 한다.

## 통계학의 정의와 목적

지금까지 우리는 통계학을 배우는 이유에 대해 살펴보았다. 그렇다면 우리가 일반적으로 알고 있는 통계학과 학습해야 하는 통계학은 어떻게 다른지 확인해보자.

### 통계학의 정의

통계학(statistics)은 수량적인 비교를 기초로 많은 사실을 관찰하고 처리하는 방법을 연구하는 학문이다. 통계학이 인문/사회과학에서 활용되는 이유는 불균형한 데이터를 대상으로 규칙성과 불규칙성을 발견하여 실생활에 응용할 수 있기 때문이다. 일반적으로 수집되는 데이터는 조사자, 시기, 방법, 목적 등에 따라 다르게 수집될 수 있기에 불균형한 데이터다. 통계학은 불균형 데이터에서 의미를 찾아내고, 실생활에 적용 가능한 유용성을 찾아내 이를 수치로 표현한다.

정확한 결과를 도출하려면 전체 집단(모집단)을 대상으로 조사해야 하지만, 시간적·공간적 제약 때문에 주로 표본을 통해 데이터를 수집한다. 그렇기 때문에 표본이 전체에 대한 대표성을 가질 수 있도록 결과 값은 전체의 특성(모수)을 나타내야 한다. 이는 결국 표본을 통해 전체를 추론(inference)하는 것으로 이어진다. 추론이란 '(설사 정확하지 않더라도) 실제의 정확한 값을 짐작하는 것'이기 때문에 표본을 추론한 결과가 모수와 어느 정도 일치할지에 대한 확률(probability)이 필연적으로 따른다.

표본에 대한 분석 결과의 각종 수치를 활용하여 연구자가 선택한 표본으로 모집단을 설명할 수 있다는 대표성에 대해 설명하는 것을 기술통계(descriptive statistics)라 하고, 표본을 활용하여 모집단의 특성을 나타내는 것을 추론통계(inference statistics)라 한다. 기술통계는 성장률, 취업률 등에 적용될 수 있다. 추론통계는 모집단을 추정하는 평균, 분산, 표준편차, 왜도, 첨도 등의 다양한 통계 지표를 통해 예측, 추론 등에 적용될 수 있다.

### 통계학의 목적

통계학은 인문/사회과학 분야에서 매우 다양하게 사용된다. 경제학 분야에서는 전통적으로 계량경제학이 발달하여 통계학을 많이 사용하고 있으며, 심리학 분야도 통계학을 이용하여 학문을 발전시켜 왔다. 비교적 현대에 들어와서 발달된 경영학 분야 및 여러 사회과학 분야에서도 통계학이 큰 역할을 담당하고 있다.

본격적으로 통계학을 학습하기에 전에 확인해야 할 사항이 있다. 수학이 아닌 분야에서 통계학이 어떤 목적으로 어떻게 활용되고 있는지를 짚어봐야 한다. 위에 언급한 분야에서는 통계를 수학이라는 학문적 관점에서 다루지 않는다. 학문적으로 통계학 이론을 발전시키고, 이를 적용하여 결과를 도출하고 판단하는 기준은 오래전부터 수학자들과 통계학자들이 정립해왔다. 통계학자와 수학자가 아니면서 통계를 활용하는 기타 분야의 전문가들은 이미 잘 갖추어놓은 기준들을 활용하면서 자신의 분야를 발전시키고 있는 것이다.

다양한 분야에서 통계학을 활용하는 목적은 다음과 같다.

### ■ 의사결정

통계를 활용하는 궁극적인 목적은 결국 의사결정(decision making)이다. 다른 여러 가지 이유가 있을 수 있지만 결국 통계를 활용하는 사람들과 이를 최종적으로 소비하는 사람은 의사결정이라는 행위를 하게 된다.

의사결정은 여러 대안 중에서 하나를 선택하는 활동이다. 모든 의사결정 과정은 하나의 최종 선택을 위한 것으로, 그 선택은 어떤 행동과 그로 인한 결과를 유도한다. 정보처리 관점에서의 의사결정은 정보와 반응 사이의 다대일 대응으로 나타난다고 볼 수 있다. 즉, 많은 정보를 지각하고 평가하여 하나를 선택하는 것이다. 이러한 경우에, 특히 여러 가지 변수나 데이터가 복잡하게 얽혀 있어서 자료를 기준으로 판단하기 어려운 분야에서 통계가 많이 활용된다. 의사결정 시 통계를 활용하면 최선과 차선을 구분할 수 있다. 통계는 자신에게 맞는 안을 선택할 수 있는 기준이 되므로 매우 듬직한 지원군이 되는 셈이다.

### ■ 불확실성의 해소

의사결정을 하더라도 '과연 그 의사결정이 정확한 것인가'라는 불확실성이 존재한다. 리더나 경영자 혹은 권력자들이 의사결정을 할 때 그들은 이러한 불확실성과 마주하게 된다. 특히 비즈니스에서는 기업의 효율성과 안정성을 제고하기 위하여 다양한 해결책을 개발해 제시하는데, 최근에는 경험적으로 수집되는 데이터를 넘어 빅데이터 개념을 들여와 불확실성을 해소하려 노력하고 있다. 또한 기존의 유통·물류 체계의 불확실성을 제거하는 데도 통계를 적용한다.

이처럼 비즈니스 프로세스 분야에서 생산자 측면부터 소비자 측면까지 아우르고 미래 예측에까지 통계 기법을 접목하는 시도가 이루어지고 있다. 한편, 제품의 생산과 판매가 접목되는 과정에서 SCM(Supply Chain Management), CRM(Customer Relationship Management) 등에 정보 획득의 어려움 및 이를 통한 고객 응대와 시장 대응의 어려움이 나타나게 되는데, 통계가 이러한 약점을 극복할 수 있는 좋은 기반이 될 수 있다.

### ■ 요약

통계에서 요약이란 데이터의 요약을 의미한다. Excel의 피벗테이블 기능은 데이터 요약에 대한 좋은 예다. 데이터를 수집하여 요약하는 이유는 불확실성을 줄이기 위해서다. 비즈니스 과정에서 발생하는 매출액이 지속적으로 반복되어 생산되는 데이터라 하더라도 지역별 혹은 지점별로 날짜별, 월별, 분기별 매출액이 정리된 보고서가 있다면, 의사결정권자는 그 자료를 비즈니스를 확장해야 할 부분과 축소해야 할 부분에 대한 판단 기준으로 삼을 수 있을 것이다.

### ■ 연관성 파악

요약을 통해 단순히 매출액 자료만 보고받는다면 통계 자료는 요약 기능으로 끝난다. 하지만 날짜별, 월별, 주별, 분기별 광고비의 지출 내역 대비 매출액 규모를 동시에 정리한 보고서가 있다면, 의사결정권자는 광고비와 매출액의 연관성을 판단할 수 있을 것이다. 목표 매출액을 정하고 광고비, 매장 규모, 청결도 등의 다른 변수들을 조정할 수 있는 경우라면, 의사결정권자는 더욱 다양한 세부적 판단을 할 수도 있다. 예컨대 광고비의 단위별 증가나 감소를 원인으로 한 매출액의 변화를 확인할 수 있다. 통계는 이처럼 직접적인 연관성을 제시한다.

### ■ 예측

인과관계 파악을 통해 매출액이 변화하는 패턴을 찾아낸 의사결정권자는 이러한 패턴을 하나의 추세로 판단할 수도 있다. 이러한 패턴이 반드시 산술적으로 반복되는 정형화된 결과로 이어진다고 볼 수는 없지만, 경영자는 광고비나 기타 변수를 조작하여 향후 매출액을 예측할 수 있다. 또한 이로부터 다양한 계량 기법을 적용하고 여러 변수를 효율적으로 투입하여 최소 비용으로 최대 수익을 얻어낼 조합을 찾아낼 수 있다.

이처럼 통계는 명확한 수치 및 결과들을 보여주기도 하지만, 수치화되지 않은 부분까지도 예측할 수 있는 유용한 기준과 근거를 제시해준다. 그러나 통계가 말해주는 것이 인간의 한계를 뛰어넘는 수준의 예언도 아니고, 또 그것이 언제나 옳은 답인 것도 아니다. 왜냐하면 통계적 수치를 얻는 과정에서 시간 및 환경으로 인한 한계 때문에 데이터의 양과 질이 미흡하거나, 데이터에 오류가 있거나, 결과가 언제든 바뀔 수 있기 때문이다.

그렇다 해도 표본으로부터 모수를 추정하고, 추출된 값을 과학적으로 분석하여 결과를 도출하는 것은 전체를 조사하는 것보다 분명 빠르고 합리적이다. 또한 이러한 결과를 토대로 내리는 의사결정은 관리자가 자신의 경험과 직관으로 내리는 의사결정보다 훨씬 더 높은 정확성을 가질 수 있다.

SECTION 02

# 통계분석과 그 한계

- 통계학에서 통계분석이란 무엇인지 이해하고 그 과정을 살펴본다.
- 통계분석의 한계에 대해 이해한다.

Keywords | 통계분석의 의미와 과정 | 통계분석의 한계 |

오늘날 통계는 다양한 분야에서 실증 자료와 현상을 분석하는 데 필수 도구로 활용되고 있다. 통계 지표를 통해 불확실성을 줄이고 예측 가능성을 높일 수 있기 때문이다. 최근에는 통계 정확성을 더욱 높이기 위하여, 표본 크기를 모집단에 접근시키고자 최대한 데이터를 모으는 일에 많은 연구와 기술이 집중되고 있다. 통계가 불가능한 영역으로 간주되던 모집단에 대해 빅데이터(Big Data) 통해 접근하여 자료를 생산하고 수집하는 기술도 발전하고 있다. 그러나 통계(학)에는 그 자체에 치명적인 결점이 내포되어 있다. 따라서 조사자는 통계에 이런 결점이 있다는 것을 숙지하고 정확하고 제대로 된 통계분석 과정을 이용해야 한다.

## 통계분석의 과정

통계분석은 표본을 통해 의미 있는 자료를 추출하고, 이를 기반으로 의사결정, 불확실성 해소, 요약, 연관성 파악, 예측 등의 결과로 이어지도록 하는 일련의 과정을 말한다. 보통 통계분석은 **수집 → 정제 → 추정 → 검정**의 과정을 따른다.

### ■ (자료) 수집

통계분석을 하기 위해서는 먼저 조사 목적에 맞는 자료를 수집해야 한다. 자료 수집은 조사 과정에서 자연스럽게 이루어지기도 하지만, 조사자가 특정 목적에 맞는 자료를 얻기 위해 설계한 수집 도구를 이용하여 이루어지는 경우도 있다. 보통은 자료가 많을수록 통계분석에서 더 좋은 결과를 얻을 것이라고 생각하지만, 실제로는 조사 목적에 맞는 적절한 자료를 수집해서 최적의 통계 방법으로 분석한 결과가 가장 정확도가 높다.

자료는 자료가 만들어진 원천에 따라 1차 자료와 2차 자료로 구분되며, 그에 따라 통계분석 방법이 결정된다.

1차 자료는 조사자가 직접 수집한 자료다. 조사 목적에 맞게 조사자가 직접 측정 도구를 설계하고 개발할 수 있기에, 목적에 가장 부합되는 자료들을 수집할 수 있다. 자료를 수집하는 데에는 보통 설문지가 가장 많이 활용되며 우편, 전화, 전자 질의, 직접 인터뷰 등의 방법으로 진행된다.

2차 자료는 조사자의 조사 목적에 맞추어 수집된 자료는 아니지만, 조사 목적에 맞아 활용할 수 있는 자료를 말한다. 2차 자료는 보통 도서관이나 학술정보원 등에서 수집할 수 있으며 정부 간행물, 연구 보고서, 사내 자료 등이 많이 사용된다. 2차 자료의 원래 목적이 조사자의 목적과 다를 수 있으므로 자료의 활용 가능성, 적합성, 신뢰성 등에 대한 사전 평가가 매우 중요하다.

#### ■ (자료) 정제

자료가 수집되었다고 해서 바로 통계분석을 실시하는 것이 아니다. 우선 분석에 적합한 자료를 선별하고 적합하지 않은 자료를 삭제하는 과정을 거친다. 자료를 모으는 것이 분석의 시작 단계라면, 자료 정제는 조사 목적에 맞게 자료를 선별하는 과정이므로 아주 중요하다. 물론 처음부터 정확한 자료만 수집했다면 정제 과정이 필요 없겠으나, 이런 경우는 거의 없으므로 사후적으로 세심하게 주의를 기울여야 한다.

대체로 정제 과정에서 가장 많은 실수가 나오는데, 이는 특정한 기준 없이 정제가 이루어지기 때문이다. 조사자는 정제를 염두에 두고 데이터를 수집하는 과정에 일정한 장치를 해두거나, 조사자가 설정한 기준으로 정제를 한다. 이때 과학적이면서도 누구라도 인정할 수 있는 기준으로 정제해야 한다. 때로는 정제 과정에서 조사 목적을 수립할 때 예상하지 못한 새로운 결과를 발견할 수도 있다. 이런 경우에는 분석 방법까지 새로 설정해야 할 수 있으므로 주의가 필요하다.

#### ■ 추정

자료를 수집하고 정제하여 통계분석을 진행하는 것은 결국 모수를 추정하기 위함이다. 통계는 모집단을 대상으로 하지 않고 표본을 대상으로 분석하는 것이므로, 표본을 분석하여 얻는 통계량은 표본의 특성을 설명한다. 그러나 표본의 역할은 궁극적으로 모집단의 모수를 추정하는 것이므로 좋은 추정 결과를 얻기 위해서는 양질의 자료가 뒷받침되어야 한다.

#### ■ 검정

통계분석의 목적은 어떤 주장이나 말(믿어지는 사실)이 실제로 옳은지 그른지 확인하기 위함이다. 이런 경우에 조사자는 가설을 수립하고 문제 해결을 시도하는데, 이러한 가설이 맞는지 여부를 판단하는 것을 검정이라 한다. 즉, 검정은 수립된 가설이 유의미하고 타당성이 있는지를 통계적으로 확인하는 과정이다. 이러한 확인을 통해 가설에 대한 기각과 채택 여부를 판단한다. 가설에 관해서는 7장에서 자세히 설명한다.

**참고 모집단, 모수, 표본, 통계량**

모집단, 모수, 표본, 통계량에 대해서는 2장에서 자세하게 다루겠지만, 우선 다음 예를 통해 간단히 살펴보자. 선거 전에 선거구민의 투표 성향을 파악하고자 한다. 원래는 선거구민 전체(모집단)에 대한 투표율(모수)을 알아낸 후 선거구민의 투표 성향을 파악해야 한다. 그러나 선거구민 전체에 대한 정보를 알기 힘들기 때문에, 모집단에서 일부 추출한 표본(조사 대상 $n$명)으로부터 구한 표본의 투표율(통계량)을 통해 선거구민의 투표 성향을 추정한다. 이는 투표자의 성향을 파악하기 위한 일반적인 조사 방법으로 모집단, 모수, 표본, 통계량에 대한 의미를 쉽게 이해할 수 있다.

**Note 추정과 예측**

**추정**(statistical estimation)은 앞서 설명한 바와 같이 표본으로부터 얻은 통계량으로 모수를 추정하는 것이다. 즉, 모집단 전체를 분석할 수 없으므로 모집단으로부터 표본을 구성하고, 그 표본을 조사하여 얻은 수치로 모수를 추정하는 것이다. 추정과 혼동하기 쉬운 용어가 예측이다.

**예측**(statistical prediction)은 추정을 반복하여 얻은 결과들을 기준으로 일정한 패턴을 찾아낸 후, 미래에 활용할 수 있는 특정한 모수를 가늠하는 것이다. 일기예보를 보면 더욱 정확하게 이해할 수 있다. [그림 1-1]에 표시된 강수 확률은 과거 자료를 기준으로 현재의 날씨를 분석하고, 일정한 패턴을 매년 측정하여 내일(미래) 날씨를 예측한 것이다.

| 일시 / 도시 | 오늘오전 (8.04.) | 오늘오후 (8.04.) | 내일오전 (8.05.) | 내일오후 (8.05.) |
|---|---|---|---|---|
| 강화 | 구름많음 기온 24℃ 강수확률 20% | 구름많음 기온 29℃ 강수확률 20% | 흐리고 가끔 비 기온 24℃ 강수확률 60% | 구름많음 기온 29℃ 강수확률 20% |
| 동두천 | 구름많음 기온 23℃ 강수확률 20% | 구름많음 기온 31℃ 강수확률 20% | 흐리고 가끔 비 기온 24℃ 강수확률 60% | 구름많고 한때 비 기온 30℃ 강수확률 60% |
| 서울 | 구름많음 기온 25℃ 강수확률 20% | 구름많음 기온 32℃ 강수확률 20% | 흐리고 가끔 비 기온 25℃ 강수확률 60% | 구름많음 기온 31℃ 강수확률 20% |
| 수원 | 구름많음 기온 24℃ 강수확률 20% | 구름많음 기온 32℃ 강수확률 20% | 구름많음 기온 24℃ 강수확률 20% | 구름많음 기온 31℃ 강수확률 20% |
| 양평 | 구름많음 기온 24℃ 강수확률 20% | 구름많음 기온 33℃ 강수확률 20% | 구름많음 기온 24℃ 강수확률 20% | 구름많음 기온 33℃ 강수확률 20% |

[그림 1-1] 일기 예보의 강수 확률 예측

출처 : 네이버 날씨

## 통계분석의 한계

통계분석 결과를 인용하거나 활용할 때 주의해야 할 부분은 통계분석 결과가 정확한 결론이나 결과를 짚어내지 못한다는 것이다. 전체 모집단을 대상으로 분석을 진행한 것이 아니라 표본에서 결과를 얻기 때문이다. 이 말은 통계분석을 통해 모수를 추정하지만, 그 결과는 틀릴 수 있다는 의미다. 대표적인 통계분석의 한계는 다음과 같다.

### ■ 확률이 없으면 의미가 없다.

통계분석 결과를 보면, 결과가 항상 확률과 연관되어 표현된다. 다음 기사는 통계분석 결과의 예로 미국 대통령 후보의 지지율을 보여준다. 트럼프와 바이든 사이에 있는 부동층의 투표 결과를 예측하고 있다. 이때 오차 범위를 ±3.27%로 표시하여 이 확률이 100% 맞는 것이 아님을 언급하고 있다.

> **"미국 유권자 50%, 앞으로도 트럼프 지지 안 해"**
>
> 올 11월 미국 대선이 3개월여 앞으로 다가왔지만 아직도 유권자의 13%가 지지 후보를 결정하지 못한 것으로 조사됐다.
>
> 월스트리트저널(WSJ)은 25일(현지시간) 등록 유권자 900명을 대상으로 시행한 여론조사(조사기간 7월 9~12일 · 오차범위 ±3.27%포인트)에서 이 같은 결과가 나왔다고 보도했다.
>
> 부동층으로 분류되는 13%는 도널드 트럼프 대통령이나 조 바이든 전 부통령 중 누구도 지지하지 않거나, 지지하는 후보가 있지만 다른 후보로 바꿀 수 있다고 답했다.
>
> 선호 후보에 대한 질문에 대해 부동층 중 17%는 트럼프 대통령을, 14%는 바이든 전 부통령을 꼽았다. 53%는 선호하는 후보도 없다고 답했다.
>
> 부동층은 스스로를 민주당이나 무소속보다는 공화당 지지층에 가깝다고 규정했다.
>
> WSJ은 부동층 규모가 크지는 않지만, 앞선 지지율 여론조사에서 11%포인트 차이로 바이든 전 부통령에 밀리고 있는 트럼프 대통령으로서는 이들을 흡수하는 것이 지지율 격차를 좁히는 한 가지 방법이라고 분석했다.
>
> 다만 2016년 대선 당시 부동층의 절반에 가까운 48%가 투표를 하지 않았거나, 제3의 후보에게 투표했기 때문에 부동층 표심의 행방에는 여전히 의문이 따른다고 WSJ은 전했다.
>
> 한편 이번 여론조사에서 응답자의 50%는 도널드 트럼프 대통령을, 37%는 조 바이든 전 부통령을 앞으로도 지지할 의사가 전혀 없다고 답했다.

출처 : 한국경제TV(2020. 7. 26)

### ■ 항상 틀릴 가능성을 내포한다.

통계적 결론이 100% 맞을 수는 없다. 물론 신뢰수준을 100%로 하는 결과로 표현할 수는 있다. 신뢰수준이 100%가 된다는 의미는 어떠한 경우에도 통계 결과가 맞는다는 의미다.

그러면 결과 값의 범위는 예측이 불가능한 천재지변이 일어나더라도 반드시 맞아야 하므로 신뢰구간에 해당하는 값이 $-\infty \sim +\infty$의 범위를 가져야 한다. 이는 어디에도 활용할 수 없는, 즉 수치로서 의미가 없는 통계 결과다. 이런 무의미한 결과를 배제하려면 통계 결과의 범위가 줄어야 한다. 이때 범위가 줄면 줄수록 신뢰구간은 100%에서 점점 더 멀어진다. 즉, 독자가 보기에 명쾌하고 정확한 결과가 도출될수록 그 결과가 틀릴 가능성은 점점 높아지는 것이다.

#### ■ 결론은 항상 추론이다.

통계가 태생적 한계를 지니면서도 널리 사용되는 건 그 결점을 보완해주는 과학적인 분석 방법과 시간적·물질적 한계를 뛰어넘는 유용성과 편의성 때문이다. 그러나 모집단을 대상으로 조사하지 않기 때문에 통계는 항상 모집단에 대한 추론일 수밖에 없으며, 추론이기 때문에 확률을 동반하여 그 부족함을 채우려는 것이다.

일부에서는 이러한 한계를 지적하며 '부정확한 것의 일반화'라고 말하는 경우도 있다. 하지만 모집단에 대한 조사가 불가능하다고 해서, 이를 신 포도(sour grapes)[2]로 취급하는 것은 더 문제가 된다. 오히려 적극적으로 한계를 극복하려는 시도와 오류를 배제하려는 노력이 더 많은 학문적 결과와 인문/사회과학의 발전을 가져오지 않겠는가?

2 이 표현은 《이솝우화》의 '여우와 신 포도' 이야기에서 유래했다. 여우가 높은 가지에 달린 먹음직스러운 포도를 따 먹으려고 계속 뛰어올랐지만, 결국 성공하지 못했다. 그러자 여우는 포도 먹기를 포기하면서 "저 포도는 분명히 실 거야, 그러니까 안 먹는 게 더 나아"라고 말했다.

SECTION 03

# Excel의 통계 기능과 데이터 입력

- Excel 화면과 워크시트의 구성을 살펴본다.
- Excel의 통계 기능을 활용할 수 있다.
- 데이터 입력 방법을 안다.

Keywords | Excel 화면과 워크시트의 구성 | Excel의 통계 기능 | 데이터 입력 |

이 책에서는 통계와 관련된 예제를 손으로 직접 풀어보기도 하지만, 단순 계산과 관련한 부분은 MS-Office의 Excel을 이용한다. Excel은 컴퓨터를 쓰는 사람들에게 대중적인 프로그램으로, 숫자 계산과 통계 결과를 내는 데 아주 탁월하다. 물론 통계에 특화된 프로그램이라 말하기에는 부족하지만, 전문적인 통계분석이 필요한 경우가 아니라면 사용하기에 무난하다. Excel에는 통계분석을 위한 메뉴가 따로 구성되어 있을 만큼 분석 기능이 상당히 많은 편이다. 여기서는 Excel에서 지원되는 통계 기능을 사용하기 위한 사전 지식을 중심으로 살펴보기로 한다.

이 책에서 다루는 Excel의 통계 기능은 Excel 2010 이후의 버전에서는 큰 문제 없이 사용할 수 있다.[3] Excel 2007을 사용하는 독자를 위해 일부 변경된 함수에 대해서는 각주로 설명을 추가하였다.

3 히스토그램, 상자수염, 트리맵 등의 차트는 Excel 2016 이후 버전부터 들어가 있지만, 우리가 주로 사용하게 될 분석 도구 기능은 Excel 2010 이후 버전이면 사용할 수 있다.

## Excel 화면과 워크시트의 구성

[그림 1-2]는 Excel 프로그램(OFFICE365, 이하 동일)의 골격을 이루는 화면이다. Excel의 기본 기능과 각종 메뉴를 이용하여 Excel 프로그램을 운용할 수 있다.

### Excel 화면 구성

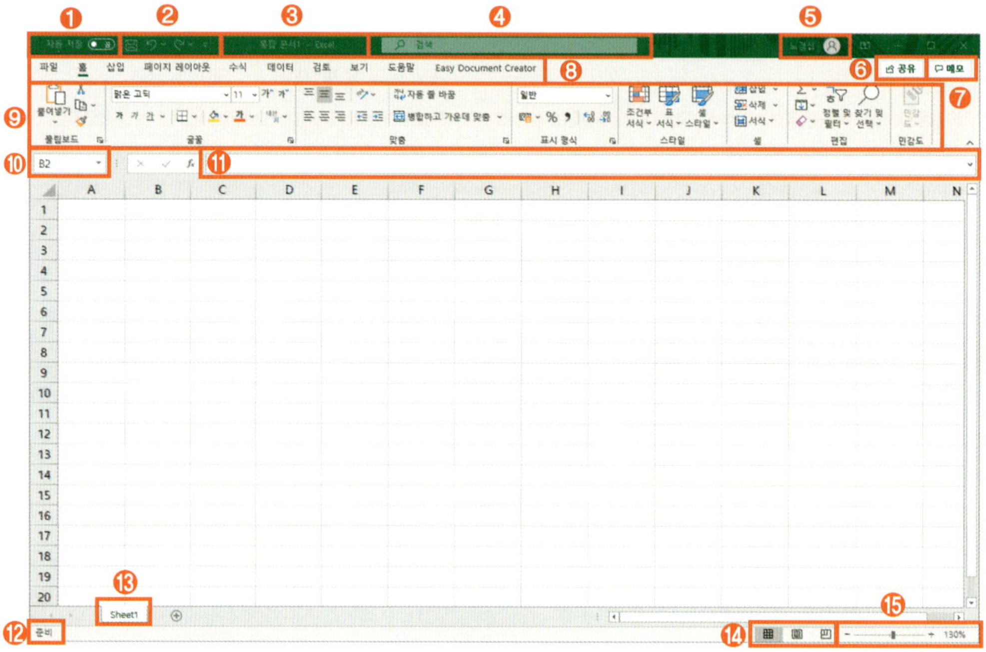

[그림 1-2] Excel 화면의 구성

❶ **자동 저장** : OneDrive에 자동으로 문서를 저장할 수 있는 옵션이다.

❷ **빠른 실행 도구 모음** : Excel에서 가장 빈번히 쓰이는 기능이 모여 있다. Excel 옵션에서 추가하거나 제거할 수 있다.

❸ **제목 표시줄** : Excel 문서의 제목을 표시한다. 저장하지 않았다면 '통합 문서1', '통합 문서2'와 같이 표시된다.

❹ **검색** : Excel 기능을 검색으로 바로 실행할 수 있다.

❺ **로그인 정보** : MS-Office의 로그인 정보를 나타낸다. 로그인하면 MS의 클라우드 서비스를 이용하는 권한 등이 주어진다.[4]

❻ **공유** : OneDrive에 저장된 파일을 공유할 수 있다.

❼ **메모** : Excel 문서 내의 메모를 확인할 수 있다.

❽ **리본 탭** : 리본 메뉴의 종류가 나열되어 있다. 탭 이름을 클릭하면 기능별로 분류된 리본 메뉴가 나타난다.

---

4 Excel 2010 이후의 버전과 업그레이드가 필요 없는 오피스365에서는 로그인 정보를 이용하여 다양한 기기에서 동시에 사용할 수 있다.

❾ **리본 메뉴** : 리본 탭에 따른 Excel 기능을 직접 실행할 수 있는 아이콘이 모여 있다.
❿ **이름 상자** : Excel에서 작업 중인 셀의 이름이나 선택된 영역을 표시한다.
⓫ **수식 입력줄** : 셀 안에 내용이나 수식을 입력할 수 있다.
⓬ **상태 표시줄** : 작업 중인 시트의 상태나 지정된 범위의 통계를 표시한다.
⓭ **시트 탭** : Excel 문서에 포함된 시트의 이름이 표시된다. 시트 이름을 변경, 추가, 삭제할 수 있다.
⓮ **화면 설정** : Excel 문서의 화면을 '기본, 페이지 레이아웃, 페이지 나누기 미리보기'의 형태로 선택할 수 있다.
⓯ **화면 확대/축소** : 작업 중인 Excel 화면의 내용을 키우거나 줄일 수 있다.

## 워크시트 구성

[그림 1-3]은 Excel의 기본 기능 내에서 사용자가 직접 작업할 수 있는 공간을 보여준다. 이러한 작업 공간을 시트(sheet)라고 하며, 열려 있는 시트를 워크시트라고 한다. 시트는 바둑판 모양으로 된 셀의 합으로 구성되어 있다.

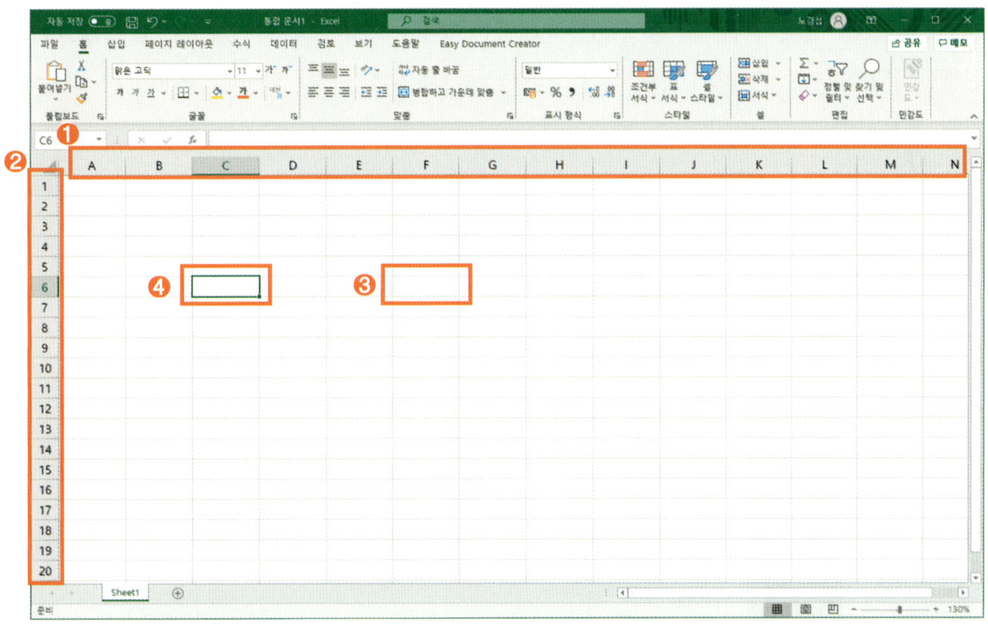

[그림 1-3] **워크시트의 구성**

❶ 열 머리글 : 알파벳으로 표시된다. 워크시트 제일 위에 있는 열의 이름을 말한다.
❷ 행 머리글 : 숫자로 표시된다. 워크시트 제일 왼쪽에 있는 행의 이름을 말한다.
❸ 셀 : Excel 시트 내에서 데이터를 입력하는 기본 단위다.
❹ 셀 포인터 : Excel 시트 내에서 데이터가 입력되는 셀이다.

**Note** Excel의 행과 열

Excel의 워크시트는 행과 열의 조합으로 이루어져 있다. 최대 행의 개수는 1,048,576개이고, 최대 열의 개수는 16,384개다. Excel 2003까지는 행과 열의 최대 한도가 65,536×256으로 제한적이어서 DB에서 추출한 자료를 분석할 때 제약이 있었다. 그러나 Excel 2007부터 기능이 대폭 향상되면서 행과 열의 최대 한도가 1,048,576×16,384로 늘어났다.

[그림 1-4]는 Microsoft의 Excel에서 제공하는 도움말이다. Excel에서 기본적으로 제공하는 워크시트에 대한 사양과 제한 사항을 보여준다.

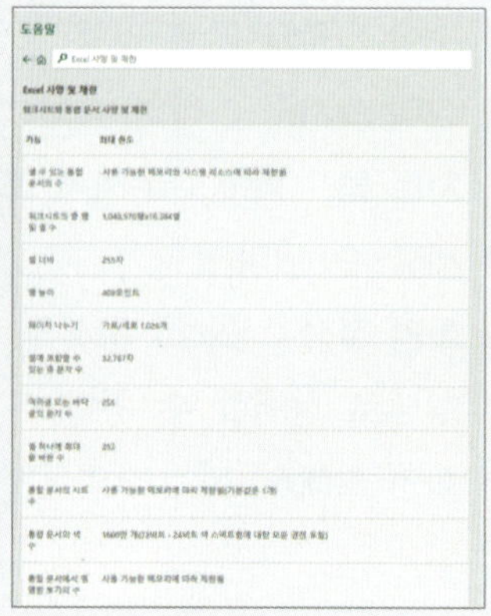

[그림 1-4] Excel 도움말

## Excel의 통계 기능 사용하기

Excel 함수로 통계분석을 할 수도 있으나, Excel 자체의 통계 기능을 사용해도 된다. 통계 기능은 모두 **[데이터]** 탭 안에 있는 **[데이터 분석]** 메뉴에 들어 있는데, 처음 Excel을 실행했다면 이 메뉴가 보이지 않는다. 그러므로 **[데이터 분석]** 메뉴를 노출하기 위한 작업이 필요하다.

**01** Excel 화면을 열어 ❶ **[파일]**을 클릭한 다음 ❷ **[옵션]**을 클릭한다.

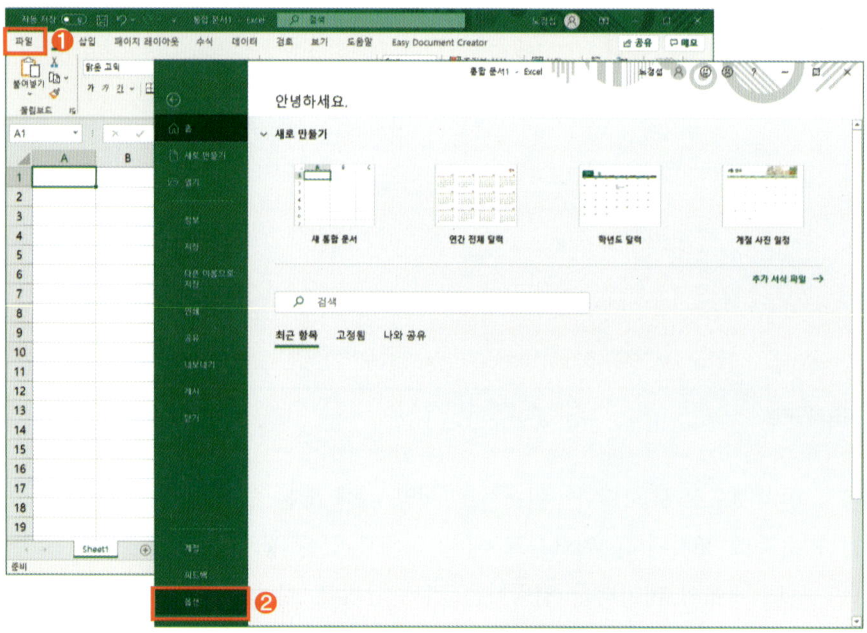


[그림 1-5] Excel의 [옵션] 설정

**02** [Excel 옵션] 창에서 ❶ [추가 기능]을 클릭하고 ❷ '분석 도구'를 선택한 후 ❸ [이동]을 클릭한다.

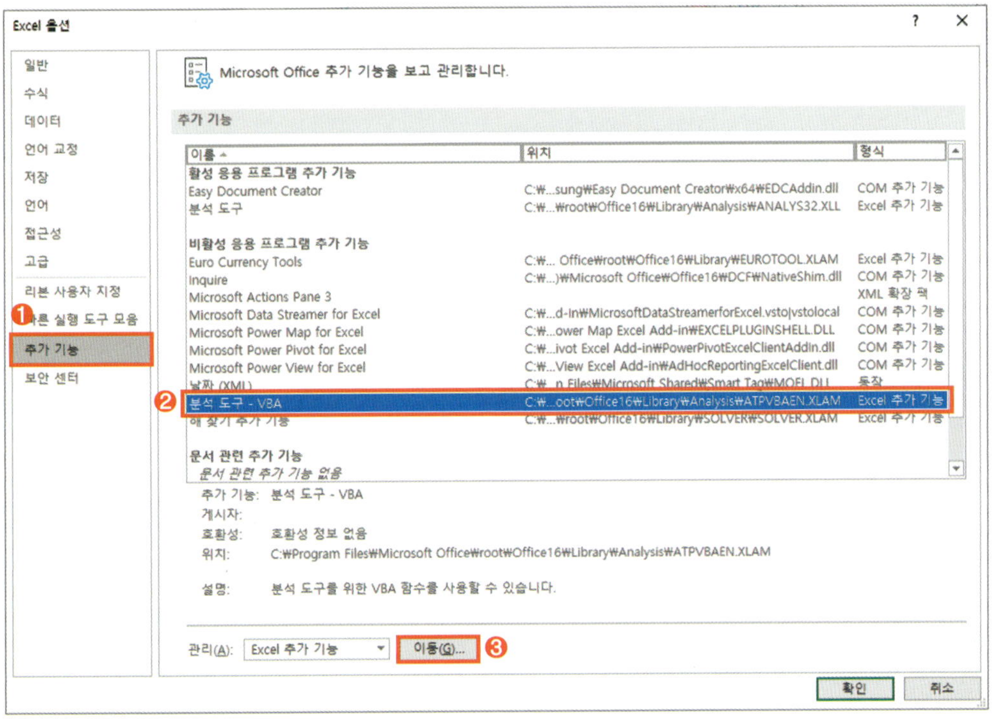


[그림 1-6] [추가 기능] 선택

**03** [추가 기능] 창에서 ❶ '분석 도구'에 ☑ 표시를 하고 ❷ [확인]을 클릭한다.

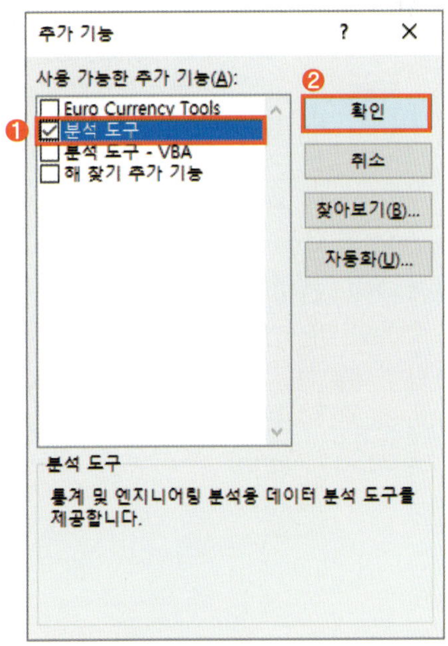


[그림 1-7] 분석 도구 선택

**04** Excel 화면에서 ❶ **[데이터]** 탭을 클릭한다. ❷ **[데이터 분석]** 메뉴를 클릭하면 **[통계 데이터 분석]** 창이 열린다.

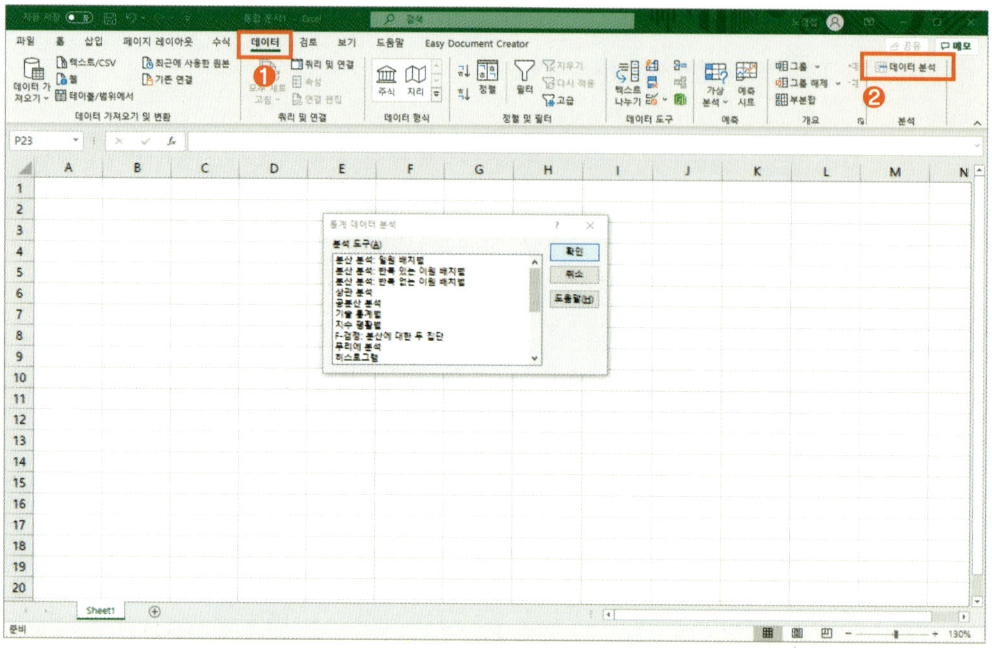

[그림 1-8] **[데이터 분석] 메뉴 생성**

## Note Excel의 통계 데이터 분석

Excel 고급 사용자는 다양한 함수를 활용하여 통계분석을 진행할 수 있다. 함수를 사용해서 분석한다는 것은 직접 계산할 부분을 Excel 프로그램이 지원한다는 의미다.

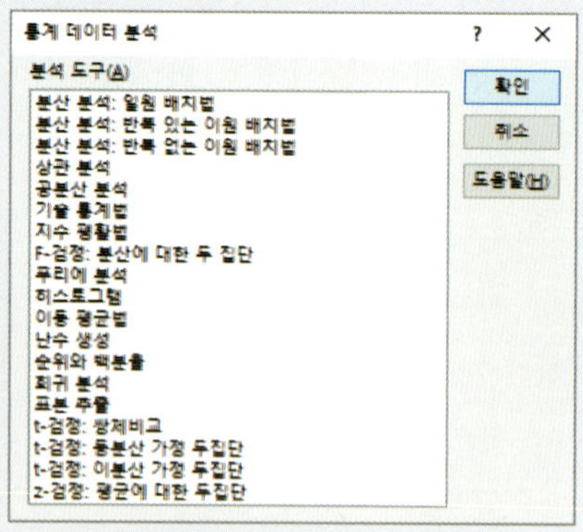


[그림 1-9] **Excel의 통계 데이터 분석 도구**

Excel은 19가지 통계분석 메뉴를 지원하고 있다. 물론 [통계 데이터 분석] 창에서 지원하는 통계의 분석 결과가 SPSS와 같은 전문 통계 프로그램으로 계산한 결과와 약간 다르지만, 통계학을 학습하는 수준에서는 만족할 만하다.[5]

5 SPSS Statistics와 Excel의 차이는 이 책의 몇몇 장에서 언급될 것이다. 그러나 좀 더 전문적이고 정확한 통계분석을 원하는 독자는 《제대로 알고 쓰는 논문 통계분석: SPSS & AMOS (개정증보판)》 (한빛아카데미, 2019)를 참고하기 바란다.

## 데이터의 입력, 수정, 삭제

데이터의 입력, 수정, 삭제 방법을 익히는 것은 Excel 프로그램의 기능을 이해하는 것보다 더 우선시되어야 한다. 왜냐하면 분석 대상이 되는 데이터를 정확하게 입력해야 결과가 유효하게 활용될 수 있기 때문이다.

### 입력

한글, 영문, 특수 기호 등의 문자를 입력한 후 Enter↵를 눌러 입력을 완료한다. 문자 데이터는 기본 값으로 왼쪽 정렬로 맞춰진다.

- **숫자** : 입력하면 셀의 오른쪽으로 정렬된다.
- **날짜** : 직접 입력할 수도 있으며 하이픈(-)이나 슬래시(/)로 구분하여 입력할 수 있다.
- **시간** : 숫자를 콜론(:)으로 구분하여 '시, 분, 초'로 입력할 수 있다.
- **수식** : 가감승제(加減乘除)의 경우, '등호(=)'를 먼저 입력한 후 수식을 입력하여 계산할 수 있다.
- **함수** : '등호(=)'를 먼저 입력한 후 함수를 입력한다. 함수명을 안다면 직접 함수명을 입력할 수 있으며, 수식 입력줄 왼쪽의 함수 아이콘(*fx*)을 클릭하고 함수명을 선택하여 입력할 수도 있다.

### 수정

수정할 데이터가 있는 곳으로 셀 포인터를 옮긴 후 F2를 누르면, 입력된 데이터의 맨 끝으로 커서가 이동되어 수정할 수 있다. [그림 1-10]에서 ❶ 셀 포인터를 벗어나는 데이터를 수정하려면 ❷ [홈] 탭에서 텍스트 줄 바꿈 아이콘( )을 클릭하여 [그림 1-11]과 같이 셀의 폭에 맞게 수정할 수 있다.

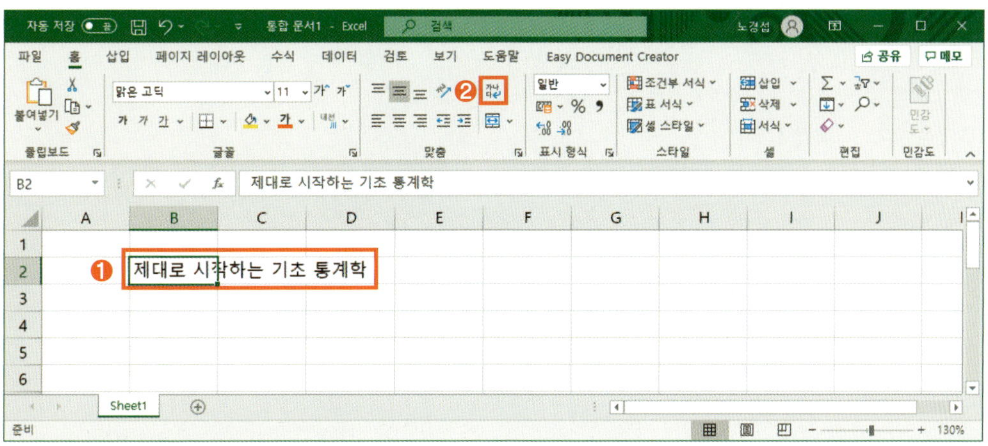


[그림 1-10] 셀 안의 문자 데이터 수정 전

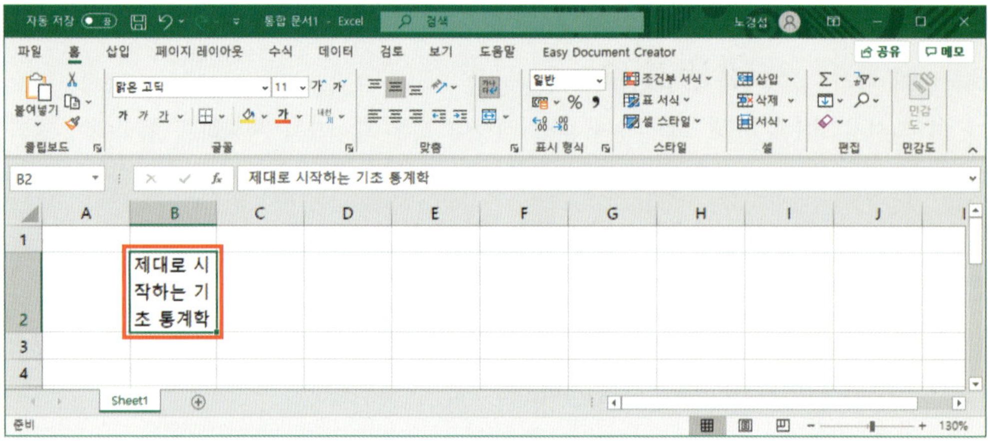

[그림 1-11] 셀 안의 문자 데이터 수정 후

## 삭제

삭제하려는 셀로 셀 포인터를 옮긴 후 Delete나 Back Space를 누른다. Delete는 해당하는 셀 포인터 내의 전체 데이터를 삭제한다. Back Space는 셀 포인터 내의 데이터를 모두 삭제하고, 삭제된 후에는 셀 포인터 내에 커서가 위치하여 입력을 준비한다.

CHAPTER

# 01 연습문제

**1.** 기술통계와 추론통계를 각각의 예를 들어 설명하라.

**2.** 인문/사회과학에서 통계학을 사용하는 이유와 통계학이 추론에 불과하다는 한계를 극복하기 위한 방법에는 무엇이 있는지 설명하라.

**3.** 다양한 분야에서 통계학을 활용하는 목적이 무엇인지 설명하라.

**4.** 조사나 연구에 통계분석을 적용하는 과정을 설명하라.

**5.** 추정과 예측을 비교하여 설명하라.

**6.** 통계분석에 한계가 있는데도 통계분석을 하는 이유를 예를 들어 설명하라.

**7.** **[컴퓨터 실습]** Excel의 [데이터] 탭에 [데이터 분석] 메뉴가 없을 때 메뉴를 어떻게 노출해야 하는지 설명하라.

CHAPTER

# 02

# 모집단과 표본

Population and Sample

## 왜 모집단과 표본을 구분해서 공부해야 하나요?

전체 집단을 의미하는 모집단을 정확한 방법으로 직접 분석한다면 그 결과는 100% 신뢰할 수 있을 것이다. 그러나 과연 전체 집단을 대상으로 (설문) 조사할 수 있는 경우가 얼마나 될까?

대부분의 경우 전체를 대상으로 하는 조사는 불가능하다. 예를 들어, 모집단의 크기가 크지 않은 한 학과를 생각해보자. 이 학과의 1~4학년 학생 전부를 조사하는 것이 그다지 어려워 보이지 않을 수 있다. 하지만 다음의 경우를 생각해보자.

- 이 학과의 학생 모두를 알고 있는가?
- 이 학과의 학생들은 100% 출석을 하는가?
- 수업 시간이 맞지 않아 만날 수 없는 학생은 없는가?
- 현재 외국으로 연수를 떠난 학생은 없는가?

간단하게 조사를 마칠 수 있을 것 같지만, 실제로는 보이지 않는 한계가 존재한다. 그렇다면 가장 좋은 방법은 무엇일까? 학과 전체 학생의 생각을 정확하게 표현하지는 못하더라도 가장 근접하게 표현할 수 있는 몇 명의 의견을 들어 결론을 내리는 것이다. 이때 선별된 학생들이 전체의 특성을 나타낼 수 있어야 하므로 어떤 학생들(표본)을 선별할지가 중요하다. 이 예에서 살펴본 것처럼, 대부분의 통계조사에서는 전체 집단을 대상으로 조사하는 것이 어렵기 때문에 표본을 추출하여 조사한다. 따라서 통계학에서 모집단과 표본을 구분하는 것은 매우 중요하다.

Contents


01_ 모집단과 표본추출

02_ 표본의 분포

03_ 표본분포와 중심극한정리

연습문제

SECTION 01

# 모집단과 표본추출

- 모집단과 표본의 개념을 이해한다.
- 표본을 추출하는 방법에 대해 알아본다.

Keywords | 모집단(모수) | 표본(통계량) | 표본추출 |

통계를 공부할 때마다 등장하는 개념이 모집단과 표본이다. 이 두 개념을 학습하는 궁극적인 목적은 '모집단의 특성을 파악'하기 위함이다. 모집단을 알기 위해 표본을 추출하여 관찰하고 조사하며, 그 결과로 모집단의 특성을 가늠하는 것이다.

## 모집단과 표본

통계는 조사 대상에 대한 정보를 수치로 나타낼 수 있는 강력한 수단이다. 여건이 허락된다면 조사자가 전체 집단을 직접 조사하는 것이 가장 좋겠지만, 이는 사실상 불가능한 일이므로 대개 전체 집단의 일부분인 표본을 대상으로 조사를 진행한다. 그러므로 조사 대상으로 선택된 모집단의 일부인 표본은 집단 전체를 대표할 만한 대표성을 가지고 있어야 한다.

### 모집단과 표본

**모집단**(population)은 통계분석 방법을 적용할 관심 대상의 전체 집합을 말한다. 통계학을 적용하여 다음 예와 같은 모집단을 대상으로 연구를 진행하는 경우, 물리적인 한계로 인해 모집단 전체를 전수조사하기는 쉽지 않다.

예 모든 대한민국 여성 / A 쇼핑몰 회원 전체
202X년에 수입된 모든 쇠고기 / B 통신 회사 전체 가입자

'202X년에 수입된 모든 쇠고기'를 전수조사할 수 있을까? 엄청난 인력과 시간, 그에 따른 막대한 비용을 감당할 수 있다면 202X년에 수입된 전체 쇠고기를 직접 조사하여 정확하게 알아낼 수 있을지도 모른다. 그러나 효율성을 고려한다면 이런 조사를 실제로 진행할

수는 없을 것이다. 특히 이 예의 경우, 한 해 수입된 전체 쇠고기를 판매 전에 모두 확인해야 하므로 상품성이 훼손된다. 들이는 비용에 비해 얻을 결과는 너무 초라하다. 따라서 과학적인 절차를 적용하여 모집단을 대표할 수 있는 일부를 추출해 조사를 실시하게 되는데, 이처럼 직접적인 조사 대상이 된 모집단의 일부를 **표본**(sample)이라 한다.

## 모수와 통계량

**모수**(parameter)는 모집단을 분석하여 얻는 결과 수치다. 평균, 분산, 표준편차, 비율 등의 모집단 특성을 모평균($\mu$), 모분산($\sigma^2$), 모표준편차($\sigma$), 모비율($p$)로 나타낸다. 한편 **통계량**(statistic)은 표본을 분석하여 얻는 결과 수치다. 평균, 분산, 표준편차, 비율 등의 표본 특성을 표본평균($\overline{x}$), 표본분산($s^2$), 표본표준편차($s$), 표본비율($\hat{p}$)로 나타낸다.[1] [그림 2-1]은 모집단의 모수와 표본의 통계량이 어떻게 구분되는지를 보여준다.

모집단

모수: 모평균($\mu$), 모분산($\sigma^2$), 모표준편차($\sigma$), 모비율($p$)

표본

통계량: 표본평균($\overline{x}$), 표본분산($s^2$), 표본표준편차($s$), 표본비율($\hat{p}$)

[그림 2-1] 모수와 통계량

**참고 평균을 표현하는 기호**

평균을 표현할 때 $\mu$로 표현하면 모수에 해당하는 모평균을, $\overline{x}$로 표현하면 추출한 표본의 평균을 의미한다. 그런데 경우에 따라서는 평균(mean)을 $m$으로 표현하기도 한다. 모평균이나 표본평균을 구분하지 않고 표현하는 경우에 $m$을 사용한다.

### 예제 2-1 모집단과 표본의 관계 설명하기

요즘 TV 방송을 비롯해 유튜브, SNS 등에서 먹방이나 음식점 소개가 대세다. 음식을 먹는 자신만의 방법을 소개하기도 하고 음식을 평가하거나 요리 방법을 소개해서 알리기도 한다. 그런데 제작진은 매번 새로운 먹방 식당을 어떻게 찾는 것일까? 시청률을 끌어올리는 먹방 식당 찾기 과정을 모집단과 표본의 관계로 설명하라.

1 일반적으로 통계조사에서 쓰는 평균, 분산, 표준편차, 비율은 표본평균, 표본분산, 표본표준편차, 표본비율을 의미한다. 여기서도 같은 의미로 쓴다.

## 풀이

방송 주제로 특정 음식이 정해지면, 해당 음식을 판매하는 국내의 모든 식당이 모집단이 된다. 선택된 음식을 판매하는 식당의 수는 통계청의 통계 자료나 편람 혹은 국세청 자료를 이용하면 확인할 수 있다. 그러나 그 수가 셀 수 없을 정도로 많고, 자료의 내용도 실제와 다를 가능성이 높다. 왜냐하면 업종 신고 시 판매 음식을 정확하게 표시하지 않는 경우가 많기 때문이다. 보통 일주일 단위로 프로그램이 제작된다는 것을 감안하면 국내의 모든 음식점을 확인하는 것은 불가능하다.

따라서 제작자는 표본조사 방법을 선택한다. 이때 표본은 시청자들의 제보로 얻는데, 이런 경우 어떤 편의(편견, biasness)가 발생할 수 있기 때문에 과학적 접근이라는 측면에서 보면 문제가 있다. 제작진 입장에서는 '특정 음식'이나 '식당'에 지나치게 초점을 맞출 경우 다큐멘터리가 되어 시청율이 떨어질 우려도 있다. 이 때문에 연예인들을 동원해서 '정해진 주제'를 언급하기는 하지만 흥미 위주로 흘러가는 것이 보통이다.[2]

### 참고 그리스 문자

통계에서는 그리스문자가 상당히 많이 쓰인다. 읽는 방법을 익히고 대소문자를 구분하면 통계를 공부할 때 상당히 편리하다.

[표 2-1] 그리스 문자

| 대문자 | 소문자 | 발음 | 대문자 | 소문자 | 발음 | 대문자 | 소문자 | 발음 |
|---|---|---|---|---|---|---|---|---|
| A | $\alpha$ | alpha | I | $\iota$ | iota | P | $\rho$ | rho |
| B | $\beta$ | beta | K | $\kappa$ | kappa | Σ | $\sigma$ | sigma |
| Γ | $\gamma$ | gamma | Λ | $\lambda$ | lambda | T | $\tau$ | tau |
| Δ | $\delta$ | delta | M | $\mu$ | mu | Y | $\upsilon$ | upeilon |
| E | $\varepsilon$ | epsilon | N | $\nu$ | nu | Φ | $\phi$ | phi |
| Z | $\zeta$ | zeta | Ξ | $\xi$ | xi | X | $\chi$ | chi |
| H | $\eta$ | eta | O | $o$ | omikron | Ψ | $\psi$ | psi |
| Θ | $\theta$ | theta | Π | $\pi$ | pi | Ω | $\omega$ | omega |

2 표본추출이 과학적으로 이루어져야 한다는 점에서 제보만으로 프로그램을 구성한 것은 문제가 될 수 있다. 그러나 제작진은 나름의 기준을 세우고 그 기준에 만족한 음식점을 '맛집'으로 채택한다. 현실적으로 적당한 다른 표본추출 방법이 없기에 이러한 방식이 사용된다.

## 표본추출 방법

앞에서 설명했듯이 가장 정확한 조사 방법은 모집단을 조사하는 것이다. 하지만 모집단 조사는 거의 불가능하므로 대부분의 연구 분야에서는 표본을 구성하여 조사를 진행한 후, 그 결과를 바탕으로 모집단의 특성을 유추해낸다. 따라서 유추된 모집단의 특성은 100% 맞는다고 장담할 수 없으며, 그 결과에는 반드시 오차가 동반된다. 이처럼 표본조사 결과가 100% 정확한 답이 아님에도 불구하고 표본조사는 다음과 같은 이유로 널리 사용되고 있다.

조사자 입장에서 보면 표본조사는 시간 및 비용 대비 효과가 가장 큰 조사 방법이다. 특히 농수산물, 배터리, 전구와 같이 사용하면 없어지거나 가치가 달라지는 대상은 전수조사의 대상이 될 수 없으므로 반드시 표본조사를 해야 한다. 경우에 따라서는 전체를 조사하는 것보다 표본을 대상으로 주의 깊게 조사하는 편이 훨씬 정확도가 높을 수 있다.

표본조사 결과가 모집단 조사 결과와 동일하지는 않더라도 최대한 유사한 결과를 도출해야 조사가 제대로 이루어졌다고 할 수 있다. 표본조사임을 밝히고 결과를 발표하더라도 이를 접하는 청자(聽者)는 모집단 전체의 결과로 인식하게 된다. 그러므로 모집단을 가장 잘 설명할 수 있는 표본들을 추출해야 표본으로서의 가치가 있다. 표본이 모집단을 대표하기에 양적, 질적으로 적합해야 한다는 특성을 **모집단에 대한 대표성**이라 한다.

A 대학교 학생들의 의식 조사를 진행하기 위하여 표본 100명을 추출한다고 가정해보자. 이때 조사자가 편의상 1학년 학생들만 표본으로 선택한다면, A 대학교 학생들을 대상으로 조사가 제대로 진행됐다고 할 수 있을까? 2, 3, 4학년을 제외하고 1학년만 조사해서는 A 대학교 학생 전체를 대표할 만한 의미 있는 결과를 도출하기 어렵다.

막연히 '데이터 수집'을 많이 하면 통계가 잘 나올 거라고 생각하는 연구자들이 많다. 데이터를 많이 확보해야 기분도 좋고 든든하고 무언가 하고 있다는 자신감이 들기 때문인데, 통계조사에서 실패하는 근본 원인이 바로 여기에 있다. 대표성이 없는 표본에서 얻은 데이터는 제대로 된 데이터가 아니기에 이런 데이터는 아무리 많이 가지고 있어도 통계분석에 전혀 도움이 되지 않는다. 지극히 연구 목적에 맞고 과학적이며 누구라도 인정할 수 있는 표본을 구성하는 것이 통계분석에서 가장 중요한 시작이라 할 수 있다.

표본추출 방법은 동일한 확률 아래 표본을 추출하는 **확률적 표본추출 방법**(probability sampling method), 확률과 상관없이 조사자가 자신의 의지로 표본을 뽑거나 조사 대상이 자발적으로 표본이 되는 **비확률적 표본추출 방법**(non-probability sampling method)으로 구분된다.

## 확률적 표본추출 방법

확률적 표본추출이란 모집단으로부터 표본을 추출할 때 표본으로 선택될 확률이 모두 동일한 방법이다. 즉, 모집단을 구성하는 하나하나가 **표본으로 선택될 확률이 모두 동일하다**는 의미다. 예를 들어, A 대학교에서 100명의 표본을 구성한다면 A 대학교 학생 모두가 표본이 될 확률이 동일해야 한다. 그런데 1학년 중에서만 100명을 표본으로 선택했다면 2, 3, 4학년은 표본이 될 확률이 0이고, 1학년은 0보다 클 것이므로 이는 확률적 표본추출이 될 수 없다.

### ■ 단순 무작위 표본추출

표본추출 방법 중에서 가장 편하게 적용할 수 있는 방법이다. 모집단에서 일정한 규칙에 따라 표본을 기계적으로 추출하는 방법으로, 컴퓨터로 추출하거나 난수표를 활용할 수 있다.[3] 다만 표본 크기가 작다면 표본의 특성이 왜곡된다는 단점이 있다.

### ■ 체계적 표본추출

모집단을 대상으로 각각에 대해 번호를 부여하고 일정한 순서대로 $n$개의 간격을 정해 표본을 추출하는 방법으로, 표본을 선정하는 방법이 매우 쉽다. 일례로 선거일에 실시하는 출구조사를 들 수 있다.

> **예** 선거 당일 출구에서 투표를 하고 나오는 유권자의 숫자를 세어 1, 11, 21, 31, 41, … 번째(혹은 1, 101, 201, 301, …번째)의 유권자를 대상으로 조사를 하는 경우

### ■ 비례 층화 표본추출

모집단을 여러 개의 이질적 집단으로 구분한 후, 각 집단의 구성 개수에 비례하도록 추출하는 방법이다.

> **예** 총원 10,000명인 A 대학교에서 1, 2, 3, 4학년의 비율은 4 : 3 : 2 : 1이다. 1,000명을 추출하고자 할 때, 각 학년을 구성하는 비율대로 학년별로 각각 400, 300, 200, 100명씩 추출하여 1,000명의 표본을 구성하는 방법

3 난수표란 통계조사에서 표본을 무작위로 추출할 때 0~9까지의 숫자를 같은 비율로 랜덤하게 배열한 표를 말한다. Excel의 rand 혹은 randbetween 함수를 생각하면 된다.

■ **다단계 층화 표본추출**

비례 층화 표본추출에서 상·하위 표본 단위를 미리 설정하고 그에 맞추어 다시 추출하는 방법이다.

> 예 총원 10,000명인 A 대학교에서 1,000명을 추출할 때, 먼저 단과대학별로 구분 지은 후 다시 학과별 구성 숫자에 맞추어 추출하는 방법

■ **군집 표본추출**

모집단 구성이 여러 개의 군집으로 이루어진 경우 활용하는 표본추출 방법이다. 모집단을 구성하는 군집 간 특성을 보면 동질성이 보이고, 군집별 내부 특성을 보면 다양하여 서로 다른 구성으로 군집을 형성한다면 내부는 이질적이나 외부는 동질적이라 한다. 이처럼 모집단이 여러 개의 군집(하위 집단)으로 구성되어 있다면, 모집단 전체를 조사하지 않고 몇 개의 군집을 표본으로 선택해서 조사하는 방법이다.

> 예 서울 시민을 대상으로 자전거 구매 의사를 조사할 때, 25개 구를 모두 조사하지 않고 표본으로 몇 개의 구를 선택하여 조사하는 방법

## 비확률적 표본추출 방법

비확률적 표본추출 방법은 모집단에서 표본을 추출할 때 모집단을 구성하는 하나하나가 **표본으로 선정될 확률이 서로 다른 표본추출 방법**이다. 조사자가 판단하기에 확률적 표본추출을 진행하기 힘들거나 불가능한 경우에 사용한다.

■ **편의 표본추출**

조사자의 편의에 따라 시간이나 장소에 구애받지 않고 임의로 표본을 추출하는 방법이다. 조사하기 쉽고 비용이 적게 든다는 장점이 있다. 그러나 모집단에 대한 대표성을 나타내기 힘들며, 실수나 오류가 가장 많이 발생하는 방식이기도 하다.

■ **판단 표본추출**

조사자가 적합하다고 판단한 구성원들을 표본으로 선택하는 방법이다. 편의 표본추출은 표본을 무작위로 선정하는 방법이지만, 판단 표본추출은 표본으로 선택할지 여부를 조사자가 판단한다는 점이 다르다.

■ **할당 표본추출**

모집단의 속성을 대표할 만한 연령, 학력, 직업 등의 구분을 결정하고, 각각에 대한 표본의 개수를 미리 정한다. 이후 조사자가 결정한 표본의 개수에 따라 임의로 표본을 추출하는 방법이다.

■ **자발적 표본추출**

조사자의 의지와는 별개로 응답자가 원하여 조사에 응하는 경우를 표본으로 선택하는 방법이다. 조사 주제에 대해 응답자의 관여도(관심도)가 높은 사람들이 주로 조사에 응하게 될 것이므로 결과가 왜곡될 가능성이 크다.

# SECTION 02 표본의 분포

- 정규분포와 표준화의 개념을 이해한다.
- 표본평균, 표본분산, 표본비율의 확률분포를 알아본다.

Keywords | 정규분포 | 표준화 | $z$분포 | $t$분포 | $\chi^2$분포 | $F$분포 | $\hat{p}$분포 |

통계학에서는 표본을 조사하여 모집단에 대해 추론한다. 표본을 추출했다면 표본의 특성을 파악하기 위해 표본의 분포를 살펴봐야 한다. 즉, 표본을 통해 가장 쉽게 파악할 수 있는 표본평균, 표본분산, 표본비율에 대해 알아야 이후에 배우는 통계분석을 무리 없이 진행할 수 있다. 이번 절에 여러 수식이 나오지만 당황할 필요 없다. 여기서는 각 분포의 개념을 이해하는 정도로만 학습하기 바란다. 자세한 내용은 이후 장에서 다룰 것이다.

**누가 공부를 더 잘한 것일까?**

**[사례 1]** A는 영어를 80점, B는 수학을 60점 맞았다. 영어의 과목 평균이 90점이고 수학의 과목 평균이 50점이라면, A와 B 중 누가 공부를 더 잘한 것일까? 실제 점수가 더 낮더라도 수학을 60점 맞은 B가 더 잘했다고 할 수 있을 것이다.

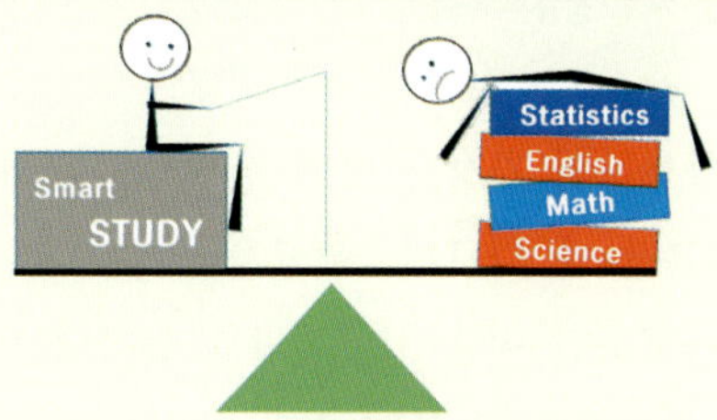

[그림 2-2] 누가 더 공부를 잘할까?

**[사례 2]** 과목 점수가 60점 미만이면 과락이 적용되어 진급할 수 없다는 기준이 있다고 하자. 만약 A반과 B반의 반 평균이 똑같이 70점이라고 할 때, 어느 반이 공부를 더 잘한 것일까? 단, A반은 모두 65~75점 사이의 점수를 받았고, B반은 0~100점까지 고르게 분포되어 있다. 이 사례의 경우 A반에는 낙제생이 없고, B반에는 낙제생이 있다. 진급을 중요한 기준이라고 한다면 A반이 공부를 더 효율적으로 잘했다고 할 수 있을 것이다.

## 정규분포와 표준화

통계학에서 가장 중요하면서도 일반적인 분포가 정규분포다. 각각의 정규분포를 서로 비교하려면 표준화 과정을 거쳐야 한다.

## 정규분포

**정규분포**(normal distribution)는 통계학에서뿐만 아니라 사회과학과 자연과학의 전 분야에서 널리 사용되며, **가우스분포**(Gaussian distribution)로도 불린다. 확률분포를 알 수 없는 어떤 경우라도 $n$을 독립적으로 반복하여 늘려나갈 때 $n$의 증가에 따라 정규분포에 근접한다는 중심극한정리(central limit theorem)에 근거한다.[4]

실제로 표본을 대상으로 측정된 데이터에 대해 $x$축을 계급 구간, $y$축을 도수(빈도)로 표시하여 그래프로 나타내면 보통 평균을 중심으로 가장 많은 빈도가 확인된다. 또한 평균을 중심으로 좌우로 갈수록 빈도는 줄어들게 되는데 각 계급의 빈도만 선으로 연결한 곡선을 도수분포곡선이라 한다. 정규분포의 도수분포곡선은 평균을 중심으로 좌우로 대칭인 종 모양으로 구성되어 있으며, 좌우로 갈수록 정규분포곡선의 꼬리가 X축으로 수렴하는 모양을 갖는다. 이를 그래프로 나타내면 [그림 2-3]과 같다.

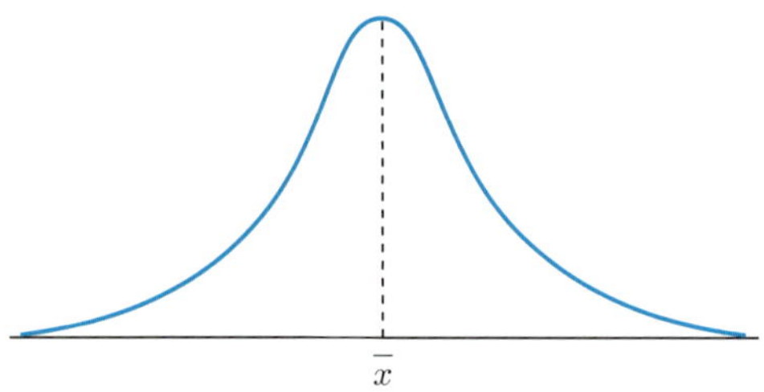


[그림 2-3] 정규분포곡선

**정규분포의 가정은 어떤 경우라도 그래프의 중심이 되는 가장 높은 점(평균)과 꼬리의 각도(분산)만 다르며, 평균을 기준으로 좌우가 대칭이어야 한다**는 것이다. 단순한 현상은 정규분포만 이용해도 결과를 알아내는 데 문제가 없다. 하지만 대부분의 연구에서는 복잡한 관계에 대한 분석 결과가 필요하므로, 여러 특성에 대한 분석 결과들을 서로 비교할 수 있도록 만드는 과정이 필요하다. 이런 과정을 **표준화**(standardization)라 한다.

## 표준화

모든 정규분포는 [그림 2-3]과 같이 좌우대칭의 종 모양으로 동일하므로, 어떤 하나의 표본에 대해서 확률을 표현한다면 정규분포의 일정 구간을 적분해서 구하면 된다. 각기 다른 표본이거나 같은 표본 내에서라도 단위가 다른 것을 비교하기 위해서는 해당 정규분포의 확률을 구하여 비교할 수 있다.[5] 그런데 이때의 정규분포에 대한 확률밀도함수는 지수

4 중심극한정리(central limit theorem)는 이어지는 3절에서 자세히 다루도록 한다.

5 필요한 모든 경우의 $\mu$와 $\sigma$를 계산하여 각각의 $N(\mu, \sigma^2)$에 대한 정규분포표를 구성하고 비교하면 되지만, 매우 복잡한 과정이 필요하다.

형태와 제곱 형태가 아주 복잡하므로 각각의 수치를 구하려면 아주 복잡한 과정을 거쳐야 한다.[6] 이러한 복잡한 문제를 해결하는 방법이 표준화(standardization)다. 표준화하려면 확률변수 $X$가 정규분포 $N(\mu, \sigma^2)$을 따를 때, 새로운 변수 $Z$에 해당하는 $Z=\dfrac{X-\mu}{\sigma}$로 변환하면 된다. 이때 새로운 확률분포 $Z$는 표준정규분포 $N(0, 1)$을 따른다.

| 정규분포 | | 표준화 | | 표준정규분포 |
|---|---|---|---|---|
| $N(\mu, \sigma^2)$ | ➡ | $Z=\dfrac{X-\mu}{\sigma}$ | ➡ | $N(0, 1)$ |

[그림 2-4] **정규분포, 표준화, 표준정규분포의 관계**

즉, 표준화하면 다양한 정규분포의 기준점이 평균$=0$, 표준편차$=1$로 동일하게 맞춰져 조사자가 서로 다른 자료를 쉽게 비교할 수 있다.

**Note 평균=0, 분산=1로 표준화하는 이유는?**

일반적으로 좌우대칭인 정규분포를 많이 사용한다. 그렇다면 표준화 과정은 왜 필요할까? 비교 대상 없이 단순히 하나만 기준으로 통계량을 계산한다면 굳이 표준화할 필요가 없다. 하지만 비교 대상이 있는 경우에는 비교 기준이 필요하다. 예를 들어, 수학 60점과 영어 80점의 성적을 비교할 때 단순히 영어 80점을 더 좋은 성적이라 할 수 있을까? 서로 다른 대상을 비교할 때 기준을 0으로 설정하면 분포가 +와 − 중 어느 쪽으로 치우쳐져 있는지 바로 확인할 수 있다.

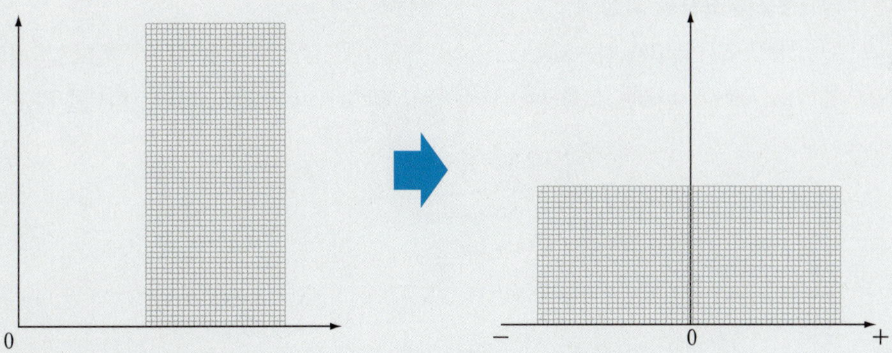


[그림 2-5] **표준화에 대한 설명**

[그림 2-5]는 이해를 돕기 위해 정규분포를 직사각형으로 표시한 것이다. 왼쪽의 세로로 긴 직사각형은 직접 조사를 수행해서 측정값을 표시한 것이고, 오른쪽의 가로로 긴 직사각형은 (평균)=0, (분산)=1로 측정값을 재구성한 것이다. 가로와 세로의 모양만 달라졌을 뿐이며 실제 내부 면적은 변하지 않았다. 만약 다른 데이터 측정값을 표준화한다면 [그림 2-5]와 크기와 모양이 다르면서 (평균)=0, (표준편차)=1인 직사각형이 될 것이다.

---

6 확률밀도함수 : $f(x)=\dfrac{1}{\sqrt{2\pi}\,\sigma}\cdot e^{-\frac{(x-\mu)^2}{2\sigma^2}}$

## 표본평균의 확률분포

표준정규분포($z$분포)와 $t$분포는 모두 평균과 관련된 분포다. 표준정규분포는 표본의 개수가 충분한 경우에, $t$분포는 표본의 개수가 충분하지 못한 경우에 사용한다.

### $z$분포(표준정규분포)

**표준정규분포**(standard normal distribution)는 정규분포를 표준화하여 기준점을 동일하게 평균은 0, 표준편차는 1로 맞추어 조사자가 자료들을 쉽게 비교할 수 있도록 만든 것이다. **$z$분포**라고도 한다. 표준정규분포는 '평균 = 0, 분산 = 1'인 표준정규분포 $N(0, 1)$를 따른다.

모든 정규분포는 표준정규분포의 일정 평균배수만큼 이동한 분포이므로, 표준정규분포의 확률을 계산하여 다양한 정규분포의 확률을 판단할 수 있다.[7] 표준정규분포는 주로 표본의 개수가 충분한 경우 혹은 모분산($\sigma^2$)을 알고 있는 경우에 사용한다.[8]

$$Z = \frac{X-\mu}{\sigma} = \frac{X-\mu}{\sigma/\sqrt{n}}$$ [9]

**Note** 정규분포의 표준화 과정

정규분포 $N(\mu, n\sigma^2)$에서 알고자 하는 값은 $\mu + n\sigma$이므로 $n$을 알면 그 값을 알 수 있다.[10] 그러므로 정규분포 $N(\mu, n\sigma^2)$를 따르는 확률변수 $X$에 대해 $X = \mu + n\sigma$라 하고 $n$으로 정리를 하면

$$X = \mu + n\sigma$$

$$X - \mu = n\sigma$$

$$\therefore \ n = \frac{X-\mu}{\sigma}$$

이때, 확률변수 $X$가 평균인 $X = \mu$라면 $n = \frac{X-\mu}{\sigma}$의 값은 0이다. 즉, 확률변수 $n$의 표준편차를 $k$라 하면 $n = 0 + kn$이고 $k = 1$이므로, 확률변수 $n$의 표준편차는 1이다. 그러므로 확률변수 $n$은 평균 = 0, 표준편차 = 1이고, 표준화공식은 $Z = \frac{X-\mu}{\sigma}$이다.

7 표준정규분포에 표준편차를 곱하고 평균만큼 더해주면 해당하는 정규분포를 확인할 수 있다. $\because Z = \frac{X-m}{\sigma}$

8 표본의 개수가 충분하지 않더라도 $\sigma^2$을 아는 경우에는 표준정규분포를 사용할 수 있다.

9 표본평균들의 분산인 경우로 확장해보면 분산을 $n$으로 나누어야 하므로 분모는 $\frac{\sigma}{\sqrt{n}}$가 된다. 따라서 $\frac{X-\mu}{\sigma}$와 $\frac{X-\mu}{\sigma/\sqrt{n}}$는 같다.

### $t$분포

$t$분포는 1908년에 발표되었다.[11] 표본의 개수가 충분하다면 $z$분포를 이용하면 된다. 그러나 표본이 충분하지 못한 경우, 즉 표본의 개수가 30개를 넘지 못하는 경우에는 $t$분포를 사용한다. $t$분포는 표본이 충분하지 않아서 정규분포를 이루지 못할 가능성이 크기 때문에, 모집단은 정규분포를 이룬다는 가정이 필요하다. 그러므로 $t$분포도 '평균 = 0, 분산 > 1'인 정규분포를 따른다.

$t$분포는 표준정규분포와 공식이 거의 동일하지만, 모분산을 알지 못하는 경우에 사용한다는 점이 다르다. 실제로 모분산을 알고 있는 경우는 거의 없으므로 표본의 개수 $n$이 매우 크다면 $z$분포로 계산된 결과와 거의 차이가 없다. 모분산($\sigma^2$)을 모르기 때문에 표본표준편차($s$)를 활용하게 되는데, 이때는 표준정규분포를 따르지 않고 $t$분포를 따른다. 즉, $t$검정은 $\sigma^2$을 모를 때 사용한다.

$$t_{(n-1)} = \frac{X-\mu}{s} = \frac{X-\mu}{s/\sqrt{n}}$$

**Note** **$t$분포의 특징**

- 표본의 개수가 작은 경우에 사용한다.
- 모분산($\sigma^2$)을 모르는 경우 표본표준편차($s$)를 사용한다.
- $t$분포는 정규분포를 따른다.
- 분산($\sigma^2$)이 클수록 그래프의 봉우리가 완만하고, 분산이 작을수록 봉우리 모양이 뾰족하다.
- 표준정규분포는 '평균 = 0, 분산 = 1'이지만, $t$분포는 '평균 = 0, 분산 > 1'이다.

### $z$분포와 $t$분포의 관계

두 분포의 공식을 비교해보자. $Z = \frac{X-\mu}{\sigma} = \frac{X-\mu}{\sigma/\sqrt{n}}$와 $t_{(n-1)} = \frac{X-\mu}{s} = \frac{X-\mu}{s/\sqrt{n}}$는 $n$과 $n-1$을 제외하고는 식이 동일하다. 즉 $n \to \infty$이면 두 분포는 동일한 분포가 된다.

10 $\mu$와 $\sigma$는 주어져 있으므로 원하는 값은 $n$에 의해 $\sigma$만큼 달라진다.

11 기네스(Guiness) 맥주 공장의 연구원 윌리엄 고셋(William S. Gosset)은 맥주 맛이 좋은 보리의 샘플을 확인하던 중 샘플에 대한 통계 추정이 제대로 되지 않는 것에 착안하여 $t$분포를 제안하여 발표하였다. 그런데 당시의 회사 정책은 자사 제품과 연관된 연구 발표를 금지하였기에 윌리엄은 Student라는 필명으로 논문을 발표하였다. 그래서 $t$분포를 스튜던트의 $t$라고도 부른다.

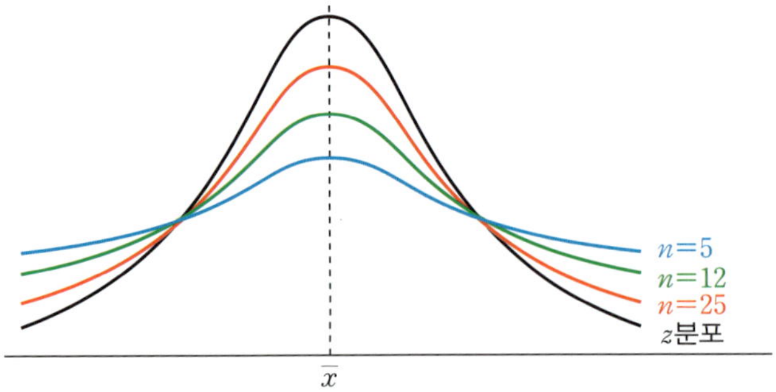

[그림 2-6] $z$분포와 $t$분포의 비교

## 표본분산의 확률분포

$\chi^2$(chi-square, 카이제곱)분포와 $F$분포는 모두 분산의 추론과 관련된 분포다. 두 분포의 차이점은 $\chi^2$분포가 1개의 분산(표본)을 추론한 분포인 반면 $F$분포는 2개의 분산(표본)을 추론하는 분포라는 것이다. 표본평균에 대한 분포에서는 조사 대상을 직접 설명할 수 있지만, 분산에서는 직접 이용하기보다 추론된 분산을 이용하는 경우가 많다.

### $\chi^2$ 분포

$\chi^2$분포는 정규분포로부터 도출되는데, $z$분포의 제곱에 대한 분포다. 그러므로 항상 0보다 큰 값을 가진다. 확률변수 $x_1, x_2, x_3, \cdots, x_n$이 표준정규분포이면서 독립이라면, $x_1^2, x_2^2, x_3^2, \cdots, x_n^2$은 새로운 확률변수를 구성하게 되고, 이 분포를 자유도[12]가 $n$인 $\chi^2$분포라 한다. 즉, $\chi^2$분포는 확률변수 $\sum_{i=1}^{n} x_i^2$의 분포다.

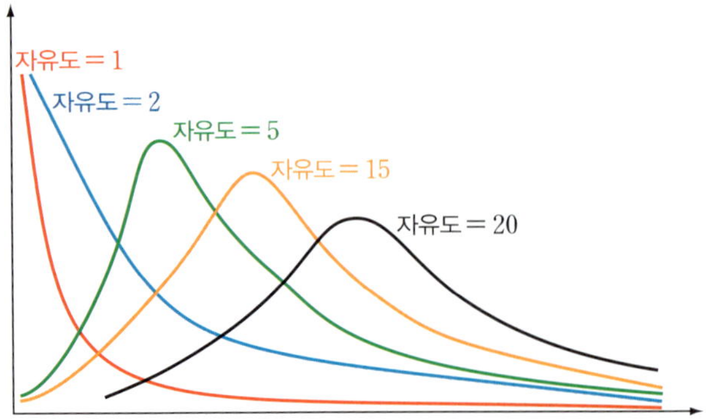

[그림 2-7] $\chi^2$ 분포의 특성

12 자유도(degree of freedom)는 3장에서 자세히 다룬다.

$\chi^2$분포의 특성은 [그림 2-7]에서 볼 수 있듯이 특정한 모양의 분포가 아니라 표본의 개수(자유도)에 따라 각기 다른 분포를 나타낸다는 것이다. $\chi^2$분포는 주로 모분산의 추정이나 계수 값을 해석하는 데 사용된다.

## $F$ 분포

$F$분포는 2개의 분산에 관한 추론으로, $F_{(v_1, v_2)}$로 나타낸다. 이때 $v_1$, $v_2$는 각각의 $\chi^2$에 대한 분산을 의미한다. 즉 $x_1, x_2, x_3, \cdots, x_n$과 $y_1, y_2, y_3, \cdots, y_m$이 서로 독립이면서 각각 $n$과 $m$의 자유도를 가지는 $\chi^2$분포이면, $\frac{v_x}{v_y}$는 $F$분포를 따르게 된다.

분산이 같은 모집단에서 $x_n$, $y_m$만큼 표본을 구하고, 각각의 분산을

$$v_1 = \frac{s_1}{(n-1)},\ v_2 = \frac{s_2}{(m-1)}$$

라 하면 $F = \frac{v_1}{v_2}$은 각 비율을 나타낸다. 그러면 $F$는 자유도$(n-1), (m-1)$인 $F$ 분포를 나타낸다.

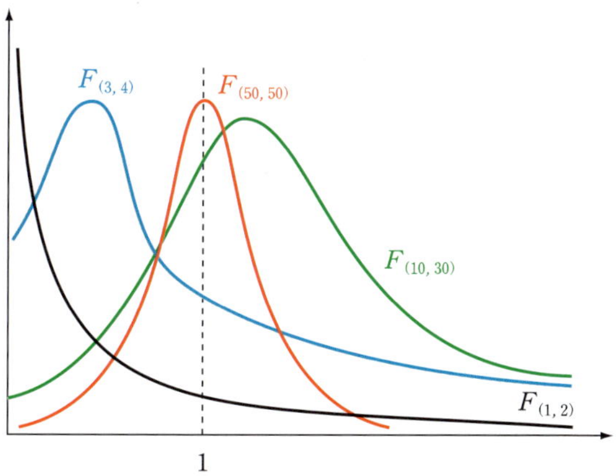


[그림 2-8] **$F$ 분포의 특성**

[그림 2-8]은 $F$분포의 특성을 보여준다. $v_1$과 $v_2$가 같다면(등분산) $F$분포는 1을 기준으로 값이 결정될 것이고, $v_1$과 $v_2$가 같지 않다면 1과 멀어질 것이다. 또한 표본의 개수가 많아질수록 1과 가까운 분포를 나타냄을 확인할 수 있다. $F$분포는 주로 분산의 동일성 여부를 판단하는 수단으로 사용된다.

## 표본비율의 확률분포

표본비율 $\hat{p}$는 모비율 $p$를 추정하기 위해 표본으로 추정한 비율(proprotion)을 의미한다. 경우에 따라서는 비율에 대한 개념이 평균보다 더 많이 사용되곤 한다. 학과 학생들 중에서 토익 점수가 700점을 넘어갈 확률은 어느 정도인가 혹은 운전면허 시험을 1회 응시한다면 과연 몇 퍼센트의 확률로 합격할 것인가와 같이 다양한 상황에서 표본비율이 사용된다. 즉, 표본비율은 전체 모집단 중에서 특정 집단의 비율이 어느 정도의 구성을 이루는가를 표본으로 하여 모비율을 추정한 비율이다.

### $\hat{p}$ 분포

표본비율 $\hat{p}$는 모집단의 특성 중 모비율을 추정하기 위해 사용된다. 주로 '성공과 실패', '남성과 여성', '구매와 비구매' 등과 같이 어느 한 사건이 발생하는 베르누이 시행의 이항분포[13]를 활용하여 표본비율의 분포를 구할 수 있다.

**Note** 표본비율의 특성[14]

모집단에서 표본 $n$개를 추출했을 때, 표본비율 $\hat{p}$는 표본의 개수($N$) 중 몇 개($n$)의 특정 집단($A$)을 의미하는 $n(A)$로 나타낼 수 있으므로 $\hat{p}=\frac{n(A)}{N}$이다. 그러므로 $\hat{p}$의 기대값 $E(\hat{p})=p$이고, 분산 $Var(\hat{p})=\frac{p(1-p)}{n}$, 표준편차 $\sigma(\hat{p})=\sqrt{\frac{p(1-p)}{n}}$이다. $n \cdot \hat{p} \geq 5$이면서 $\hat{p} \leq 0.05$일 때, 표본비율의 분포는 정규분포이며 좌우대칭이다.

13 확률분포에 대한 내용은 5장에서 자세히 다룬다.
14 잘 이해되지 않는다면 4장까지 학습하고 다시 확인해본다. 그러면 쉽게 이해될 것이다.

SECTION 03

# 표본분포와 중심극한정리

• 모수를 추정하기 위한 표본분포와 중심극한정리에 대해 이해한다.

Keywords | 표본분포 | 표본평균의 오차 | 중심극한정리 |

표본을 조사하는 이유는 모수를 추정하기 위함이다. 따라서 표본으로부터 얻은 통계량이 모집단을 잘 설명할 수 있어야 모수를 정확하게 추정한 것이라 할 수 있으므로 표본분포를 살펴보는 것이 중요하다.

## 표본분포

**표본분포**(sample distribution)는 추출된 표본에서 분포를 확인하는 것이 아니라 표본에서 도출되는 통계량을 확인하는 확률분포다. 다시 말해, 표본분포는 모수를 추정하기 위한 표본 통계량의 확률분포다. 한 번 측정하는 것으로는 모수를 추정할 확률을 얻을 수 없으므로 여러 번 측정해야 한다.

예를 들어, 일주일 동안 평균 통학 시간을 알아보는 조사를 한다고 가정하자. 월요일부터 금요일까지 5일간 통학 시간이 각각 37분, 25분, 49분, 33분, 56분 걸렸다면 평균 통학 시간은 얼마일까?

$$5\text{일간의 평균 통학 시간} = \frac{37+25+49+33+56}{5} = 40$$

이와 같은 방법으로 평균 통학 시간을 쉽게 구할 수 있다. 이 예에 통계 용어를 적용하면, 총 5일은 모집단이 되고 일주일 동안 조사한다고 했기에 전체 대상으로 도출한 수치는 모수가 된다. 일반적인 연구나 조사에서는 모수를 모르는 경우가 대부분이므로 표본을 통해 모수를 추정한다. 즉, 총 5일의 통학 시간을 모집단으로 가정하고 표본을 추출하여 표본분포가 어떤 개념인지 이해해야 한다.

위의 예를 통해 모수에 대한 정보를 가지고 통계량으로 추정한 모수와 실제 모수를 비교해보자. 통계학에서는 통계량을 다룬다고 했으니 우선 표본을 추출해야 한다. 모집단의 구성이 5개로 되어 있으므로 간단히 표본을 2개 추출하는 경우와 3개 추출하는 경우를 비교해보자.

표본을 2개 추출하는 경우의 수를 구하면 다음과 같다.

(37, 25), (37, 49), (37, 33), (37, 56), (25, 49)
(25, 33), (25, 56), (49, 33), (49, 56), (33, 56)
→ 총 10가지

표본을 3개 추출하는 경우의 수를 구하면 다음과 같다.[15]

(37, 25, 49), (37, 25, 33), (37, 25, 56), (37, 49, 33), (37, 49, 56)
(37, 33, 56), (25, 49, 33), (25, 49, 56), (25, 33, 56), (49, 33, 56)
→ 총 10가지

표본을 2개 혹은 3개 추출할 때, 각 경우의 수에 대한 평균을 구하면 [표 2-2]와 같다.

[표 2-2] 표본과 평균

| 구분 | | 표본 | | | 표본평균 |
|---|---|---|---|---|---|
| 표본 2개 | 경우의 수 1 | 37 | 25 | | 31 |
| | 경우의 수 2 | 37 | 49 | | 43 |
| | 경우의 수 3 | 37 | 33 | | 35 |
| | 경우의 수 4 | 37 | 56 | | 46.5 |
| | 경우의 수 5 | 25 | 49 | | 37 |
| | 경우의 수 6 | 25 | 33 | | 29 |
| | 경우의 수 7 | 25 | 56 | | 40.5 |
| | 경우의 수 8 | 49 | 33 | | 41 |
| | 경우의 수 9 | 49 | 56 | | 52.5 |
| | 경우의 수 10 | 33 | 56 | | 44.5 |
| 표본 3개 | 경우의 수 1 | 37 | 25 | 49 | 37 |
| | 경우의 수 2 | 37 | 25 | 33 | 31.7 |
| | 경우의 수 3 | 37 | 25 | 56 | 39.3 |
| | 경우의 수 4 | 37 | 49 | 33 | 39.7 |
| | 경우의 수 5 | 37 | 49 | 56 | 47.3 |
| | 경우의 수 6 | 37 | 33 | 56 | 42 |
| | 경우의 수 7 | 25 | 49 | 33 | 35.7 |
| | 경우의 수 8 | 25 | 49 | 56 | 43.3 |
| | 경우의 수 9 | 25 | 33 | 56 | 38 |
| | 경우의 수 10 | 49 | 33 | 56 | 46 |

15 표본을 추출할 때 순서가 필요하면 '순열', 순서가 상관없으면 '조합'을 이용하여 경우의 수를 구할 수 있다. 순열 공식은 ${}_nP_r = n(n-1)(n-2)\cdots(n-r+1)$, 조합 공식은 ${}_nC_r = \frac{{}_nP_r}{r!} = \frac{n!}{r!(n-r)!}$이다. 그러므로 2개의 표본을 추출한 경우의 수는 ${}_5C_2 = \frac{5!}{2! \cdot 3!} = 10$, 3개의 표본을 추출한 경우의 수는 ${}_5C_3 = \frac{5!}{3! \cdot 2!} = 10$이다.

표본에 대한 평균분포를 그래프로 나타내면 [그림 2-9]와 같다.[16]

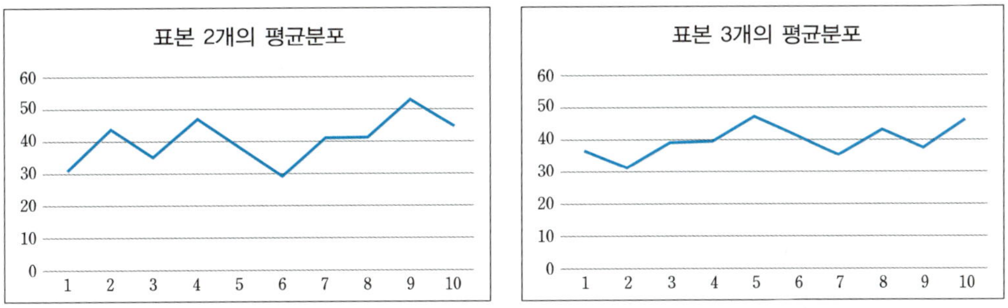


(a) 표본 2개의 평균분포 (b) 표본 3개의 평균분포

[그림 2-9] **표본에 대한 평균분포**

표본 2개의 평균분포를 보면 범위가 (최소값) = 29부터 (최대값) = 52.5이다. 표본 3개의 평균분포를 보면 범위가 (최소값) = 31.7부터 (최대값) = 47.3이다. [그림 2-9(a)]와 [그림 2-9(b)]를 비교해도 [그림 2-9(b)]가 미약하게나마 수평에 가까워 안정적이라 할 수 있다. 즉, 표본을 2개 추출한 결과보다 3개 추출한 결과가 모평균($\mu$) 40에 더 근접해 있음을 알 수 있다. 이처럼 표본분포를 통해 통계량의 흩어진 정도를 보고 모수를 추정할 수 있다.

## 표본평균의 오차

표본의 목적은 모수를 추정하는 것이다. [표 2-3]의 ④는 정확한 모평균 40으로부터 흩어진 정도를 나타낸다. 표본평균의 오차란 표본으로부터 모수를 추정했을 때 모수와 통계량 간의 차이를 의미한다.

[표 2-3]의 ④를 보자. 표본 2개에서는 경우의 수 7의 평균이 40.5로 0.5만큼 오차가 있고, 표본 3개에서는 경우의 수 4의 평균이 39.7로 0.3만큼 오차가 발생했다.[17]

16 Excel의 차트 기능을 이용하여 차트로 나타낼 수 있다.
17 [표 2-3]에 언급된 표준편차에 대해서는 3장에서 살펴볼 것이다.

[표 2-3] 표본평균의 오차

| 구분 | | ① 모평균 | ② 표본 | | | ③ 표본평균 | ④ 오차 (①-③) | 표준편차 |
|---|---|---|---|---|---|---|---|---|
| 표본 2개 | 경우의 수 1 | 40 | 37 | 25 | | 31 | 9 | 7.187952884 |
| | 경우의 수 2 | | 37 | 49 | | 43 | -3 | |
| | 경우의 수 3 | | 37 | 33 | | 35 | 5 | |
| | 경우의 수 4 | | 37 | 56 | | 46.5 | −6.5 | |
| | 경우의 수 5 | | 25 | 49 | | 37 | 3 | |
| | 경우의 수 6 | | 25 | 33 | | 29 | 11 | |
| | 경우의 수 7 | | 25 | 56 | | 40.5 | −0.5 | |
| | 경우의 수 8 | | 49 | 33 | | 41 | −1 | |
| | 경우의 수 9 | | 49 | 56 | | 52.5 | −12.5 | |
| | 경우의 수 10 | | 33 | 56 | | 44.5 | −4.5 | |
| 표본 3개 | 경우의 수 1 | 40 | 37 | 25 | 49 | 37 | 3 | 4.79196849 |
| | 경우의 수 2 | | 37 | 25 | 33 | 31.7 | 8.3 | |
| | 경우의 수 3 | | 37 | 25 | 56 | 39.3 | 0.7 | |
| | 경우의 수 4 | | 37 | 49 | 33 | 39.7 | 0.3 | |
| | 경우의 수 5 | | 37 | 49 | 56 | 47.3 | −7.3 | |
| | 경우의 수 6 | | 37 | 33 | 56 | 42 | −2 | |
| | 경우의 수 7 | | 25 | 49 | 33 | 35.7 | 4.3 | |
| | 경우의 수 8 | | 25 | 49 | 56 | 43.3 | −3.3 | |
| | 경우의 수 9 | | 25 | 33 | 56 | 38 | 2 | |
| | 경우의 수 10 | | 49 | 33 | 56 | 46 | −6 | |

아주 정확하게 표본을 설계했다 하더라도 오차를 피할 수 없는 경우가 대부분이므로, 이 오차를 최대한 줄여가는 것이 중요하다. [그림 2-10]은 표본에서 발생한 평균오차를 그래프로 표시한 것이다. 극단적인 예이기는 하지만, 표본 개수가 늘어날수록 통계량이 모수와 가까워짐을 알 수 있다.

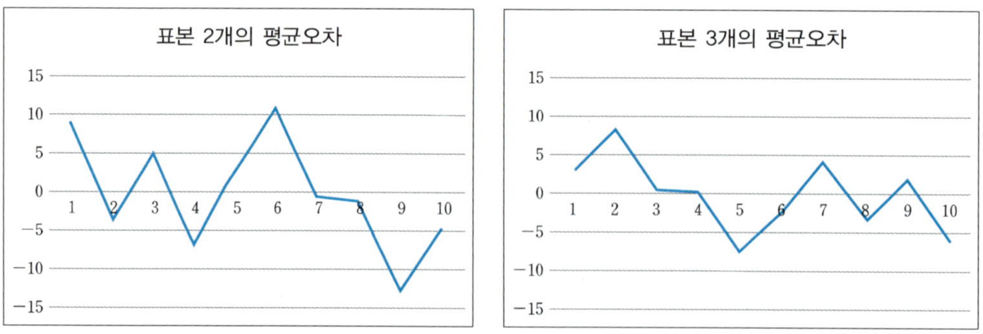


(a) 표본 2개의 평균오차 (b) 표본 3개의 평균오차

[그림 2-10] 표본에 대한 평균오차

## 중심극한정리

표본 개수가 많을수록 통계량이 모수와 가까워진다고 해서 표본 개수를 무작정 늘리는 것도 바람직하지 않다. 그렇다면 표본 개수는 어느 정도가 적당할까? 적절한 표본 개수는 모집단의 성격, 연구 특성, 연구자의 연구 의도에 따라 달라질 것이다.

[그림 2-10]에서는 모집단의 개수가 5개일 때 표본을 2개와 3개로 추출하여 각각의 평균오차를 살펴보았다. 표본의 개수를 4개로 늘리면 과연 모평균에 더 근접한 수치를 확인할 수 있을까? 모집단이 5개이므로 4개의 표본을 선택하는 경우의 수는 [표 2-4]와 같이 모두 5가지다.

[표 2-4] 표본 4개에서의 오차

| 구분 | | ① 모평균 | ② 표본 | | | | ③ 표본평균 | ④ 오차 (①-③) | 표준편차 |
|---|---|---|---|---|---|---|---|---|---|
| 표본 4개 | 경우의 수 1 | 40 | 37 | 25 | 49 | 33 | 36 | 4 | 3.112474899 |
| | 경우의 수 2 | | 37 | 25 | 49 | 56 | 41.75 | −1.75 | |
| | 경우의 수 3 | | 37 | 25 | 33 | 56 | 37.75 | 2.25 | |
| | 경우의 수 4 | | 37 | 49 | 33 | 56 | 43.75 | −3.75 | |
| | 경우의 수 5 | | 25 | 49 | 33 | 56 | 40.75 | −0.75 | |

[그림 2-11]에서 확인할 수 있듯이 표본 개수($n$)가 늘어날수록 표본의 평균이 모평균 40으로 수렴함을 확인할 수 있다.

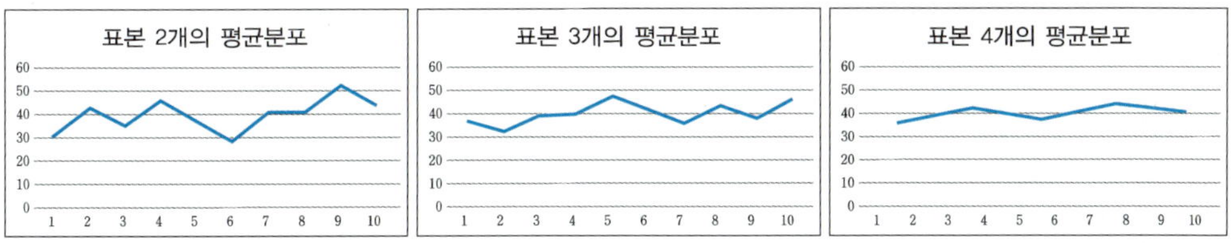


[그림 2-11] 표본 개수에 따른 평균분포

**중심극한정리**(Central Limit Theorem, CLT)는 표본의 개수($n$)가 충분하다면 모수를 모르는 상황에서도 표본 통계량으로 정규분포를 구성하여 모수를 추정할 수 있다는 것이다. 중심극한정리는 모집단이 정규분포를 이루지 않아도 표본의 개수가 충분하다면 정규분포에 가까워진다는 것으로, 일반적으로 표본의 개수가 30개 이상($n \geq 30$)이면 충분히 크다고 본다. 또한 모집단의 실제 분포와 상관없이 표본이 커질수록 표본평균의 분포는 정규분포를 구성한다고 본다.

중심극한정리는 일반적으로 사회조사분석가들이 대규모 모집단으로부터 1,000개 정도의 표본을 무작위로 단 한 번 선정하여 구한 표본평균도 그 표본이 추출된 모집단의 평균을 정확히 추정해줄 수 있다고 확신하는 근거로 활용된다. 중심극한정리는 추론통계학의 근본을 이루는 아주 중요한 개념이다. 모집단과 표본평균들의 분포 관계를 증명하고, 어떤 형태의 모집단 분포라도 표본이 충분하다면 표본평균의 분포가 정규분포에 근사하게 되므로 $z$값을 활용한 추론이 가능하도록 수학적 근거를 제시한다.

[그림 2-12]는 2개의 성적 분포를 보여준다. 분포 $a$와 $b$ 중에서 어떤 분포가 더 좋은 성적을 나타낼까? 직관적으로는 확인되지 않으나, 표본의 숫자가 같다면 모두 더해 어떤 그래프가 더 좋은 성적인지 알 수 있다.

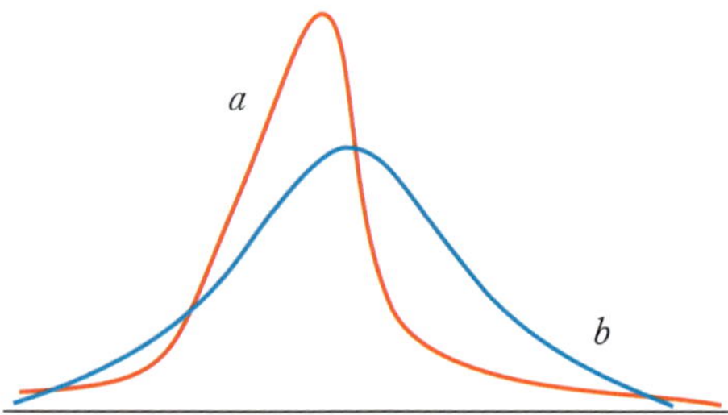


[그림 2-12] 성적분포 $a$와 $b$

하지만 중심극한정리를 이용하면 [그림 2-12]를 [그림 2-13]과 같이 정규분포 모양으로 확인할 수 있다. 정규분포로 구성하면 그래프에서 가장 높은 상단이 평균이 되므로 [그림 2-13]에서는 곡선 $a$와 $b$의 평균값을 비교할 수 있다.

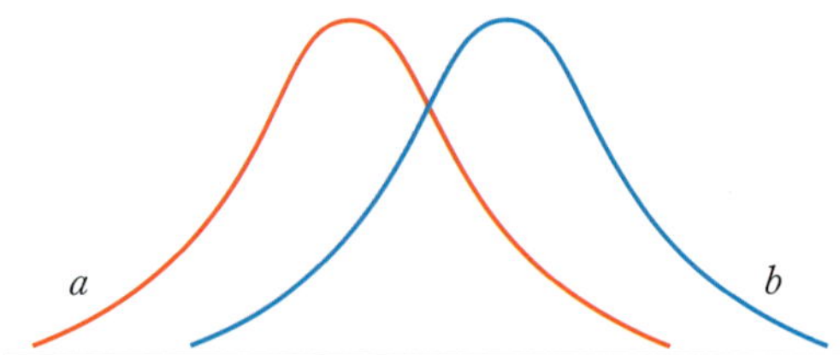


[그림 2-13] 중심극한정리를 적용한 성적분포 $a$와 $b$

**Note 적절한 표본의 개수는 어느 정도일까?**

적절한 표본의 개수는 연구 특성이나 연구자의 연구 의도에 따라 다르다. [그림 2-10]과 [그림 2-11]에서는 모집단을 구성하는 측정치의 개수가 5개라는 극단적인 예를 들어서 설명했지만, 보통 30개를 최소 수준으로 이해한다. 그런데 [그림 2-11]에서도 알 수 있듯이 표본의 개수가 커질수록 모수와 조금이라도 더 가까워진다. 따라서 연구자들은 인문/사회과학 분야의 통계조사나 연구에서는 표본의 개수를 가능한 한 크게 해야 할 필요가 있다고 믿는다. 그래야 모집단 정보를 확인할 수 없는 경우가 대부분인 상황에서 오류를 최대한 방지하고 조사 결과에 더욱 신뢰를 줄 수 있다고 생각한다.

CHAPTER

# 02 연습문제

**1.** 모집단, 표본, 모수, 통계량을 각각 예를 들어 설명하고, 표본과 통계량을 조사하는 이유를 설명하라.

**2.** 평균, 분산, 표준편차, 비율에 대해 모집단과 표본에서 표시하는 방법이 다르다. 표시 방법을 다르게 하는 이유를 설명하고, 각각의 표시 방법을 나열하라.

**3.** 모집단을 대상으로 하는 조사가 가장 정확함에도 불구하고 실제 연구 조사에서 표본을 대상으로 연구하는 이유를 설명하라.

**4.** 확률적 표본추출과 비확률적 표본추출을 구분하는 방법과 각각의 기준을 설명하라.

**5.** 다음의 조사에서 모집단 조사와 표본조사 중 어떤 방법을 사용하는 것이 더 적합한지 결정하고, 표본조사인 경우 어떤 방법으로 표본을 구성할지 설명하라.

(a) 선거 후보자들에 대한 지지도 조사
(b) 음료수의 용량이 250ml가 맞는지에 대한 조사
(c) 대학생의 스마트폰 만족도에 대한 조사
(d) A 대학교 신입생의 한 달 용돈 금액 조사
(e) 대한민국 성인의 1일 SNS 이용 시간에 대한 조사
(f) SNS 이용자의 이용 목적과 만족도에 관한 조사
(g) 프랜차이즈 패밀리 레스토랑과 일반 패밀리 레스토랑의 맛, 친절도, 만족도, 선호도에 대한 조사
(h) 청년 창업가의 진취성, 혁신성, 위험 감수성에 대한 조사

**6.** $z$분포와 $t$분포의 개념과 두 분포의 관계를 설명하라.

**7.** 표본분산의 확률분포에는 어떤 것이 있으며, 이들이 어떤 경우에 활용되는지 설명하라.

**8.** 표본으로부터 모수를 추정할 때, 오차를 줄이기 위해서 조사자가 할 수 있는 방법에 대해 설명하라.

**9.** 중심극한정리의 개념에 대해 설명하고, 표본의 개수는 어느 정도로 해야 적절한지 설명하라.

CHAPTER

# 03

# 데이터와 통계량

Data and Statistic

## 통계에서 데이터도 알아야 하나요?

모집단에 대한 통계분석이 어렵기 때문에 적합한 표본추출이 필요함을 2장에서 배웠다. 적절한 표본이 결정되었다면, 이제부터는 데이터를 수집하는 데 집중해야 한다.

통계를 활용한 분석 방법은 셀 수 없이 많고, 지금 이 순간에도 새로운 통계적 분석 방법이 끊임없이 개발되고 있다. 분석 방법마다 적합한 데이터의 형태가 다르기 때문에, 수집된 데이터의 형태에 따라 통계분석 방법도 달라져야 한다. 다시 말해, 데이터를 제대로 이해하고 있어야 통계분석을 정확하게 수행할 수 있다.

Contents

01_ 데이터의 수집

02_ 데이터의 표현 방법

03_ 기초 통계량

연습문제

SECTION 01

# 데이터의 수집

- 데이터 수집의 중요성을 이해하고, 통계분석의 기초가 되는 데이터를 알아본다.
- 데이터에 대한 척도의 종류와 개념을 이해한다.

Keywords | 변수 | 데이터 | 척도 |

데이터는 통계분석을 위한 재료로, 반드시 정량적으로 수집되어야 한다. 그러나 단순히 숫자로 표시했다고 해서 정량적 데이터라 할 수 없다. 조사 목적을 이루기 위해서는 데이터를 선별하여 수집해야 한다. 데이터를 수집하는 시간과 노력이 헛되지 않도록, 이 절에서는 데이터를 수집할 때 알아야 할 기본 사항들을 살펴보자.

## 변수와 데이터

### 변수

어떠한 대응 관계로 변화하는 수(數) 혹은 함수관계로 대응하며 주어진 범위 안에서 변화하는 수(數)를 **변수**(variable)라 한다. 통계학에서 변수는 조사 목적에 따른 대응 관계에 따라, 주어진 환경에 따라 변화하는 수를 의미한다. 변수는 데이터로 구성되고, 데이터를 근거로 변수의 특성을 파악할 수 있다.

### 데이터

조사 목적에 맞는 변수를 기반으로, 표본으로부터 수집한 자료를 **데이터**(data)라 한다. 데이터는 변수의 특성에 따라 단일 자료 또는 다중 자료로 수집된다. 단일 자료는 비교적 간단한 변수에 주로 사용되며, 다중 자료는 복잡하거나 정교하게 살펴야 그 의미를 알 수 있는 까다로운 변수에 주로 사용된다.

보통 사회과학 분야에서 통계조사를 할 때는 표본의 특징이나 특성을 표현하는 경우 단일 자료를, 핵심적인 연구나 조사를 목적으로 하는 경우 다중 자료를 수집한다.

예를 들어, 스마트폰 구매 의사를 확인하기 위한 설문을 진행한다고 하자. 단일 자료에서는 설문 대상의 '남/여', '소득 수준' 등 관심 대상이 하나의 자료로 구성된다. 반면 다중 자료는 하나의 관심 대상에 대해 여러 개의 자료로 구성된다. '외관'과 '편의성'을 측정한다고 할 때 외관에 대해 '(1) 스마트폰 전면부에 관한 설문', '(2) 스마트폰 후면부에 관한 설문', '(3) 스마트폰과 함께 제공되는 이어폰 모양에 관한 설문'과 같이 질문하고, 편의성에 대해 '(1) 실생활에 유용한 앱에 관한 설문', '(2) 충전 용이성에 대한 설문', '(3) 편리한 UI에 관한 설문'과 같이 질문하는 방식이 다중 자료의 수집 방식이다.

## 척도

자연과학이나 공학 분야에서는 이미 수치화된 자료를 수집하기 때문에 수치화하는 과정이 필요 없다. 하지만 사실이나 현상을 조사하는 인문/사회과학 분야에서는 조사 대상이 지닌 특성을 데이터로 활용하기 위해 수치화하는 작업이 필요하다. 데이터를 수치화하려면 조사의 성격과 목적에 따라 측정 도구와 데이터가 1 : 1로 연결되어야 하는데, 수집되는 데이터의 성격에 따라 적용할 수 있는 통계분석 방법과 결과의 형태가 달라지므로 수치화하는 과정은 매우 중요하다.

데이터는 성격에 따라 크게 범주형 척도와 연속형 척도의 두 가지로 구분된다. 인문/사회과학 분야에서는 대부분 설문지를 통해 데이터를 수집하는데, 이때 이러한 척도들이 활용된다.

### 범주형 척도

**범주형 척도**(categorical scale)는 데이터들을 구분지어 나눌 수 있는 척도로, 명목척도와 서열척도로 구분된다.

#### ▪ 명목척도

**명목척도**(nominal scale)는 수(數) 또는 순서의 개념과 상관없이 이름만 붙여지는 척도다. 예를 들어, 대부분의 설문지를 보면 성별이나 지역을 묻는 질문이 있다. 성별이나 지역에 '1'과 '2' 같은 숫자를 부여하는 것은 성별이나 지역을 계량화하기 위함이 아니라, 단순히 분석 편의를 위해 기호를 부여하는 것이다. 이와 같이 학력, 종교, 지역 등 수(數)와 관계없는 내용을 측정할 때 사용하는 척도를 명목척도라 한다. 이 척도는 주로 빈도나 비율을 나타내는 빈도분석과 기술통계분석에서 표본의 성격(모집단의 대표성)을 나타내는 데 활용된다.

예 설문 문항에서 성별 보기는 대부분 '① 남자 ② 여자'와 같이 주어지며, 응답자는 이에 대해 '①' 혹은 '②'로 답한다. 이때 '남자'나 '여자'는 '1'과 '2'라는 숫자 또는 연산과 아무런 연관이 없다. 즉 '남자 + 남자'를 수식으로 나타내면 '1 + 1 = 2'이지만 남자 두 명을 더한다 하여 '여자'가 될 수는 없다는 의미다.

#### ▪ 서열척도

**서열척도**(ordinal scale)는 순서척도라고도 한다. 서열척도도 명목척도와 유사하게 숫자 혹은 연산과 관련이 없지만, 순서(서열)를 구분할 수 있다는 점이 명목척도와 다르다. 이 척도는 주로 서열 상관분석에서 활용된다.

예 마라톤 경기 결과처럼 '1등', '2등', '3등' 혹은 '금메달', '은메달', '동메달'을 구분할 때, '1등 + 2등'이 '3등' 혹은 '은메달 + 동메달'이 '금메달'이 될 수는 없다. 이때 주의해야 할 것은 '2 − 1 = 1'이고 '3 − 2 = 1'로서 모두 1이라는 차이가 나지만, 1등과 2등 사이의 차이가 2등과 3등 사이의 차이(혹은 거리)와 같다고 할 수 없다는 것이다.

### 연속형 척도

**연속형 척도**(continuous scale)는 연결된 속성의 데이터를 조사 목적에 맞게 구분한 척도로, 등간척도와 비율척도로 나뉜다.

#### ▪ 등간척도

**등간척도**(interval scale)는 명목척도나 서열척도와 달리, 측정된 자료들 간에 더하기와 빼기가 가능한 척도다. 또한 서열척도와 같이 측정 대상에 순서가 있고, 그 간격이 같은 척도다. 그러나 수(數)에서 무(無)를 의미하는 0 값이 존재하지 않는 척도이므로 곱하기와 나누기는 의미가 없다. 즉, 등간척도에서는 절대 0이라는 개념이 존재하지 않는다. 등간척도는 빈도분석, 기술통계분석, 피어슨 상관분석, 분산분석, 회귀분석 등 다양한 통계분석에서 활용된다.

예 '섭씨 영상 15도'를 생각해보자. 이는 '0도보다 15도만큼 높은 온도'다. 여기서 0도는 영상과 영하의 구분점이 되는 온도이지 온도 자체가 없다(無)는 의미가 아니다. 즉, '절대 0'의 개념이 아니다.

### ■ 비율척도

**비율척도**(ratio scale)는 등간척도의 성질과 함께 무(無)의 개념인 0 값도 가지는 척도를 의미한다. 즉, 비율척도는 수(數)의 개념이 모두 포함된 척도이므로 사칙연산이 가능하다. 비율척도는 등간척도에서 무(無)의 개념인 0의 한계가 없어진 것이므로 거의 모든 통계분석에서 사용할 수 있다.

예 '길이', '무게', '부피', '경력' 등의 다양한 기준을 비율척도로 활용할 수 있다.

[표 3-1] 척도의 구분

| 구분 | 척도 | 예시 |
|---|---|---|
| 범주형 척도 | 명목척도 | 남/여, 서울/대구/광주/부산 |
| | 서열척도 | 1등/2등/3등, 금메달/은메달/동메달 |
| 연속형 척도 | 등간척도 | 온도 |
| | 비율척도 | 무게, 부피, 길이 |

**참고 등간척도와 비율척도의 계산 개념**

등간척도와 비율척도를 구분하는 기준은 계산 가능 여부, 절대 0의 개념이 존재하는지 여부다. 등간척도의 '매우 만족 = 5', '만족 = 4', '보통 = 3', '불만족 = 2', '매우 불만족 = 1'로 설문을 했을 때, '매우 만족 = 5' – '만족 = 4' = '매우 불만족 = 1'이라는 계산이 가능한지 의문이 생길 수 있다. 계산이 가능하다고 했기 때문에 이 같은 보기 문항이 잘못된 것 같지 않지만, 이 부분은 단순히 산술적인 접근으로 나타내면 오류를 범하게 된다.

애초에 척도를 구분하는 기준은 숫자 개념이 아니다. 크게 범주형 척도와 연속형 척도로 구분된 상황에서 더욱 세분화하기 위해 '숫자의 개념을 어느 정도 가지고 있는가'라는 기준을 적용한 것이다. 그러므로 '5 – 4 = 1'이라는 산술적인 접근이 아니라 '매우 만족' – '만족' = '나머지 만족'으로 생각해야 한다.

또한 등간척도와 비율척도를 반드시 구분해야 한다고 집착하는 경우가 있는데, 통계분석에서는 등간척도와 비율척도를 구분하여 분석하지 않는다. 모두 연속형 척도로만 구분하고 있으며 통계분석 프로그램에서도 역시 이를 구분하지 않으므로, 등간척도와 비율척도를 구분하는 실익은 없다고 할 수 있다. 그런데도 등간척도와 비율척도를 구분하는 이유는 0을 기준으로 구분하여 분석하는 것에 실익이 있는 경우, 연구 결과와 의미가 달라질 수 있기 때문이다.

SECTION 02

# 데이터의 표현 방법

- 도수분포표의 개념을 이해하고 도수분포표를 작성한다.
- 히스토그램, 막대그래프, 상자수염그림 등 그래프의 개념을 이해하고 해당 그래프를 작성한다.

Keywords | 도수분포표 | 히스토그램 | 막대그래프 | 상자수염그림 |

조사 목적에 맞게 적절한 척도를 설정하여 데이터를 수집했다면, 이제는 데이터를 표현할 수 있어야 한다. 데이터를 표현한다는 것은 상대방이 이해할 수 있도록 수집된 자료의 내용이나 특성 등을 설명(description)한다는 의미다. 이처럼 표본으로부터 얻은 기초 정보를 관심 있는 상대방에게 설명하는 통계 방법을 **기술통계**(descriptive statistics)라 한다. 기술통계 결과는 표와 그림 등으로 표현될 수 있다.

**참고 기술통계분석을 하여 데이터를 표현하는 이유**

통계로 작성된 논문이나 다양한 보고서를 보면 **기술통계분석** 혹은 **인구통계학적 특성**과 같은 제목이 붙은 표와 그림들이 있다. 이때 표본 구성에 대해서만 설명(description)하는 것은 의미가 없다. 분석 자료보다 이러한 설명이 먼저 나오는 이유는 연구자(조사자)가 설정한 표본이 모집단을 제대로 대표하고 있다는 것을 주장하기 위함이다. 따라서 단순히 표본만 설명해서는 안 되고, 반드시 대표성이 있다는 것을 같이 설명해주어야 한다.

## 도수분포표

**도수분포표**(frequency distribution table)는 구간을 설정하여, 수집된 각각의 데이터에 대한 개수를 정리한 표다. 즉, 표본 안에서 해당 데이터가 몇 번씩 확인되는지 빈도를 확인하는 것이라 할 수 있다. 빈도는 해당 측정치 하나하나에 대해 확인할 수도 있지만, 범위로 확인할 수도 있다. 다음 예제를 통해 도수분포표를 작성해보자.[1]

1 도수분포표를 그림으로 나타낸 것이 히스토그램이다. 히스토그램은 하나의 주제나 조건에 대해 구간을 설정하여 빈도를 측정한 그래프다. 반면 막대그래프는 여러 종류의 주제나 조건에 대해 빈도를 측정하여 나타낸 그래프다. 예를 들어, 한 반의 학생 키를 측정하여 구간별 빈도를 표시한 그래프는 히스토그램이고, 한 반의 학생들로부터 '수영, 줄넘기, 배드민턴'의 선호를 측정하여 빈도를 표시한 그래프는 막대그래프다.

## 예제 3-1 도수분포표 출력하기

준비파일 | 3장_도수분포표.xlsx

'3장_도수분포표.xlsx' 파일은 A제약회사에서 100명을 대상으로 다이어트 신약의 복용 전과 후의 체중 변화를 조사한 자료다. 주어진 데이터의 최대값과 최소값을 이용하여 계급구간을 설정하고 도수분포표를 출력하라.

### 실습

**01** Excel을 실행하여 ❶ [열기]를 클릭하고 ❷ '3장_도수분포표.xlsx' 파일을 선택한 후 ❸ [열기]를 클릭한다.

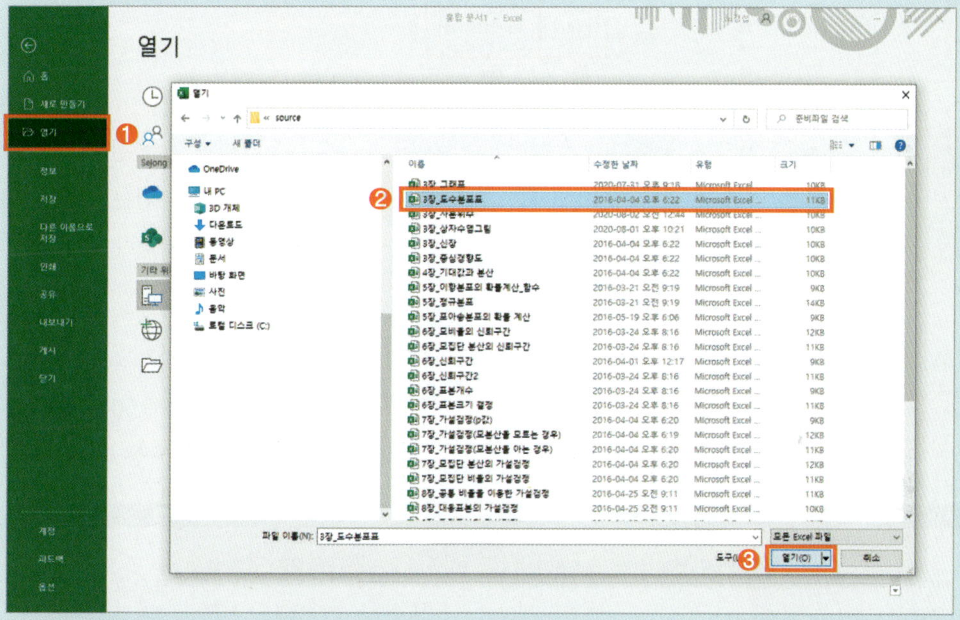


[그림 3-1] '3장_도수분포표.xlsx' 불러오기

**02** ❶ E3셀에 '복용 전'을 입력한 후, E3셀에서 E4셀로 드래그한다. ❷ '병합하고 가운데 맞춤' 아이콘(⊞)을 클릭한다. ❸ E5셀로 이동하여 '복용 후'를 입력한 후, E5셀에서 E6셀로 드래그한다. ❹ '병합하고 가운데 맞춤' 아이콘(⊞)을 클릭한다.

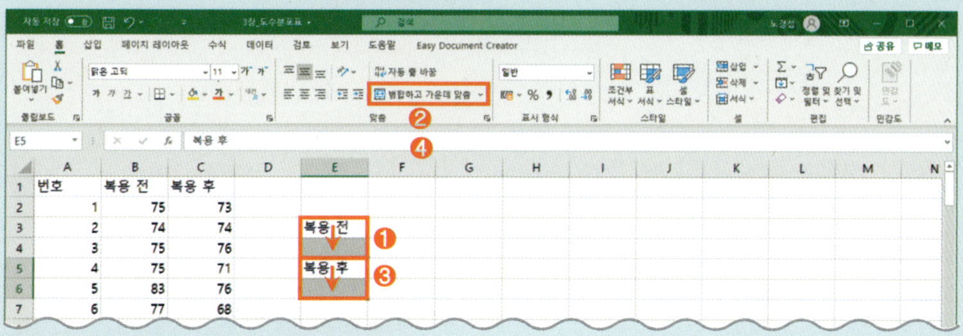


[그림 3-2] '복용 전'과 '복용 후' 입력

**03** ❶ F3셀과 F5셀에는 '최대값'을, F4셀과 F6셀에는 '최소값'을 입력한다. ❷ G3셀에 '=MAX(B2:B101)', G4셀에 '=MIN(B2:B101)', G5셀에 '=MAX(C2:C101)', G6셀에 '=MIN(C2:C101)'을 각각 입력하고 Enter↵ 를 누른다.

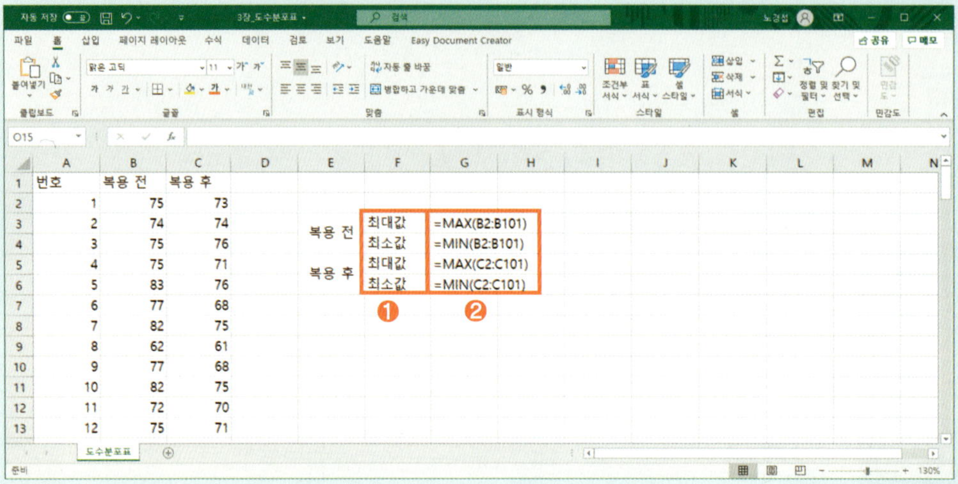


[그림 3-3] **최대값과 최소값 계산하기**

**04** 계산 결과를 보면, 최소 체중이 50kg, 최고 체중이 83kg이므로 5kg 간격으로 범위를 구분해보자. ❶ I3셀에 '계급 구간'을 입력하고 ❷ I4열부터 I11열까지 50, 55, 60, …, 85를 차례로 입력한다. 그러면 Excel은 5kg 간격으로 범위를 자동 인식한다.

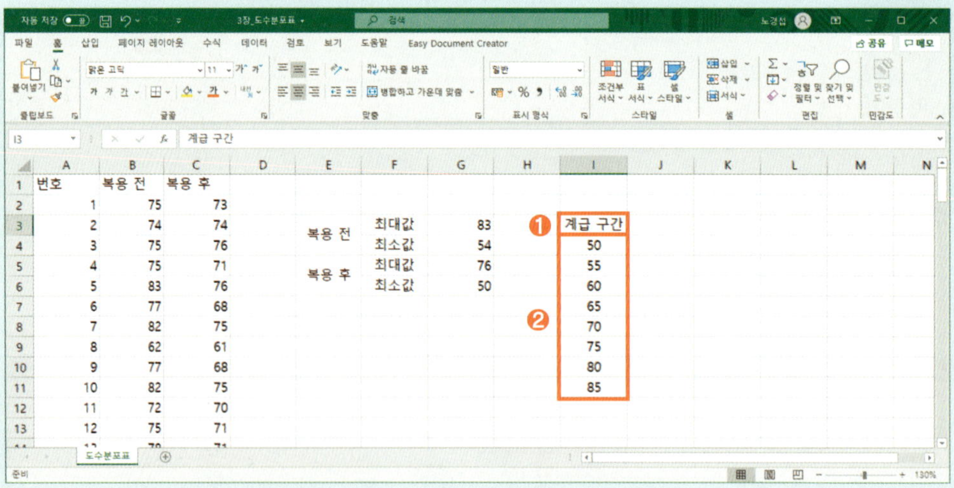


[그림 3-4] **최대값과 최소값 사이의 범위 정하기**

**05** 복용 전의 도수분포표를 출력하기 위해 ❶ [데이터] 탭을 클릭한 후 ❷ [데이터 분석] 메뉴를 클릭한다. [통계 데이터 분석] 창에서 ❸ '히스토그램'을 선택하고, ❹ [확인]을 클릭한다.[2]

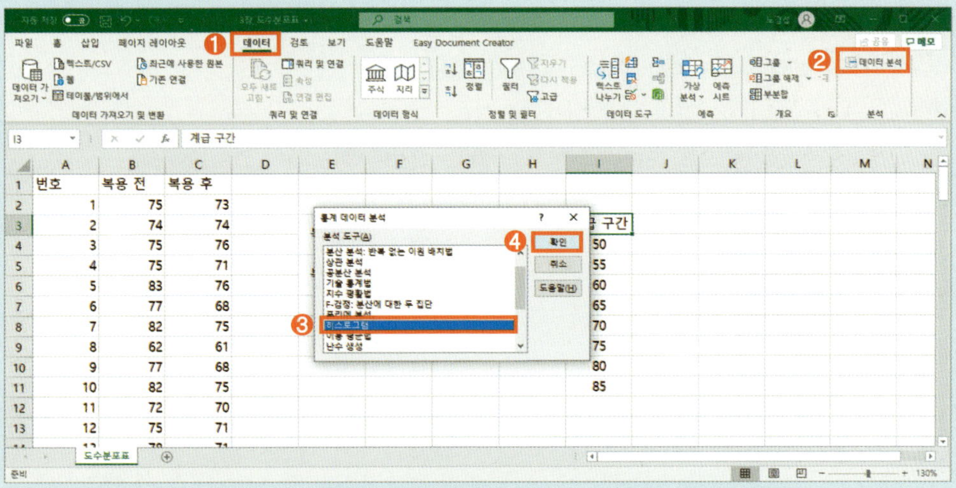

[그림 3-5] [통계 데이터 분석]의 '히스토그램' 선택(복용 전)

**06** [히스토그램] 창에서 ❶ '입력 범위(I):' 칸을 클릭한 후 ❷ '복용 전'의 데이터 구간을 B2셀에서 B101셀까지 드래그하여 입력한다. ❸ '계급 구간(B):' 칸을 클릭한 후 ❹ '계급 구간'을 I4셀에서 I11셀까지 드래그하여 입력한다. ❺ '출력 범위(Q)' 칸을 클릭한 후 ❻ K3셀을 클릭하여 도수분포표가 나타나게 될 시작 위치를 입력하고 ❼ [확인]을 클릭한다.

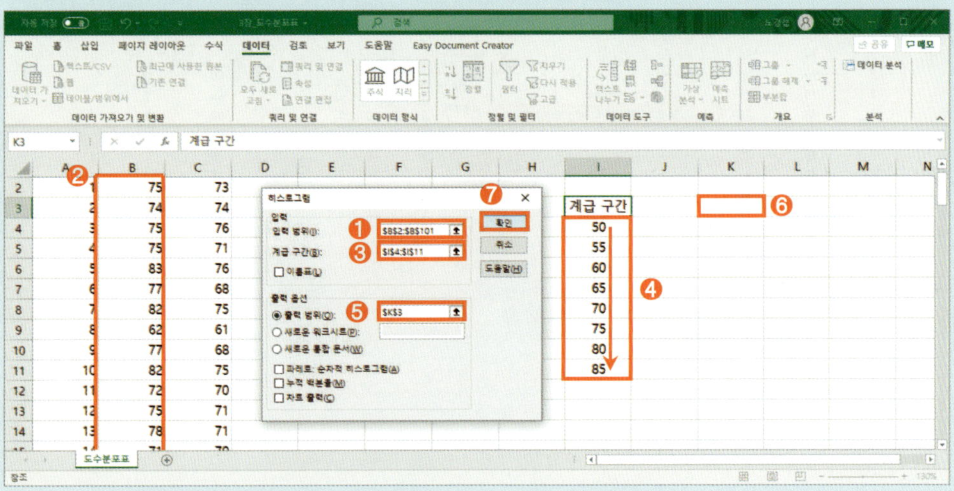

[그림 3-6] 복용 전 [히스토그램] 설정

2 [데이터] 탭에서 [데이터 분석] 메뉴가 보이지 않는다면, 1장 3절을 참고하여 [데이터 분석] 메뉴를 추가한다.

**07** 출력된 도수분포표를 보면 계급이 50kg 이하, 51~55kg, 56~60kg, 61~65kg, 66~70kg, 71~75kg, 76~80kg, 81~85kg로 되어 있다.[3]

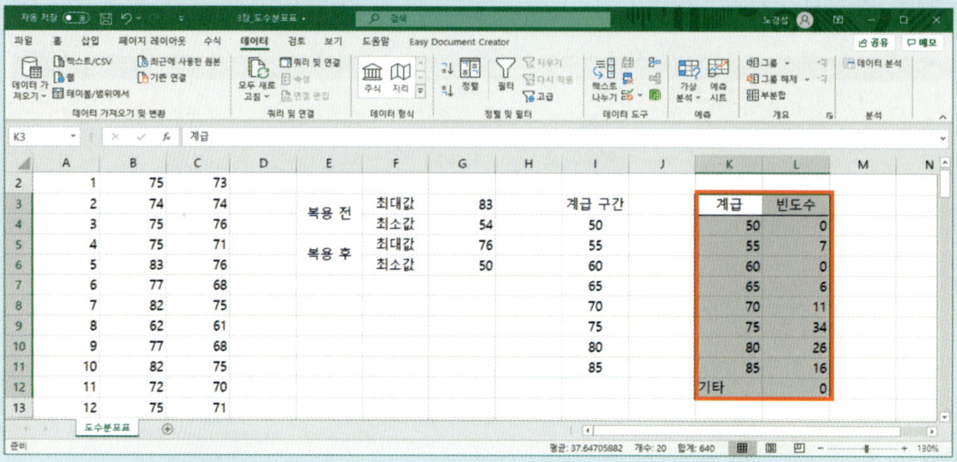

[그림 3-7] 복용 전 도수분포표 출력

**08** 복용 후의 도수분포표를 출력하기 위해 ❶ **[데이터]** 탭을 클릭한 후, ❷ **[데이터 분석]** 메뉴를 클릭한다. **[통계 데이터 분석]** 창에서 ❸ '히스토그램'을 선택하고 ❹ **[확인]**을 클릭한다.

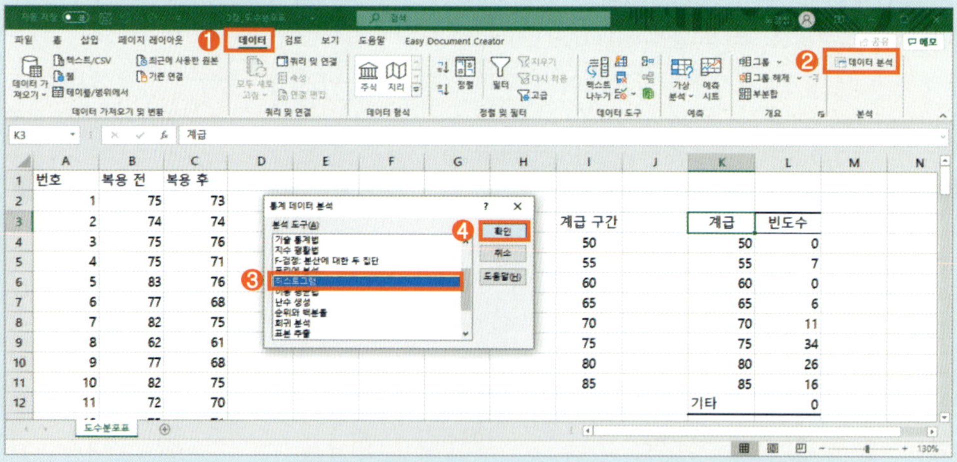

[그림 3-8] 통계 데이터 분석의 '히스토그램' 선택(복용 후)

3 각 계급 구간은 표시가 된 숫자까지 포함된다. 예를 들어 '계급 구간=70'은 직전 계급 구간이 65까지였으므로 66~70 구간의 빈도를 확인할 수 있다. 기타로 표시되는 구간은 85를 넘어가는 수치다.

**09** [히스토그램] 창에서 ❶ '입력 범위(I):' 칸을 클릭한 후 ❷ '복용 후'의 데이터 구간을 C2셀에서 C101셀까지 드래그하여 입력한다. ❸ '계급 구간(B):' 칸을 클릭한 후 ❹ '계급 구간'을 I4셀에서 I11셀까지 드래그하여 입력한다. ❺ '출력 범위(Q)' 칸을 클릭한 후 ❻ N3셀을 클릭하여 도수분포표가 나타나게 될 시작 위치를 입력하고 ❼ [확인]을 클릭한다.

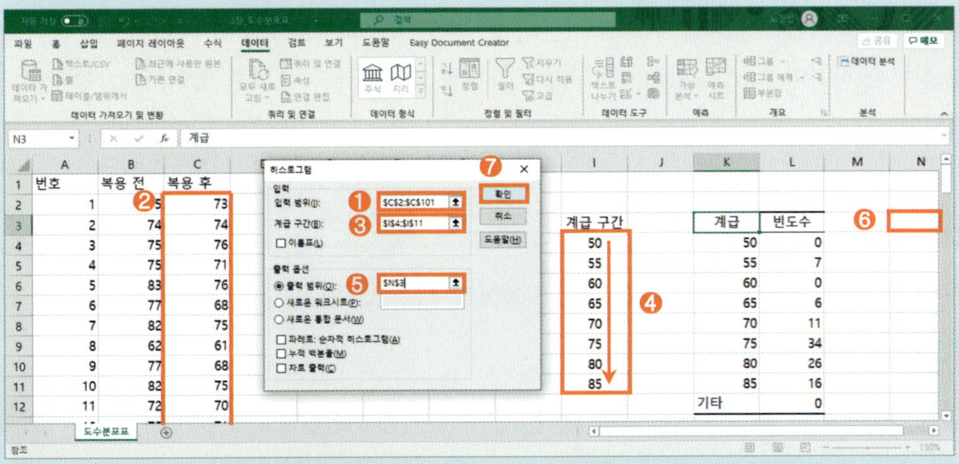

[그림 3-9] 복용 후의 [히스토그램] 설정

**10** 출력된 도수분포표를 보면 계급이 50kg 이하, 51~55kg, 56~60kg, 61~65kg, 66~70kg, 71~75kg, 76~80kg, 81~85kg로 되어 있다.

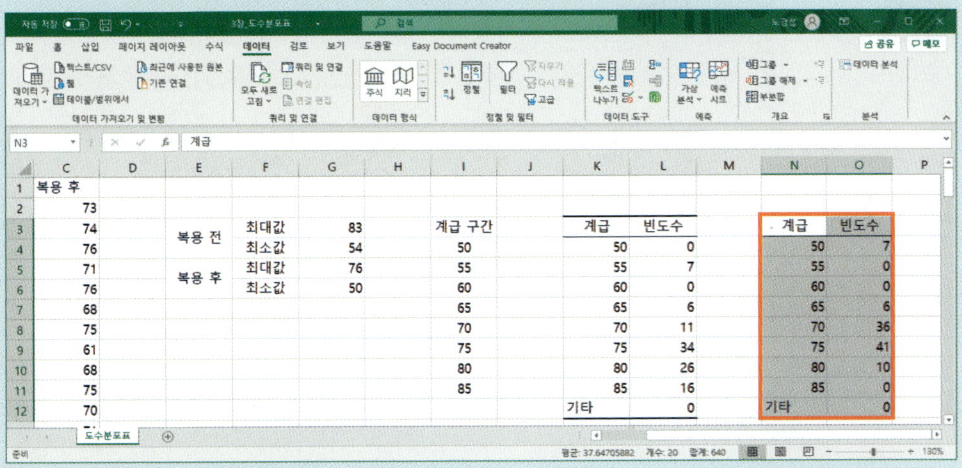

[그림 3-10] 복용 후의 도수분포표 출력

## 히스토그램

도수분포표는 빈도를 나타내는 빈도표다. 그러나 도수분포표의 정보는 직관적으로 인식되는 형태가 아니어서 일일이 숫자를 비교해야 한다는 단점이 있다. 그러나 이 표를 그래프로 나타내면 숫자를 일일이 살펴보지 않아도 크기나 형태 등으로 바로 비교할 수 있다.

다음 예제를 통해 도수분포표를 히스토그램으로 표현해보자. 히스토그램[4]은 측정치들을 계급으로 구분하고 각 계급에 포함되는 측정치의 개수(도수)를 표현한 것이다. 각 계급 간의 상한과 하한이 서로 연결되기에 히스토그램의 막대그래프는 서로 붙어 있는 형태로 표시된다.

### 예제 3-2 도수분포표를 이용해 히스토그램 출력하기

**준비파일** | 3장_도수분포표.xlsx

[예제 3-1]에서 작성한 도수분포표를 이용하여 히스토그램을 출력하라.

### 실습

**■ 도수분포표를 이용한 히스토그램(복용 전)**

**01** ❶ [삽입] 탭을 클릭하고 ❷ 복용 전 도수분포표 내에 커서를 위치한 후 ❸ '추천 차트' 아이콘(ⓘ?)을 클릭한다.

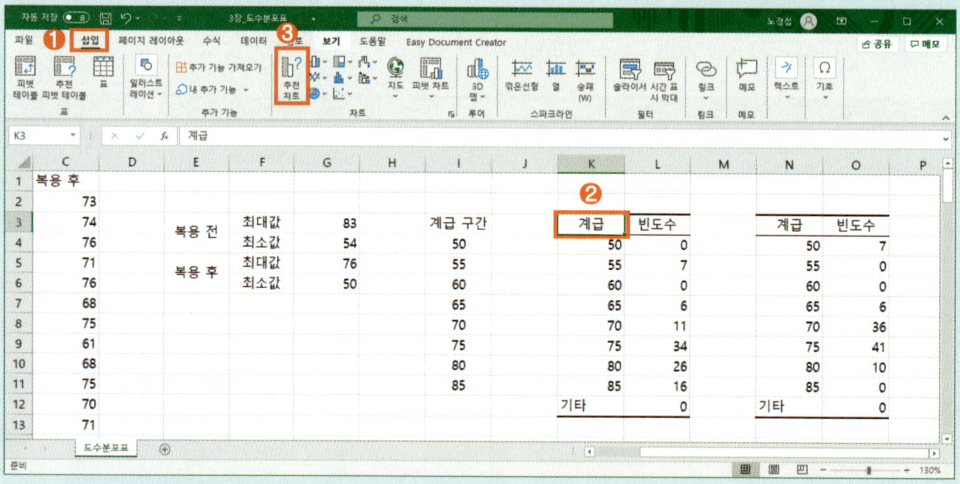


[그림 3-11] 그래프(차트) 삽입을 위해 도수분포표 선택(복용 전)

---

4 Excel 2016 이후 버전부터 히스토그램, 상자수염그림 기능이 추가되었다.

**02** [**차트 삽입**] 창에 대표적인 몇 가지 차트가 추천된다. Excel에서 지원하는 모든 차트를 보려면 ❶ [**모든 차트**] 탭을 클릭한다. ❷ [**히스토그램**]을 선택한 후 ❸ [**확인**]을 클릭한다.

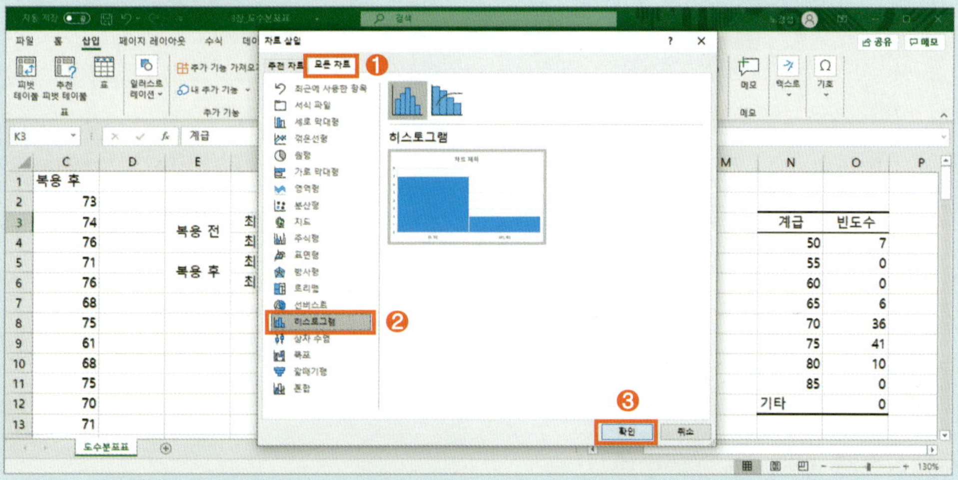

[그림 3-12] **히스토그램 선택(복용 전)**

**03** x축의 설정을 변경하기 위해 ▭ 부분을 더블클릭한다.

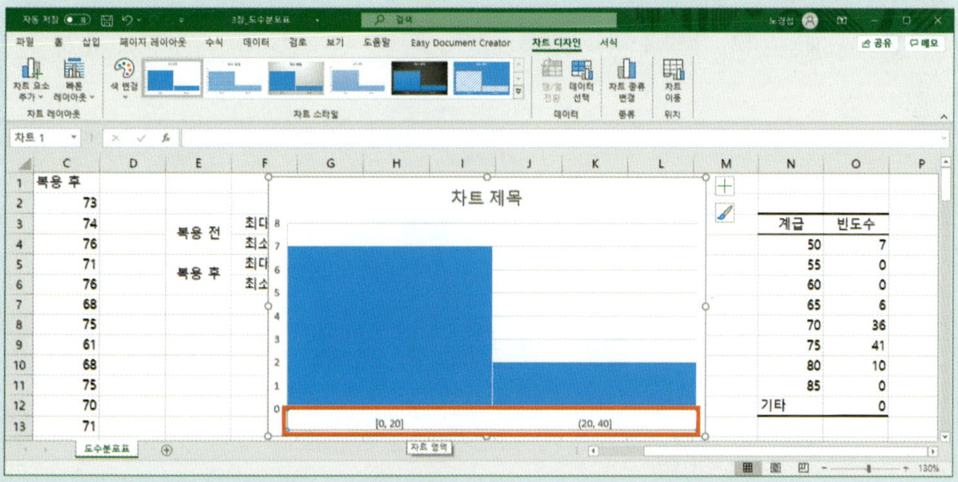

[그림 3-13] **x축 설정 변경(복용 전)**

**04** ❶ [축 서식] 옵션이 보이면 [축 옵션]의 ⌄(펼침)을 클릭하여 ❷ '가로 축'을 선택한다.

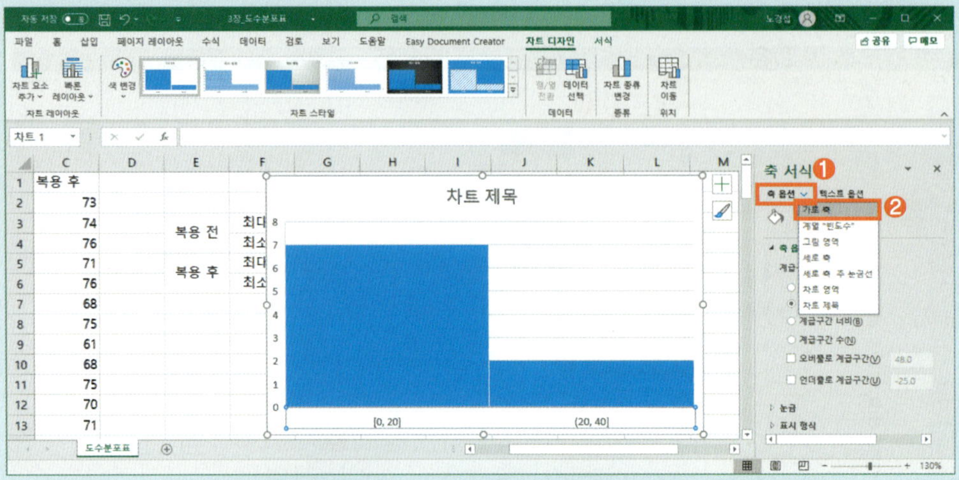


[그림 3-14] x축 설정의 옵션 변경(복용 전)

**05** [계급구간]에서 '범주형'을 선택하면 히스토그램이 완성된다.[5]

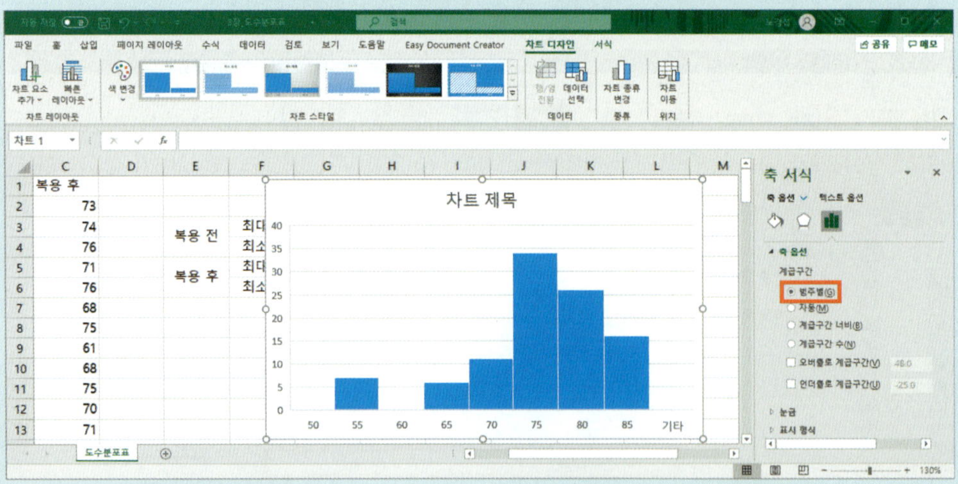


[그림 3-15] 히스토그램 완성(복용 전)

5 이 책에서는 Excel을 이용하여 통계분석 결과를 나타내기 위한 기본적인 방법만 다루기로 한다. 차트와 관련된 Excel의 고급 기능은 다른 엑셀 관련 서적을 참고하기 바란다.

■ 도수분포표를 이용한 히스토그램(복용 후)

**01** ❶ [삽입] 탭을 클릭하고 ❷ 복용 후 도수분포표 내에 커서를 위치한 후 ❸ '추천 차트' 아이콘( )을 클릭한다.

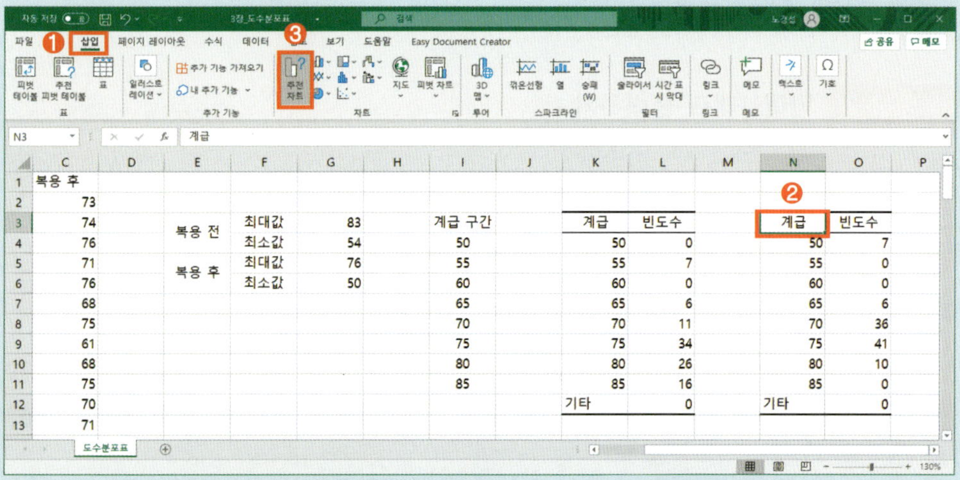


[그림 3-16] 그래프(차트) 삽입을 위해 도수분포표 선택(복용 후)

**02** 이후의 과정은 [그림 3-12] **히스토그램 선택(복용 전)** ~ [그림 3-15] **히스토그램 완성(복용 전)**의 과정을 '복용 후'의 계급과 빈도에 맞추어 동일하게 실시한다.

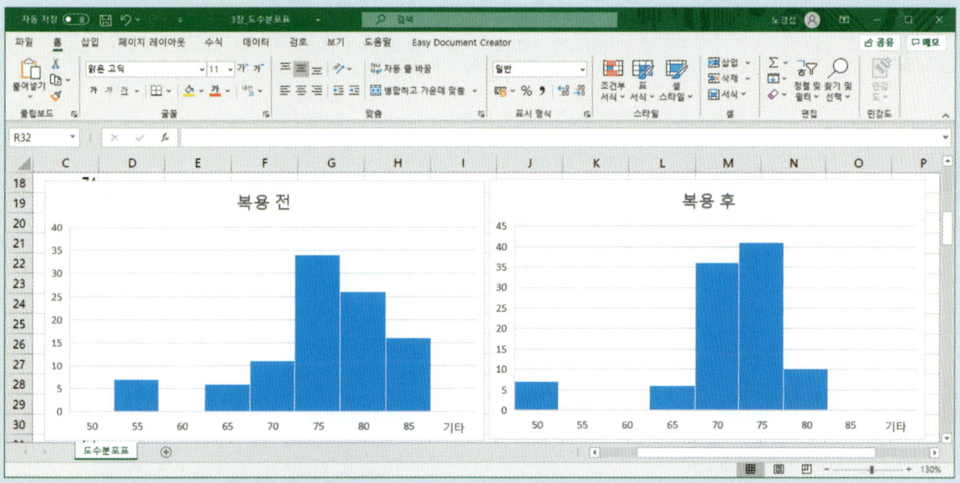


[그림 3-17] 히스토그램 완성(복용 후)

복용 전과 복용 후의 히스토그램을 비교해보면, 전체적으로 빈도의 수치가 낮아진 것을 확인할 수 있다.

## 막대그래프

히스토그램은 하나의 주제나 조건에 대해 구간을 설정하여 빈도를 측정하지만, 막대그래프는 여러 종류의 주제나 조건에 대해 빈도를 측정하므로 서로 비교할 수 있다. 다음 예제를 통해 막대그래프를 표현해보자.

### 예제 3-3 막대그래프 출력하기

준비파일 | 3장_그래프.xlsx

'3장_그래프.xlsx' 파일을 이용하여 막대그래프를 출력하라.

#### 실습

**01** ❶ [삽입] 탭을 클릭하고 ❷ 표 내에 커서를 위치한 후 ❸ '추천 차트' 아이콘( )을 클릭한다.

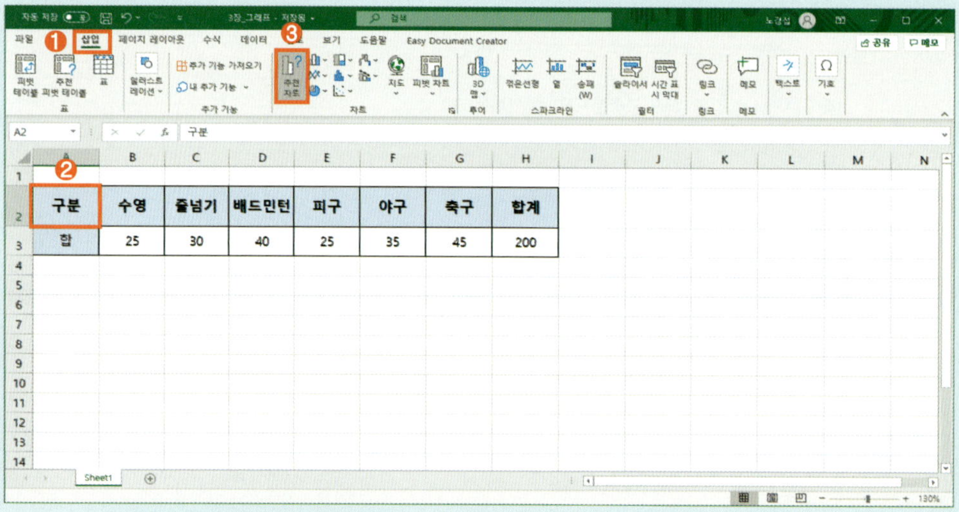


[그림 3-18] 막대그래프 삽입을 위한 표 선택

**02** [차트 삽입] 창에 대표적인 몇 가지 차트가 추천된다. Excel에서 지원하는 모든 차트를 보려면 ❶ [모든 차트] 탭을 클릭한다. ❷ '세로 막대형'을 선택한 후 ❸ '묶은 세로 막대형'을 선택하고 ❹ [확인]을 클릭한다.

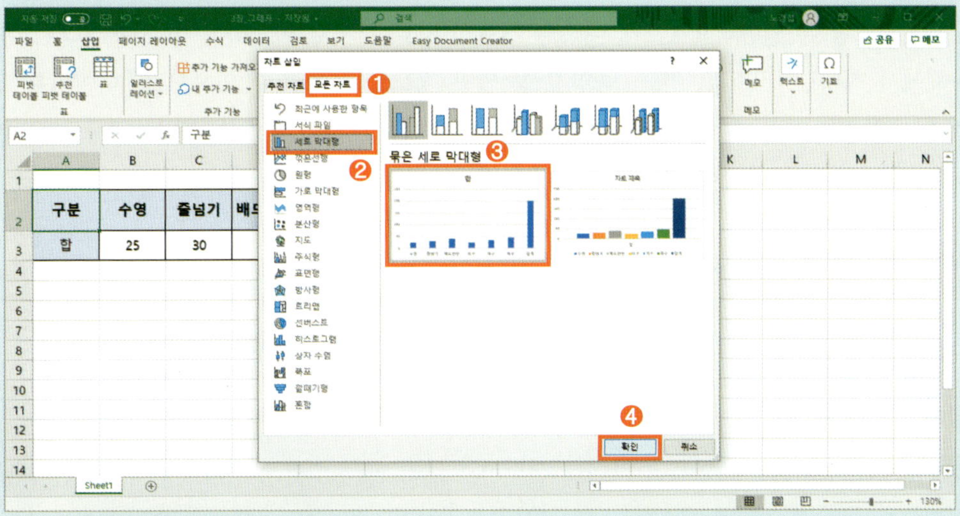

[그림 3-19] 막대그래프 선택

**03** 막대그래프가 완성되었다.

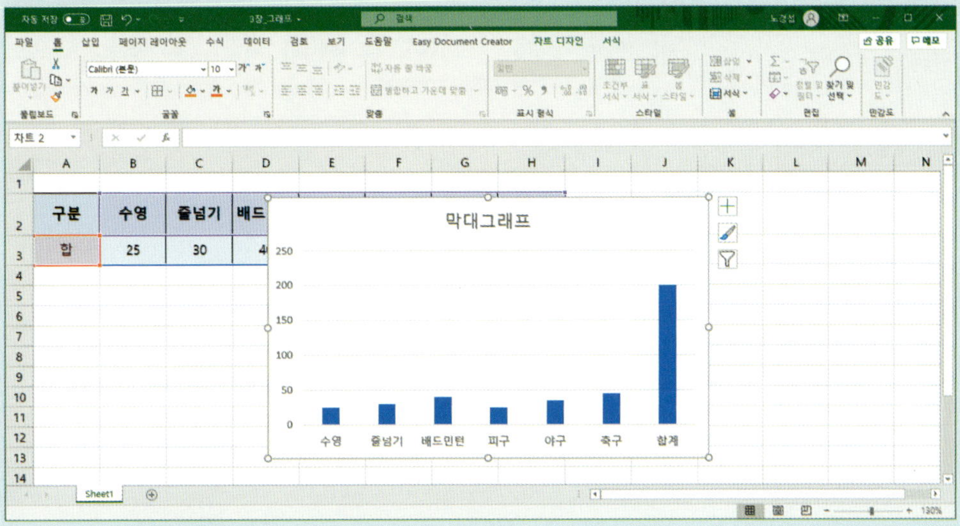

[그림 3-20] 막대그래프 출력

## 상자수염그림

도수분포표, 히스토그램, 막대그래프를 통해 데이터를 표현해보았다. 그런데 이 세 가지 방법은 표현하려는 대상에 대해 빈도에 관한 정보만 표현할 수 있다.

상자수염그림[6]은 일반적으로 2개 이상인 집단의 자료를 서로 비교하는 데 사용된다. 그림 자체에서 최대값, 최소값, 평균, 중앙값 등 많은 정보를 보여줄 수 있으므로, 데이터를 표현하는 데 있어 상당히 유리하다. 다음 예제를 통해 상자수염그림을 그려보고, 상자수염그림 보는 방법을 학습해보자.

### 예제 3-4 상자수염그림 출력하기

준비파일 | 3장_상자수염그림.xlsx

'3장_상자수염그림.xlsx' 파일을 이용하여 상자수염그림을 출력하라.

#### 실습

**01** ❶ [삽입] 탭을 클릭한다. 상자수염그림을 위한 데이터를 선택하기 위해 ❷ B1셀을 클릭하고 Ctrl + Shift + ↓ 을 눌러 '키'에 해당하는 데이터 전체를 선택한 후 ❸ '추천 차트' 아이콘(📊?)을 클릭한다.

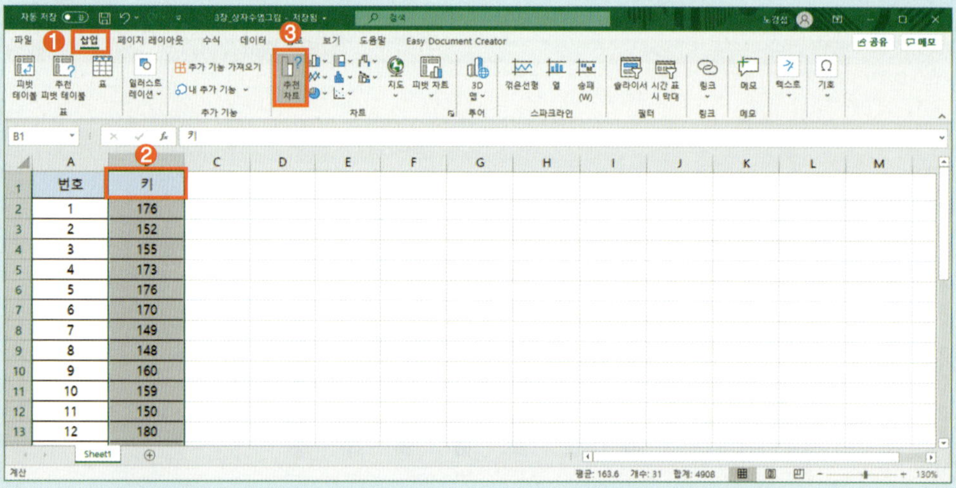

[그림 3-21] 상자수염그림 삽입을 위한 표 선택

6 Excel 2016 이후 버전부터 히스토그램, 상자수염그림 기능이 추가되었다.

**02** [차트 삽입] 창에 대표적인 몇 가지 차트가 추천된다. Excel에서 지원하는 모든 차트를 보려면 ❶ [모든 차트] 탭을 클릭한다. ❷ '상자 수염'을 선택한 후 ❸ '상자 수염'을 선택하고 ❹ [확인]을 클릭한다.

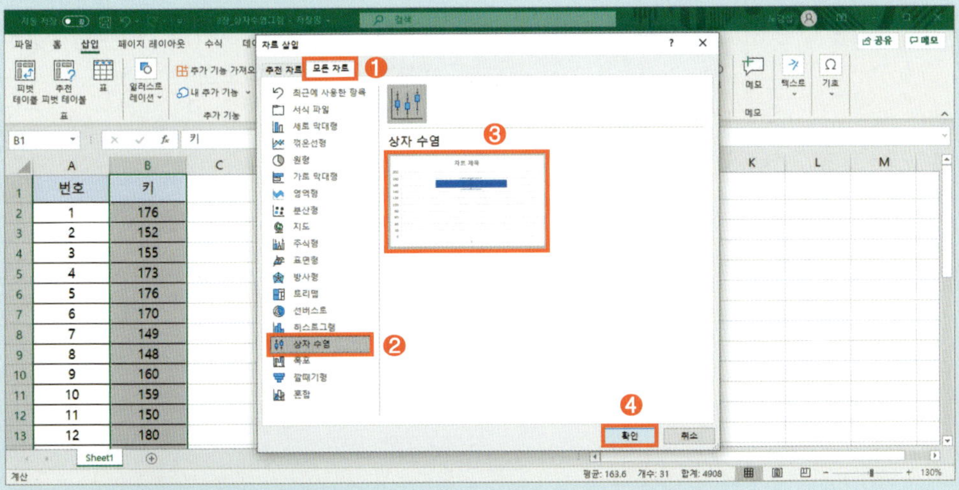

[그림 3-22] 상자수염그림 선택

**03** 상자수염그림이 완성되었다.

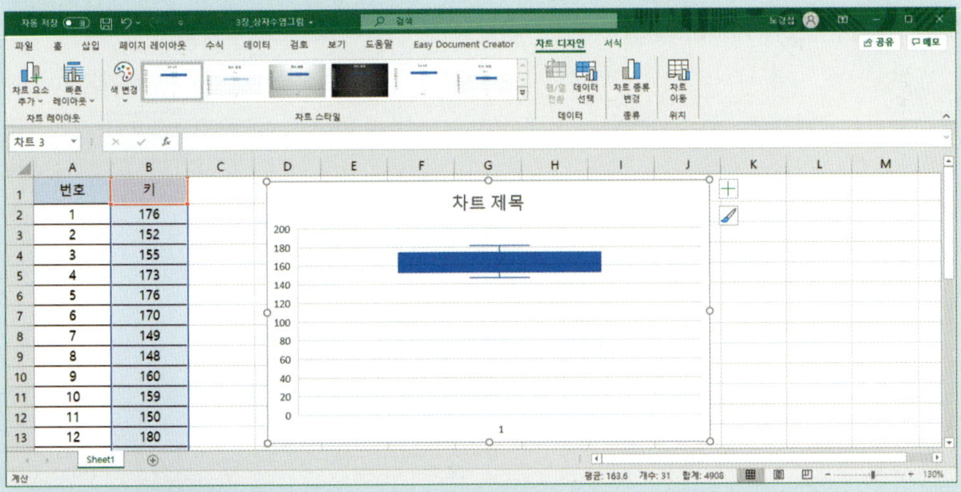

[그림 3-23] 상자수염그림 완성

**04** 상자수염그림을 더 자세히 표현하기 위하여 ❶ 세로축을 더블클릭하면 Excel 우측에 [축 서식] 옵션이 나타난다. ❷ 축 옵션( )을 클릭하고 ❸ '경계'에서 '최소값(N)'을 140, '최대값(X)'를 185로 설정하면 보기 좋은 상자수염그림이 된다.

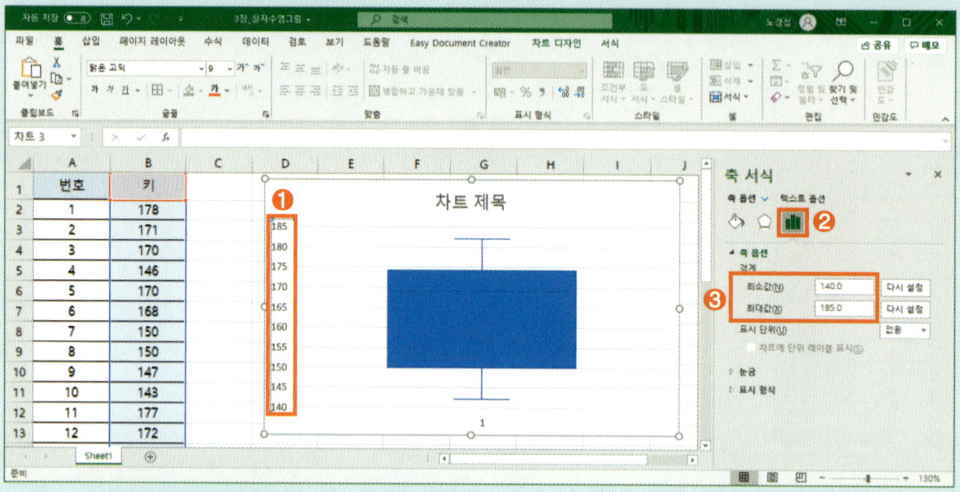


[그림 3-24] **상자수염그림 최종 완성**

### 참고 상자수염그림 자세히 나타내기

상자수염그림의 도형 내부를 더블클릭하면 [그림 3-25]와 같이 [데이터 계열 서식] 창이 열린다. '계열 옵션'에서 '계열 "키"'로 설정한 다음 '내부 요소 표시(N)'에 ☑하면, 상자수염그림에 데이터가 표시된다.

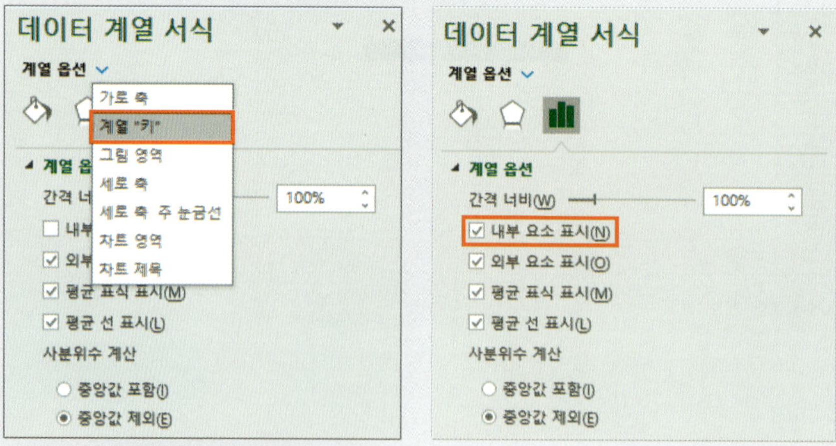


[그림 3-25] **상자수염그림의 세부 옵션**

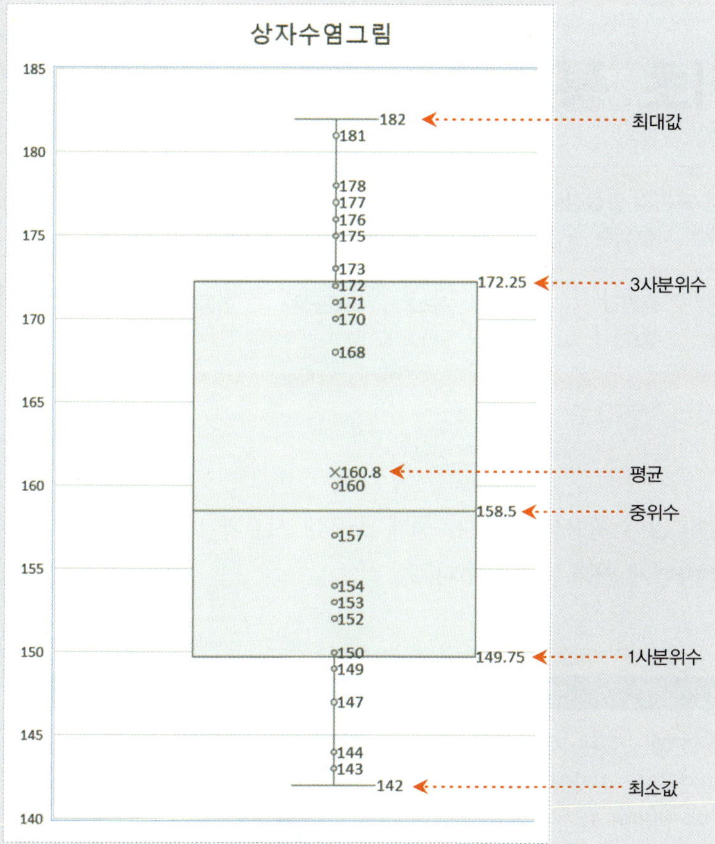


[그림 3-26] 자세히 나타낸 상자수염그림

SECTION 03

# 기초 통계량

- 평균, 중간값, 최빈수 등 표본의 중심경향을 확인할 수 있는 통계량을 이해한다.
- 분산, 표준편차, 변동계수, 사분위수 등 표본의 분포를 확인할 수 있는 통계량을 이해한다.

Keywords | 평균 | 중간값 | 최빈수 | 분산 | 표준편차 | 변동계수 | 사분위수 | 왜도 | 첨도 |

통계는 일상 속에서 상당히 많이 활용되고 있다. 통계 공부에 시간과 노력을 전혀 들이지 않았어도 사실 우리는 익숙하게 통계를 활용한다.

**그래, 이 맛이야!**

[그림 3-27] 찌개 맛보기

제목은 모 회사의 조미료 CF에 나왔던 카피의 일부분이다. 주인공은 끓는 된장찌개를 한 숟가락 맛보며 "그래, 이 맛이야!"라고 외친다. 큰 냄비에 담긴 된장찌개를 어떻게 단 한 숟가락만 먹어보고 단박에 맛있다고 외치는 것일까? 맛을 본 부분만 맛이 있었던 것은 아닐까?

냄비의 된장찌개를 모집단으로 보면, 이를 다 먹어본 후 짜다, 맵다, 달다, 쓰다, 뜨겁다 등으로 내린 평가는 모수라 할 수 있다. 한 숟가락의 된장찌개는 전체 된장찌개의 표본이며, 이 표본으로부터 얻은 평가는 표본에 대한 통계량이다. 이 통계량을 기준으로 결론(가설검정)에 도달한다. 이처럼 단순히 찌개를 끓이는 데에도 통계 이론이 숨어 있다.

음식을 한 숟가락 맛보고 전체 맛을 가늠하는 예가 극단적으로 보이지 않는가? 하지만 우리는 거의 매일 이러한 방법을 사용한다. 그뿐만이 아니다. 사람들이 요리할 때 레시피에 따라서 정확하게 그램(g) 단위까지 지켜가며 음식을 만들까? 대부분의 경우는 그렇지 않다. 축적된 경험을 통해 머릿속에서 그 맛을 가늠하여 눈대중, 손대중으로 음식을 만든다. 이처럼 전문적으로 통계를 배우지 않았더라도 우리는 생활 속의 경험을 통계적으로 처리하여 세세한 행동에까지 최적의 값을 적용하고 있다.

### 기초 통계량의 개념

통계량(statistic)은 표본을 분석해서 얻은 결과로, **기술통계량**(descriptive statistic)이라 한다. 당연히 기술(descriptive)의 대상은 표본이 되고, 이 표본이 모집단에 대한 대표성이 있음을 설명한다. 통계량은 표본이 갖는 특성을 제시하므로 이를 바탕으로 모수를 추정하더라도 문제가 없음을 설명하는 기초 자료가 된다.

### 기초 통계량의 구분

표본을 설명할 때는 기본적으로 표본의 중심을 이루는 값이 어느 정도 되는지 나타내는데, 중심을 이루는 값은 기준을 어떻게 설정하느냐에 따라 달라진다. 표본의 중심을 설명하므로 **대표값**이라고도 하며 **중심경향화 값** 혹은 **중심경향 측정치**라고 부른다. 평균, 중간값, 최빈수, 사분위수로 확인할 수 있다.

표본의 중심경향화 값으로 중심을 이루는 특성을 파악했다면 표본이 구성하는 분포 즉 표본이 퍼진 정도를 알아야 하는데, 이를 **산포도**라 한다. 산포도는 표본의 **범위**, **분산**, **표준편차**, **변동계수** 등으로 구성된다.

표본이 모두 정규분포를 구성한다면 중심경향과 퍼짐 정도를 확인하는 것으로 충분하다. 그러나 표본의 특성을 모두 알려면 표본이 최대값이나 최소값으로 몰려 있는 정도를 파악해야 하는데, 이를 **비대칭도**라 한다. **왜도**(skewness)로 표본의 비대칭도를 파악한다.

마지막으로 표본이 뾰족한 분포를 이루는지, 완만한 분포를 이루면서 퍼져 있는지 확인해야 한다. **첨도**(kurtosis)가 분포의 뾰족한 정도를 나타내는 지표다.

## 중심경향도

중심경향도란 데이터를 종합하여 그 중심을 이루는 값이 어느 정도가 될지를 구한 것이다. 중심을 이루는 값은 기준을 어떻게 설정하느냐에 따라 달라질 수 있다.

누군가 여러분에게 "학교까지 가는 데 어느 정도의 시간이 걸리는가?"라는 질문을 했다고 가정하고 이에 답해보자. 여러 가지 형태로 답을 할 수 있겠지만, 그 답은 크게 두 가지로 구분될 것이다. "30분 정도 소요됩니다"와 같이 특정한 시간을 짚어서 대답하거나 "30 ~ 40분 정도 소요됩니다"라고 구간으로 대답할 것이다. 이렇게 대답했다면 이 시간은 정확한 답일까? 지금까지 통학하면서 한 번도 그 시간을 벗어난 적이 없다면 당연히 정답이 된다. 하지만 대개 그 시간을 벗어난 경우가 있게 마련이므로, 그 답은 100% 정확한 것이 아니다. 질문자도 정확한 값을 얻고자 질문하지는 않았겠지만, 응답자 역시 자신의 경험을 종합한 후 중간 값으로 대답한 것이다.

이와 같이 누가 가르쳐주지 않았지만 여러분은 대략적인 평균값을 머릿속으로 계산해낸다. 아마도 지금까지 통학하면서 가장 빈번하게 측정된 소요 시간을 대답할 것이다. 이때 교통 체증으로 심하게 늦었거나 차가 전혀 막히지 않아 너무 빨리 온 특이한 경우(이상치[7])를 제외하는 고급 통계 기술을 구사하면서 대답할 수도 있다.

이 예를 통계학적으로 살펴보자. 통학한 횟수별 소요 시간은 표본이 되고, 질문에 대한 답으로 이 표본의 중심경향도인 대표값이 제시되었다. 중심경향도를 배우지 않았는데도 인간의 두뇌는 통계를 구현해낸다. 여기서 평균 시간은 우리가 알고 있는 '산술평균'이고, 가장 많이 측정된 소요 시간을 '최빈수'라 한다. 이처럼 통학 시간 전체라는 집단 특성을 대표적으로 표현하는 값에는 평균, 중간값, 최빈수 등이 있으며, 이를 **중심경향도**(measure of central tendency)라 한다.

## 평균

**평균**(mean)은 통계에서 가장 많이 활용되는 중심경향도다. 모든 통계분석에서 사용되며 표본의 특성을 제시할 때 가장 먼저 사용되는 수치다. 평균에는 산술평균, 기하평균, 조화평균이 있다.

### ■ 산술평균

산술평균(arithmetic mean)은 평균 중에서 가장 많이 사용되는 값이며, 일반적으로 사용하는 평균의 개념이다. 모든 측정치를 더한 값을 측정치의 개수로 나누어 계산한다.

표본 $X$가 $n$개의 $x$로 주어졌을 때 (산술)평균 $\bar{x}$를 구하는 공식은 다음과 같다.

$$\bar{x} = \frac{(x_1 + x_2 + x_3 + \cdots + x_n)}{n} = \frac{1}{n}\sum_{i=1}^{n} x_i$$

산술평균의 특징은 다음과 같다.

- 산술평균으로부터 관찰값 편차의 합은 0이다.
- 자료의 분포가 좌우대칭이면 산술평균과 중위수(중앙값)는 같다.
- 대표값 중에서 가장 많이 사용된다.

### ■ 기하평균

기하평균(geometric mean)은 주로 평균변화율이나 평균성장률, 경제성장률 등의 비율을 구할 때 이용하는 수치다. 여러 개의 수를 연속으로 곱한 값에 측정치의 개수만큼 제곱근

7 이상치(out-lier)는 사전적 의미로 '집 밖에서 잠자는 사람', '영외 거주자' 등을 의미하는데, 통계학에서는 다른 측정치들과 어울릴 수 없을 정도로 차이가 많이 나서 표본으로 사용할 수 없는 측정치를 의미한다.

으로 구한다. 따라서 **시계열 자료 변동을 대표하는 값으로 가장 적당하다**.

일반적으로 기하평균은 계산이 복잡하기 때문에 로그함수(대수함수)를 취해서 계산한다. 측정치에 0이나 음수가 있는 경우에는 기하평균을 활용할 수 없다.

$$M_g = \sqrt[n]{x_1 \cdot x_2 \cdot x_3 \cdots x_n}$$

$$\log Mg = \frac{1}{n}\sum_{i=1}^{n}\log x_i$$

### ▪ 조화평균

조화평균(harmonic mean)은 양수인 $n$개의 측정치를 역수로 하여 산술평균을 구하고, 이를 다시 역수로 나타낸 평균을 말한다. 조화평균은 가속 현상에서 평균 속도를 구하는 것과 같이 시간 비율의 평균을 나타내거나 표본 측정치의 극단 값을 줄여 균형된 자료를 만들 때 사용한다.

$$M_h = \frac{1}{\frac{1}{n}\left(\frac{1}{x_1}+\frac{1}{x_2}+\frac{1}{x_3}+\cdots+\frac{1}{x_n}\right)} = \frac{n}{\frac{1}{x_1}+\frac{1}{x_2}+\frac{1}{x_3}+\cdots+\frac{1}{x_n}}$$

**참고 산술평균, 기하평균, 조화평균**

$a$와 $b$가 실수일 때

$$(\text{산술평균}) = \frac{a+b}{2},\ (\text{기하평균}) = \sqrt{ab},\ (\text{조화평균}) = \frac{2ab}{a+b}$$

이며, 이들 사이에는 다음의 관계가 성립한다.

$$\frac{a+b}{2} \geq \sqrt{ab} \geq \frac{2ab}{a+b}$$

(산술평균) ≥ (기하평균) ≥ (조화평균)

### ▪ 절사평균

절사평균(truncated mean)은 표본 측정치들 중 편차가 큰 극단치가 존재하는 경우 산술평균을 활용하기 어려우므로 상위와 하위의 일정 부분을 제거하고 계산한 평균을 말한다.

## 중간값(중위수, 중앙값, 중앙치)

**중간값**(median)은 $n$개의 관측치를 크기 순서로 늘어놓았을 때 관측된 자료의 편중과 상관없이 가운데에 위치한 값을 말한다. 관측된 자료가 홀수 개라면 표본 중간에 있는 값을 선택하고, 짝수 개라면 중간에 있는 2개의 표본 값에 대한 평균값을 찾으면 된다.

중간값은 도수 분포가 비대칭이고 극단치들이 있을 때 활용하기 좋은 중심경향도다. 평균에 비해 극단치의 영향을 적게 받으므로 경우에 따라서는 평균보다 더 좋은 대표값이 될 수 있다.

$$X_M = \frac{(n+1)}{2}\text{번째의 측정치, } (n\text{이 홀수인 경우})$$

$$= \frac{\frac{n}{2}\text{번째 수} + \frac{n+2}{2}\text{번째 수}}{2} \ (n\text{이 짝수인 경우})$$

예 1, 3, 3, 6, 7, 8, 9의 중간값 $=6$

1, 2, 3, 4, 5, 6, 7, 8의 중간값$= \frac{4+5}{2} = 4.5$

### 최빈수

**최빈수**(mode)는 표본에서 가장 많이 나타나는 관측치를 의미한다. 여러 번 확인된다는 특성 때문에 중심경향도에 포함되나 최소 부분과 최대 부분으로 쏠림 현상이 나타날 수 있기 때문에 특별히 필요한 경우가 아니라면 잘 사용하지 않는다.

최빈수의 특징은 다음과 같다.

- 최빈수는 중심경향의 측정치로 1개 이상 존재할 수 있다.
- 측정치 중 가장 많이 나타난 값이며, 도수분포표에서 가장 많이 나타나는 계급의 값을 말한다.
- 자료 중 평균이나 중간값을 구하기 어려운 경우에 많이 활용된다. 예 혈액형 측정
- 극단치의 영향이 없고, 계급이 존재하는 경우 훨씬 쉽게 구할 수 있다.

**예제 3-5 평균, 중간값, 최빈수 계산하기** 준비파일 | 3장_중심경향도.xlsx

평소 공부에 관심이 없는 A 학생의 부모님은 A에게 이번 중간고사 성적이 반에서 중간 이상이면 선물을 사주겠다고 약속했다. A 학생의 반 총 학생 수는 6명이고, 각각 중간고사에서 10, 40, 70, 85, 85, 100점을 받았다. A 학생이 70점을 받았다면 과연 중간 이상의 성적을 받은 것일까? 평균, 중간값, 최빈수를 기준으로 설명하라.

**풀이**

- **평균** : 반 전체의 평균을 구하면 다음과 같다.

$$\frac{10+40+70+85+85+100}{6} = 65$$

A 학생의 점수는 70점이고, 반 평균 점수는 65점이다. 따라서 평균 기준으로 보면 A 학생의 점수가 평균보다 5점이나 더 높으므로 부모님께 **선물을 받을 수 있다.**

- **중간값** : A 학생이 속한 반의 점수를 차례로 정렬하면 다음과 같다.

$$10,\ 40,\ 70,\ 85,\ 85,\ 100$$

관측된 자료가 짝수 개이므로 중간값은 70과 85 2개다. 이들의 평균값을 계산하면 $\frac{70+85}{2} = 77.5$가 된다. 70점을 얻은 A 학생은 중간값인 77.5를 넘지 못했다. 따라서 A학생의 성적이 반에서 과반 이상에 들지 못했으므로 부모님께 **선물을 받을 수 없다.**[8]

- **최빈수** : A 학생이 속한 반의 성적을 확인해보면, 두 학생이 85점을 받았다. 따라서 A 학생의 점수가 최빈수인 85점보다 낮으므로 부모님께 **선물을 받을 수 없다.**

## 실습

### ■ 평균

**01** Excel을 실행하여 '3장_중심경향도.xlsx' 파일을 불러온다.

**02** ❶ C9셀로 셀 포인터를 옮긴다. ❷ Σ 아이콘의 펼쳐보기(▾)를 클릭한 후 ❸ '평균(A)'을 클릭한다.

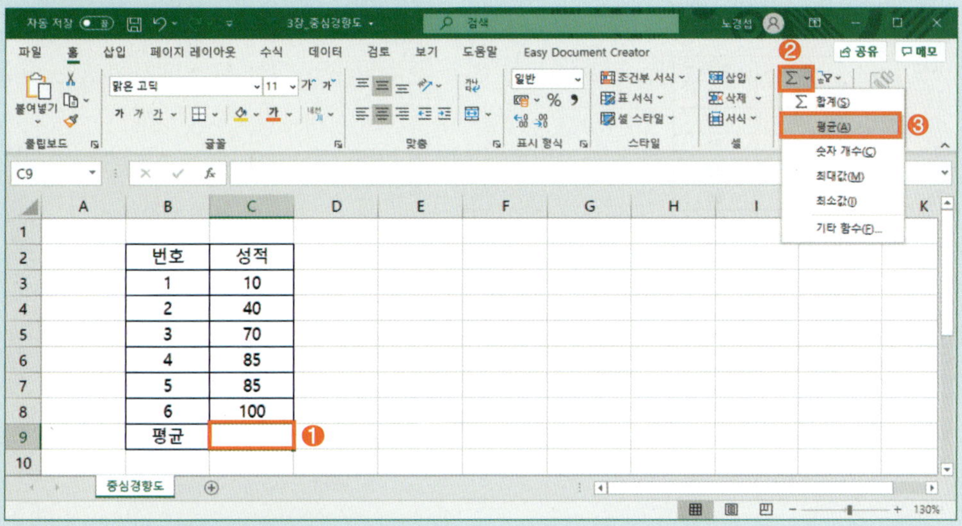


[그림 3-28] **평균 구하기**

8 통계는 모든 현상을 수치로 표현할 수 있어서 과학적이지만 이처럼 악용될 수 있는 여지가 있다. 중심경향도에서 평균이 가장 널리 쓰이지만, 중심경향도에 대한 정확한 이해가 없으면 같은 상황도 정반대로 해석할 수 있으므로 그 개념을 명확하게 이해하고 있어야 한다.

**03** C3셀부터 C8까지(C3:C8) 드래그하여 성적 범위를 정한 후 Enter↵ 를 누른다.

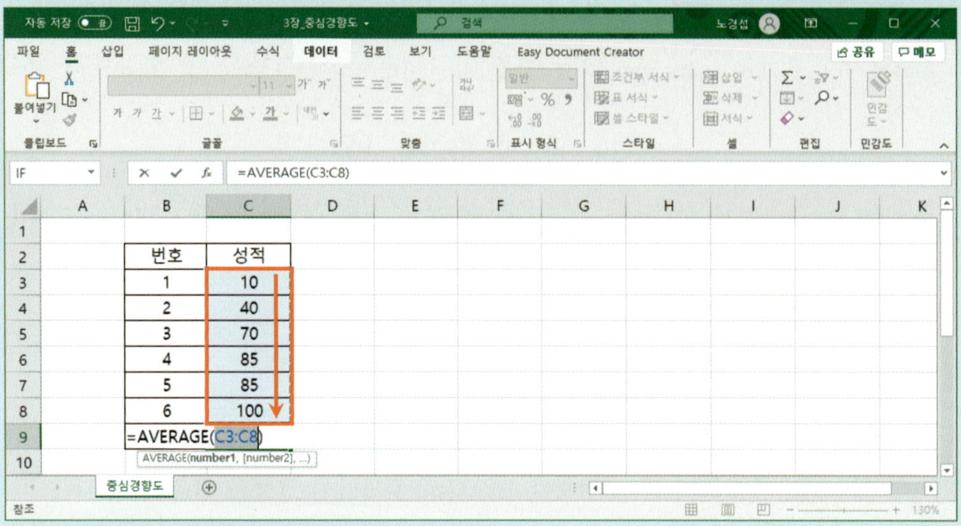

[그림 3-29] **평균 함수식 입력**

**04** 평균값으로 '65'가 계산됨을 확인할 수 있다.

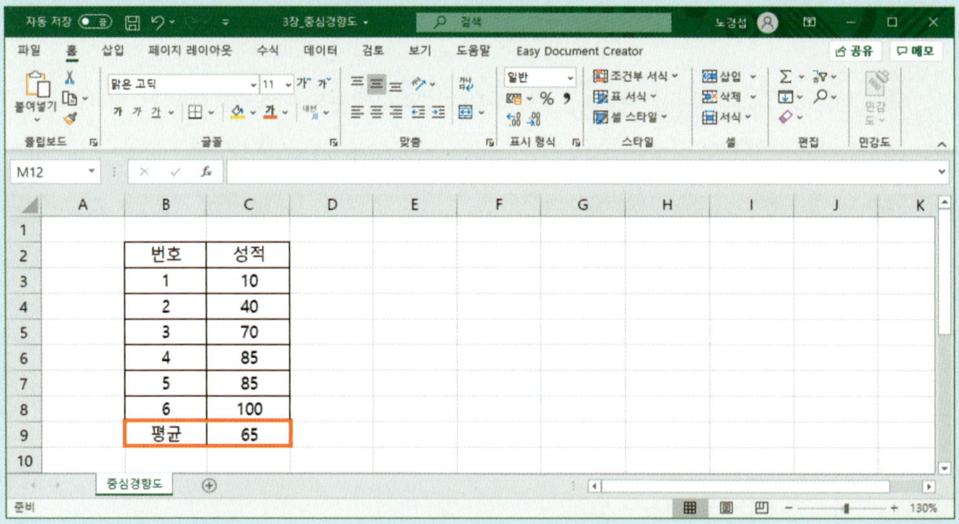

[그림 3-30] **평균 계산 결과**

■ 중간값

**01** ❶ C10셀로 셀 포인트를 옮긴다. ❷ Σ 아이콘의 펼쳐보기(▾)를 클릭하고 ❸ '기타 함수(E)...'를 클릭한다. ❹ **[함수 마법사]** 창에서 '함수 검색(S):'에 '중간값'을 입력하고 ❺ **[검색]**을 클릭한다. ❻ '함수 선택(N):'에서 'MEDIAN' 함수를 선택한 후 ❼ **[확인]**을 클릭한다.

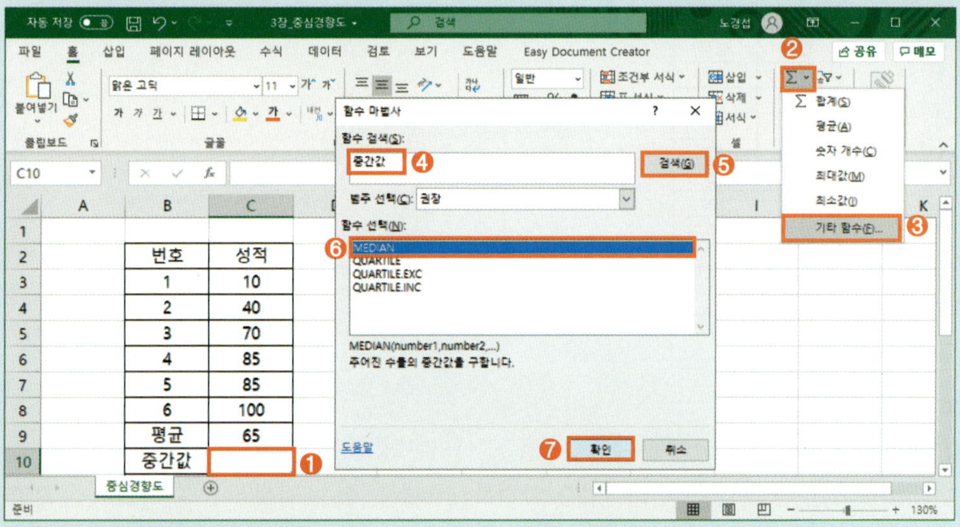

[그림 3-31] 중간값 구하기

**02** **[함수 인수]** 창에서 ❶ 'Number1'을 선택하고 ❷ C3셀에서 C8셀까지(C3:C8) 드래그하여 입력한 후 ❸ **[확인]**을 클릭한다.

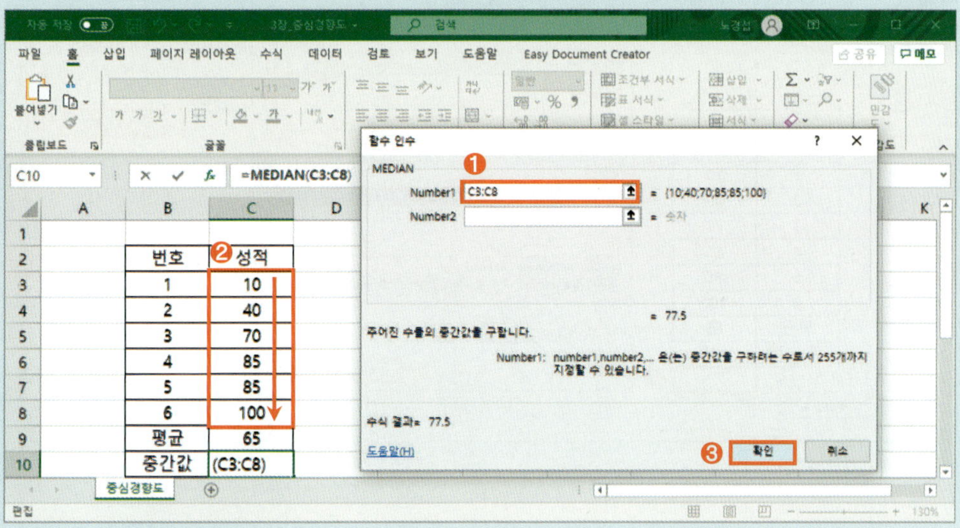

[그림 3-32] 중간값 범위 설정

**03** 중간값이 '77.5'로 계산됨을 확인할 수 있다.

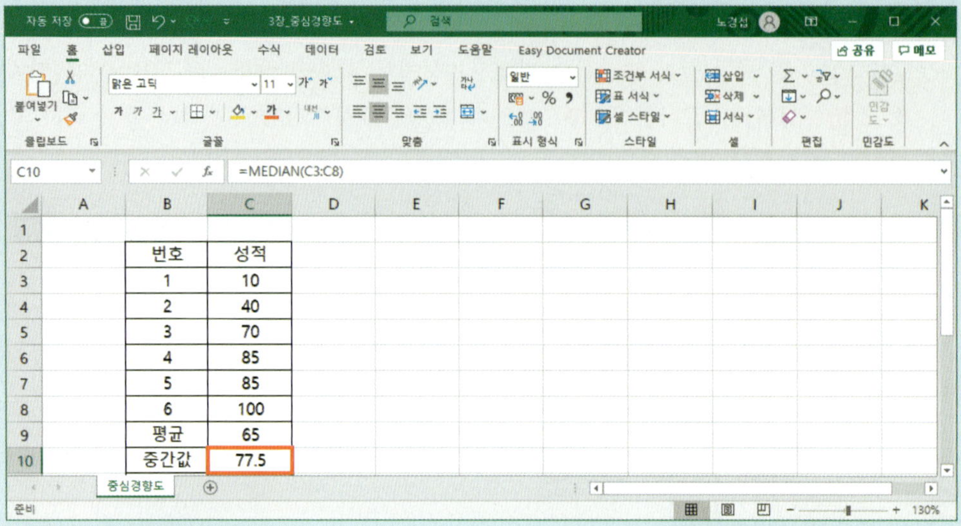


[그림 3-33] **중간값 계산 결과**

### ■ 최빈수[9]

**01** ❶ C11셀로 셀 포인터를 옮긴다. ❷ Σ 아이콘의 펼쳐보기(▾)를 클릭하고 ❸ '기타 함수(E)...'를 클릭한다. ❹ **[함수 마법사]** 창에서 '함수 검색(S):'에 '최빈수'를 입력하고 ❺ **[검색]**을 클릭한다. ❻ '함수 선택(N):'에서 'MODE.SNGL' 함수[10]를 찾은 후 ❼ **[확인]**을 클릭한다.

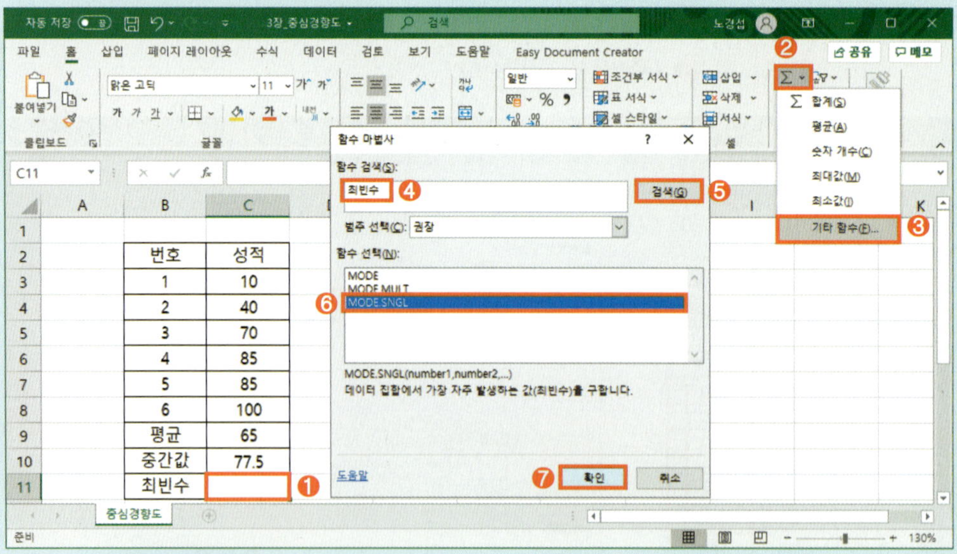


[그림 3-34] **최빈수 구하기**

9 Office365에서는 '최빈수'로 검색하면 함수를 찾을 수 있지만 다른 버전에서는 '최빈값'으로만 검색해야 찾아지는 경우도 있다. 따라서 둘 중 한 단어를 넣어 검색되지 않으면 다른 단어를 넣어 찾는다.

10 MS-Office 2007에서는 'MODE' 함수로 쓰였으나, 이후 버전에서는 MODE.MULT, MODE, MODE.SNGL로 함수가 세분화되었다. 하나의 배열에서 최빈수를 찾아야 하므로 MODE.SNGL를 선택한다.

**02** [함수 인수] 창에서 ❶ 'Number1'을 선택하고 ❷ C3셀에서 C8셀까지(C3:C8) 드래그하여 입력한 후 ❸ [확인]을 클릭한다.

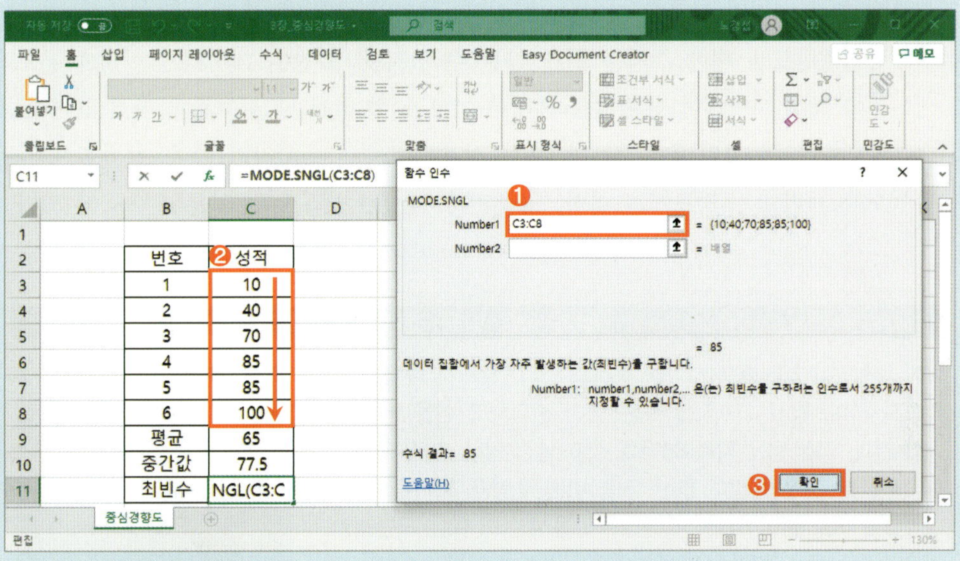

[그림 3-35] 최빈수 범위 설정

**03** 최빈수가 '85'로 계산됨을 확인할 수 있다.

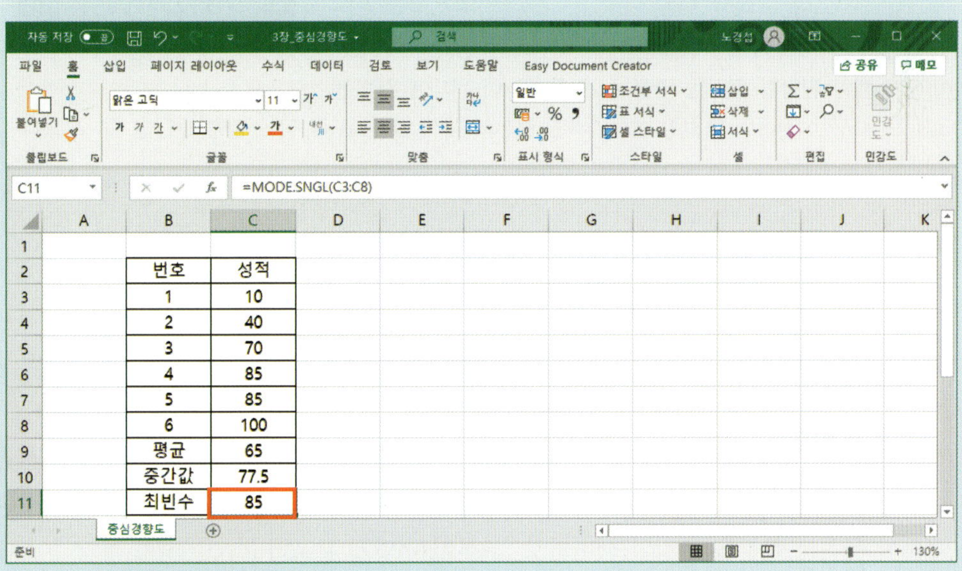

[그림 3-36] 최빈수 계산 결과

## 산포도

데이터를 분석하여 평균, 중간값, 최빈수 등 중심경향도를 확인하는 것만으로도 어느 정도 집단에 대한 성격과 분포를 파악할 수 있다. 하지만 중심경향도만으로는 부족하다. 데이터의 중심경향도에 대한 수치는 쉽게 얻을 수 있지만, 측정된 데이터가 어떻게 분포하고 있는지에 대해 파악해야 데이터를 제대로 이해할 수 있기 때문이다. 따라서 표본이 가지는 분포의 정도를 확인해야 하는데, 이를 **산포도**(dispersion)라고 한다. 통계학에서 산포의 정도를 나타내는 지표에는 분산, 표준편차, 범위, 변동계수, 사분위수 등이 있다.

**누가 상을 받을 것인가**

남녀 대항전 2:2로 골프 시합을 하려고 한다. 반드시 승패를 가리고자 하며, 합산 최저타를 치는 팀이 승리하고 상을 받는다. 시합 결과, 여성 팀은 각각 80타를 쳤고 남성 팀은 70타와 90타를 쳤다. 두 팀은 똑같이 합산 160타이면서 평균 80타를 쳤다. 그렇다면 어느 팀이 이겼다고 할 수 있을까? (이 예는 극단적인 경우라 현실성은 없으나, 분산과 표준편차를 확인할 수 있는 좋은 예다.)

[그림 3-37] 골프 경기

여성 팀에서는 고른 득점을 했으므로 자신들이 상을 받아야 한다고 주장할 수 있다. 반면, 남성 팀에서는 90타도 있지만 프로선수급 점수인 70타도 있으니 자신들이 이겼다고 주장할 것이다. 어떻게 해야 현명한 판단을 내릴 수 있을까? 이 문제에 완벽한 정답은 없지만, 평균이 동일한 상황이라면 분산에 대해 알 경우 좀 더 현명한 판단을 할 수 있다.

산포도의 특징은 다음과 같다.

- 산포도는 대표값을 기준으로 자료들이 어떻게 분포하고 있는지를 나타내는 지표이므로 수치로 표현된다. 수치가 작을수록 대표값에 집중되고, 수치가 클수록 대표값으로부터 멀리 흩어져 있음을 의미한다.
- 중심경향도인 대표값에 대한 수치는 쉽게 얻을 수 있으며 대표값으로 표본의 성격을 표현할 수 있다. 그러나 대표값은 중심화경향만 표현한다. 산포도는 대표값으로 설명하지 못하는 부분을 측정된 데이터로, 표본이 어떻게 분포하고 있는지를 파악하여 데이터를 제대로 이해할 수 있도록 한다.
- 관측값들이 평균으로부터 멀리 떨어져 나타날수록 분산은 커진다. 편차의 총합은 0이다.

또한 척도에 따라 산포도가 갖는 의미는 다음과 같다.

- 명목척도 : 최빈수만 존재하므로 기타 기술통계량은 의미가 없다. 즉, 산포도가 의미가 없다.
- 서열척도 : 산포도의 범위만 존재한다.
- 등간척도, 비율척도 : 범위, 사분편차(사분위수 간의 차이), 분산, 표준편차가 존재한다. 따라서 산포도를 확인하여 표본의 특성을 파악할 수 있다.

## 모분산

표본의 특성을 나타낼 때 사용하는 대표적인 값은 평균이다. 평균은 표본의 중심경향, 즉 집단의 특성을 나타내는 데는 효과적이지만 표본의 분포를 설명하는 데는 충분하지 않다. [그림 3-38]과 [그림 3-39]를 비교해보자. [그림 3-38]은 납작한 분포로 평균 $m$으로부터 떨어져 분포된 정도가 크고, [그림 3-39]는 뾰족한 분포로 평균 $m$으로부터 떨어져 분포된 정도가 작다. 두 분포 모두 평균은 $m$으로 같지만 분포 특성이 다르다.

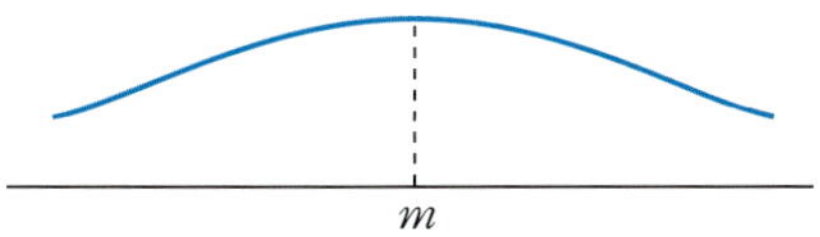


[그림 3-38] **평균 $m$의 분포 1**

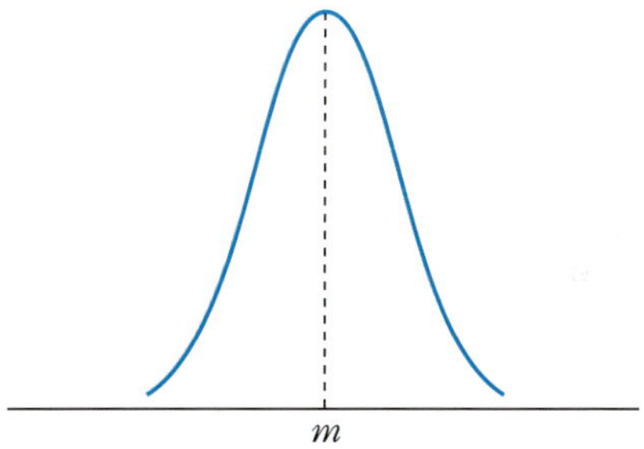


[그림 3-39] **평균 $m$의 분포 2**

표본의 분포 특성을 드러내지 못하는 평균의 단점을 해소하려면 평균과 각 표본들이 얼마나 떨어져 있는지를 측정한 차이(편차)를 확인해야 한다. 다음 예를 살펴보자.

> **예** 총 6명으로 구성된 A반과 B반이 있다. 이번 시험에서 A반 6명은 모두 50점을 받았다. B반에서는 3명이 100점을 받았으나 나머지 3명은 모두 0점을 받았다.

A반과 B반 모두 평균은 50점이다. A반은 모든 학생의 점수가 평균과 일치하므로 평균과의 차이가 모두 0이다. 그러나 B반의 경우 3명의 점수는 평균으로부터 음(−)의 방향으로 50만큼, 다른 3명의 점수는 양(+)의 방향으로 50만큼 차이가 난다. 이때 B반에 나타난 차이(편차)를 모두 더하면 편차의 합은 0으로 계산된다. 즉, 평균에 이어 편차도 두 표본의

차이를 제대로 설명해주지 못한다. 하지만 음수를 양수로 바꾸기 위해 제곱하여 모두 더하면, 차이를 크게 확대할 수 있으므로 표본 간의 차이를 극명하게 확인할 수 있다.[11]

**모분산**(population variance)은 모평균과 모집단의 개별 측정치들 간의 차를 구해서 제곱하여 모두 더한 후, 그 값을 다시 모집단을 구성하는 개수로 나누어 계산한 값이다. 모집단의 개수가 $n$, 모평균이 $\mu$일 때 모분산 $\sigma^2$은 다음과 같이 구한다.

$$\sigma^2 = \frac{1}{n}\sum_{i=1}^{n}(x_i - \mu)^2$$

## 예제 3-6 분산 계산하기

준비파일 | 3장_신장.xlsx

다음은 A반과 B반 학생들의 신장을 조사한 표다. A반과 B반의 평균과 분산을 구하고, 평균과 분산 차이에 대한 특성을 설명하라.

단위 : cm

| 반 | 1 | 2 | 3 | 4 | 5 | 6 | 7 | 8 | 9 | 10 |
|---|---|---|---|---|---|---|---|---|---|---|
| A | 168 | 160 | 170 | 162 | 168 | 163 | 164 | 167 | 161 | 166 |
| B | 175 | 179 | 152 | 153 | 173 | 158 | 175 | 154 | 172 | 157 |

### 풀이

- **평균** : 각 반의 평균을 구하면 다음과 같다.

$$\bar{x}_A = \frac{168+160+170+162+168+163+164+167+161+166}{10} = 164.9$$

$$\bar{x}_B = \frac{175+179+152+153+173+158+175+154+172+157}{10} = 164.8$$

각 반의 평균을 비교해보면 평균 신장이 164.9cm와 164.8cm로 0.1cm(1mm) 정도의 미세한 차이를 보이고 있다.

11 절대값을 취해 양수로 만들지 않는 이유는 바로 뒤에서 설명할 표본분산에서 언급하도록 한다.

• **분산** : 측정치들을 보면 차이가 많이 나므로 각 반의 분산을 구해보자.

$$\sigma_A^2 = \frac{1}{10}\sum_{i=1}^{10}(x_i - 164.9)^2$$

$$= \frac{(168-164.9)^2 + (160-164.9)^2 + \cdots + (166-164.9)^2}{10} = 10.29$$

$$\sigma_B^2 = \frac{1}{10}\sum_{i=1}^{10}(x_i - 164.8)^2$$

$$= \frac{(175-164.8)^2 + (179-164.8)^2 + \cdots + (157-164.8)^2}{10} = 105.56$$

각 반의 분산은 10.29와 105.56으로 10배 이상 차이가 나는 것을 알 수 있다. 분산은 측정치들의 분포를 나타내는 것이다. A반의 분산은 크지 않고, B반의 분산은 A반에 비해 매우 크다. 이는 A반에서는 모든 학생의 키가 거의 비슷하지만, B반에서는 키가 큰 학생과 키가 작은 학생의 차이가 크게 난다는 것을 의미한다.

## 실습

### ■ 평균

**01** Excel을 실행하여 '3장_신장.xlsx' 파일을 불러온다.

**02** A반의 평균을 구하기 위해 ❶ M3셀로 셀 포인터를 옮긴다. ❷ Σ 아이콘의 펼쳐보기(▾)를 클릭한 후 ❸ '평균(A)'을 클릭한다.

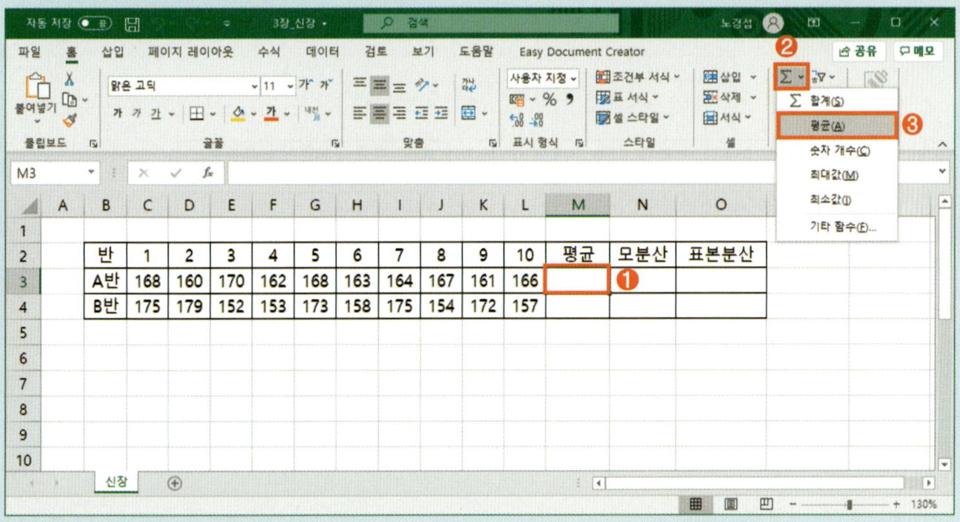


[그림 3-40] A반의 평균 구하기

**03** C3셀부터 L10셀까지(C3:L3) 성적 범위가 올바르게 설정되었는지 확인한 후, Enter↵를 누른다.

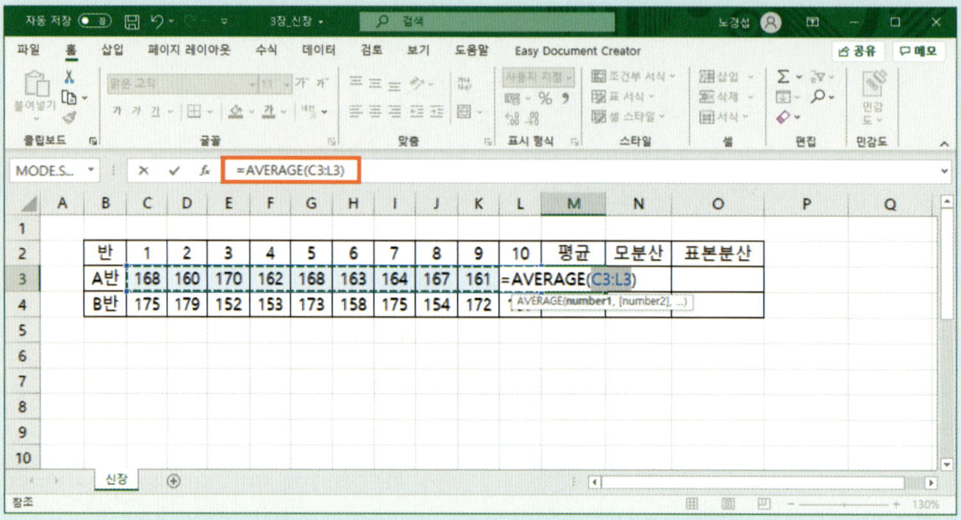

[그림 3-41] A반의 평균 함수식 입력

**04** B반의 평균을 구하기 위해 M4셀로 셀 포인터를 옮기고, Σ 아이콘의 펼쳐보기(▾)를 클릭한 후 '평균(A)'을 클릭한다.

**05** C4셀부터 L4셀까지(C4:L4) 드래그하여 성적 범위를 입력한 후 Enter↵를 누른다.

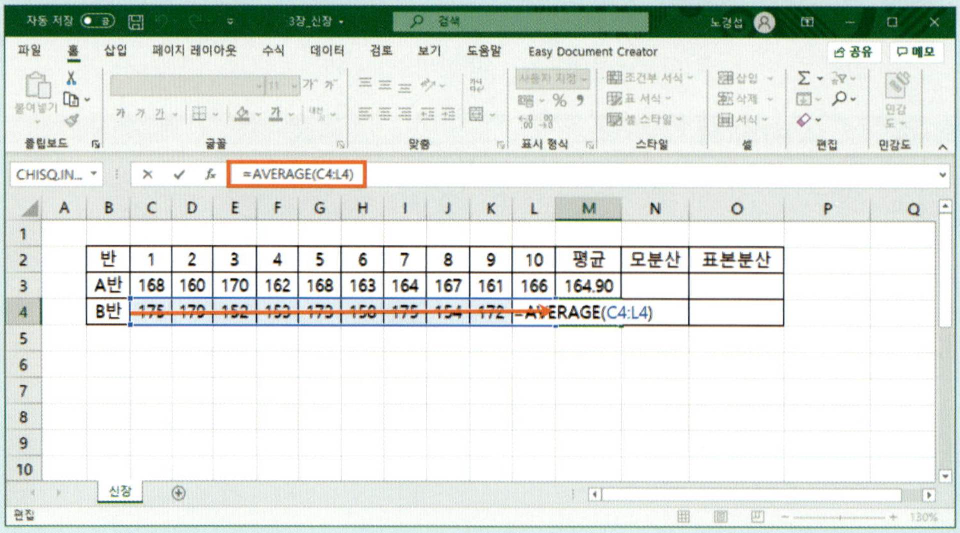

[그림 3-42] B반의 평균 함수식 입력

**06** A반과 B반의 평균이 각각 '164.90'과 '164.80'으로 계산됨을 확인할 수 있다.

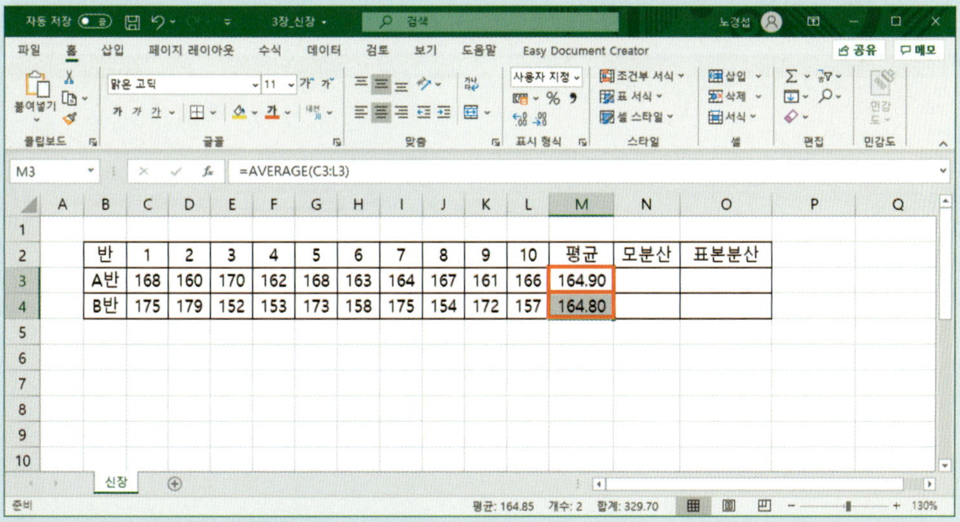


[그림 3-43] A반과 B반의 평균 확인

■ 분산

**01** ❶ N3셀에 셀 포인터를 둔다. ❷ Σ 아이콘의 펼쳐보기(▾)를 클릭하고 ❸ '기타 함수(E)...'를 클릭한다. ❹ **[함수 마법사]** 창에서 '함수 검색(S):'에 '분산'을 입력한 후 ❺ **[검색]**을 클릭한다. ❻ '함수 선택(N):'에서 'VAR.P' 함수를 선택한 후 ❼ **[확인]**을 클릭한다.

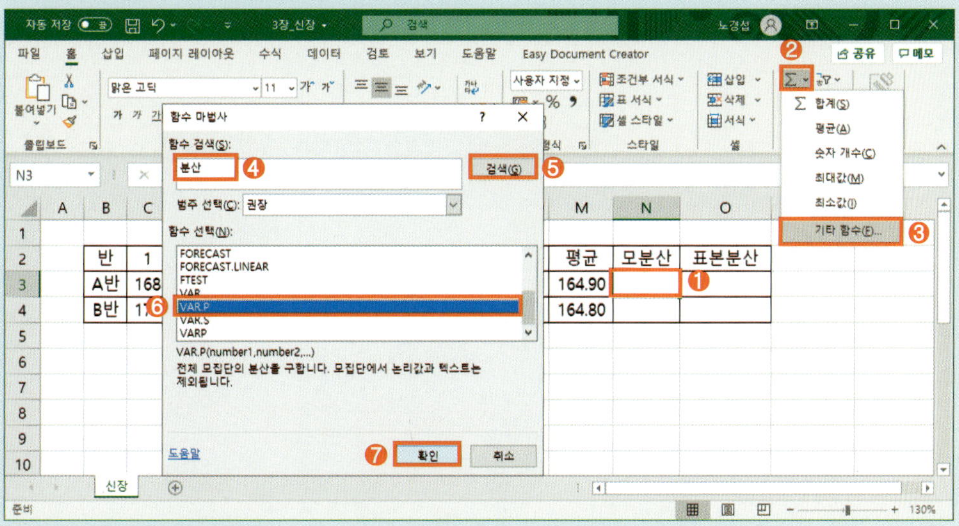


[그림 3-44] A반의 분산 구하기

**02** [함수 인수] 창에서 ❶ 'Number1'을 선택하고 ❷ C3셀에서 L3셀까지(C3:L3) 드래그하여 입력한 후 ❸ [확인]을 클릭한다.

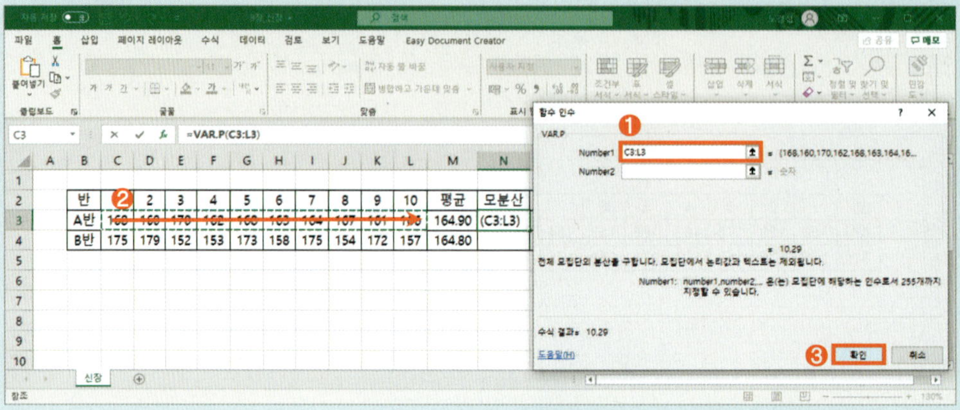

[그림 3-45] 분산 인수 입력

**03** A반의 분산이 '10.29'로 계산됨을 확인할 수 있다.

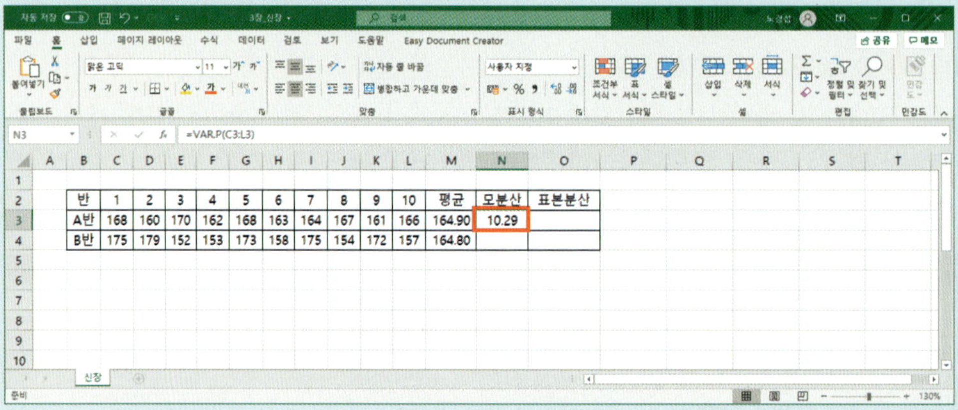

[그림 3-46] A반의 분산 확인

**04** A반의 분산을 계산한 것과 같은 방식으로 B반의 분산을 계산할 수 있으나, 다른 기능을 활용해보자. N3셀의 우측 모서리를 마우스로 클릭하여 N4셀로 드래그하면 B반의 분산이 자동으로 계산된다.

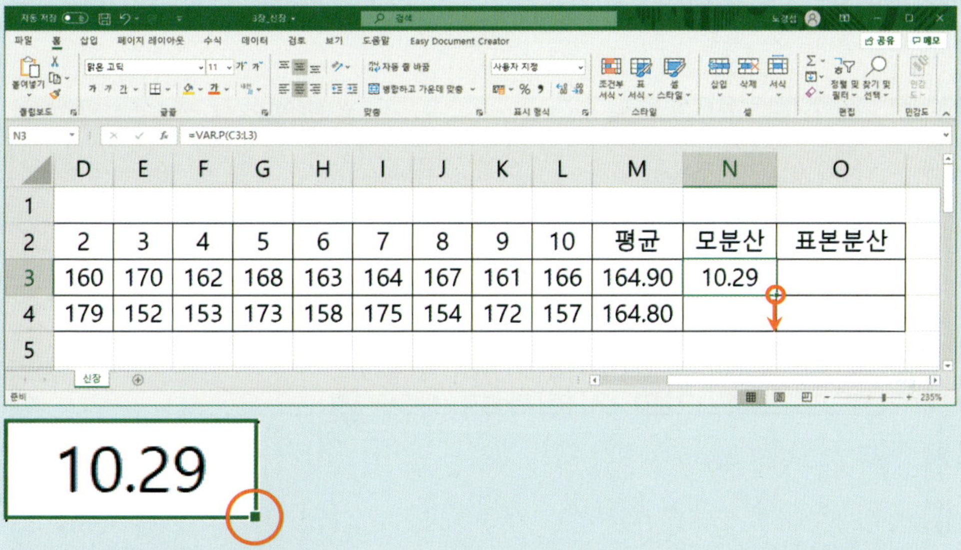


[그림 3-47] B반의 분산 구하기(자동 계산)

**05** B반의 분산이 '105.56'으로 계산됨을 확인할 수 있다.

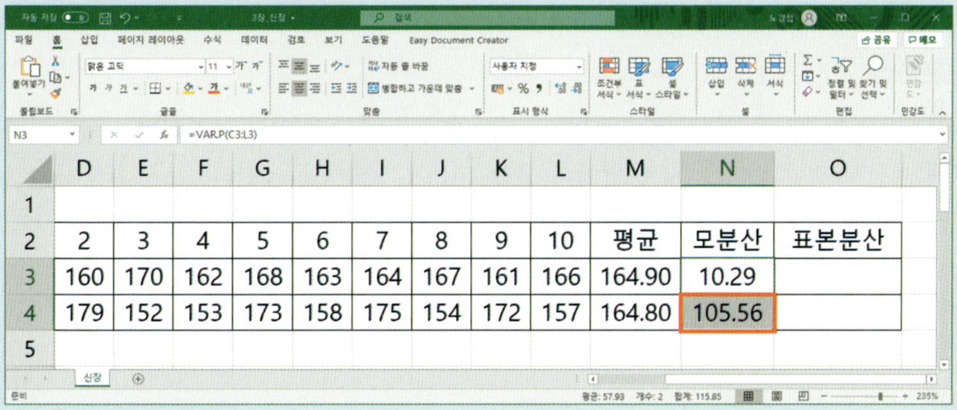


[그림 3-48] B반의 분산 확인

**참고 자동으로 설정되는 함수 영역 입력 시 주의 사항**

[예제 3-6]의 평균을 구할 때 **05**에서 셀 포인터를 M4셀에 두고 '평균(A)'을 클릭하면 잘못된 함수 영역을 인식한다. Excel이 데이터 영역으로 열 방향(수직)을 우선적으로 인식하기 때문이다. 여기서 자동 설정하면 '=AVERAGE(M3)'으로 설정되므로, 마우스를 이용하여 C4셀부터 L4셀까지 드래그하여 영역을 올바르게 수정해야 한다.

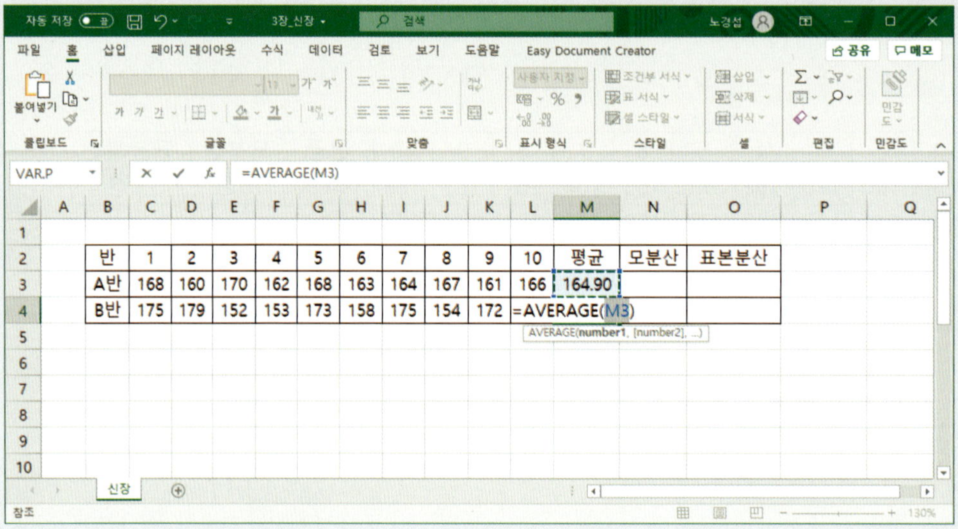


[그림 3-49] B반의 잘못된 평균 함수식

## 표본분산

지금까지는 모분산을 분산이라 칭하여 계산하였다. 그렇다면 이렇게 계산된 분산이 정확하게 계산된 것일까? 여기서는 앞에서 구한 분산이 정확하게 계산되었는지 확인하기 위해, Excel로 구한 결과와 통계적 계산에 최적화(전문화)되어 있는 SPSS Statistics 프로그램의 결과를 비교해보자. [예제 3-6]의 A반과 B반의 분산을 SPSS Statistics를 이용하여 계산하면 [그림 3-50]과 같다.

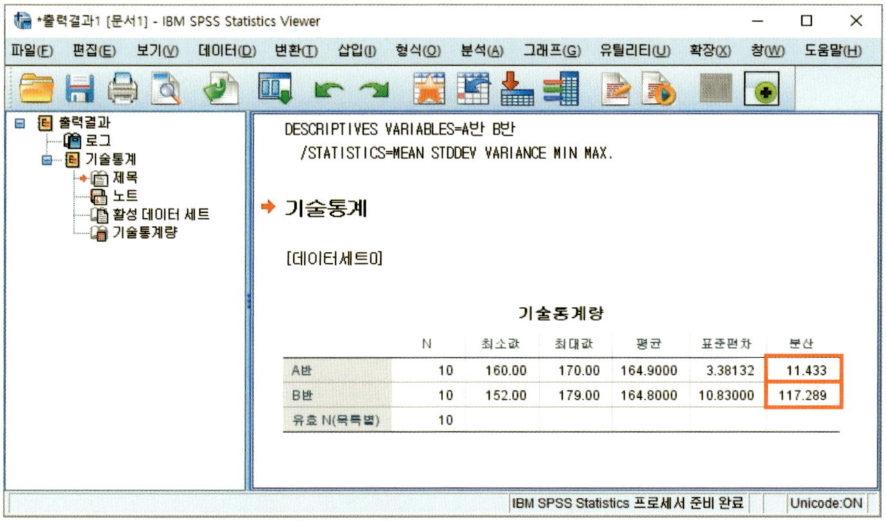


[그림 3-50] SPSS Statistics로 구한 A반과 B반의 분산 결과

각 반의 분산이 Excel에서는 10.29와 105.56으로 계산되었으나 SPSS Statistics에서는 11.433과 117.289로 계산되었다. 앞서 모분산 공식에 대입했을 때는 Excel에서 구한 값과 같은 결과가 나왔다.[12] 무엇이 잘못된 것일까?

분산 공식을 다음과 같이 조금 변형해보자. 모집단을 기준으로 하지 않고, 표본을 선정해서 표본의 개수 $(n-1)$로 계산한 분산을 **표본분산**(sample variance)이라 한다.

$$s^2 = \frac{1}{n-1}\sum_{i=1}^{n}(x_i - \overline{x})^2, \quad \overline{x} = \text{평균}$$

여기에 대입하니 SPSS Statistics와 똑같은 결과가 나온다. 이 값과 Excel로 계산한 분산 공식의 차이점은 표본 10개에서 1을 뺀 수로 편차 제곱합을 나누었다는 것이다.

우리는 2장에서 모수와 통계량에 대해 평균, 분산, 비율 등의 표기가 다르다는 것을 살펴보았다. 모집단의 모수가 존재하긴 해도 우리가 계산할 수 없다는 한계가 있고, 분산 공식에 대입할 수 있는 모평균을 알 수 있는 경우는 극히 제한적이다. 이는 모집단 전체를 대상으로 조사할 수 없으며, 설령 가능하다 하더라도 상당한 비용과 노력이 요구되기 때문이다.

그렇기 때문에 표본을 기준으로 조사하게 되며[13], 표본조사에서는 실측된 데이터를 이용하여 평균을 계산할 수 있다. 표본의 평균을 알 수 있는 상태에서 분산을 구할 때에는 전

12 A반과 B반만 조사하는 경우라면 이 두 집단이 모집단이 된다. 하지만 이런 경우는 사회과학에서는 극히 드물다. A반과 B반을 조사하는 경우보다는 A반과 B반이 속한 학년의 평균 신장을 구할 때 A반과 B반을 표본으로 삼는 경우가 더 많기 때문에 SPSS에서는 통계량으로 계산하도록 되어 있다.

13 모집단에서 1개만 빼고 조사해도 그 조사 대상은 표본이 된다.

체 표본의 개수에서 1을 빼야만 더 정확한 분산을 도출할 수 있다. 이렇게 표본의 개수에서 1을 빼준 $(n-1)$을 **자유도**(degree of freedom, df)라고 한다.

표본이 모집단에 가깝게 충분히 많다면 모분산과 표본분산의 차이는 작아진다. 표본의 개수가 많다면 편차 제곱의 합을 측정치의 개수로 나눌 때 그 수에 1을 더하거나 빼더라도 계산되는 분산 수치는 거의 차이가 없을 것이기 때문이다.

그러나 표본의 개수가 적은 경우에는 모분산과 표본분산의 크기 차이가 커진다. 나누어지는 수(나누는 수)의 차이가 커지면서 당연히 몫의 차이가 커지게 되기 때문이다. $n$으로 나눌 때와 $(n-1)$로 나눌 때를 비교하면, 실제 분산은 $n$보다 $(n-1)$로 나눌 때 더욱 큰 값을 가진다. 범위로 판단하면, $(n-1)$로 나누어야 실제의 모분산이 더 커진 분산 내에 위치하게 될 것이므로 표본분산을 더 크게 하여 분산으로 활용하는 것이다.

**Note 자유도를 계산할 때, 표본의 개수에서 −1을 하는 이유**

평균은 표본의 합을 표본의 개수로 나누어 계산한다. 모집단에 대해서는 모평균을 알 수 없으나 표본에서는 표본평균을 알 수 있으므로 3개로 구성된 표본 a, b, c를 생각해보자. 이 변수들의 평균은 a, b, c를 더한 후 3으로 나눈 값이다. 이 변수들의 평균이 10이라 가정하고 a, b, c의 평균이 10이 되는 수의 조합을 만들어보면 a, b, c 중 2개의 변수 값은 자유롭게 정할 수 있지만, 남은 하나는 평균 10을 맞추기 위해 앞의 두 변수 값에 따라 특정한 값으로 정해진다. 이처럼 분산을 구하기 위해 평균이 미리 주어지는 경우라면, 변수들 가운데 하나는 정해진 평균값에 맞추기 위해 어떠한 고정된 값으로 정해져 자유를 상실하므로 자유도는 '(표본의 개수) −1'이 된다.

## 예제 3-7 표본분산 계산하기

준비파일 | 3장_신장.xlsx

[예제 3-6]에 주어진 조건을 이용하여 A반과 B반의 표본분산을 구하고, 그 특성과 차이에 대해 설명하라.

### 풀이

각 반의 표본분산을 구하면 다음과 같다.

$$s_A^2 = \frac{1}{9}\sum_{i=1}^{10}(x_i - 164.9)^2$$

$$= \frac{(168-164.9)^2 + (160-164.9)^2 + \cdots + (166-164.9)^2}{9} = 11.433$$

$$s_B^2 = \frac{1}{9}\sum_{i=1}^{10}(x_i - 164.8)^2$$

$$= \frac{(175-164.8)^2 + (179-164.8)^2 + \cdots + (157-164.8)^2}{9} = 117.289$$

각 반의 표본분산은 11.433과 117.289로 10배 이상 차이가 남을 알 수 있다. 이는 A반 학생들은 키가 서로 비슷하지만, B반 학생들은 키 차이가 많이 난다는 것을 의미한다. 주의 깊게 봐야 할 부분은 표본분산이 [예제 3-6]에서 구한 모분산보다 좀 더 큰 수치로 나온다는 것이다.

## 실습

**01** [예제 3-6]에서 평균과 모분산을 구한 '3장_신장.xlsx' 파일을 불러온다.

**02** ❶ O3셀에 셀 포인터를 둔다. ❷ Σ 아이콘의 펼쳐보기( )를 클릭하고 ❸ '기타 함수(E)...'를 클릭한다. **[함수 마법사]** 창에서 ❹ '함수 검색(S):'에 '분산'을 입력한 후 ❺ **[검색]**을 클릭한다. ❻ '함수 선택(N):'에서 'VAR.S' 함수를 선택한 후 ❼ **[확인]**을 클릭한다.

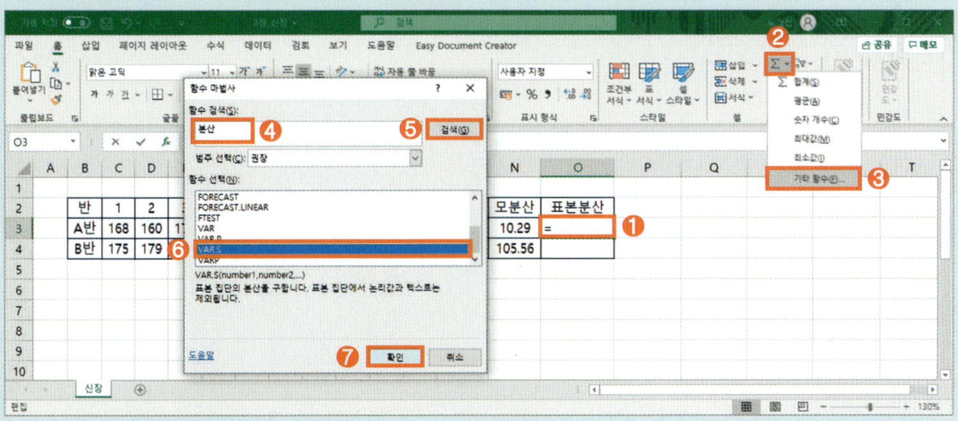


[그림 3-51] 표본분산 구하기

**03** [**함수 인수**] 창에서 ❶ 'Number1'을 선택하고 ❷ C3셀에서 L3셀까지(C3:L3) 드래그하여 입력한 후 ❸ [**확인**]을 클릭한다.

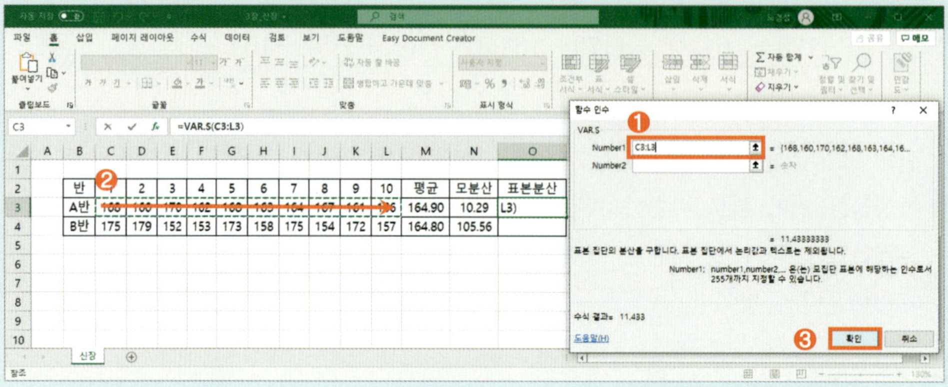

[그림 3-52] **분산 인수 입력**

**04** A반의 표본분산이'11.433'으로 계산됨을 확인할 수 있다.

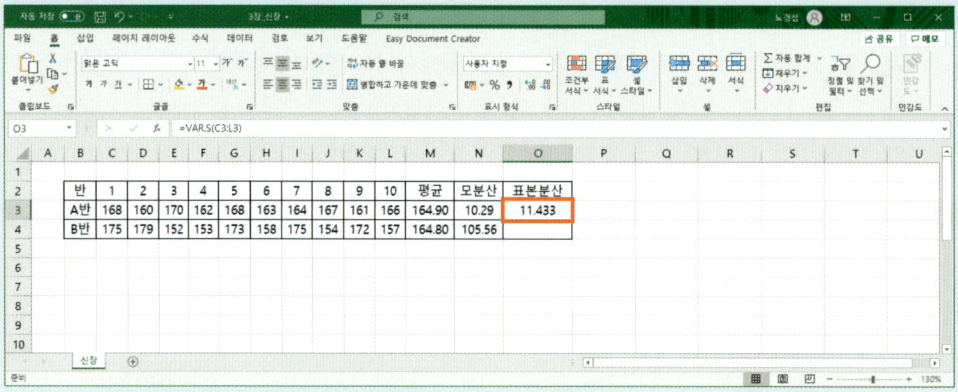

[그림 3-53] **A반의 표본분산**

**05** O3셀의 우측 하단 부분을 마우스로 클릭하여 O4셀로 드래그하면 B반의 표본분산이 자동으로 계산된다.

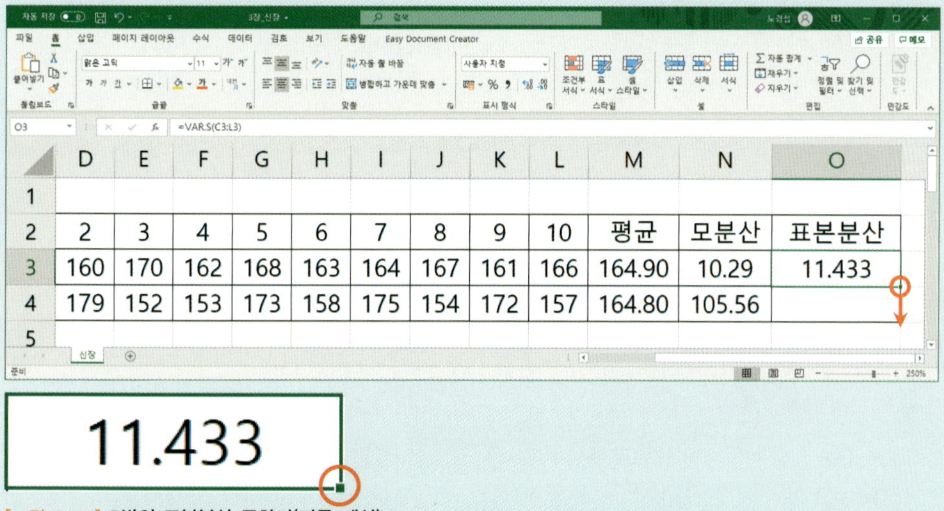


[그림 3-54] B반의 표본분산 구하기(자동 계산)

**06** B반의 표본분산이 '117.289'로 계산됨을 확인할 수 있다.[14]

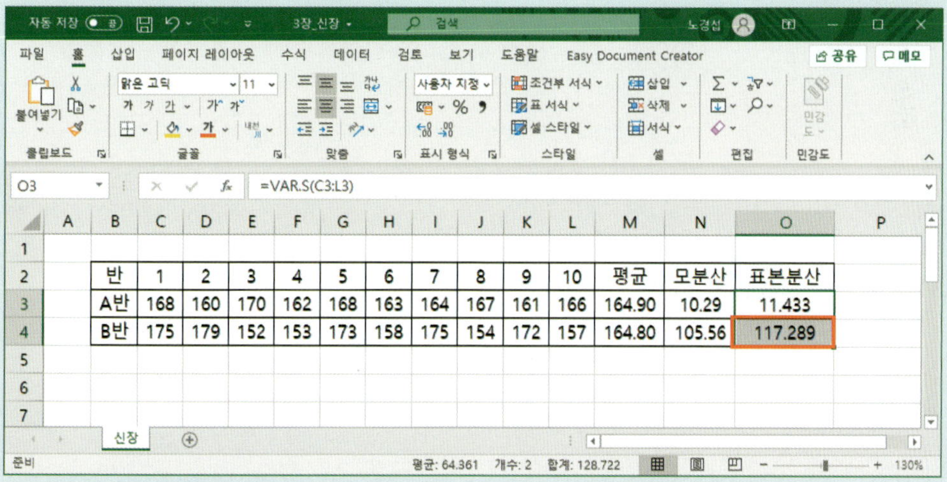


[그림 3-55] B반의 표본분산

14 이는 [그림 3-50]의 SPSS Statistics로 도출된 결과와 정확하게 일치한다.

**참고** $n-1$**로 나눈 표본분산이 정확한 모분산 추정임을 증명하기**

$E(s^2)=\sigma^2$을 증명하면, 표본분산은 $n-1$, 모분산은 $n$으로 나누어야 한다는 것이 증명된다.

표본분산 공식 $s^2=\dfrac{\sum_{i=1}^{n}(x_i-\bar{x})^2}{n-1}$이므로 $E(s^2)=\sigma^2$에 대입하여 풀어보면

$$E(s^2)=E\left(\frac{1}{n-1}\sum_{i=1}^{n}(x_i-\bar{x})^2\right)$$

$$=\frac{1}{n-1}E\left(\sum_{i=1}^{n}(x_i-\bar{x})^2\right) \quad \cdots\cdots\cdots\cdots\cdots ①$$

① 식의 $\sum_{i=1}^{n}(x_i-\bar{x})^2$에 풀이를 위해 $\mu$를 빼주고 더해주면 식은 변하지 않지만, 쉽게 계산된다.

$$\sum_{i=1}^{n}\left\{(x_i-\mu)+(\mu-\bar{x})\right\}^2=\sum_{i=1}^{n}\left\{(x_i-\mu)^2+2(x_i-\mu)(\mu-\bar{x})+(\mu-\bar{x})\right\}^2$$

이 식에서 $(\mu-\bar{x})$에는 $i$가 없으므로 상수이며, $\sum$로 풀어주면

$$\sum_{i=1}^{n}(x_i-\mu)^2+2(\mu-\bar{x})\sum_{i=1}^{n}(x_i-\mu)+n(\mu-\bar{x})^2$$

여기서 $\sum_{i=1}^{n}(x_i-\mu)$은 $n(\bar{x}-\mu)$이므로 $2(\mu-\bar{x})$의 $(\mu-\bar{x})$와 부호만 반대이므로 마이너스를 취하면 식은

$$\sum_{i=1}^{n}(x_i-\mu)^2-2(\mu-\bar{x})n(\mu-\bar{x})+n(\mu-\bar{x})^2$$

$$=\sum_{i=1}^{n}(x_i-\mu)^2-2n(\mu-\bar{x})^2+n(\mu-\bar{x})^2$$

$$=\sum_{i=1}^{n}(x_i-\mu)^2-n(\mu-\bar{x})^2 \quad \cdots\cdots\cdots\cdots\cdots ②$$

①에 다시 ②를 넣어서 풀어주면

$$=\frac{1}{n-1}E\left(\sum_{i=1}^{n}(x_i-\mu)^2-n(\mu-\bar{x})^2\right) \quad \cdots\cdots\cdots\cdots\cdots ③$$

③에서 기대값을 $\sum_{i=1}^{n}(x_i-\mu)^2$에 적용하면 분산을 의미하는 $\sigma^2$이고, $n(\mu-\bar{x})^2=\dfrac{\sigma^2}{n}$이다.

$$=\frac{1}{n-1}\left(n\times\sigma^2-n\times\frac{\sigma^2}{n}\right)=\frac{1}{n-1}(n\sigma^2-\sigma^2)=\frac{1}{n-1}(n-1)\sigma^2=\sigma^2$$

$\therefore E(s^2)=\sigma^2$

## 표준편차

분산과 편차는 평균으로부터 측정치들이 어느 정도 흩어져 있는지를 나타낸다. 그런데 편차는 평균을 기준으로 음(−)과 양(+)으로 흩어져 있어 총합을 계산하면 0이 된다. 이를 피하기 위해 편차에 제곱을 하는 것이다. 수학적 계산에 의해 제곱합에서 분산을 구했으니, 이를 다시 제곱 이전으로 되돌려 표준편차를 계산한다. 즉, 분산값에 루트( $\sqrt{\ }$ )를 씌워 제곱근을 만들면 **표준편차**(standard deviation)가 된다.

분산과 표준편차는 모두 평균이 지닌 설명력 한계를 극복하기 위하여 표본이 가지는 특성을 분포의 형태로 보이는 통계량이다.

**참고** **평균편차**

편차의 합이 0이 되지 않게 편차에 절대값을 취해서 흩어진 정도를 구할 수 있지 않을까? 예를 들어 2, 2, 4, 4, 5, 5, 7, 9, 9, 10의 숫자 묶음이 있다고 가정하자. 이 묶음의 평균은 6이다. 편차의 합은 당연히 0이므로, 편차에 절대값을 취한 합을 표본의 개수 10으로 나누면 다음과 같다.

$$\frac{|2-6|+|2-6|+|4-6|+|4-6|+|5-6|+|5-6|+|7-6|+|9-6|+|9-6|+|10-6|}{10}$$

$$=\frac{4+4+2+2+1+1+1+3+3+4}{10}=2.5$$

이와 같이 평균과의 차이에 절대값을 취해 0을 피하면서도 흩어짐의 정도인 산포도를 확인할 수 있다. 이렇게 계산된 흩어짐의 정도(산포도) 2.5를 **평균편차**(mean deviation)라 한다.

평균편차의 개념이 실제로 사용되는 경우는 드물다. 평균편차로도 산포도를 파악하는 데에는 문제가 없다. 그런데도 표준편차를 사용하는 이유는 이후의 수학적 처리가 어렵거나 불가능하기 때문이다. 4장에서 학습하게 될 확률함수에서 절대값을 취한 경우에 대한 확률합을 구하려고 하면, 그래프 내에서 해당 분포의 합이므로 절대값을 미분해서 합을 구해야 한다. 절대값의 미분은 절대값을 풀어서 계산하는데, 이때 2차 함수라면 미분이 불가능하다. 따라서 절대값으로 계산되는 평균편차를 이용하지 않고, 편차의 제곱으로 구한 분산의 제곱근을 활용하는 것이다.

## 변동계수(변이계수)

집단 1개의 산포만 확인하려고 한다면 분산과 표준편차만으로도 확인할 수 있다. 그런데 인문/사회과학 분야에서는 집단 하나만 대상으로 하여 통계 조사를 진행할 수도 있지만, 서로 다른 두 집단을 비교하여 더욱 많은 의미를 찾아내기도 한다. 이때 활용되는 수치가 **변동계수**(coefficient of variation)다.

변동계수는 표준편차를 평균으로 나눈 값이다. 관찰치의 산포 정도를 상대적으로 비교할 때 이용하며 단위가 서로 다른 두 집단 자료의 산포를 비교할 때 이용할 수도 있다. 분포의 중심 위치와는 상관없으며, 변동계수가 작을수록 평균에 더 밀집되어 있고, 특정한 범위값으로 나타나지 않으므로 활용도가 높다. 주로 평균의 차이가 큰 두 집단의 산포를 비교할 때 이용한다.

$$CV = \frac{s(\text{표준편차})}{\bar{x}(\text{평균})} \quad \text{또는} \quad \frac{s(\text{표준편차})}{\bar{x}(\text{평균})} \times 100$$

### 예제 3-8 변동계수 계산하기

두 집단의 평균과 표준편차가 A : (200, 30), B : (130, 20)인 경우 산포가 더 큰 집단은 어느 집단인지 판단해보자.

**풀이**

집단 A와 B의 변동계수를 구하면 다음과 같다.

$$CV_A = \frac{30}{200} = 0.15$$

$$CV_B = \frac{20}{130} = 0.154$$

변동계수가 작을수록 평균에 더 밀집되어 있으므로, 집단 B의 산포가 더 크다고 할 수 있다.

## 사분위수

**사분위수**(quartile)는 오름차순에 따라 측정값을 작은 것부터 크기순으로 배열하고, 누적백분율을 4등분한 각 점의 수치를 말한다.

제1사분위수는 누적백분율 25%, 제2사분위수(중간값과 동일)는 50%, 제3사분위수는 75%, 제4사분위수는 100%에 해당하는 값이다. 자료에 이상치가 존재하더라도 비교적 안정적인 산포의 측도를 나타내지만, 제1사분위수나 제3사분위수가 산포도의 측도를 나타내는 것은 아니다. 사분위수 범위는 제3사분위수와 제1사분위수의 차이이며, 중심 위치를 나타내지는 않는다.

## 예제 3-9 사분위수와 사분위수 범위 계산하기

준비파일 | 3장_사분위수.xlsx

1, 2, 2, 4, 4, 6, 7, 8, 9, 10, 12, 12의 사분위수와 사분위수 범위를 계산하라.

### 풀이

- **제1사분위수** : $Q_1 = \frac{n+1}{4} = 2.5$의 위치이며, $(4-2)$의 간격이 있고, 3번째 숫자인 2로부터 0.25 떨어져 있다는 의미다. $\therefore\ 2+(2\times 0.25)=2.5$
- **제2사분위수** : $Q_2 = 2\times\frac{n+1}{4} = 6.5$의 위치이며, $(7-6)$의 간격이 있고, 6번째 숫자인 6으로부터 0.5 떨어져 있다는 의미다. $\therefore\ 6+(1\times 0.5)=6.5$
- **제3사분위수** : $Q_3 = 3\times\frac{n+1}{4} = 9.75$의 위치이며, $(10-9)$의 간격이 있고, 9번째 숫자인 9로부터 0.75 떨어져 있다는 의미다. $\therefore\ 9+(1\times 0.75)=9.75$
- **사분위수 범위** : 사분위수 범위는 '3사분위수−1사분위수'다. $\therefore\ 9.75-2.5=7.25$

### 실습

**01** Excel을 실행하여 '3장_사분위수.xlsx' 파일을 불러온다.

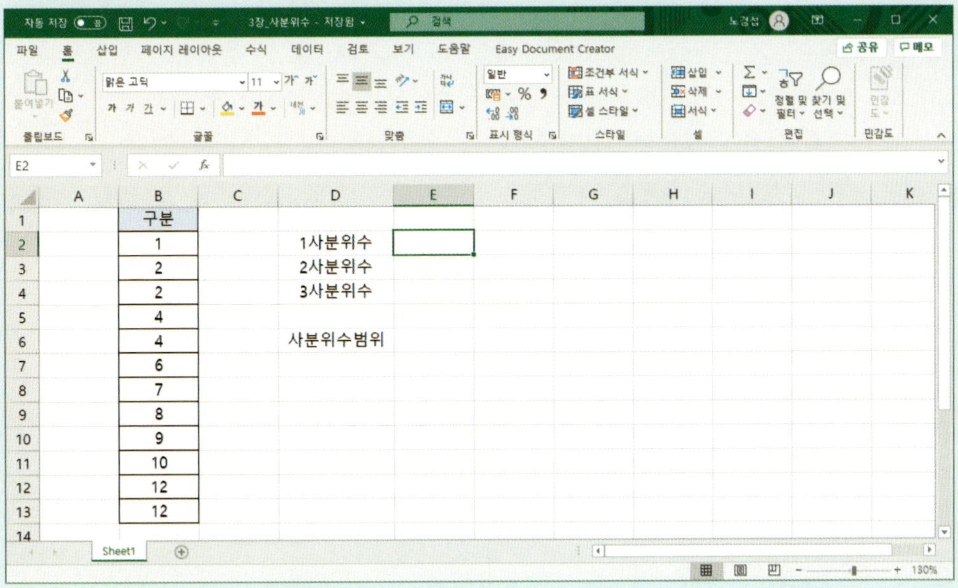


[그림 3-56] '3장_사분위수.xlsx' 파일 열기

**02** 1사분위수를 계산하기 위하여 셀 포인터를 E2셀에 두고 ❶ $f_x$ 를 클릭하여 **[함수 마법사]** 창을 불러온다. ❷ '함수 검색(S)'에 '사분위수'를 입력하고 ❸ **[검색]**을 클릭한다. ❹ '함수 선택(N)'에서 사분위수를 계산하는 함수 'QUARTILE.EXC'를 선택하고 ❺ **[확인]**을 클릭한다.

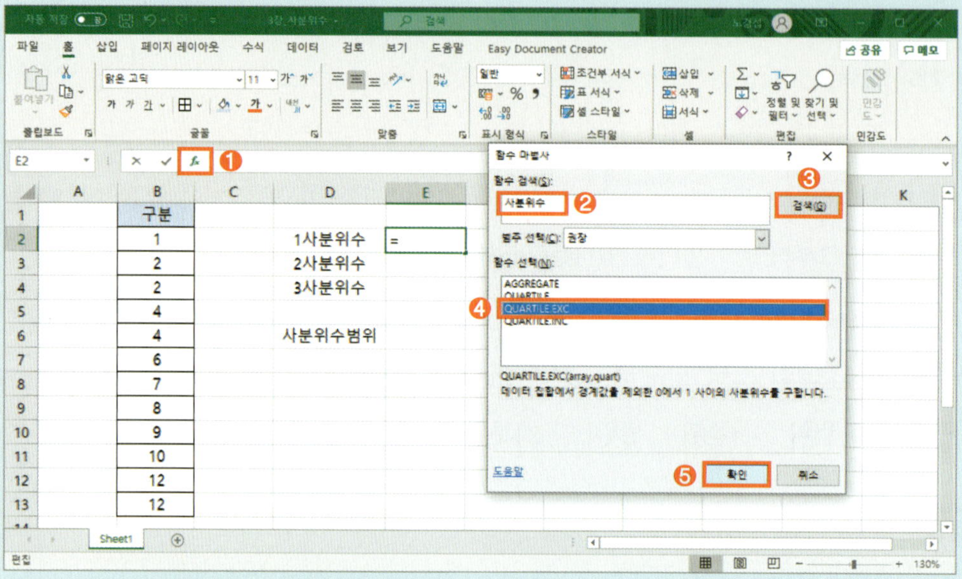

[그림 3-57] **[함수 마법사]를 이용한 제1사분위수 계산**

**03** **[함수 인수]** 옵션 창에서 ❶ 숫자 배열을 의미하는 'Array'를 선택하고 ❷ B2셀부터 B13셀까지(B2:B13) 드래그한다. 1사분위수이므로 ❸ 'Quart'에 숫자 '1'을 입력하고 ❹ **[확인]**을 클릭하여 제1사분위수를 계산한다.

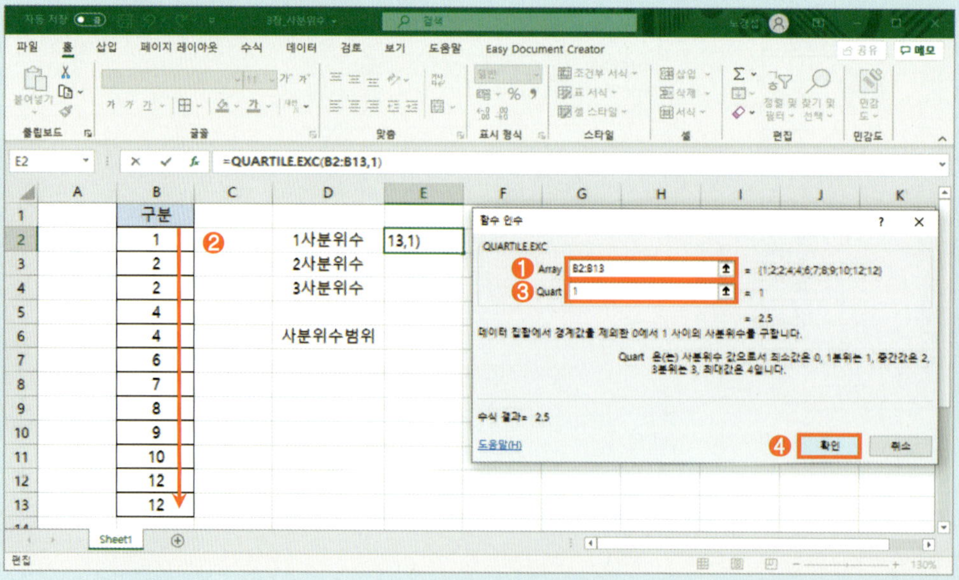

[그림 3-58] **1사분위수 계산 옵션 입력**

**04** 2사분위수를 계산하기 위해 셀 포인터를 E3셀에 두고 **02** 과정에 따라 **[함수 마법사]** 창을 열어 입력한다. **[함수 인수]** 옵션 창에서 ❶ 숫자 배열을 의미하는 'Array'를 선택하여 ❷ B2셀부터 B13셀까지(B2:B13) 드래그한다. 2사분위수이므로 ❸ 'Quart'에 숫자 '2'를 입력하고 ❹ **[확인]**을 클릭하여 2사분위수를 계산한다.

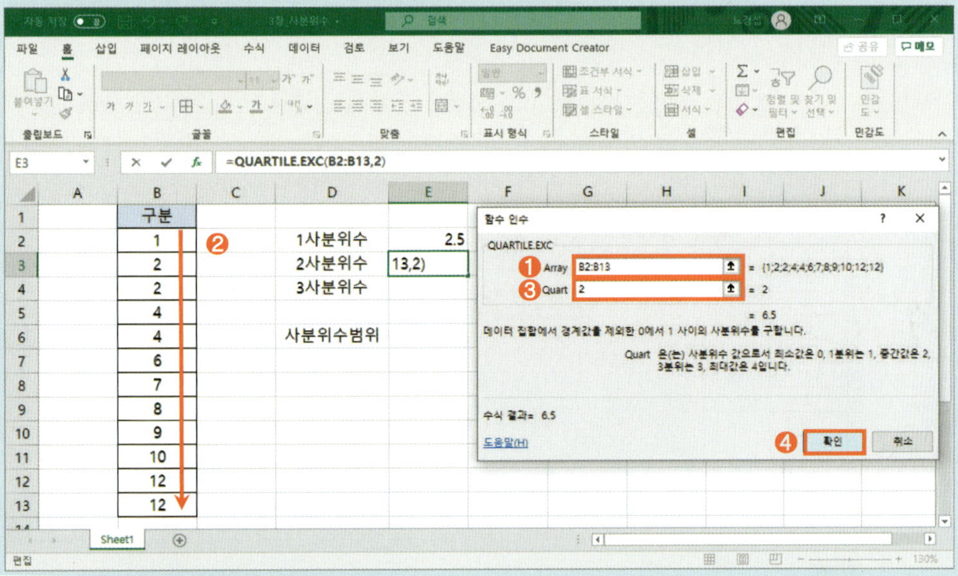


[그림 3-59] **2사분위수 계산 옵션 입력**

**05** 3사분위수를 계산하기 위해 셀 포인터를 E4셀에 두고 역시 **02** 과정에 따라 **[함수 마법사]** 창을 열어 입력한다. **[함수 인수]** 옵션 창에서 ❶ 숫자 배열을 의미하는 'Array'를 선택하여 ❷ B2셀부터 B13셀까지(B2:B13) 드래그한다. 3사분위수이므로 ❸ 'Quart에 숫자 '3'을 입력하고 ❹ **[확인]**을 클릭하여 3사분위수를 계산한다.

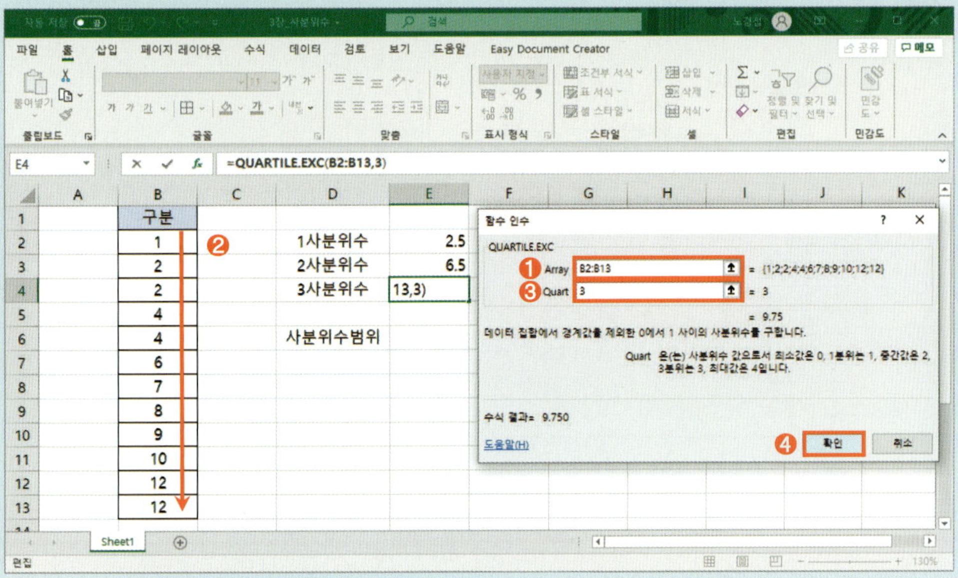


[그림 3-60] **3사분위수 계산 옵션 입력**

**06** ❶ 1사분위수, 2사분위수, 3사분위수가 각각 2.5, 6.5, 9.75로 계산되었다. 사분위수 범위를 계산하기 위하여 ❷ 셀 포인터를 E6셀로 옮긴다. '=E4−E2'를 입력하고 Enter↵ 를 눌러 사분위수범위를 계산한다.

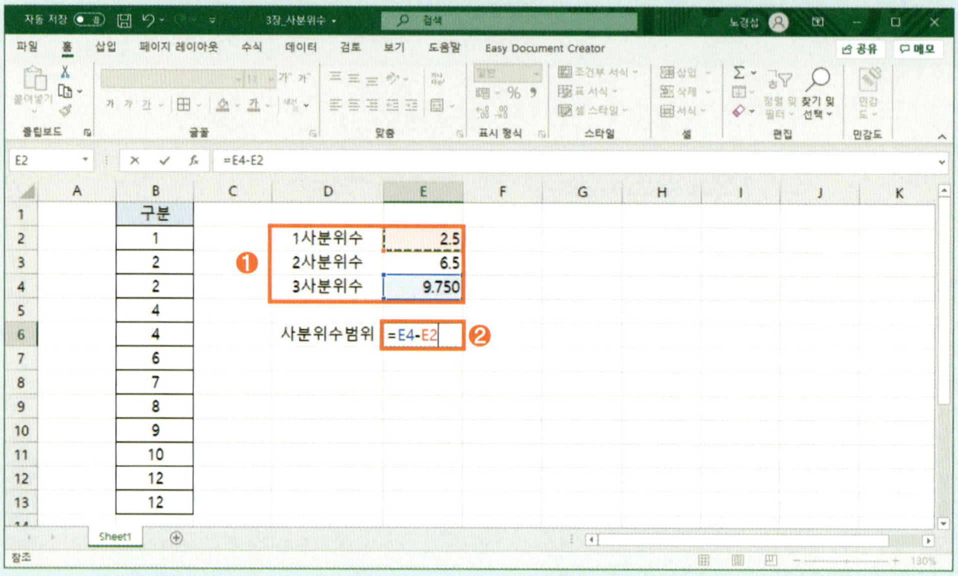

[그림 3-61] **사분위수 범위 계산**

**07** 사분위수범위가 7.25로 계산되었다.

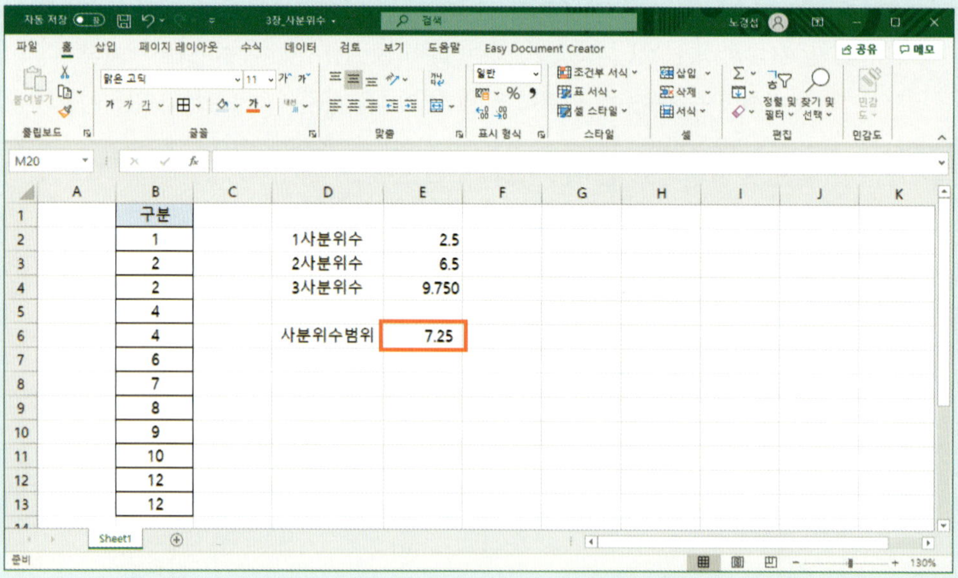

[그림 3-62] **사분위수와 사분위수 범위 계산 완료**

## 비대칭도

표본분포를 보면 중심경향 측정치와 산포도를 통해 표본의 특성과 산포의 정도를 파악할 수 있다. 그런데 표본이 정규분포를 구성하면서 평균을 중심으로 좌우가 대칭인 경우도 있지만, 분포가 한쪽으로 쏠려 좌우가 대칭을 이루지 않는 경우도 있다. 이런 상황을 중심경향도와 산포도만으로는 설명할 수 없다.

비대칭도는 표본의 도수분포에서 평균값에 대한 비대칭의 방향과 정도를 나타내는 척도다. 이때 왜도를 통해 분포곡선이 좌측이나 우측 중 어느 쪽으로 쏠려 있는지를 설명한다.

### 왜도

왜도는 **피어슨의 비대칭도**(Pearson's coefficient of skewness)라고도 하며, 자료의 분포가 어느 정도로 비대칭적으로 분포되어 있는지를 나타내는 통계 지표다. 당연히 산포의 정도와 상관없고, 분포 봉우리의 치우침 정도를 나타낸다.

봉우리가 하나인 분포(단봉분포)에서 긴 꼬리가 우측에 있으면 양의 왜도, 좌측에 있으면 음의 왜도라 한다. 즉, 비대칭도의 부호는 관측값 분포의 꼬리 방향을 나타낸다.

#### ■ 양(+)의 왜도(정적 왜도 : positive skew)

데이터의 중심이 왼쪽으로 치우쳐 오른쪽으로 꼬리가 길게 늘어진 형태(오른쪽으로 기울어진 분포)로 왜도는 0보다 크다. 평균이 가장 큰 값으로 관찰되고, 중위수가 평균보다 작고 최빈수가 가장 작게 나타난다. 즉, '평균 > 중위수 > 최빈수' 형태의 분포로 큰 수치가 그래프에서 오른쪽에 위치한다.

#### ■ 음(−)의 왜도(부의 왜도 : negative skew)

데이터의 중심이 오른쪽으로 치우쳐 왼쪽으로 꼬리가 길게 늘어진 형태(왼쪽으로 기울어진 분포)로 왜도는 0보다 작다. 최빈수가 가장 크고, 중위수가 최빈수보다 작고 평균은 중위수보다 작다. 즉,'평균 < 중위수 < 최빈수' 형태의 분포이고, 작은 수치가 그래프에서 왼쪽에 나타난다.

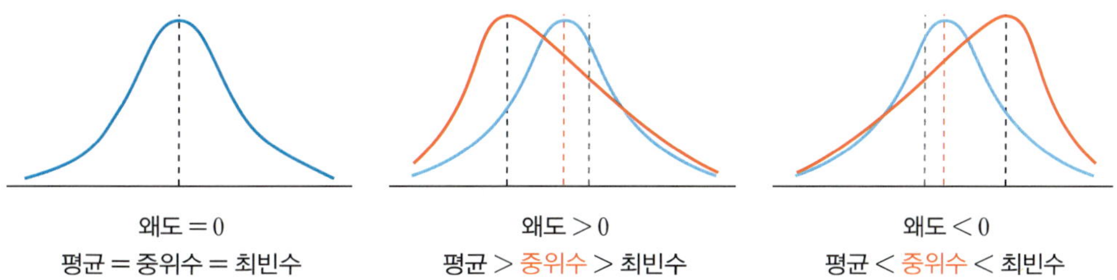


[그림 3-63] 왜도

## 첨도

표본분포가 좌우대칭일 때 단봉분포의 경우 어느 정도 뾰족하게 나타나는지에 대한 지표가 있으면 표본분포를 이해하는 데 도움이 된다. **첨도**(kurtosis)는 분포곡선의 봉우리가 얼마나 뾰족한지를 나타내는 수치다.

정규분포는 '첨도 = 3'이고 '왜도 = 0'으로 표현한다. 첨도가 3보다 크면 정규분포보다 뾰족하고, 작으면 완만한 모양을 나타낸다.

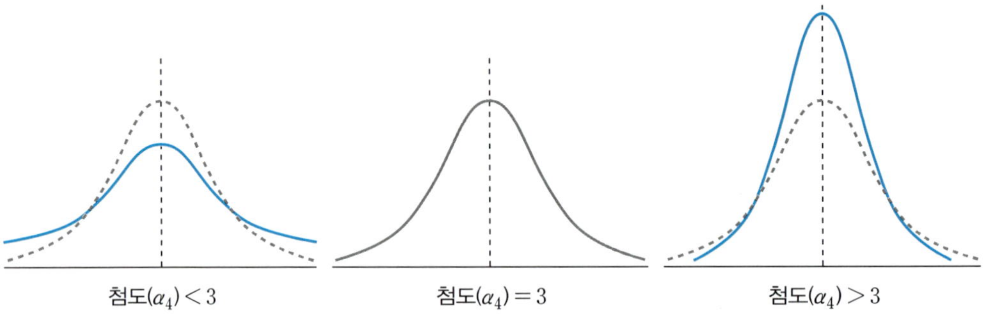


[그림 3-64] 첨도

CHAPTER

# 03 연습문제

1. 범주형 척도의 의미를 설명하고, 그 종류를 예를 들어 설명하라.

2. 연속형 척도의 의미를 설명하고, 그 종류를 예를 들어 설명하라.

3. 중심경향도가 무엇인지 설명하고, 중심경향도를 나타내는 지표들의 개념을 설명하라.

4. 산포도를 파악하는 이유를 예를 들어 설명하고, 산포의 정도를 나타내는 지표들의 개념을 설명하라.

5. 통계량을 계산할 때 자유도를 이용하여 계산하는 이유를 설명하라.

6. [컴퓨터 실습] 연습문제.xlsx의 '3장_전선길이' 시트는 공사에 활용하기 위해 눈대중으로 자른 전선의 실제 길이를 측정한 수치다. 190cm부터 300cm까지 5cm 단위로 도수분포표를 출력하라.

7. [컴퓨터 실습] [연습문제 6]에서 구한 도수분포표를 히스토그램으로 나타내라.

8. [컴퓨터 실습] A 기업에서 근무 교육의 성과를 파악하기 위해 평가 점수의 상승폭을 조사했다. 총 10명의 직원에 대해 조사한 결과, 직전 고과 점수보다 각각 5, 5, 10, 2, 15, 20, 18, 13, 10, 11점만큼 향상되었다. Excel을 이용하여 A 기업 근무 교육 성적의 상승폭에 대한 평균, 중간값, 최빈값을 계산하라.

9. [컴퓨터 실습] 연습문제.xlsx의 '3장_전선길이' 시트를 기준으로 모분산과 표본분산을 구하고, 이 두 값에 차이가 발생하는 이유를 설명하라. 또한 어떤 경우에 모분산과 표본분산을 사용하는지 설명하라.

CHAPTER

04

# 확률과 통계

Probability and Statistics

## 왜 확률과 통계를 같이 공부해야 할까?

우리는 고등학교에서 '통계'를 배울 때부터 '확률'을 함께 배웠다. 왜 확률과 통계를 같이 공부해야 할까? 통계는 미지의 모수를 추정하는 수단이다. 태생적으로 추정을 해야 한다는 한계가 있기 때문에 계산 과정이 아무리 정확하더라도 그 결과까지 정확한 답이라고 단정하기는 어렵다. 하지만 계산된 결과가 정답일 확률을 같이 표기한다면, 계산된 결과를 어느 정도 신뢰할 수 있는지 알 수 있을 것이다. 그래서 '확률'과 '통계'는 필연적으로 함께 간다.

이후의 장에서 학습하게 될 통계 결과에도 확률과 관련된 개념이 계속 나오므로, 이 장에서 통계에 필요한 확률의 기본 개념들을 꼼꼼하게 살펴보자.

Contents

01_ 확률과 의사결정

02_ 확률변수의 평균과 분산

연습문제

SECTION 01

# 확률과 의사결정

- 통계를 통한 의사결정과 확률의 관계를 이해한다.
- 확률의 개념을 살펴본 후 확률변수와 확률함수에 대해 알아본다.

Keywords | 확률 | 확률변수 | 확률함수 |

통계의 목적은 표본으로부터 모수(parameter)를 추정하는 것이다. 이때 모집단을 직접 조사하지 않고 표본에서 모수를 추정하는 이유는 ① **모집단을 대상으로 하는 조사가 불가능**하거나 ② **시간과 비용 등의 물리적 한계**가 발생하기 때문이다. 그러나 이처럼 표본으로부터 모수를 추정하면 오차가 발생할 수밖에 없다. 그렇다면 이런 한계를 가진 통계량은 쓸모가 없는 것일까? 이는 통계량이 모수와 일치할 확률을 나타냄으로써 해결할 수 있다. 통계량에서 필연적으로 발생할 수밖에 없는 오차를 인정하고, 통계량이 맞을 확률을 같이 제시하여 그 통계량이 의미가 있도록 하는 것이다. 그러면 통계적 결과가 얼마나 신뢰도가 높은지 가늠할 수 있으므로, 그 결과에 따른 최적의 의사결정을 할 수 있다.

**월드컵과 치킨집**

[그림 4-1] 월드컵과 치킨

월드컵 기간에 판매되는 치킨 양은 평소 판매량을 훨씬 뛰어넘는다. 치킨집 점주는 월드컵이라는 특수한 이벤트에 대비하여 재료를 얼마나 준비해야 할까?

평소 치킨이 50마리 판매된다고 가정했을 때, 월드컵 기간에 100마리를 준비하는 경우와 120마리 혹은 140마리를 준비하는 경우 중 어느 쪽이 더 많은 수익을 창출할 수 있을까? 많이 준비해서 모두 팔 수 있으면 다행이겠지만, 다 팔리지 않는다면 남은 재료는 모두 손실로 연결될 것이다.

통계는 이런 상황에서 해결책을 제시한다. 과거 월드컵 기간의 판매량과 월드컵 기간 전후의 판매량을 현재와 비교하여 예를 들어 '135마리'라는 구체적인 수치를 도출할 수 있을 것이다. 그런데 막상 월드컵 기간에 치킨을 팔아보니 135마리가 아니었다면 이 예측은 무의미한 걸까? 그렇지 않다. 135라는 수치를 제시하면서, 이 수치가 맞을 확률을 같이 나타내면 된다. 135마리를 기준으로 132, 133, 134, 136, 137마리일 확률 정보가 같이 제시된다면, 점주는 이 데이터를 바탕으로 최적의 의사결정을 통해 손실을 최소화할 수 있다.

## 확률론

### 수학적 확률

아무리 정교하게 분석된 통계 자료일지라도 100% 맞을 수는 없기 때문에, 그 결과를 확률(probability)과 함께 표현한다. 즉, 통계 결과가 전혀 맞지 않는 확률을 0%, 모두 맞을 확률을 100%로 나타낸다. 일정한 조건 아래 동일한 실험을 지속적으로 $N$회 반복했을 때, 사건 $A$가 $n$번 발생할 확률은 다음과 같이 정의한다.

$$P(A) = \frac{n(A)}{N}$$

예를 들어, 동전을 두 번 던질 때 앞면이 나올 확률을 구해보자. 동전의 앞면이 나오는 경우를 H, 뒷면이 나오는 경우를 T라고 했을 때, 동전을 두 번 던져 발생할 수 있는 사건은 HH, HT, TH, TT의 총 4가지이므로 $N = 4$가 된다. 앞면이 나오는 경우의 수를 다음과 같이 나타낼 수 있다.

(앞면이 두 번 모두 나오는 경우) $= 1$
(앞면이 한 번만 나오는 경우) $= 2$
(앞면이 두 번 모두 나오지 않는 경우) $= 1$

동전을 두 번 던져 앞면이 나오는 경우를 $A$라고 할 때, $A$에는 앞면이 두 번 모두 나오는 경우와 한 번만 나오는 경우가 포함되므로 $n(A) = 3$이 된다. 따라서 구하고자 하는 확률은 다음과 같다.

$$P(A) = \frac{n(A)}{N} = \frac{3}{4}$$

이때 확률은 다음과 같은 조건을 만족한다.

❶ 확률은 0~1의 값을 가진다.
❷ 모든 사건에 대한 확률의 합은 1이다.

$$\sum_{i=1}^{n} P(E_i) = 1 \quad (E\ :\ \text{사건(Event)},\ i\ :\ \text{시행 횟수},\ P\ :\ \text{확률})$$

### 통계적 확률

통계적 확률은 기본적인 확률의 개념과 같다. 다만 반복적인 실행을 $n$번 해서 사건 $A$가 일어난 횟수를 $r$이라 했을 때, $n$을 충분히 크게 한다면 상대도수로 나타나는 $\frac{r}{n}$은 일정한 확률값 $p$로 근사하게 된다. 이때 $p$를 사건 $A$가 발생할 **통계적 확률** 혹은 **경험적 확률**이라 한다.

예를 들어 제조 공정상 불량률을 확인하고자 하는데, 전수조사가 아닌 표본조사를 한다고 생각해보자. 표본으로 추출한 100개의 제품을 조사해서 5개의 불량이 발생했다면, 100개 중 5개가 불량이므로 이 제조 공정의 불량품에 대한 상대도수는 $\frac{5}{100}$가 된다. 이는 표본 수를 최대한 늘렸을 때 불량률이 5%라는 의미다. 즉 $\frac{r}{n} \fallingdotseq P(A)$이고, $n$을 무한대로 수렴시키면 $\frac{r}{n} = P(A)$다.

$$\frac{r}{n} \fallingdotseq P(A)\text{이고, } \lim_{n\to\infty}\frac{r}{n} = P(A)$$

## 확률의 덧셈법칙

하나의 사건에 대한 확률은 확률의 정의로 쉽게 구할 수 있다. 그런데 서로 다른 사건 $A$와 $B$가 발생할 때, $A$ 혹은 $B$가 일어날 확률은 어떻게 구할까? 예를 들어, 1부터 10까지 숫자가 적힌 공 10개가 들어 있는 주머니 안에서 공 1개를 뽑을 때 2의 배수가 나오는 사건을 $A$, 3의 배수가 나오는 사건을 $B$라 하자. 이때 두 사건이 발생하는 경우는 [그림 4-2]와 같다. 그러면 사건 $A$ 혹은 $B$가 발생할 확률은 $A$의 확률과 $B$의 확률을 더한 후에 공통으로 일어나는 사건, 즉 6이 발생할 확률을 빼야 한다.

$$\begin{aligned} P(A\cup B) &= P(A)+P(B)-P(A\cap B) \\ &= \frac{5}{10}+\frac{3}{10}-\frac{1}{10}=\frac{7}{10} \end{aligned}$$

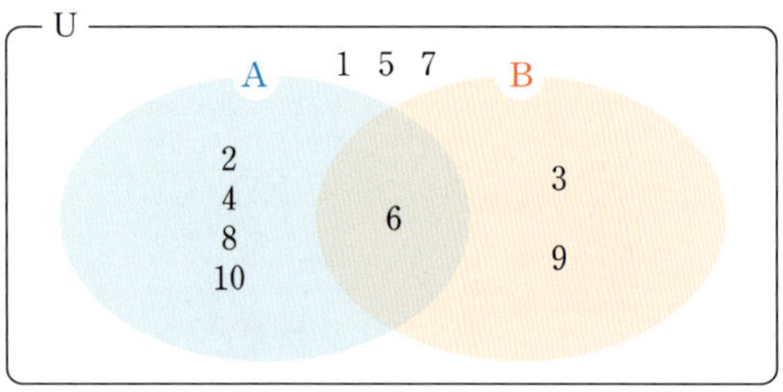


[그림 4-2] 2의 배수와 3의 배수가 나오는 사건의 집합

$P(A\cap B)$를 빼는 이유는 사건 $A$와 $B$가 서로 영향을 미치지 않는 독립사건이지만, 사건이 발생하는 결과에 서로 중복되는 부분이 있기 때문이다. 독립사건이라도 $P(A)\times P(B) = P(A\cap B)$에서 중복된 부분이 있다면 제거해야 한다. 그러나 만약 두 사건이 공통 부

분이 없는 배반사건이라면, 중복되는 부분이 없어 $P(A \cap B) = 0$ 이므로 다음과 같이 구할 수 있다.

$$P(A \cup B) = P(A) + P(B)$$

예를 들어 짝수가 나오는 사건을 $A$, 홀수가 나오는 사건을 $B$라고 하면 두 사건은 [그림 4-3]과 같이 공통된 부분이 없으므로 서로 영향을 미치지 않는다. 즉, $P(A \cap B) = 0$ 이므로 확률은 다음과 같이 구한다.

$$P(A \cup B) = P(A) + P(B) = \frac{5}{10} + \frac{5}{10} = 1$$

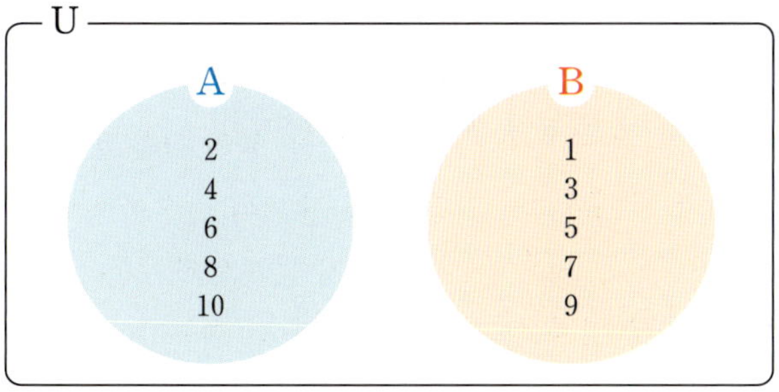


[그림 4-3] 짝수와 홀수가 나오는 사건의 집합

이와 같은 확률의 계산 법칙을 **확률의 덧셈법칙**(addition rule of probability)이라 한다.

**Note** 확률 사건

- **합사건($A \cup B$)**

  사건 A와 B에 대해 A가 발생하거나 B가 발생하는 사건을 A와 B의 합사건이라 한다.

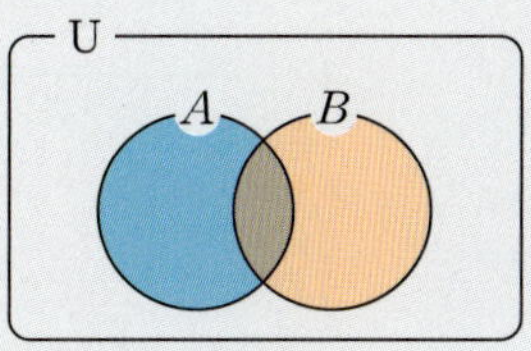


[그림 4-4] 합사건

- **곱사건($A \cap B$)**

  사건 A와 B에 대해 A와 B가 동시에 발생하는 사건을 A와 B의 곱사건이라 한다.

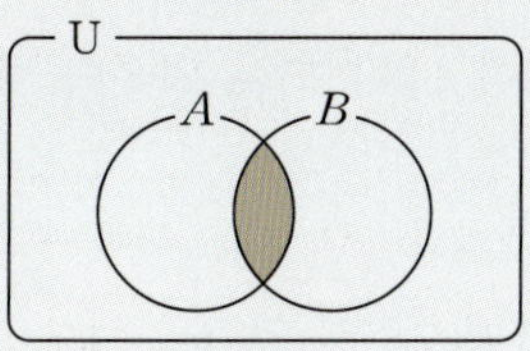


[그림 4-5] 곱사건

• **배반사건($A \cap B = \varnothing$)**

사건 A와 B에 대해 A나 B 중 어느 하나의 사건이 발생하면 다른 사건이 발생하지 않는 사건을 배반사건이라 한다.

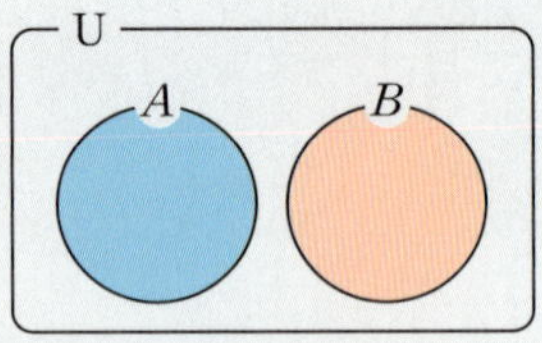


[그림 4-6] 배반사건

• **여사건($A^c$)**

사건 A에 대해 A가 발생하지 않는 사건을 A의 여사건이라 한다.

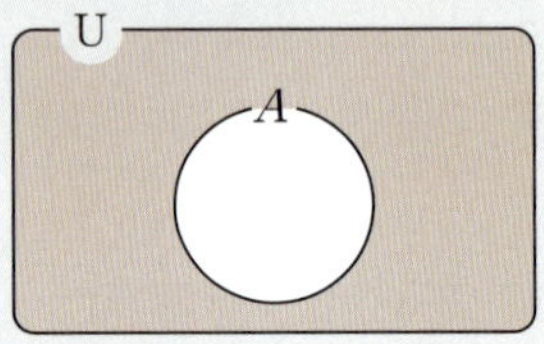


[그림 4-7] 여사건

**예제 4-1 주사위 던지기의 확률 계산하기(확률의 덧셈법칙)**

주사위를 두 번 던져서 나오는 결과의 합이 10 이상이 될 확률을 구하라.

**풀이**

주사위를 두 번 던져서 합이 10 이상이 나오는 경우는 다음과 같다.

$$(4,\ 6),\ (6,\ 4),\ (5,\ 5),\ (5,\ 6),\ (6,\ 5),\ (6,\ 6)$$

총 6가지 경우의 수가 발생한다. 주사위를 던졌을 때 각 숫자가 나올 확률은 $\frac{1}{6}$로 모두 동일하다. 주사위를 1회 던질 때와 2회 던질 때의 확률을 계산해보자.

합이 10이 되는 경우의 확률은 다음과 같다.

$$(4,\ 6)\text{인 경우} : \frac{1}{6} \times \frac{1}{6} = \frac{1}{36}$$

$$(5,\ 5)\text{인 경우} : \frac{1}{6} \times \frac{1}{6} = \frac{1}{36}$$

$$(6,\ 4)\text{인 경우} : \frac{1}{6} \times \frac{1}{6} = \frac{1}{36}$$

합이 11이 되는 경우의 확률은 다음과 같다.

$$(5,\ 6)\text{인 경우} : \frac{1}{6} \times \frac{1}{6} = \frac{1}{36}$$

$$(6,\ 5)\text{인 경우} : \frac{1}{6} \times \frac{1}{6} = \frac{1}{36}$$

합이 12가 되는 경우의 확률은 다음과 같다.

$$(6,\ 6)\text{인 경우} : \frac{1}{6} \times \frac{1}{6} = \frac{1}{36}$$

따라서 모든 확률을 더하면 $\frac{6}{36} = \frac{1}{6}$이 된다.

## 조건부 확률과 확률의 곱셈법칙

확률의 덧셈법칙에서는 사건 $A$와 $B$가 발생하는 과정에 순서라는 개념이 없지만, 만약 $A$가 발생한 상황하에 $B$가 발생할 확률을 구한다면 계산 방법이 바뀌어야 한다. 사건 $A$가 먼저 발생하고 이어서 $B$가 발생하는 확률은 $P(B|A)$로 표시하고, **조건부 확률**(conditional probability)이라고 한다. 이는 $A$가 발생한 상황하에서 $B$가 발생할 확률이므로 다음과 같이 구할 수 있다.

$$P(B|A) = \frac{P(A \cap B)}{P(A)}$$

이를 정리하면 다음과 같이 표현할 수 있다.

$$P(A \cap B) = P(A) \cdot P(B|A)$$

이와 같은 확률의 계산 법칙을 **확률의 곱셈법칙**(multiplication rule of probability)이라고 한다.

예를 들어, OO학과의 남녀 학생 100명 중 남학생의 수는 55명이고 이 중 통계학에 관심이 있는 남학생의 수가 20명이라고 하자. 이때 남학생을 선택하는 사건을 $A$라 하고 남학생 중 통계학에 관심이 있는 학생을 선택하는 사건을 $B$라 했을 때, 남학생을 선택할 확률 $P(A) = \frac{55}{100}$이고, 남학생 중 통계학에 관심이 있는 학생을 선택할 확률 $P(B|A) = \frac{P(A \cap B)}{P(A)} = \frac{20}{55}$이다. 확률의 곱셈법칙을 적용하면, $P(A \cap B) = P(A) \cdot P(B|A) = \frac{55}{100} \times \frac{20}{55} = \frac{1}{5}$이다.

**예제 4-2 주머니 속 공 선택의 확률 계산하기(확률의 곱셈법칙)**

주머니 속에 파란 공 5개와 노란 공 7개가 들어 있다. 공을 두 번 꺼낼 때, 모두 파란 공인 경우의 복원추출 확률과 비복원추출 확률을 구하라.[1]

**풀이**

- **복원추출**

$$\text{공의 총 개수} = 12,\ \text{파란 공} = 5,\ \text{노란 공} = 7$$

파란 공을 뽑고 난 후 다시 파란 공을 뽑는 조건부 확률이므로 다음 식을 적용한다.

$$P(B|A) = \frac{P(A \cap B)}{P(A)}$$

곱셈법칙에 의해 계산하면 다음과 같다.

$$P(A \cap B) = P(A) \cdot P(B|A) = \frac{5}{12} \times \frac{5}{12} = \frac{25}{144} = 0.174 \ \text{(소수점 4자리 반올림)}$$

- **비복원추출**

$$P(A \cap B) = P(A) \cdot P(B|A) = \frac{5}{12} \times \frac{4}{11} = \frac{20}{132} = 0.152 \ \text{(소수점 4자리 반올림)}$$

## 확률변수와 확률함수

**확률변수**(random variable)는 실험 결과(사건)에 실수값을 대응시키고 그 값에 확률을 부여한 것이다. 반복적으로 어떤 실험을 할 때 각각의 실험 결과가 어떨지 그 순간에는 알 수 없지만, 실험을 다 마친 후에는 어떤 결과가 몇 번씩 발생했는지를 총체적으로 살펴볼 수 있다. 이 결과의 수에 확률이 부여된 것이 확률변수다. 이때 실수값은 여러 개가 될 수 있으므로 확률변수 $X$로 표현한다.

수집된 데이터의 확률변수는 두 종류로 나뉜다. 셀 수 있는 특정한 값들로 구성되거나 일정한 범위로 나타나는 **이산 확률변수**(discrete random variable)와 연속형이거나 무한한 경우와 같이 셀 수 없는 **연속 확률변수**(continuous random variable)로 구분할 수 있다.

1 복원추출은 추출했던 것을 제자리로 돌려놓고 다시 추출하는 방법이다. 비복원추출은 추출했던 상황하에서 복원하지 않고 다시 추출하는 방법이다.

이산 확률변수는 독립적으로 발생하는 사건에 대한 확률변수다. 동전 던지기, 주사위 던지기, 윷놀이처럼 모두 독립적으로 발생하는 사건에서 이산 확률변수를 확인할 수 있다. 이산 확률변수는 사건에 대한 실수값에 확률을 부여한 것이므로, 각 사건의 확률을 적시하는 확률변수를 기준으로 합산하여 계산해야 한다. 연속 확률변수는 발생하는 각 사건을 단일한 독립사건으로 구분하기에는 경우의 수가 너무 많아서 범위로 표현되는 확률변수다. 시간, 온도, 길이처럼 셀 수 없는 결과를 나타내는 확률변수를 의미한다.

확률함수는 확률 $P$를 가진 어떤 사건이 $n$회 시행 중에서 $x$회 나타날 때, 확률변수 $x$와 이에 대응되는 $P(x)$의 관계를 나타낸 함수로, 5장에서 살펴볼 확률분포를 함수식으로 표현한 것이다.[2] 확률분포를 함수식으로 나타내는 이유는 확률분포 전체의 개수가 일정하게 표현하기 좋은 수준일 때 이를 모두 나열하기 위해서다. 그러나 확률함수를 논하려면 표본의 개수가 많아야 한다. 정규분포를 이루기 위한 최소한의 조건인 중심극한정리를 따르기 위해서는 최소한 30개의 표본이 필요하다. 인문/사회과학에서는 표본의 크기가 클수록 전체 모집단에 근접하기 때문이다. 함수로 표현되는 확률분포는 간단한 수식만으로도 모든 확률분포를 설명할 수 있으므로 설명의 효율성이 매우 좋다.

동전을 두 번 던질 때 앞면이 나오는 경우를 확률함수로 계산한 확률은 다음과 같다.

$$P(X=x)=\frac{3-x}{4}\ (x \geq 1),\ \ P(X=x)=\frac{x}{4}\ (x<1)$$ – 확률함수

모두 앞면이 나올 확률변수 $P(X=2)=\frac{1}{4}$
첫 번째나 두 번째 던지기에서 앞면이 나올 확률변수 $P(X=1)=\frac{1}{2}$
앞면이 한 번도 나오지 않을 확률변수 $P(X=0)=\frac{1}{4}$
} 확률

**Note 사건, 확률변수, 확률, 확률함수의 관계**

동전을 두 번 던질 때 앞면이 나오는 경우를 기준으로 사건, 확률변수, 확률, 확률함수의 관계를 살펴보자. 동전의 앞면이 나오는 경우를 H, 뒷면이 나오는 경우를 T라고 할 때, 발생되는 사건은 HH, HT, TH, TT로 총 4가지다. 앞면이 몇 번 나올 것인가를 기준으로 사건을 분류하면, 확률변수는 HH는 앞면이 2번이므로 2, HT와 TH는 앞면이 1번이므로 1, TT는 앞면이 나오지 않으므로 0이 된다.

2 고등학교 수학에서는 확률함수를 확률분포로 표현하고 있다.

확률변수가 2인 경우는 H가 나올 확률 $\frac{1}{2}$이 모두 나와야하므로 $\frac{1}{2}\times\frac{1}{2}=\frac{1}{4}$, 확률변수가 1인 경우는 두 가지이므로 각각의 확률 $\frac{1}{4}$을 더해 $\frac{1}{4}+\frac{1}{4}=\frac{1}{2}$이 된다. 확률변수가 0인 경우는 T라는 확률 $\frac{1}{2}$이 모두 나와야 하므로 $\frac{1}{2}\times\frac{1}{2}=\frac{1}{4}$이 된다.

확률함수로 표현하면 $P(X=2)=\frac{1}{4}$, $P(X=1)=\frac{1}{2}$, $P(X=0)=\frac{1}{4}$로 표현할 수 있다. 이를 정리하면 [그림 4-8]과 같다.

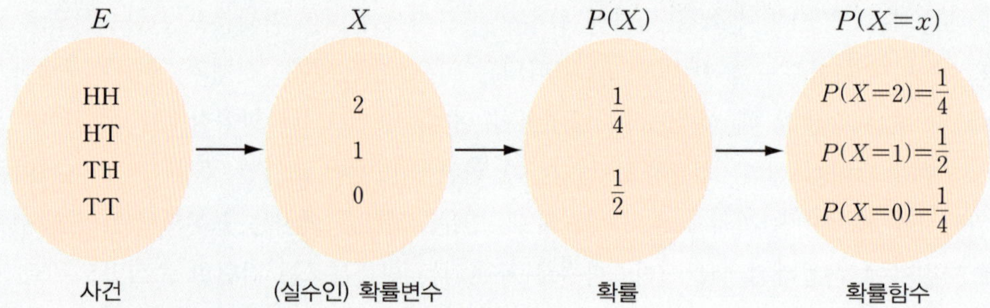


[그림 4-8] 사건, 확률변수, 확률, 확률함수

## 예제 4-3 윷놀이에서 확률변수 구하기

윷 4개를 가지고 윷놀이 시합을 할 때, 윷을 최소한으로 움직이면서 가장 빨리 이기는 경우의 확률변수에 대해 설명하라. 또한 이에 대한 확률과 확률함수를 구하라.

### 풀이

윷놀이에서 윷이 가장 빨리 돌아서 나오는 경우는 '모-걸-걸'이다. 이때 윷이 4개이므로 '모'가 4번 나온 후에 '걸'이 2번 나오는 경우가 가장 빨리 이기는 경우다.[3]

한 번 윷을 던지면 도/개/걸/윷/모의 5개 사건이 발생할 수 있다. 가장 빨리 이기는 경우는 '모-모-모-모-걸-걸'의 순서다. 즉, '모모모모'와 같이 4번 연속으로 '모'가 나와야 하고, 이후 '걸걸'과 같이 2번 연속으로 '걸'이 나와야 한다. 이에 대한 확률함수를 나타내면 다음과 같다.[4]

---

3 원래의 규칙은 출발점까지 돌아온 후 윷판 밖으로 나와야 한다. 하지만 이런 경우라면 '빽도'를 활용해서 이기는 경우까지 생각해야 한다. 확률의 개념을 이해하기 위한 예시이므로 여기서는 경기에서 승리하는 규칙을 출발점까지 되돌아오는 것으로 한다.

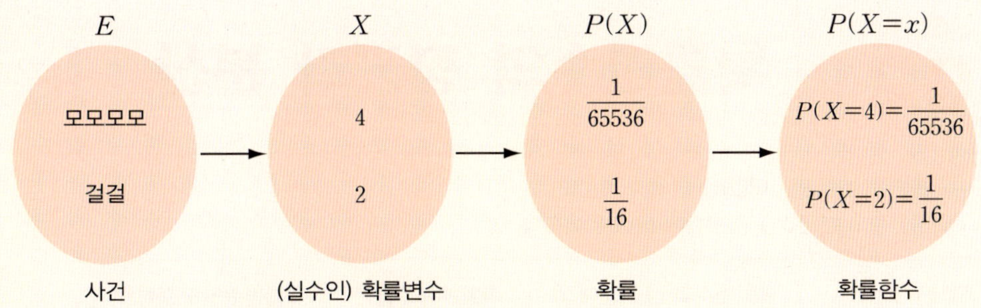


[그림 4-9] 윷놀이의 사건, 확률변수, 확률, 확률함수

---

4 윷놀이의 확률을 구할 때 주의할 점이 있다. 윷놀이는 도, 개, 걸, 윷, 모의 5가지 결과가 있기 때문에 각각의 확률을 $\frac{1}{5}$로 생각할 수 있다. 그러나 던지는 윷이 모두 4개이고, 이들의 앞뒷면의 개수에 따른 결과에 대한 확률을 구해야 한다. 앞면 또는 뒷면이 나올 확률은 각각 $\frac{1}{2}$이므로, 도가 나올 확률은 $\frac{4}{16}$($\because$ 도

| 1 | 2 | 3 | 4 |
|---|---|---|---|
| 앞 | 앞 | 앞 | 뒤 |
| 앞 | 앞 | 뒤 | 앞 |
| 앞 | 뒤 | 앞 | 앞 |
| 뒤 | 앞 | 앞 | 앞 |

), 개가 나올 확률은 $\frac{6}{16}$($\because$ 개

| 1 | 2 | 3 | 4 | 5 | 6 |
|---|---|---|---|---|---|
| 앞 | 앞 | 앞 | 뒤 | 뒤 | 뒤 |
| 앞 | 뒤 | 뒤 | 앞 | 앞 | 뒤 |
| 뒤 | 앞 | 뒤 | 앞 | 뒤 | 앞 |
| 뒤 | 뒤 | 앞 | 뒤 | 앞 | 앞 |

), 걸이 나올 확률은 $\frac{4}{16}$($\because$ 걸

| 1 | 2 | 3 | 4 |
|---|---|---|---|
| 앞 | 뒤 | 뒤 | 뒤 |
| 뒤 | 앞 | 뒤 | 뒤 |
| 뒤 | 뒤 | 앞 | 뒤 |
| 뒤 | 뒤 | 뒤 | 앞 |

), 윷과 모가 나올 확률은 $\frac{1}{16}$이 된다.

SECTION 02

# 확률변수의 평균과 분산

- 확률변수의 평균(기대값)에 대해 이해한다.
- 확률변수의 분산과 표준편차에 대해 알아본다.

Keywords | 확률변수의 평균(기대값) | 확률변수의 분산 | 확률변수의 표준편차 |

표본의 특성을 파악하려면 표본으로부터 얻은 자료에서 평균과 분산을 구하여 표본분포의 특성을 확인해야 한다. 이어서 확률변수를 통해 확률을 확인하고 확률분포를 구성하면 그 자료에 대한 직관적인 판단이나 예측을 내리기가 수월해진다.

### 룰렛! 나는 이 경기에서 이길 수 있을까?

카지노에서 접할 수 있는 룰렛은 회전판을 돌려서 자신이 배팅한 숫자나 색깔에 볼이 들어가면 이기는 게임이다. 일단 게임이 시작되면 어떤 경우라도 볼이 숫자에 들어가지 않는 경우는 없다. 반드시 결과는 발생하며 오직 그 결과를 맞히는 사람만이 경기의 승자가 된다.

결국 다른 도박도 마찬가지지만 룰렛도 딜러와 경기자 간의 확률 싸움이다. 통계학을 위한 확률에 입문하는 우리가 카지노에서 이길 확률은 어느 정도일까?[5]

[그림 4-10] 룰렛의 확률

5 대개 한탕 혹은 일확천금을 노리거나 주위에서 누가 땄다는 말을 듣고 도박을 접하게 된다. 정말 돈을 딸 수 있을까? 이윤 추구를 목적으로 하는 기업에서 자기들이 입을 손해를 감수하고 확률적으로 유리하지 않은 카지노 사업에 뛰어들 리가 없다고 생각하면 바로 답이 나온다. 경기자 입장에서 볼 때, 게임이 시작되는 짧은 시간에 모든 경우의 수를 따지는 것 자체가 불가능하고, 순간적인 판단으로 경기자 자신에게 유리한 번호에 배팅을 하는 것도 불가능하다. 즉, 도박을 한다는 것은 경기자가 자신의 돈을 들여 자신이 승리할 확률이 매우 적은 불리한 게임을 하는 것이다.

## 확률변수의 평균

3장에서 등교 시간을 말할 때 머릿속으로 대강 계산한 평균값을 말한다고 설명했다. 아마 응답자는 앞으로도 등교 시간이 그 정도 걸릴 것으로 기대할 것이다.

앞서 확률은 $\sum_{i=1}^{n} P(E_i) = 1$이 성립한다고 설명하였다. 통계학에서 확률변수의 평균은 기대값과 같은 의미로 사용된다. **기대값**(expected value)이란 어떤 사건에 대해 그 사건이 벌어질 확률을 곱해서 전체 사건에 대해 합한 값을 말한다. 기대값을 식으로 나타내면 다음과 같다.

$$E(X) = \sum_{i=1}^{n} x_i P(x_i) = x_1 P(x_1) + x_2 P(x_2) + \cdots + x_n P(x_n)$$

즉, 기대값이란 사건에서 발생하는 해당 값과 그 사건이 발생할 확률을 곱해서 모두 더한 값이다. 예를 들어, 주사위를 던졌을 때의 기대값을 구하면 다음과 같다.

$$\begin{aligned} & 1 \times \frac{1}{6} + 2 \times \frac{1}{6} + 3 \times \frac{1}{6} + 4 \times \frac{1}{6} + 5 \times \frac{1}{6} + 6 \times \frac{1}{6} \\ & = \frac{1+2+3+4+5+6}{6} = 3.5 \end{aligned}$$

## 확률변수의 분산과 표준편차

확률변수의 분산은 기대값의 특성을 나타내는 값으로, 확률변수들의 평균인 기대값으로부터 벗어나는 정도를 나타낸다. 즉, 평균으로부터 산포된 정도를 분산이라 했듯이, 확률변수의 분산은 기대값과 어느 정도 차이가 있는지를 나타낸다. 확률에서 분산을 구하려면 확률변수와 기대값의 차이를 구한 후 제곱하고, 해당 사건의 확률을 곱한 후 모두 더해주면 된다.

주사위 던지기를 예로 들면, 그 결과는 [표 4-1]과 같다. 이때의 평균 $m$과 분산 $\sigma^2$을 구해보자.

[표 4-1] 주사위 던지기 결과

| $X$ | $x_1$ | $x_2$ | $x_3$ | $x_4$ | $x_5$ | $x_6$ | 합 |
|---|---|---|---|---|---|---|---|
| 결과 | 1 | 2 | 3 | 4 | 5 | 6 | 21 |

우선 평균(기대값)을 구하면 다음과 같다.

$$m = \frac{1}{n}\sum_{i=1}^{n} x_i = \frac{1+2+3+4+5+6}{6} = 3.5$$

보여지는 결과는 1~6까지의 숫자로 표기되지만 상대도수는 1회씩이므로 $P(x_i) = \frac{x_i\text{의 상대도수}}{n} = \frac{1}{6}$이다. 그러므로 $m = \frac{1}{n}\sum_{i=1}^{n} x_i = \sum_{i=1}^{n} x_i P(x_i)$이다.

분산도 동일하게 계산할 수 있다.

[표 4-2] 주사위 던지기의 각 결과에 대한 확률

| $X$ | $x_1$ | $x_2$ | $x_3$ | $x_4$ | $x_5$ | $x_6$ | 합 |
|---|---|---|---|---|---|---|---|
| $P(x_i)$[6] | $P(x_1)$ | $P(x_2)$ | $P(x_3)$ | $P(x_4)$ | $P(x_5)$ | $P(x_6)$ | 1 |

$$\begin{aligned}\sigma^2 &= \frac{1}{n}\sum_{i=1}^{n}(x_i - m)^2 \times (x_i\text{의 상대도수}) \\ &= \sum_{i=1}^{n}(x_i - m)^2 \times \frac{x_i\text{의 상대도수}}{n} \\ &= \sum_{i=1}^{n}(x_i - m)^2 P(x_i)\end{aligned}$$

표준편차는 분산($\sigma^2$)의 제곱근이므로 다음과 같이 구할 수 있다.

$$\sigma = \sqrt{V(X)} = \sqrt{\sum (x_i - m)^2 P(x_i)}$$

표준편차는 분산을 구해 제곱근을 취한 값이다. 따라서 분산과 마찬가지로 평균과의 차이를 나타낸다. 표준편차를 확인하는 이유는 분산이 측정치와 평균 간 차의 제곱을 모두 더한 값이라 평균과 상당한 차이가 나기 때문이다. 음수를 양수로 변경하기 위해 제곱을 한 것이므로 다시 제곱근으로 만든 표준편차로 편차를 가늠하는 것이 합리적이며, 그래야만 평균과 비교할 수 있다.

6 $\frac{x_i\text{의 상대도수}}{n}$이다.

## 확률변수에서 평균과 분산(표준편차)의 성질

### 확률변수 평균의 성질

$a$가 상수, $X$와 $Y$가 확률변수일 때 다음이 성립한다.

(1) $E(a)=a$

(2) $E(aX)=aE(X)$

(3) $E(aX\pm b)=aE(X)\pm b$

(4) $E(aX\pm bY)=aE(X)\pm bE(Y)$

(5) $E(XY)=E(X)E(Y)$, $X$와 $Y$는 확률적으로 독립

### 확률변수 분산(표준편차)의 성질

$a$와 $b$가 상수, $X$와 $Y$가 확률변수일 때 다음이 성립한다.

(1) $V(a)=0$

(2) $V(aX)=a^2 Var(X)$

(3) $V(X+Y)=V(X)+V(Y)+2Cov(X,Y)$

$V(X+Y)=V(X)+V(Y)$, $X$와 $Y$는 확률적으로 독립

(4) $V(X+Y)=V(X)+V(Y)-2Cov(X,Y)$

$V(X+Y)=V(X)+V(Y)$, $X$와 $Y$는 확률적으로 독립

(5) $\sigma(aX+b)=|a|\sigma(X)$

(6) $V(X)=E(X^2)-[E(X)]^2$

**예제 4-4 확률변수의 평균과 분산을 이용한 예**

1. 확률변수 $X$의 평균이 3이고 분산이 5일 때, 확률변수 $X^2$의 평균을 구하라.
2. $E(X)=4$일 때, $E(3X-1)$, $E(-2X+1)$을 구하라.
3. $V(X)=3$일 때, $V(2X-1)$을 구하라.

**풀이**

1. $V(X)=E(X^2)-[E(X)]^2$에 대입하면, $5=E(X^2)-3^2$, $\therefore E(X^2)=14$
2. $E(3X-1)=3E(X)-1=11$, $E(-2X+1)=-2E(X)+1=-7$
3. $V(2X-1)=2^2V(X)=12$

## 예제 4-5 실사례에서 확률변수의 평균과 분산 활용하기

준비파일 | 4장_기대값과 분산.xlsx

영국의 프리미어리그에서 우승을 노리는 N팀이 이번에 FA가 되는 선수 A와 B를 스카우트하려고 한다. A와 B는 경기 스타일과 포지션이 겹치지 않아 모두 영입하면 좋겠지만, 팀 사정상 선수 한 명만 영입할 수 있다. 성적에 따른 인센티브와 각 선수를 영입했을 때 얻을 수 있는 성적에 대한 확률을 기반으로 평균과 확률변수의 분산을 계산하고 누구를 영입할 것인지 판단하라.

[표 4-3] 선수 A와 선수 B 영입 후 예상 확률

| 성적별 인센티브 \ 선수 | | 선수 A 성적 확률 | 선수 B 성적 확률 |
|---|---|---|---|
| 우승 | 300 | 0.58 | 0.65 |
| 순위 상승 | 150 | 0.87 | 0.51 |
| 성적 동일 | 0 | 0.55 | 0.45 |
| 성적 하락 | −100 | 0.05 | 0.05 |

### 풀이

선수 A, B에 대한 확률변수의 평균을 구하면 다음과 같다.

$$\text{A의 평균}: 300\times0.58+150\times0.87+0\times0.55+(-100)\times0.05=299.5$$

$$\text{B의 평균}: 300\times0.65+150\times0.51+0\times0.45+(-100)\times0.05=266.5$$

이어서 분산을 구하면 다음과 같다.

$$\begin{aligned}\text{A의 분산}: &(300-299.5)^2\times0.58+(150-299.5)^2\times0.87\\ &+(0-299.5)^2\times0.55+[(-100)-299.5)^2]\times0.05\\ &=76,760.0125\end{aligned}$$

$$\begin{aligned}\text{B의 분산}: &(300-266.5)^2\times0.65+(150-266.5)^2\times0.51\\ &+(0-266.5)^2\times0.45+[(-100)-266.5)^2]\times0.05\\ &=46,327.435\end{aligned}$$

평균을 기준으로 분석해보자. A는 299.5이고, B는 266.5다. A의 인센티브가 약 30만큼 높을 것으로 기대된다. 그러나 A를 영입했을 때의 분산은 76,760.0125이고, B를 영입했을 때의 분산은 46,327.435다. 평균과 분산의 결과가 서로 다르다. 이러한 상황이라면 구단주가 판단해야 한다. 즉, 우승 확률은 조금 떨어지더라도 평균이 높은 선수 A를 선택할 것인지, 평균은 낮지만 조금이라도 안정적이면서 우승 확률이 높은 선수 B를 선택할 것인지를 말이다.

N팀은 우승을 노리는 팀이라고 했다. 그러므로 선수 A보다는 안정적인 분산을 가지고 있으면서도 우승 확률이 높은 선수 B를 선택할 것이다.

## 실습

**01** Excel을 실행하여 '4장_기대값과 분산.xlsx' 파일을 불러온다.

**02** ❶ D8셀과 E8셀에 A, B의 기대값을 구하는 계산식을 다음과 같이 각각 입력한다.

'=$C$4*D4+$C$5*D5+$C$6*D6+$C$7*D7'

'=$C$4*E4+$C$5*E5+$C$6*E6+$C$7*E7'

❷ D9셀과 E9셀에 A, B의 분산을 구하는 계산식을 다음과 같이 각각 입력한다.[7]

'=($C$4−D8)^2*D4+($C$5−D8)^2*D5+($C$6−D8)^2*D6+($C$7−D8)^2*D7'

'=($C$4−E8)^2*E4+($C$5−E8)^2*E5+($C$6−E8)^2*E6+($C$7−E8)^2*E7'

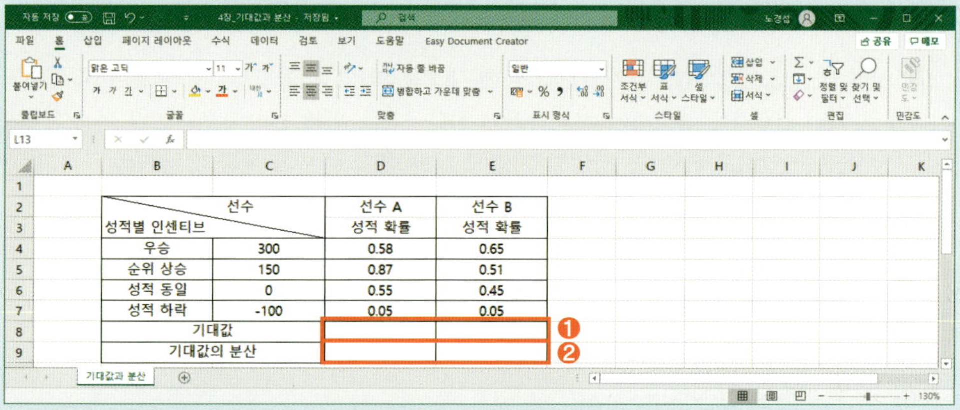


[그림 4-11] 선수 A와 B 영입 후의 기대값과 분산 계산

**03** 선수 A, B에 대한 기대값과 분산을 확인할 수 있다.

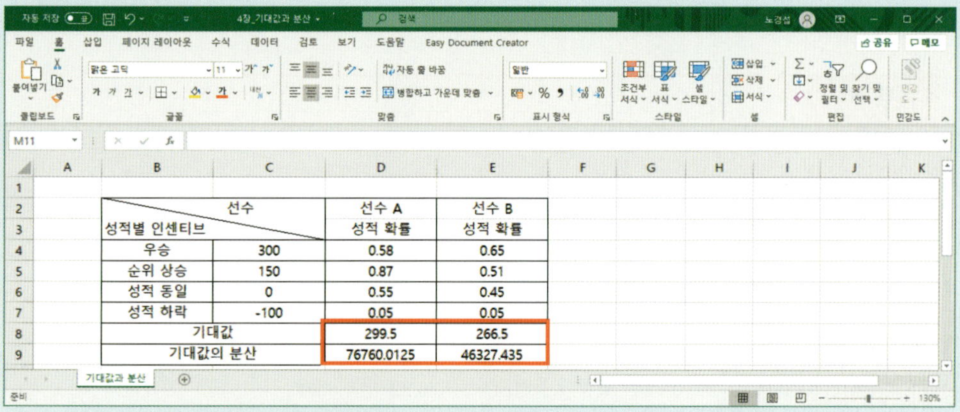


[그림 4-12] 선수 A와 B에 대한 기대값과 분산

7 수식에 있는 $ 표시는 A의 기대값과 분산을 먼저 구한 후 마우스로 드래그하여 B의 기대값과 분산을 구할 때 지정된 셀을 고정하는 기능을 한다.

CHAPTER

# 04 연습문제

**1.** 확률함수의 개념을 설명하고, 실제 어떻게 활용할 수 있는지 예를 들어 설명하라.

**2.** 7개의 사건에 대한 확률분포가 다음과 같이 주어졌을 때, 이 사건의 평균과 분산을 구하라.

| 사건 | 1 | 2 | 3 | 4 | 5 | 6 | 7 |
|---|---|---|---|---|---|---|---|
| 확률 | 0.04 | 0.18 | 0.19 | 0.24 | 0.18 | 0.13 | 0.07 |

**3.** 정부에서 청년 창업 스타트업 패키지를 통해 새로운 아이디어를 가진 성인 남녀 35세 미만의 청년 기업 100개를 선발하여 지원하려고 한다. 이를 위해 1년 차부터 5년 차까지 창업 후 생존율을 확인하고자 한다. 창업한 기업에 대한 존속 여부의 평균과 분산을 구하고, 평균과 분산이 나타내는 수치가 의미하는 것을 설명하라.

| 연차 | 1 | 2 | 3 | 4 | 5 |
|---|---|---|---|---|---|
| 생존율 (%) | 0.89 | 0.68 | 0.59 | 0.42 | 0.31 |

**4.** COVID19와 같은 전염병으로 인해 인류는 큰 고통을 겪고 있지만 전 세계적인 협력을 통해 이 상황을 극복하고자 한다. 우리나라에서는 7개의 크고 작은 제약회사에서 치료제를 개발하고 있는데, 개발 기간은 역량에 따라 다르지만 대개 1년 정도의 시간이 필요하다고 한다. 각자 독자적인 방법을 통해 1개사부터 7개사까지 치료제를 개발할 확률이 아래와 같다고 할 때, 개발 평균과 표준편차를 구하라.

| 개발 완료 | 1 | 2 | 3 | 4 | 5 | 6 | 7 |
|---|---|---|---|---|---|---|---|
| 확률 | 0.11 | 0.32 | 0.21 | 0.15 | 0.11 | 0.09 | 0.01 |

**5.** SNS를 이용하여 친구들과 소통하는데, 글을 남기면 많은 댓글이 달린다. 다음은 최근 한 달 동안 1시간에 달리는 댓글 수를 평균적으로 나타낸다.

| 댓글 수 | 1 | 2 | 3 | 4 | 5 | 6 | 7 | 8 | 9 |
|---|---|---|---|---|---|---|---|---|---|
| 확률 | 0.02 | 0.05 | 0.07 | 0.15 | 0.22 | 0.20 | 0.14 | 0.08 | 0.02 |

(a) SNS에 달리는 댓글의 평균을 구하라.
(b) SNS에 달리는 댓글의 분산을 구하라.
(c) SNS에 시간당 10개 이상의 댓글이 달릴 확률을 구하라.

**6.** 전 세계적으로 K-pop의 인기기 높고, 국내 가전 및 자동차용 배터리 기술에 대한 만족도도 매우 높다. 이 기회에 대한민국이라는 국가 브랜드의 가치를 더욱 높이려고 하는데, 현재의 경기 상황이 썩 좋기만 한 것은 아니다. 그래서 글로벌 경제 상황을 침체, 유지, 상승의 세 가지 국면으로 구분하고, 다양한 경기선행지수를 바탕으로 세 가지 국면에 대한 확률을 도출했다. 국내 투자자들이 국내에 투자하는 것과 해외에 투자하는 것으로 수익을 낼 수 있는 확률을 가지고 있다면 국내에 투자하는 것이 좋을지 해외에 투자하는 것이 좋을지 다음 표를 보고 판단하라.

| 투자 지역 / 경기별 확률 | | 국내 투자 | | 해외 투자 | |
|---|---|---|---|---|---|
| | | 수익 | 확률 | 수익 | 확률 |
| 경기 침체 | 0.7 | 100 | 0.3 | 200 | 0.2 |
| 경기 유지 | 0.5 | 200 | 0.4 | 400 | 0.4 |
| 경기 상승 | 0.2 | 400 | 0.5 | 800 | 0.6 |

CHAPTER

# 05

# 확률분포

Probability Distribution

## 확률에 대해 알았으니, 이제 통계는 걱정 없겠죠?

이 질문에 대해 대답하자면, 반은 맞고 반은 틀리다. 통계와 관련된 확률의 개념을 이해하면서 동시에 통계분석의 결과와 확률을 확률분포와 연관시킬 수 있어야 통계를 위한 기초를 제대로 세웠다고 볼 수 있다.

4장에서 확률의 개념을 이해하는 정도였다면, 이 장에서는 더 나아가 확률분포의 개념을 이해하고 다양한 형태의 확률분포를 살펴볼 것이다. 또한 특수한 확률분포인 이항분포와 포아송분포에 대해 살펴본다.

Contents

01_ 확률분포
02_ 이항분포
03_ 포아송분포
연습문제

SECTION 01

# 확률분포

- 확률분포의 정의와 역할을 살펴본다.
- 균등분포, 정규분포, 표준정규분포에 대해 알아본다.

Keywords | 확률분포 | 균등분포 | 정규분포 | 표준정규분포 |

분포를 나타낸다는 것은 어떤 기준점을 중심으로 나머지 요소들의 위치를 찾아서 그 위치를 표시하는 것이다. 우리는 3장에서 이미 중심경향도를 학습했으므로 중심에 대해 알고 있다. 이 중심으로부터 나머지 요소들의 위치를 표시한다는 것은 중심으로부터 어느 정도 떨어진 위치에 있는지를 그림이나 수치로 가늠하는 것이다. 이런 작업을 하는 이유는 어떤 주어진 대상에 대해 이해해야 하거나 설명이 필요할 때 그 대상이 가진 속성을 기준으로 이해하거나 설명해야 하기 때문이다.

이때 모수와 통계량의 개념을 활용하면 주어진 대상을 이해하거나 설명하기가 쉽다. 모수와 통계량을 이용하여 주어진 기준이 적합한지 여부를 판단할 수 있고, 더 나아가 두 집단 혹은 여러 집단을 서로 비교할 수 있다.

이번 장에서 배울 확률분포는 일정한 표본 공간에서 각 사건에 대한 확률을 결정하고, 이를 확률변수로 나타낸 것이다. 인간은 오랜 옛날부터 과학적이거나 비과학적인 방법을 동원해 불확실한 미래를 예측하고자 노력했다. 충분히 누적된 알맞은 자료가 있다면 이를 바탕으로 더욱 과학적인 예측을 할 수 있다.

### 타석에 들어선 타자의 운명은?

[그림 5-1] 타석에 선 타자

이번에 타석에 들어선 타자가 안타를 칠지, 아웃이 될지 미리 알 수 있을까? 누구나 자신이 응원하는 팀의 선수가 타석에 들어서면 안타를 치길 원할 것이다. 일반 관중의 입장에서 타자의 운명을 예측해보면 어떨까?

보통 한 시합에서 한 선수가 9회 말까지 타석에 들어서는 횟수는 4~5회다. 첫 번째 타자의 타율이 2할 5푼이라 가정하고 첫 번째 타석의 운명을 예측해보자.

이때 확률로 예측하면 거의 맞는데, 타율은 공격 기회가 왔을 때 성공 가능성을 확률로 나타낸 것이다. 만약 타율이 2할 5푼이면 안타가 성공할 가능성이 25%라는 의미다. 공격 횟수가 거듭될수록 타율은 단순한 확률이 아니라 타자가 안타를 칠지, 아웃이 될지에 대한 예측 근거가 된다.

첫 번째 타석에서는 75% 확률로 아웃이 되므로 아웃될 가능성이 높다. 하지만 횟수를 더해가면서 그 확률은 점점 더 정확해지게 되는데, 3번째 타석까지 한 번도 안타를 치지 못했다면 4번째 타석에서는 거의 100% 안타를 치는 것을 확인할 수 있다. 당연히 시즌 초기보다는 시즌 후반으로 갈수록 정확도는 더 올라간다.[1] 이러한 예측이 믿어지지 않는다면, 앞으로 야구 경기를 관람할 때 타율로 확률을 계산해서 안타 가능성을 예측해보기를 권한다. 경기 후반으로 갈수록 타자의 타율이 출루와 아웃의 기준이 된다는 것을 알 수 있을 것이다.

## 확률분포

대안 하나를 놓고 이것을 선택할지 말지 고민하는 양자택일 상황에서는 큰 문제가 없지만, 여러 가지 대안 가운데 하나를 선택해야 하는 경우라면 정보의 양이 많을수록 의사결정을 하는 데 유리하다. 4장에서 살펴본 월드컵과 치킨집의 사례에서 치킨집 점주가 위험 기피자(risk-averter)라면 치킨을 135마리보다 적게 준비하여 낭비를 피할 것이며, 반대로 위험 선호자(risk-lover)라면 135마리보다 좀 더 준비하여 적극적으로 판촉 활동을 벌일 수도 있다. 이때 135마리가 팔릴 확률이 가장 높으므로, 이를 기준으로 준비한 치킨이 적거나 많을수록 그 판매량이 현실화될 확률도 점점 떨어진다. 이처럼 미래에 발생할 사건에 대해 확률을 나열한 것을 **확률분포**(probability distribution)라고 한다. 확률분포는 그래프나 표로 나타낸다.

1 중심극한정리에 의해 최소한 30타석 이상을 소화한 타자의 타율이어야 타율이 맞을 확률이 높다. 타석에 선 횟수가 많으면 많을수록 더 정확하게 예측할 수 있다.

예를 들어, 주사위를 던지는 경우를 생각해보자. 주사위를 던지면 1, 2, 3, 4, 5, 6의 6개 중 하나의 결과가 발생하는데, 이때 발생할 결과에 대한 확률을 [그림 5-2]와 같이 그래프나 표로 나타낸 것이 확률분포다. 확률분포를 그래프로 나타내면 확률분포도, 표로 나타내면 확률분포표라고 한다.

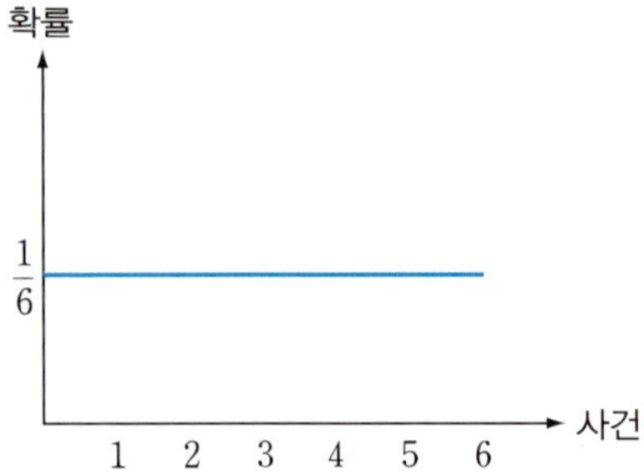


(a) 확률분포도

| 사건 | 1 | 2 | 3 | 4 | 5 | 6 |
|---|---|---|---|---|---|---|
| 확률 | $\frac{1}{6}$ | $\frac{1}{6}$ | $\frac{1}{6}$ | $\frac{1}{6}$ | $\frac{1}{6}$ | $\frac{1}{6}$ |

(b) 확률분포표

[그림 5-2] 주사위를 던지는 경우의 확률분포

월드컵 기간에 치킨집의 판매량을 예측하는 확률분포도 [그림 5-3]처럼 나타낼 수 있다.

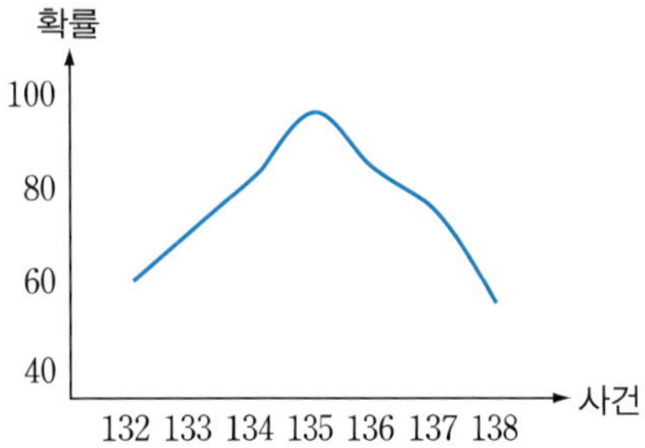


(a) 확률분포도

| 사건 | 132 | 133 | 134 | 135 | 136 | 137 | 138 |
|---|---|---|---|---|---|---|---|
| 확률 | 60.1% | 71.3% | 82.2% | 95.8% | 83.7% | 74.5% | 55.2% |

(b) 확률분포표

[그림 5-3] 치킨집의 판매량 예측에 대한 확률분포

어떤 점포에서는 치킨 배달을 3시간 이상 기다려야 했다는 사례도 있을 만큼 월드컵 기간의 치킨 판매량은 이례적으로 높다. 이때 점주는 과거에 치킨이 어느 정도 판매되었는지에 대한 데이터와 당시의 판매 상황에 대한 정보를 수집하여 향후 매출을 예측해야 한다. 그래야 최대 매출을 올릴 수 있는 것은 물론 손실을 최소화하여 최대의 수익을 얻게 될 것이다.

확실하지 않더라도 어느 정도 미래를 알 수 있다는 것은 여러 측면에서 상당히 유용할 수 있다. 왜냐하면 미래를 안다는 것은 불확실성을 줄일 수 있다는 의미이고, 불확실성을 줄인다는 것은 위험을 줄인다는 것이기 때문이다.

예측 가능성이 높아지면 위험이 줄어든다. 우리가 살아가는 매순간은 의사결정의 연속이다. 일일이 어떤 사건이 발생할지를 예측하며 생활할 수는 없으나, 어떤 결정을 해야 하는 상황에서 발생할 사건에 대한 정보가 있다면 결과를 어느 정도 가늠할 수 있을 것이다. 아침에 출근할 때 버스를 탈지 지하철을 탈지를 결정하는 것도 의사결정이고, 점심시간에 돈가스를 먹을지 짜장면을 먹을지 정하는 것도 의사결정이다. 이런 의사결정의 과정에서 지하철을 탔을 때 지각을 하지 않았던 경험이 더 많고 돈가스를 먹었을 때 만족감이 컸던 기억이 더 많다면, 당연히 지하철과 돈가스를 선택하게 될 것이다. 즉, 경험을 바탕으로 현재의 불만족 상황(위험)을 줄이기 위한 선택을 하게 되는 것이다.

경험의 묶음을 통계학에서는 데이터라 한다. 택시를 한 번 탔는데 지하철보다 빨리 도착했다고 하여 다음에도 지하철보다 빨리 도착할 수 있을까? 도로가 한산할 때는 택시가 빠를 수 있지만, 출퇴근 시간처럼 교통량이 많은 경우에는 그 결과가 달라질 수 있다. 경험의 축적은 데이터의 개수가 많아지는 것을 의미하고, 경험이 충분할 때(데이터가 충분할 때) 올바른 판단을 할 확률이 높아진다. 데이터가 충분하다는 것은 중심극한정리에 의하면 정규분포를 이루는 것을 의미하므로, 지금까지 배운 내용만으로도 의사결정을 내리는 데 부족함이 없다. 하지만 이항분포, 포아송분포 등은 데이터의 수가 많지 않아도 되는 특이한 분포다. 여기서는 먼저 실생활에 자주 등장하는 확률분포인 균등분포, 정규분포, 표준정규분포에 대해 살펴보자.

## 균등분포

수집된 데이터는 보통 다음 사건을 예측하는 데 활용된다. 하지만 동전 던지기를 해서 앞면이 나올지 뒷면이 나올지를 예측해야 하는 상황이라면 아무리 많이 던져보았더라도 다음 사건의 결과를 예측할 수 없다. 주사위를 던지는 경우나 로또 번호를 맞히는 경우도 마찬가지다. 주사위 던지기를 아무리 많이 했어도 다음에 나올 숫자를 예측할 수 없으며, 로또를 아무리 많이 사봤어도 당첨 번호를 예측할 수 없다.

이처럼 **균등분포**(uniform distribution)는 과거의 경험이 미래를 예측하는 데 어떤 영향도 미치지 않으며, 나타날 가능성이 모두 동일한 분포를 말한다. 균등분포는 변수의 특성에 따라 **이산 균등분포**(discrete uniform distribution)와 **연속 균등분포**(continuous uniform distribution)로 구분한다.

이산 균등분포는 정의된 구간에서 확률분포 함수의 확률이 모두 동일한 분포로 [그림 5-4]와 같다. 확률변수가 $x_1, x_2, x_3, \cdots, x_n$과 같이 $n$개일 때 $x_i$의 확률은 $\frac{1}{n}$이 된다. 즉, 확률변수 $X$의 확률함수는 $f_X(x) = \frac{1}{n}$이 된다.

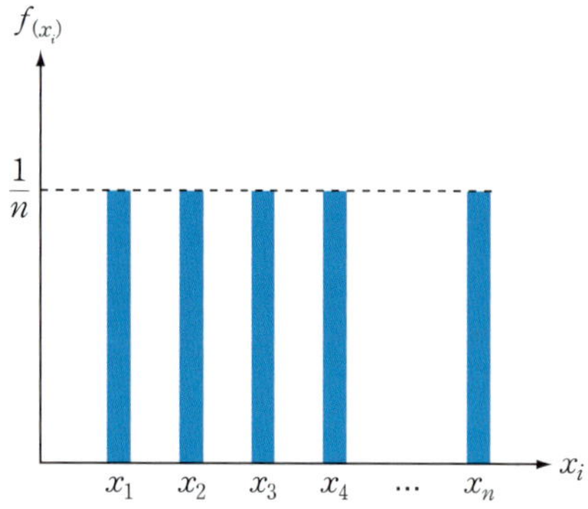


[그림 5-4] 이산 균등분포

연속 균등분포는 특정 범위 내에서 모든 확률함수가 동일한 분포다. [그림 5-5]와 같이 확률변수 $X$가 $a$와 $b$ 구간에서 균등분포를 가진다면 확률변수 $X$의 확률함수는 $f_X(x) = \frac{1}{b-a}(a \le x \le b)$가 되고, 이를 $X \sim U(a, b)$로 나타낸다.

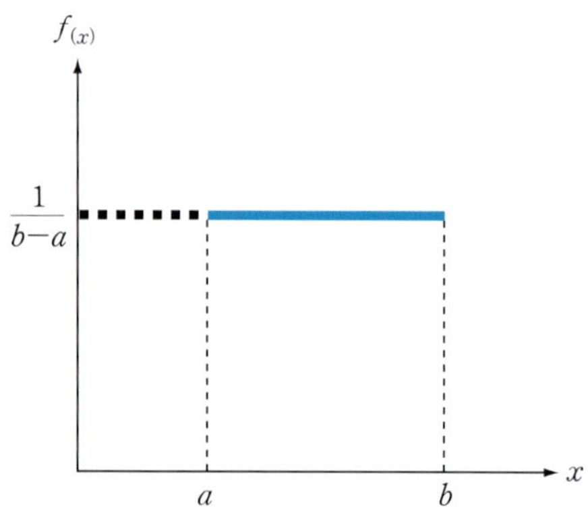


[그림 5-5] 연속 균등분포

이산 확률분포에서는 발생하는 사건이 모두 독립적으로 구성되어 있지만, 연속 확률분포에서는 발생하는 사건이 구분되지 않는다. 예를 들어, 친구와 1시 정각에 만나기로 약속했다고 하자. 이 약속을 정확히 지키기는 불가능하다. 표준시에 따라 소수점 단위의 시간도 틀리지 않고 정확히 1시에 약속 장소에 도착해야 하기 때문이다. 따라서 대개는 1시 정각에 만나자고 약속하면 어느 정도 인정되는 범위를 갖는다.

**예제 5-1** **균등분포의 확률 계산하기**

스톱워치를 작동시킨 후 편안히 잠을 자고 일어나서 시계를 확인했을 때, 분침과 상관없이 초침이 $45 \sim 55$ 사이에 있을 확률을 구하라.

[그림 5-6] 스톱워치

**풀이**

전체 초침의 눈금은 60이므로 초침의 눈금이 머무를 확률은 $\frac{1}{60}$이다. 초침이 45~55 사이에 있어야 하므로 간격은 $55 - 45 = 10$이 된다.

$$\therefore P(45 \le X \le 55) = (55 - 45) \times \frac{1}{60} = \frac{1}{6}$$

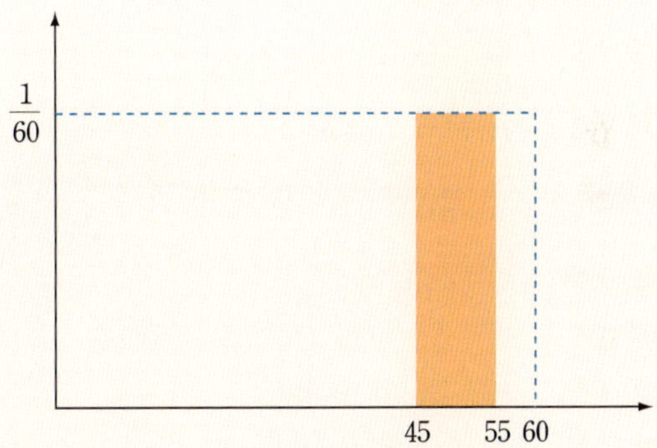

[그림 5-7] 45~55초에 해당하는 분포

## 정규분포와 표준정규분포

**정규분포**(normal distribution)는 균등분포와 달리 축적된 데이터를 기준으로 미래를 예측할 수 있는 분포다. 정규분포는 통계학에서 가장 많이 사용하는 분포로, 평균과 분산만으로 그 특성을 모두 설명할 수 있어 아주 편리하다. 정규분포는 [그림 5-8]과 같이 평균을 중심으로 좌우대칭인 종(鍾)의 모양을 하고 있다. 분포가 모여 있으면 분산이 작고, 넓게 퍼져 있으면 분산이 크다. 평균이 $m$, 분산이 $\sigma^2$인 정규분포의 확률함수는 $e = 2.71828 \cdots$인 무리수를 사용하여

$$f_X(x) = \frac{1}{\sqrt{2\pi}\,\sigma} \cdot e^{-\frac{(x-m)^2}{2\sigma^2}} \qquad (-\infty < x < \infty)$$

이 되며, $X \sim N(m, \sigma^2)$으로 나타낸다.[2]

---

2 $X \sim N(m, \sigma^2)$는 '확률변수 $X$가 정규분포를 따르고, 평균은 $m$, 분산은 $\sigma^2$이다.'라고 읽는다.

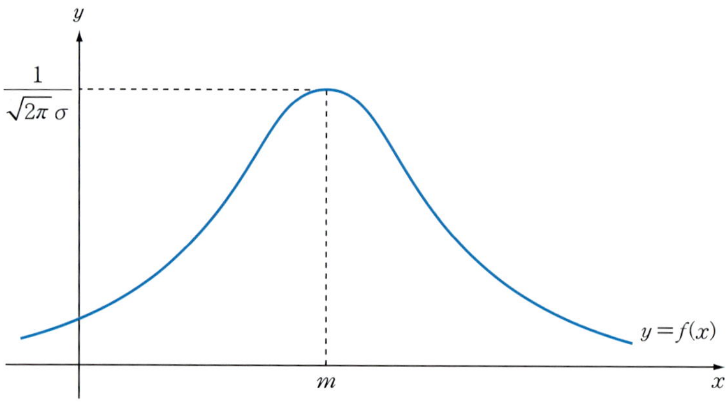


[그림 5-8] **정규분포**

**Note** **정규분포의 성질**

확률변수 $X$의 확률밀도함수가 $f_X(x)=\frac{1}{\sqrt{2\pi}\,\sigma}\cdot e^{-\frac{(x-m)^2}{2\sigma^2}}$ $(-\infty < x < \infty)$일 때,

❶ 어떤 실수 $x$에 대해 $f(x)>0$

❷ 분포곡선은 평균 $m$을 기준으로 좌우대칭

❸ 곡선과 $x$축 사이의 넓이는 1

❹ 곡선 내 임의의 $a, b$가 $a<b$일 때 $a$와 $b$에 속할 확률 $P(a \leq X \leq b)$는 $a, b$와 곡선 사이의 넓이와 같다.

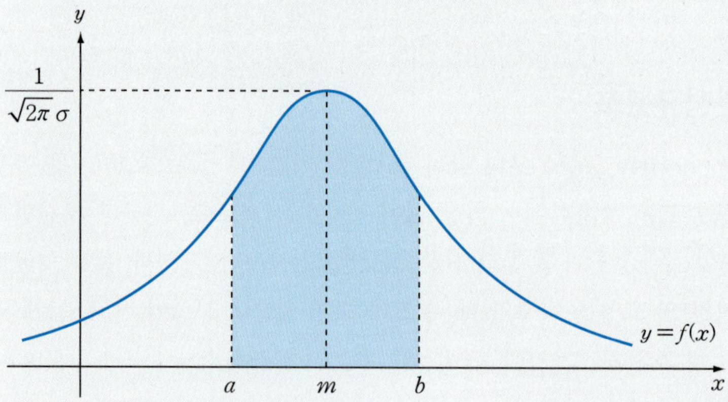


[그림 5-9] **정규분포곡선 내의 a~b**

앞서 2장에서 정규분포와 표준화를 다룰 때 '정규분포를 표준화하는 이유는 여러 특성에 대한 분석 결과를 서로 비교할 수 있도록 하기 위함'이라고 학습했다. 서로 다른 분포를 비교할 때는 여러 개의 분포를 어떤 하나의 기준으로 재배치하여, 그 기준 아래에서 각 분포를 비교할 수 있다. 이때 표준화 과정을 거쳐 새로운 기준이 되는 '(평균)=0, (표준편차)=1'에 따라 정규분포를 재구성한 것이 **표준정규분포**(standard normal distribution)다.

확률변수 $X$가 정규분포 $N(m, \sigma^2)$을 따를 때, 새로운 확률변수 $Z$인 $\frac{x-m}{\sigma}=z$로 변환하면, $Z$의 확률분포는 표준정규분포인 $Z \sim N(0, 1)$을 따른다. 정규분포의 확률함수에 $m=0, \sigma=1$을 대입하면 표준정규분포의 확률함수는 $\frac{1}{\sqrt{2\pi}} \cdot e^{-\frac{z^2}{2}} (-\infty < z < \infty)$이 된다.[3]

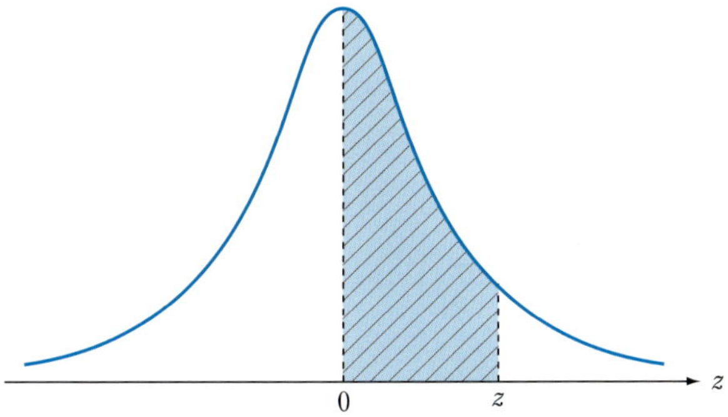

[그림 5-10] **표준정규분포**

**Note** **정규분포의 표준화 과정**

정규분포 $N(\mu, \sigma^2)$인 확률변수 $X$를 표준정규분포인 $N(0,1)$이 되는 $z=\frac{X-\mu}{\sigma}$로 변환하여 표준화하면 서로 다른 대상을 쉽게 비교할 수 있다.

**[참고]**

표준화하여 (평균)=0, (분산)=1이 되는 과정을 수식으로 나타내면 다음과 같다.[4]

$$E(z)=E\left(\frac{\overline{X}-m}{\sigma}\right)=\frac{1}{\sigma}E(\overline{X})-\frac{m}{\sigma}=\frac{m}{\sigma}-\frac{m}{\sigma}=0$$

$$V(z)=V\left(\frac{\overline{X}-m}{\sigma}\right)=\frac{1}{\sigma^2}V(\overline{X})=\frac{1}{\sigma^2}\cdot\sigma^2=1$$

## 예제 5-2 정규분포의 확률 계산하기

**준비파일** | 5장_정규분포.xlsx

A는 서울에서 부산까지 KTX의 운행 시간을 100회 측정하여 평균을 170분, 표준편차를 10분으로 측정했다. 무작위로 KTX를 이용했을 때, 185분보다 더 오래 걸릴 확률을 구하라.

3 식이 상당히 복잡하지만 결과만 알아두면 된다. 보통 이 공식으로 직접 풀기보다는 컴퓨터를 활용한다.

4 도출 과정이 이해되지 않는다면, 4장에서 배운 확률변수의 기대값과 분산의 성질을 확인하기 바란다.

## 풀이

$P(x > 185)$를 표준정규분포로 변경하면

$$z = \frac{x - m}{\sigma} \quad \Rightarrow \quad z = \frac{185 - 170}{10}, \quad z = 1.5$$

이므로 $P(z > 1.5)$가 된다. $z$가 1.5보다 큰 부분의 확률을 구해야 하므로, 표준정규분포표에서 $z = 1.5$일 때까지의 누적확률을 1에서 뺀 값으로 결정해야 한다. 누적확률은 아래 실습에서 구할 수 있다. $z = 1.5$일 때 확률은 0.933193으로 확인된다. 이때 주의해야 할 점은 '185분보다 더 오래 걸릴 확률'을 구해야하므로 $P(z \le 1.5)$의 확률을 뺀 나머지가 답이 된다. 따라서 $1 - 0.933193 = 0.066807$이므로, 확률은 6.68%가 된다.

## 실습

**01** Excel을 실행하여 '5장_정규분포.xlsx' 파일을 불러온다.

**02** ❶ 셀 포인터를 C2셀에 두고 ❷ Σ 아이콘의 펼쳐보기(▾)를 클릭한 후 ❸ '기타 함수(F)...'를 클릭한다. **[함수 마법사]** 창이 열리면 ❹ '함수 검색(S):'에 '정규분포[5]'를 입력한 후 ❺ **[검색]**을 클릭한다. ❻ '함수 선택(N):'에서 'NORM.S.DIST' 함수를 선택한 후 ❼ **[확인]**을 클릭한다.

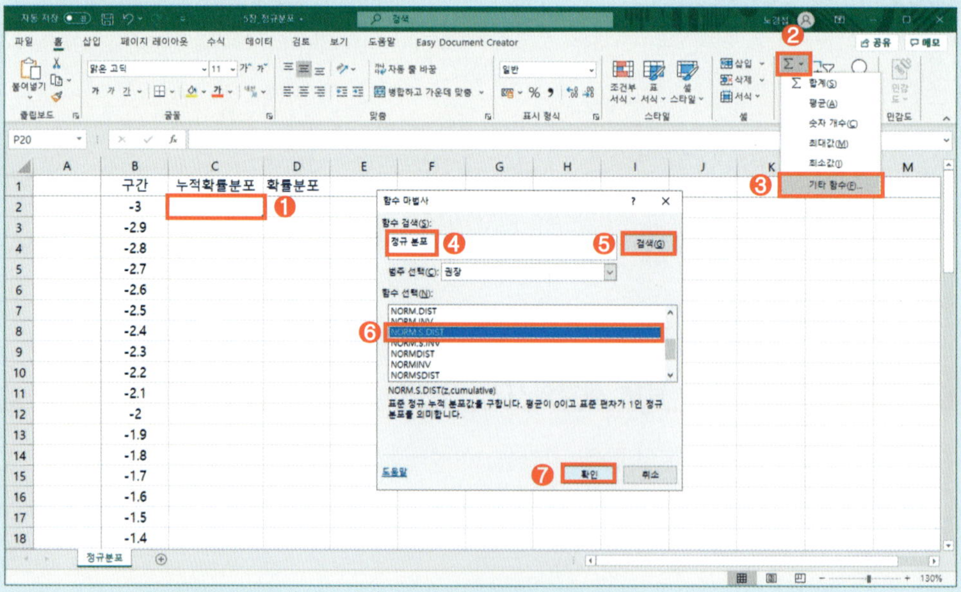

[그림 5-11] 정규분포의 함수 선택

5 Excel 버전에 따라서 '정규분포'로 검색이 되는 경우와 '정규 분포'로 검색되는 경우가 있으니 검색되지 않으면 모두 해보기를 권한다.

**03** [**함수 인수**] 창에서 ❶ 'Z'에 B2셀을 입력한다. 이때 분포를 구하려는 값인 '$-3 \leq z \leq +3$'이 시작되는 숫자인 '-3'이 입력된다.[6] ❷ 'Cumulative'에는 누적 확률분포인 'TRUE'를 입력한 후 ❸ [**확인**]을 클릭한다.

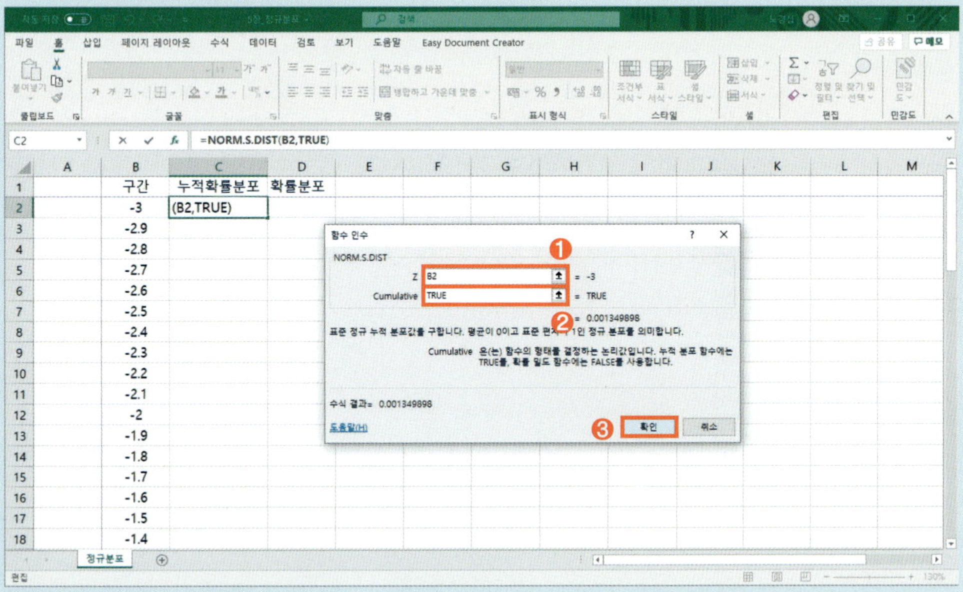


[그림 5-12] **정규분포 함수의 인수 설정**

**04** '-3'에서 계산된 누적확률이 있는 C2셀의 오른쪽 하단 모서리에 셀 포인터를 대고 더블클릭하면 나머지 모든 구간의 누적 확률분포가 계산된다.

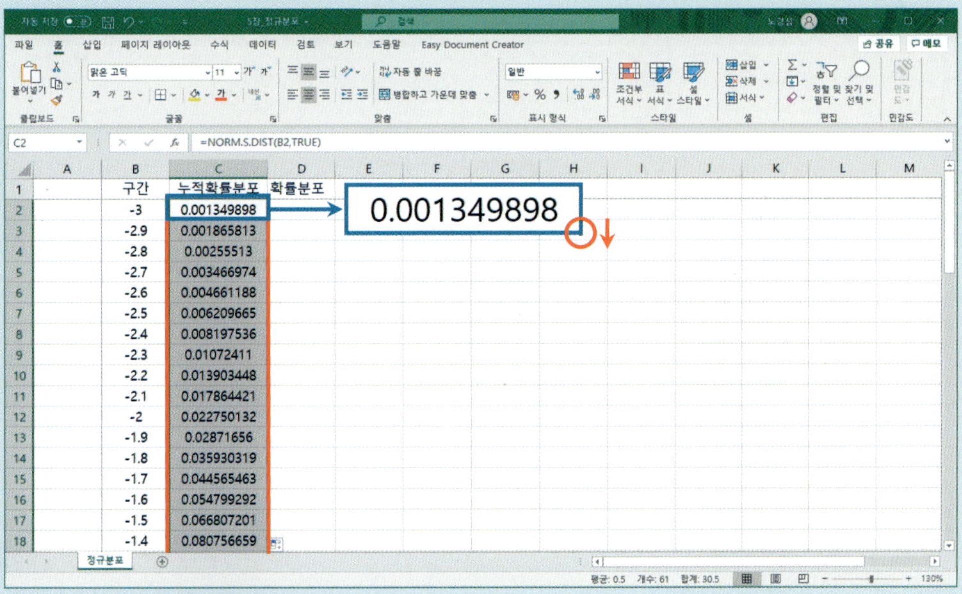


[그림 5-13] **누적 확률분포 계산**

6 표준정규분포의 $z$값은 $-\infty < z < \infty$의 값을 갖는다. 이때 z=-3.30에 해당하는 확률이 0.001%, z=3.30에 해당하는 확률이 99.9%이므로 3을 기준으로 시작한 것이다.

## 05 $P(z > 1.5)$를 확인하기 위해 $z = 1.5$에서의 누적확률을 확인한다.

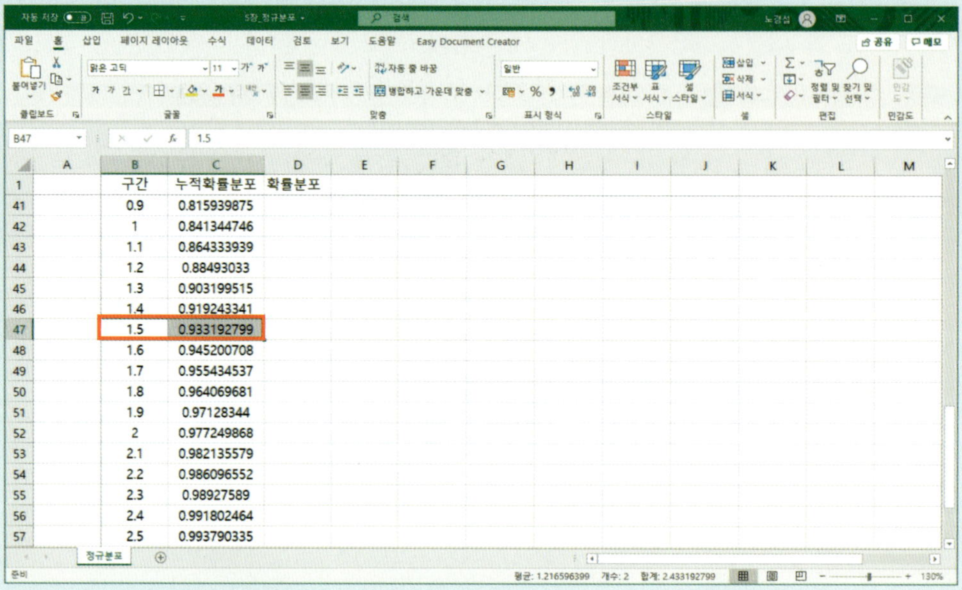


[그림 5-14] $z = 1.5$에서의 누적확률

## 06 ❶ 구간 B1:C62를 선택하고 ❷ [삽입] 탭을 클릭한 후 ❸ 추천차트( )를 클릭한다. [차트 삽입] 창이 열리면 ❹ [모든 차트] 탭을 클릭한다. ❺ '세로 막대형'을 선택한 후 ❻ '누적확률분포'를 선택하고 ❼ [확인]을 클릭한다.

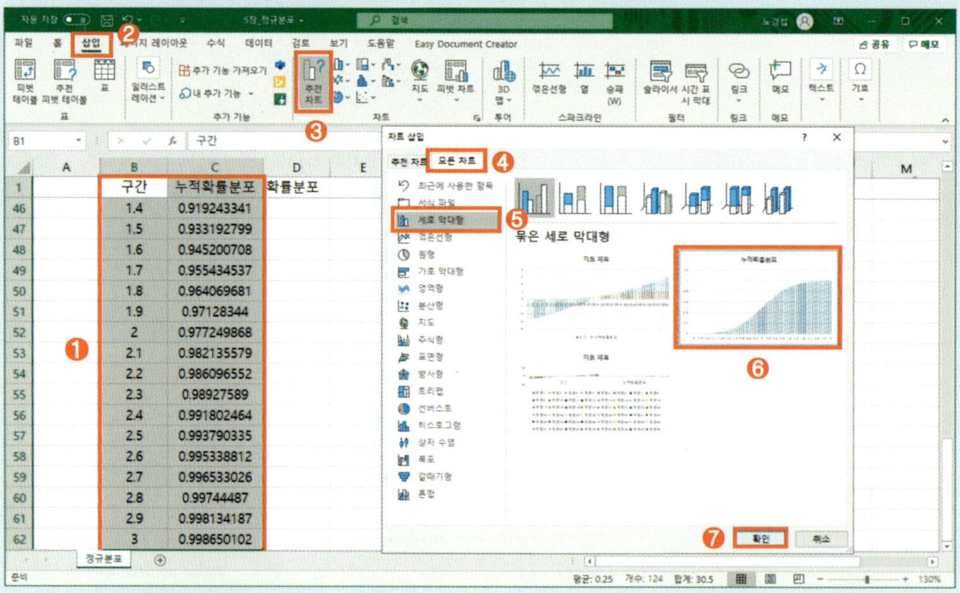


[그림 5-15] 누적 확률분포의 차트 삽입

**07** 확률분포도를 구하려면 확률밀도함수로 구성된 확률분포를 이용해야 한다. **[함수 인수]** 창에서 ❶ 'Cumulative'에 누적 확률분포인 'FALSE'를 입력한 후 ❷ **[확인]**을 클릭한다.

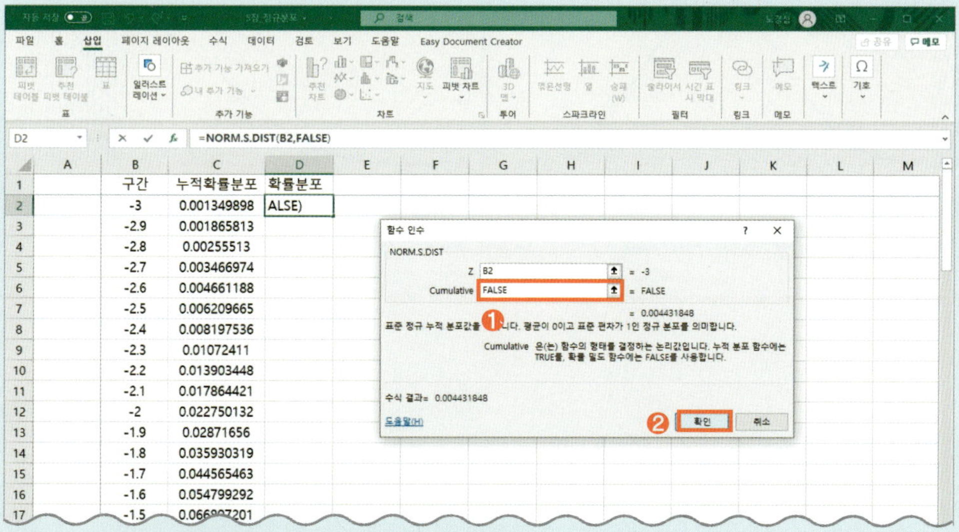

[그림 5-16] **확률분포를 구하기 위한 정규분포 함수의 인수 설정**

**08** ❶ Ctrl을 누른 상태로 구간 B1:B62와 구간 D1:D62를 선택하고 ❷ **[삽입]** 탭을 클릭한 후 ❸ **[추천 차트]**( )를 클릭한다. **[차트 삽입]** 창이 열리면 ❹ **[모든 차트]** 탭을 클릭하여 ❺ '세로 막대형'을 선택한 후 ❻ '확률분포'를 선택하고 ❼ **[확인]**을 클릭한다.

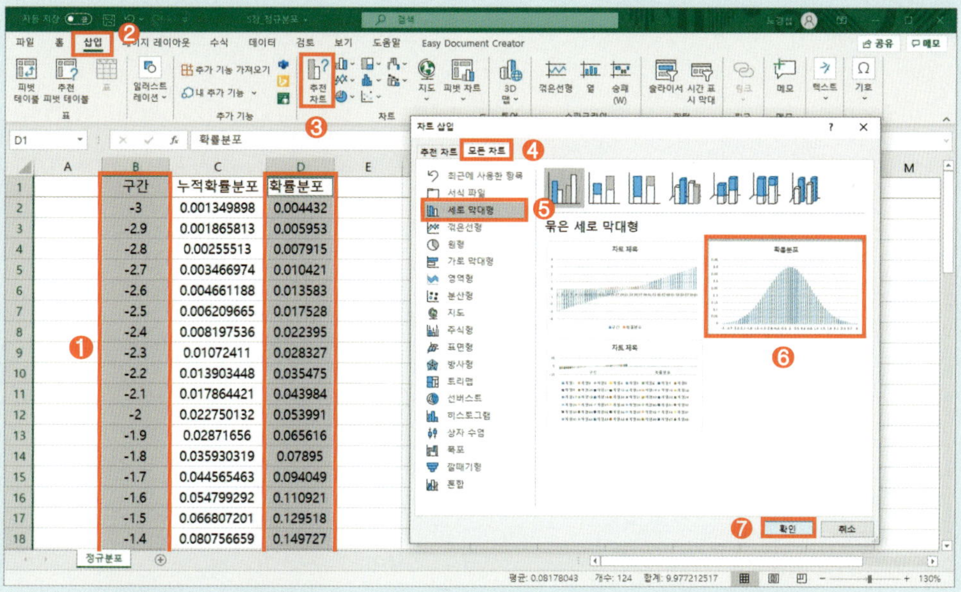

[그림 5-17] **확률분포의 차트 삽입**

## 09 확률분포와 누적확률분포를 확인할 수 있다.

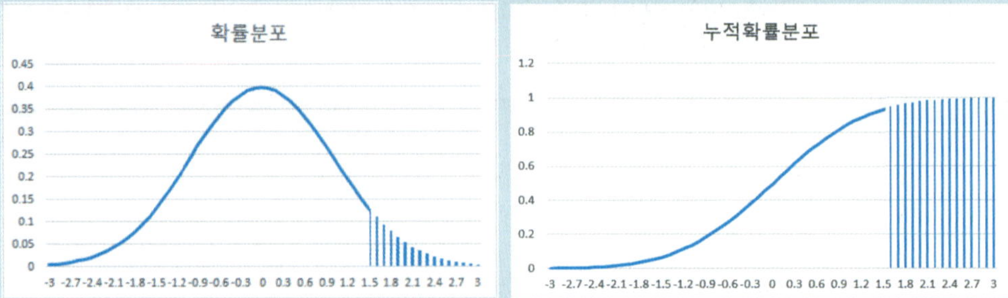


[그림 5-18] 확률분포와 누적 확률분포

SECTION 02

# 이항분포

- 베르누이 시행과 베르누이 분포를 이해한다.
- 이항분포의 개념을 살펴본 후 이항분포의 확률 계산 방법을 알아본다.

Keywords | 베르누이 분포 | 이항분포 | 이항분포의 확률 계산 | 정규근사를 통한 이항분포의 연속성 수정 |

이항분포는 2개의 서로 다른 사건이 배타적으로 발생하는 경우를 나타내는 분포다. 배타적인 사건이란 하나의 사건이 발생하면 다른 하나의 사건은 발생하지 않는 경우를 말한다. 의사결정을 하나의 사건이라고 보면 '할 것인가 / 하지 않을 것인가'를 선택하는 상황과 같이 실생활과 아주 밀접한 연관을 지닌 분포가 이항분포다. 이항분포를 도출하려면 베르누이 시행을 거쳐 베르누이 분포를 확인하는 과정이 필요하다.

**태어날 우리 아기는 아들일까, 딸일까?**

[그림 5-19] 이항분포의 예

결혼해서 아이가 생기는 것은 부부에게 큰 축복이다. 아이가 딸이든 아들이든 부모 된 마음으로야 다 사랑스럽겠지만, 그래도 딸인지 아들인지 궁금하기 마련이다. 태아의 성별은 임신이 되는 순간 결정되지만, 의학적으로 확인이 가능하려면 12주가 지나야 한다. 원래 성별 확인은 불법이었으나 2008년에 관련 법이 개정되어 32주가 넘으면 병원에서 성별을 확인할 수 있다.

그렇다면 통계학적으로 확률분포를 이용해서 태아가 남자인지 여자인지 미리 알 수 있을까? 한 가정의 출산 수는 표본 수가 아주 적거나 1인 경우가 많기 때문에, 기계적으로 대입할 수 없지만, 전체 출산에 대한 표본을 구성한다면 통계적 적용이 가능하다. 이항분포는 아이의 성별과 같이 결과가 반드시 두 가지 중 한 가지로만 나타나며, 사건이 독립적으로 발생한다.

## 베르누이 분포

이항분포를 이해하려면 베르누이 시행과 베르누이 분포를 먼저 알아야 한다. 베르누이 시행 결과를 바탕으로 이항분포를 설명하기 때문이다. **베르누이 시행**(Bernoulli's trials)은 서로 반대되는 사건이 일어나는 실험을 반복적으로 실행하는 것을 말한다. 서로 반대되는 사건이란 반드시 2개만 존재하며 절대로 동시에 발생하지 않는 배타적인 사건이다.

베르누이 시행과 같은 사건은 실생활에서도 빈번히 발생하는데, 통계학에서는 이러한 시행의 결과를 '성공/실패' 혹은 '존재/없음'으로 구분한다. 베르누이 시행으로 가장 많이 활용되는 예는 동전 던지기와 주사위 던지기다. 동전을 던지면 앞면이 나오거나 뒷면이 나온다. 결코 앞면과 뒷면이 동시에 나올 수 없기 때문에 동전 던지기는 상호 배타적인 사건이 된다. 주사위를 던지면 총 6개의 사건이 발생할 수 있지만, 짝수와 홀수로 구분하면 이항분포를 이용할 수 있다.

**베르누이 분포**(Bernoulli's distribution)는 베르누이 시행을 확률분포로 나타낸 것이다. 성공 확률을 $p(x=1$인 경우)라 할 때, 실패 확률은 $1-p(x=0$인 경우)라고 가정한다. 예를 들어 주사위를 던져서 1과 2가 나오면 성공, 3, 4, 5, 6이 나오면 실패라고 하자. 그러면 성공 확률($p$)은 $\frac{2}{6}=\frac{1}{3}$, 실패 확률($1-p$)은 $\frac{4}{6}=\frac{2}{3}$가 된다.

베르누이 분포에서 평균과 분산을 구하면 각각 다음과 같다.

$$\mu = E(X) = 1 \cdot p + 0 \cdot (1-p) = p$$

$$\begin{aligned}\sigma^2 = Var(X) &= E(X-\mu)^2 \\ &= E(X^2) - E(X)^2 \\ &= 0^2 \cdot p^0(1-p)^{1-0} + 1^2 \cdot p^1(1-p)^{1-1} - p^2 \\ &= p - p^2 \\ &= p(1-p)\end{aligned}$$

## 이항분포

**이항분포**(binomial distribution)는 연속적인 베르누이 시행을 거쳐 나타나는 확률분포다. 즉, 서로 독립된 베르누이 시행을 $n$회 반복할 때 성공한 횟수를 $X$라 하면, 성공한 $X$의 확률분포가 이항분포다. 이때 성공 확률은 $p$로 일정하다. 이항분포의 평균과 분산은 베르누이 시행을 $n$회 시행한 결과이므로, 이항분포의 평균($\mu$)과 분산($\sigma^2$)은 $\mu = np$, $\sigma^2 = np(1-p)$으로 구할 수 있다. 이때 성공 확률은 $p$로, 베르누이 시행을 $n$회한 이항분포는 $X \sim B(n,p)$으로 나타낸다.[7]

---

7 평균을 표현한 기호 $\mu$, $\bar{x}$, $m$에 대한 구분을 확인하려면 2장의 '[참고] 평균을 표현하는 기호'를 확인하기 바란다.

이항분포의 확률을 계산하려면 확률함수를 구해야 한다. 이항분포의 확률은 $n$번의 시행에서 성공 확률($p$)이 $r$번 나타날 확률이다. $n$번의 시행에서 $r$번 관찰되는 것은 조합 ${}_nC_r$로 표현할 수 있다.[8] $r$번 성공할 확률과 $(n-r)$번의 실패할 확률을 곱해주면, 이항분포의 확률함수는 다음과 같이 구할 수 있다.

$$P(X=r)=\frac{n!}{r!\cdot(n-r)!}\cdot p^r\cdot(1-p)^{(n-r)}$$

## 예제 5-3 이항분포의 확률 계산하기

준비파일 | 5장_이항분포의 확률계산_함수.xlsx

대학생 A는 이제까지 많은 아르바이트를 경험했다. 다양한 아르바이트 경험으로 볼 때 10%의 확률로 A의 적성과 맞는 업무가 주어졌다. 졸업 시즌을 맞이하여 학교에서 주최하는 졸업자를 위한 취업 캠프에 약 50개의 업체가 참여한다고 하는데, A는 이 취업 캠프에 참가하려고 한다. 취업 캠프에 최종적으로 49개의 업체가 참가했을 때, A가 취업하고 싶은 회사가 2개의 업체가 될 확률을 구하라.

### 풀이

$n=49, r=2, p=0.1$이므로 확률함수를 구하면 다음과 같다.

$$\begin{aligned}P(X=2)&=\frac{49!}{2!\cdot(49-2)!}\cdot 0.1^2\cdot(1-0.1)^{(49-2)}\\&=0.08313909\end{aligned}$$

8.31%의 확률로 A의 적성에 맞는 2개 업체가 참가하게 될 것이다.

### 실습

**01** Excel을 실행하여 '5장_이항분포의 확률계산_함수.xlsx' 파일을 불러온다.

8 r번의 순서는 상관없으므로 순열 ${}_nP_r$이 아닌 조합 ${}_nC_r$을 사용한다.

**02** ❶ 셀 포인터를 B2셀에 두고 ❷ Σ 아이콘의 펼쳐보기(▾)를 클릭한다. ❸ '기타 함수(F)...'를 클릭하여 **[함수 마법사]** 창을 열고 ❹ '함수 검색(S):'에 '이항분포'를 입력한 후 ❺ **[검색]**을 클릭한다. ❻ '함수 선택(N):'에서 'BINOM.DIST.RANGE' 함수를 선택한 후 ❼ **[확인]**을 클릭한다.

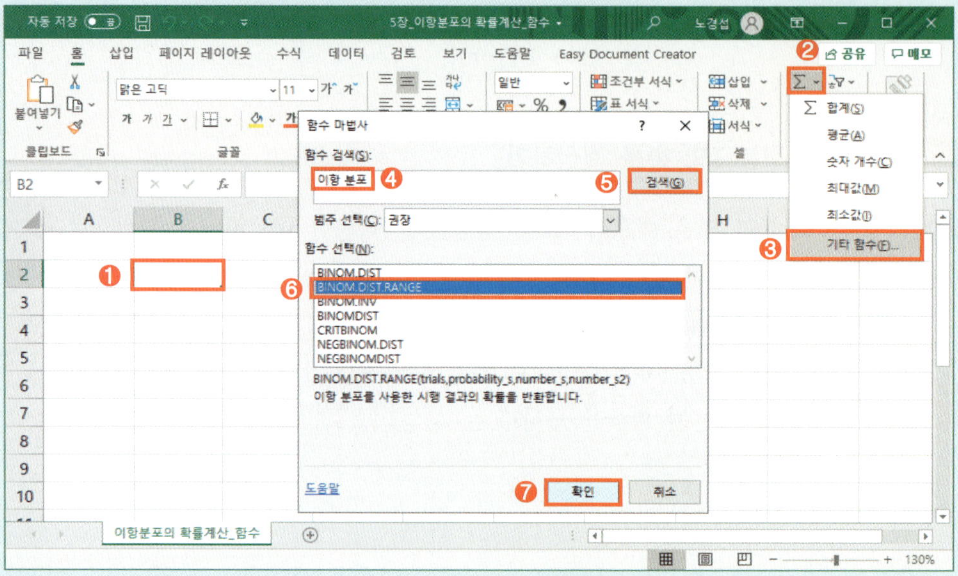

[그림 5-20] **이항분포의 함수 선택**

**03** **[함수 인수]** 창에서 ❶ 'Trials'에 $n$값인 49, 'Probability_s'에는 성공 확률인 0.1, 'Numbers_s'에는 성공한 시행 횟수인 2를 입력하고 ❷ **[확인]**을 클릭한다.

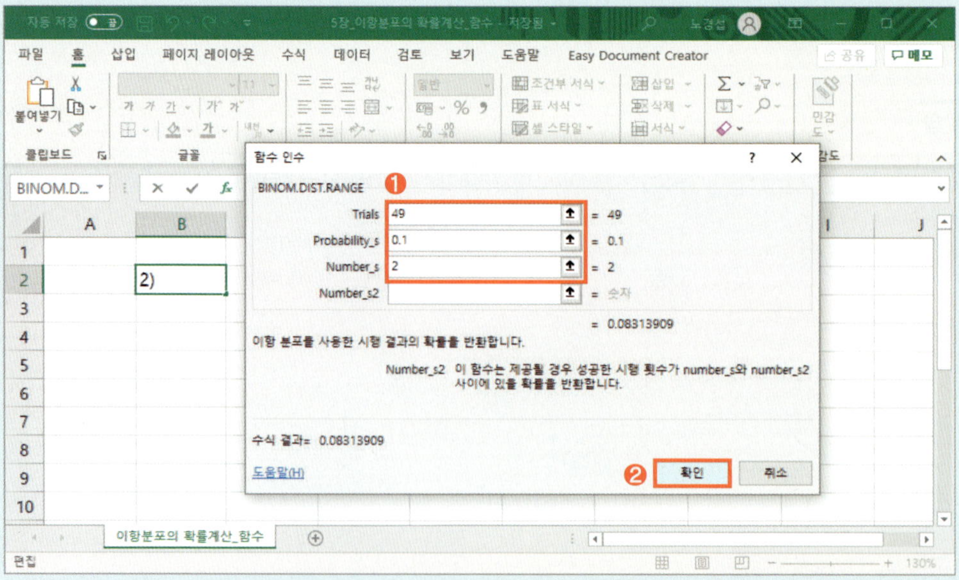

[그림 5-21] **이항분포 함수의 인수 설정**

**04** 이항분포의 확률이 8.3139%임을 확인할 수 있다.

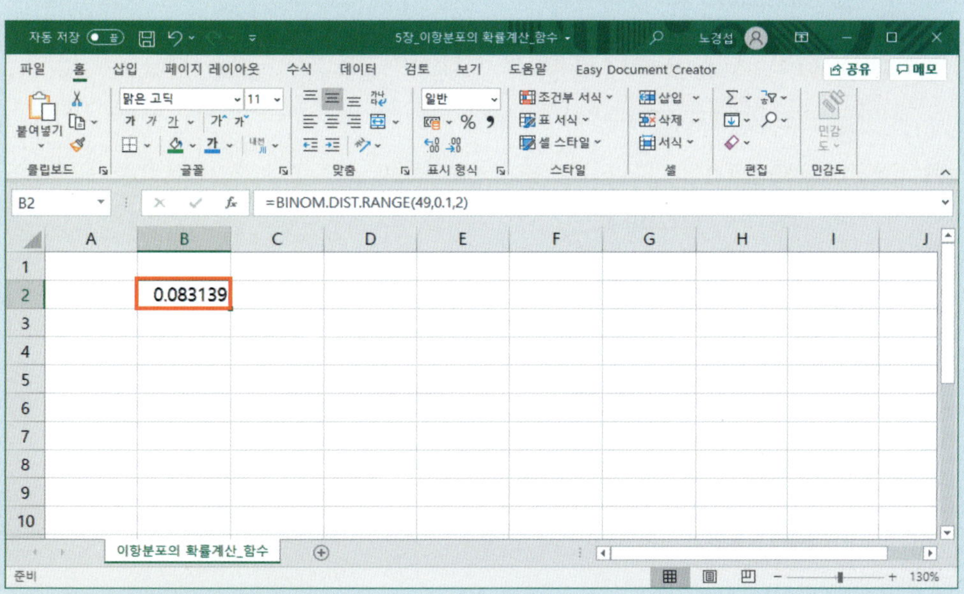


[그림 5-22] 이항분포의 함수 계산 결과

**Note** Excel에서 계승값(factorial) 계산하기

Excel에서 함수 'FACT'를 이용하면 계승값(factorial)을 구할 수 있다. 셀 포인터를 계산할 셀에 두고 [그림 5-23]과 같이 FACT 함수의 인수 창에서 'Number'에 49를 입력한다. [확인]을 클릭하면 49!을 계산할 수 있다.

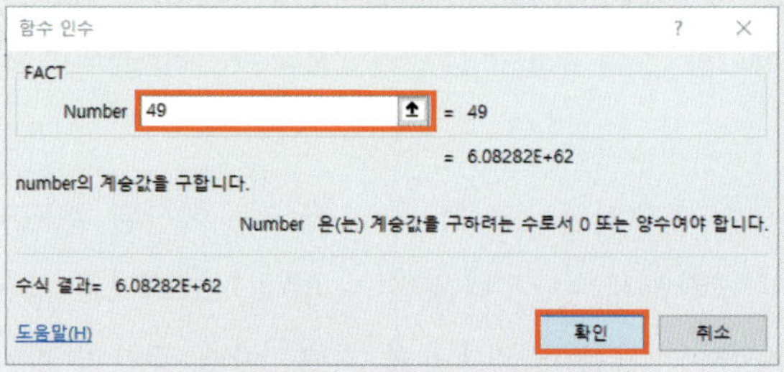


[그림 5-23] FACT 함수의 인수 설정

그러면 $\frac{49!}{2! \cdot (49-2)!} \cdot 0.1^2 \cdot (1-0.1)^{(49-2)}$을 Excel로 계산해보자. [그림 5-24]와 같이 2!, 47!을 각각 계산한 후, '=(D2/(D3*D4))*0.1^2*(1-0.1)^(49-2)'의 계산식으로 이항분포의 확률을 구할 수 있다.

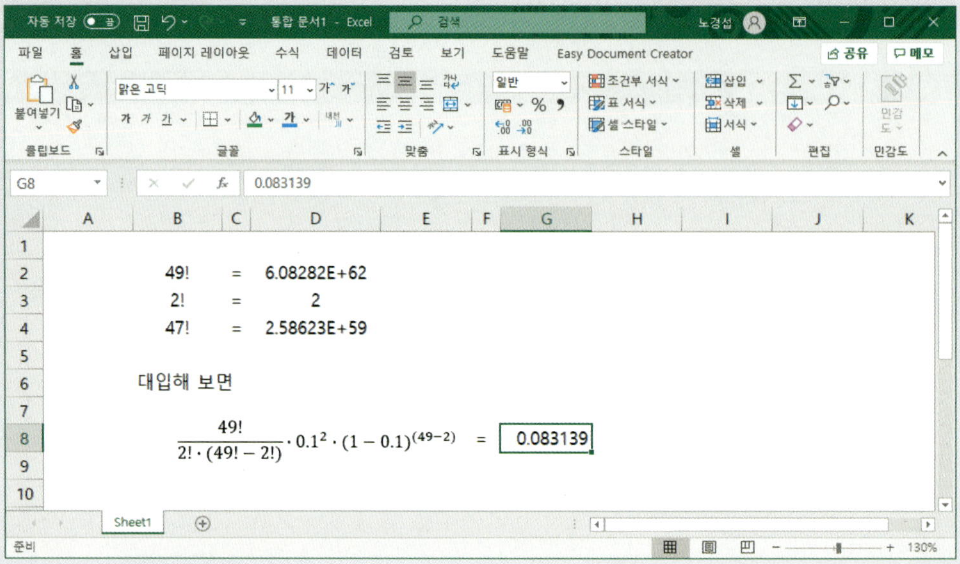

[그림 5-24] 이항분포의 확률 계산

## 정규근사를 통한 이항분포의 연속성 수정

이항분포에서도 정규분포를 이용할 수 있다. 정규근사와 이항분포의 연속성을 통해 정규분포를 이용한다.

이항분포는 이산형 분포지만 정규분포는 연속적인 분포다. 왜 이항분포에 정규근사를 이용할까? 이항분포의 확률을 알고 있더라도 충분히 많은 실험(예를 들어 1천 회)을 해서 그 확률이 맞다는 것을 확인하는 과정을 거쳐 **정규근사**(asymptotic normality)한다는 것을 확인하기 위함이다. 그러나 충분히 사건을 발생시키더라도 이항분포와 정규분포의 차이는 생길 수밖에 없다.

주사위를 던져서 1과 2가 몇 번이나 나오는지 확인한다고 할 때, 1과 2는 이산된 분포지만 충분히 많은 실험을 한다 해도 확률이 정확하게 $\frac{1}{3}$로 나올 수가 없다.[9] 그러므로 정규분포로 구성하는 과정에서 이 중간을 구성하는 값들이 존재하게 되고, 이런 중간의 값들을 좀 더 정확하게 확인하기 위하여 0.5로 보정을 한다. 이때 구간이라면 하한에서는 −0.5, 상한에서는 0.5를 추가하여 분포를 확인한다. 이것을 **연속성 수정**(continuity correction)이라 한다.

9 1,000회의 실험을 정확하게 한다 해도 확률은 0.333 혹은 0.334가 된다. 1,000회로는 무한 반복하는 실험을 통해 얻게 되는 $\frac{1}{3}=0.333\cdots$과 차이가 있기 때문이다.

이항분포를 정규분포로 근사시키는 방법은 이항분포 $X \sim B(n, p)$를 $X \sim N(np.npq)$, (단, $q = 1 - p$)로 구성하는 것이다. 이항분포의 $p$값에 차이가 없을 때 정규근사는 $n$값이 충분히 커야 하지만, $p$와 $(1-p)$의 차이가 큰 경우라면 바로 정규근사를 적용해도 문제가 없다.

### 예제 5-4 이항분포의 연속성 수정하기

주사위 1개를 20번 던지는 실험을 통해 관찰된 확률변수 $X$가 있을 때, 정규근사를 이용하여 $P(X \geq 5)$의 근사값을 구하는 근사식을 연속성 수정을 통해 구하라.

**풀이**

이항분포를 정규분포로 근사시키기 위해 $X \sim B(n, p)$를 $X \sim N(np.npq)$, (단, $q = 1 - p$, $npq$:분산)로 구성한다.

$P(X \geq 5)$를 정규근사시킨 후 $P(Z \geq ?)$를 계산하는 것이므로, $Z = \dfrac{X - np}{\sqrt{np(1-p)}}$를 확인한다.

**❶ 정규근사**

$$n = 20,\ p = \frac{1}{6},\ np = 20 \times \frac{1}{6} = \frac{10}{3},\ np(1-p) = \frac{10}{3} \times \frac{5}{6} = \frac{25}{9}$$

$$P(X \geq 5) = P\left(Z \geq \frac{5 - \frac{10}{3}}{\sqrt{\frac{25}{9}}}\right) \qquad \therefore P(Z \geq 1)$$

**❷ 연속성 수정**

$P(X \geq 5)$ 구간의 하한이 5이므로, 하한을 -0.5로 수정하여 계산하면 다음과 같다.

$$P(X \geq 5) = P\left(Z \geq \frac{4.5 - \frac{10}{3}}{\sqrt{\frac{25}{9}}}\right) \qquad \therefore P(Z \geq 0.7)$$

그러므로 $P(X \geq 5) = P(Z \geq 0.7)$

SECTION 03

# 포아송분포

- 포아송분포의 개념을 이해하고, 포아송분포의 확률 계산 방법을 알아본다.
- 포아송분포와 정규분포의 관계에 대해 이해한다.

Keywords | 포아송분포 | 포아송분포의 확률 계산 | 포아송분포와 정규분포의 관계 |

지금까지 살펴본 분포는 반복적인 측정을 통해 확률함수를 계산할 수 있는 분포였다. 측정을 반복적으로 한다는 것은 그 사건에 대한 데이터를 충분히 얻을 수 있다는 의미다. 그렇다면 데이터를 충분히 얻지 못한 경우에도 확률을 계산할 수 있을까? 포아송분포를 이용하면 빈도가 낮게 나타나더라도 혹은 거의 발생하지 않더라도 이에 대한 확률을 계산할 수 있다.

**시메옹 드니 포아송(Siméon-Denis Poisson)**

시메옹 드니 포아송(Siméon-Denis Poisson, 1781~1840)은 프랑스의 수학자이자 물리학자다. 그는 프랑스의 기마대에서 군의관으로 복무했다. 기마대에서 복무하는 병사들이 의무대를 찾는 경우는 일반 병원이나 타 의무대 상황과 별반 다르지 않았다. 전쟁 중이라면 낙마 관련 사고가 자주 발생하겠지만, 당시는 평화로운 시기여서 낙마 사고가 별로 없었다. 잊을 만하면 낙마 병사가 생겨 의무대로 실려 오곤 했다.

포아송은 여기서 착안하여 낙마를 하거나, 말과 관련한 사고로 다치거나 죽는 병사가 발생할 확률을 계산해냈다.

[그림 5-25] 기마대

## 포아송분포

기마대의 기병은 기본적으로 말을 잘 타는 군인이기에 말에서 떨어지는 사고가 흔하게 발생하지는 않는다. 이처럼 **포아송분포**(poisson distribution)는 특정한 사건이 발생할 가능성이 매우 드문 경우의 확률분포를 나타낸다. 발생할 확률이 매우 적은 정도란 단 한 번만 발생하는 경우가 대부분인 경우를 의미한다. 포아송분포는 단위 시간, 단위 지역, 단위 구간 등에 발생하는 매우 낮은 확률이다. 예를 들어, 손을 씻다 세면기에 휴대전화를 빠트릴 횟수, 야구 관람 중에 홈런볼이나 파울볼을 받을 횟수, 정류장에 버스와 동시에 도착해서 1초도 기다리지 않고 버스를 탈 횟수 등에 포아송분포를 사용할 수 있다.

기마대 사례에 대한 포아송분포를 확률론적으로 이야기해보자. 말을 타는 횟수($n$) 중에 말에서 떨어지는 사고가 발생할 횟수($x$)를 식으로 나타내면 다음과 같다.

$$P(X=x) = {}_nC_x \cdot p^x \cdot (1-p)^{(n-x)}$$

이 식에서 포아송분포의 확률함수를 도출하려면 포아송분포의 평균($\mu$)과 분산($\sigma^2$)이 모두 $\lambda$로 같다($\mu = \sigma^2 = \lambda$)는 가정이 필요하다.

$\lambda$ : $n$개의 구간에서 발생하는 사건의 수

따라서 각 $n$개의 구간에서 발생할 확률은 $\frac{\lambda}{n}$가 된다. 이를 ${}_nC_x \cdot p^x \cdot (1-p)^{(n-x)}$에 대입하면 포아송분포의 확률함수는 다음과 같이 나타낼 수 있다.

$$P(X=x) = \frac{\lambda^x e^{-\lambda}}{x!}$$

**참고 포아송분포의 확률함수 유도 과정**

각 $n$개의 구간에서 발생할 확률 $\frac{\lambda}{n}$를 ${}_nC_x \cdot p^x \cdot (1-p)^{(n-x)}$에 대입하면 다음과 같다.

$$\begin{aligned}
{}_nC_x \cdot p^x \cdot (1-p)^{(n-x)} &= \frac{n!}{x! \cdot (n-x)!} \cdot \left(\frac{\lambda}{n}\right)^x \cdot \left(1-\frac{\lambda}{n}\right)^{(n-x)} \\
&= \frac{n!}{x! \cdot (n-x)!} \cdot \left(\frac{\lambda}{n}\right)^x \cdot \left(1-\frac{\lambda}{n}\right)^n \cdot \left(1-\frac{\lambda}{n}\right)^{-x} \\
&= \lim_{n\to\infty} \frac{1}{x!} \cdot \frac{n(n-1)(n-2)\cdots(n-x+1)}{n^x} \cdot \lambda^x \cdot \left(1-\frac{\lambda}{n}\right)^n \cdot \left(1-\frac{\lambda}{n}\right)^{-x} \\
&= \lim_{n\to\infty} \left[\frac{\lambda^x}{x!} \cdot \left(1-\frac{\lambda}{n}\right)^n \cdot 1\right]
\end{aligned}$$

$\lim_{n\to\infty}\left(1-\frac{\lambda}{n}\right)^n = e^{-\lambda}$이므로 포아송분포의 확률함수는 $P(X=x) = \frac{\lambda^x e^{-\lambda}}{x!}$가 된다.[10]

---

10 $e$는 $f(x)=e^x$ 혹은 $\exp(x)$로 사용하는 지수함수다. $e$는 2.7182818…의 무리수이며, 자연로그와 역함수 관계다. 지수함수는 미분을 해도 함수가 변하지 않는다.

## 포아송분포의 확률 계산

포아송분포에서는 단위 시간당 평균 사건 발생 건수를 $\lambda$(lambda)로 나타내며, $X \sim Poisson(\lambda)$로 표현한다. $\lambda=1$은 단위 시간당 1건의 사건이 발생한다는 의미다. 포아송분포의 확률함수는 $P(X=x)=\frac{\lambda^x e^{-\lambda}}{x!}$이나, 계산 과정이 복잡해서 실제로는 누적 포아송분포표를 이용해서 누적확률을 찾거나 컴퓨터로 계산한다.

### 예제 5-5 포아송분포의 확률 계산하기

준비파일 | 5장_포아송분포의 확률 계산.xlsx

A는 건망증이 심해서 출근하거나 퇴근할 때 충전하던 휴대폰을 집이나 사무실에 종종 놓고 나간다. 일주일 단위로 살펴봤을 때 휴대폰을 놓고 나간 평균 횟수가 3회였다. 일주일에 단 1회 이하로 휴대폰을 놓고 나갈 확률과 4~5회 휴대폰을 놓고 나갈 확률을 구하라.

**풀이**

■ **1회 이하로 휴대폰을 놓고 나갈 확률 $P(X \leq 1)$**

1주일 동안 휴대폰을 놓고 나간 평균 횟수가 3이므로 $\lambda=3$, $X \sim Poisson(3)$이다. 포아송분포의 확률함수에 $\lambda=3, x=1$을 직접 대입하면 다음과 같다. 이때 $e=2.7182818$로 계산한다.

$$P(X=1)=\frac{3^1 \cdot e^{-3}}{1!}=\frac{3^1 \cdot 2.7182818^{-3}}{1!}=0.149361$$

그러므로 $\lambda=3, x=1$일 때의 확률이 0.149361로 계산된다.

그런데 $P(X \leq 1)$은 1번 이하로 휴대폰을 놓고 나가는 경우이므로, 한 번도 실수를 하지 않는 경우도 생각해야 한다. 그러므로 $x=0$인 경우도 계산해야 한다. $\lambda=3, x=0$을 계산하면 다음과 같다.

$$P(X=0)=\frac{3^0 \cdot e^{-3}}{0!}=\frac{3^0 \cdot 2.7182818^{-3}}{0!}=0.049787$$

그러므로 $\lambda=3, x=0$일 때 확률은 0.049787이다. 최종 누적확률을 구해야 하므로 $\lambda=3, x=1$의 확률과 $\lambda=3, x=0$의 확률을 더하면 $P(X \leq 1)=0.199148$이다. 따라서 1회 이하로 휴대전화를 놓고 나갈 확률은 19.91%임을 알 수 있다.

■ 4~5회 휴대폰을 놓고 나갈 확률 $P(4 \le X \le 5)$

일주일에 4번이나 5번 휴대폰을 놓고 나가는 경우이므로 4회 놓고 나가는 경우의 확률과 5회 놓고 나가는 경우의 확률을 더해야 한다. 휴대전화를 4회 놓고 나가는 경우의 확률함수를 구하면

$$P(X=4)=\frac{3^4 \cdot e^{-3}}{4!}=\frac{3^4 \cdot 2.7182818^{-3}}{4!}=0.168031$$

이고, 휴대폰을 5회 놓고 나가는 경우의 확률함수를 구하면

$$P(X=5)=\frac{3^5 \cdot e^{-3}}{5!}=\frac{3^5 \cdot 2.7182818^{-3}}{5!}=0.100819$$

이므로, 두 값을 더하면 0.26885다. 따라서 4~5회 휴대전화를 놓고 나갈 확률은 26.89%다.

## 실습

■ 1회 이하로 휴대전화를 놓고 나갈 확률 : $P(X \le 1)$

**01** Excel을 실행하여 '5장_포아송분포의 확률 계산.xlsx' 파일을 불러온다.

**02** ❶ 셀 포인터를 B2셀에 두고 ❷ Σ 아이콘의 펼쳐보기(˅)를 클릭한 후 ❸ '기타 함수(F)...'를 클릭한다. **[함수 마법사]** 창이 열리면 ❹ '함수 검색(S):'에 '포아송 분포'를 입력한 후 ❺ **[검색]**을 클릭한다. ❻ '함수 선택(N):'에서 'POISSON.DIST' 함수를 선택한 후 ❼ **[확인]**을 클릭한다.

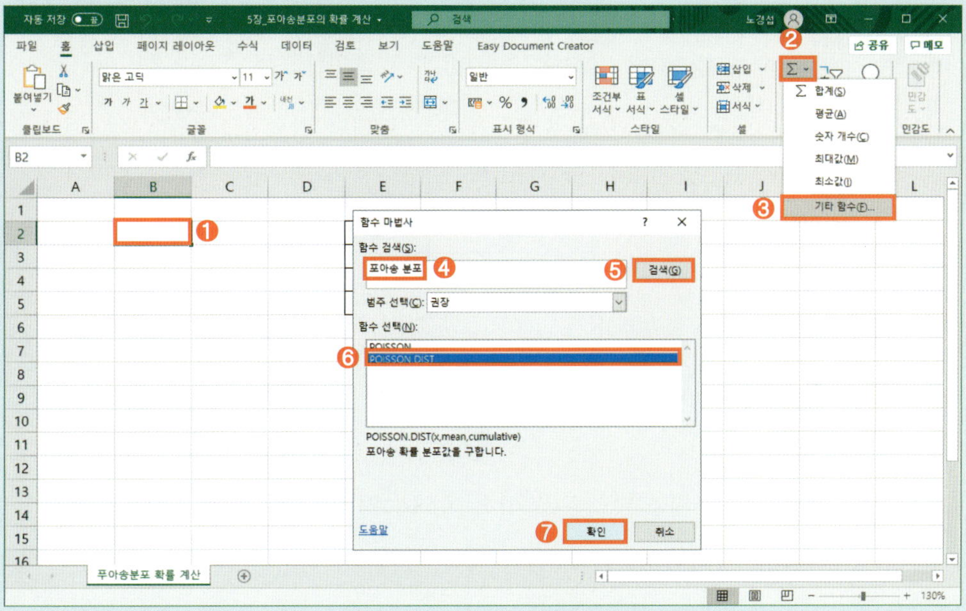


[그림 5-26] 포아송분포의 함수 선택

**03** [함수 인수] 창에서 ❶ 'X'에 1회 놓고 나갈 확률이므로 '1', 'Mean'에 일주일간의 평균 횟수인 '3', 'Cumulative'에 누적 확률분포를 계산하기 위한 'TRUE'를 입력하고 ❷ [확인]을 클릭한다.

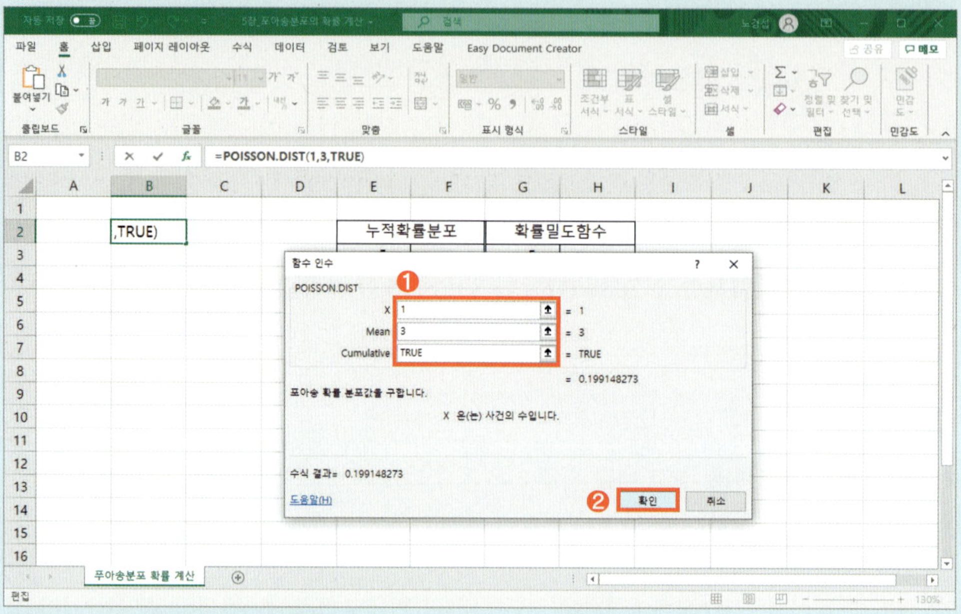


[그림 5-27] 포아송분포 함수의 인수 설정

**04** 휴대폰을 일주일 동안 1회 놓고 나갈 확률이 19.91%임을 확인할 수 있다.

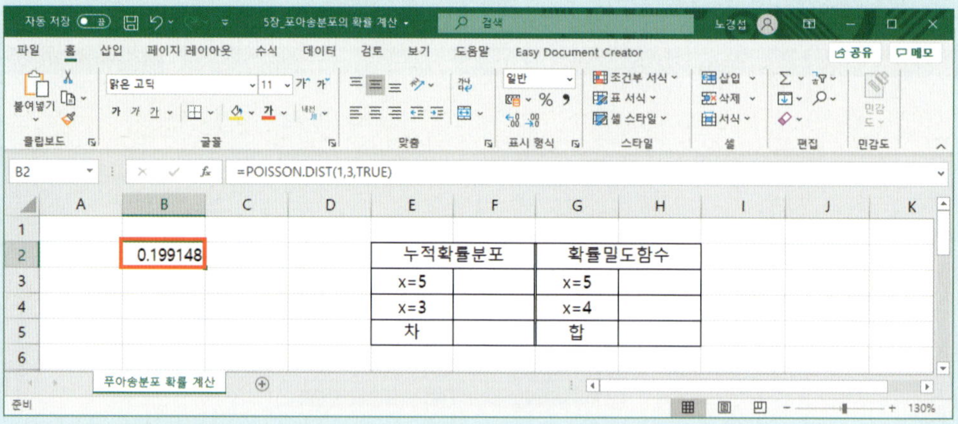


[그림 5-28] 포아송분포의 확률 계산 결과

■ **4~5회 휴대전화를 놓고 나갈 확률 : $P(4 \le X \le 5)$**

포아송분포는 이산 확률분포이므로 휴대폰을 놓고 나가는 경우 0, 1, 2, 3, 4, 5회까지의 확률분포를 알면 $P(4 \le X \le 5)$를 계산할 수 있다. 여기서는 누적 확률분포와 확률밀도함수를 이용하여 확률을 구하는 방법을 각각 확인해보자.

• **누적 확률분포를 이용하는 경우**

**01** x=5의 누적확률을 구하기 위해 ❶ F3셀에 셀 포인터를 둔다. [**함수 인수**] 창에서 ❷ 'X'에 '5', 'Mean'에 '3', 누적확률이므로 'Cumulative'에 'TRUE'를 입력한 후 ❸ [**확인**]을 클릭한다.

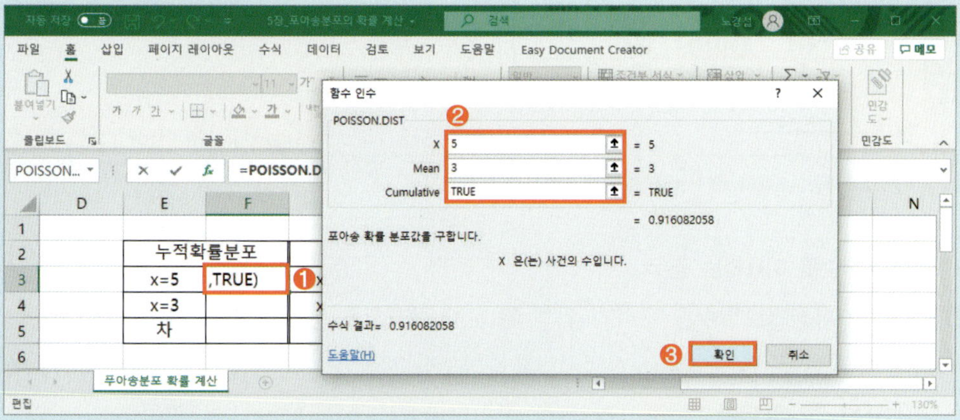


[그림 5-29] **포아송분포에서 x=5의 누적확률 계산**

**02** x=3의 누적확률을 구하기 위해 ❶ F4셀에 셀 포인터를 둔다. [**함수 인수**] 창에서 ❷ 'X'에 '3', 'Mean'에 '3', 'Cumulative'에 'TRUE'를 입력한 후 ❸ [**확인**]을 클릭한다.

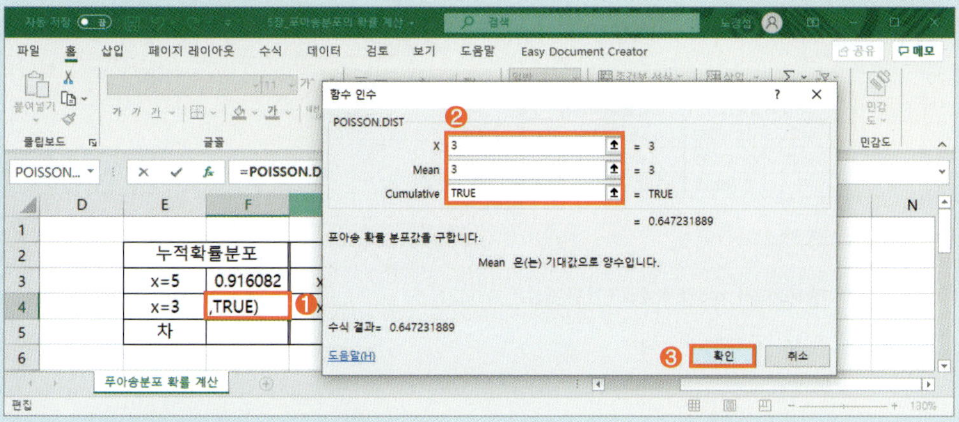


[그림 5-30] **포아송분포에서 x=3의 누적확률 계산**

**TIP** x=3회의 누적확률을 구한 이유는 포아송분포가 이산 확률분포이며, 'Cumulative'를 누적 확률분포로 계산했기 때문이다. 따라서 5회의 누적확률에서 3회의 누적확률을 빼주면 4~5회의 누적확률이 계산된다.

**03** F5셀에 x=5의 누적확률과 x=3의 누적확률의 차를 구하는 계산식 '=F3-F4'를 입력하고 Enter↵ 를 누른다. $P(4 \leq X \leq 5)$의 확률이 0.26885로 계산되었으므로 26.89%임을 알 수 있다.

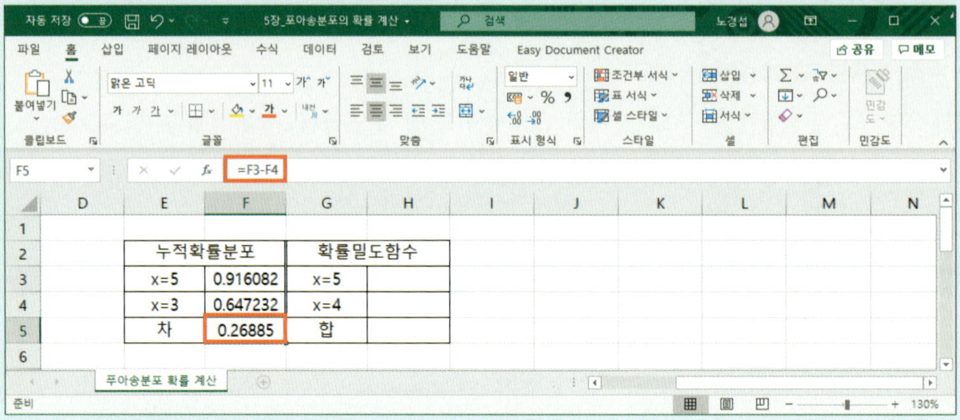


[그림 5-31] 포아송분포에서 $P(4 \leq X \leq 5)$의 확률(누적확률분포)

• **확률밀도함수를 이용하는 경우**

**01** x=5의 확률밀도함수를 구하기 위해 ❶ H3셀에 셀 포인터를 둔다. **[함수 인수]** 창에서 ❷ 'X'는 '5', 'Mean'은 '3', 확률밀도함수를 구해야 하므로 'Cumulative'에 'FALSE'를 입력한 후 ❸ **[확인]**을 클릭한다.

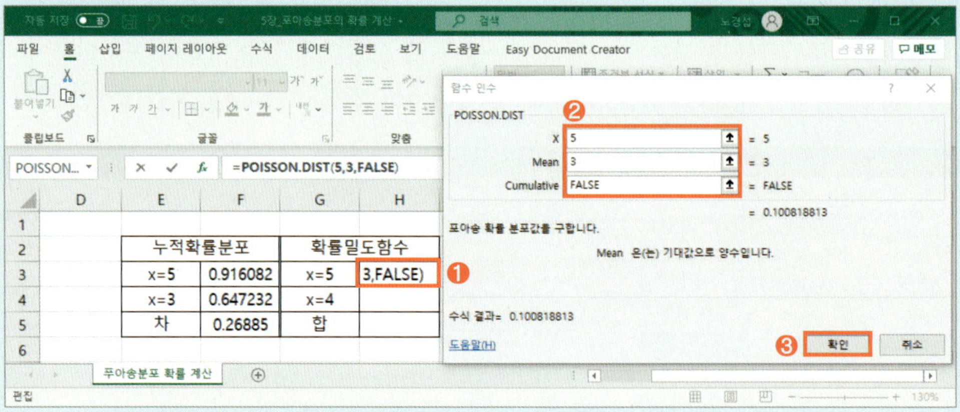


[그림 5-32] 포아송분포에서 x=5의 확률밀도함수 계산

**02** x=4의 확률밀도함수를 구하기 위해 ❶ H4셀에 셀 포인터를 둔다. **[함수 인수]** 창에서 ❷ 'X'는 '4', 'Mean'은 '3', 'Cumulative'에 'FALSE'를 입력한 후 ❸ **[확인]**을 클릭한다.

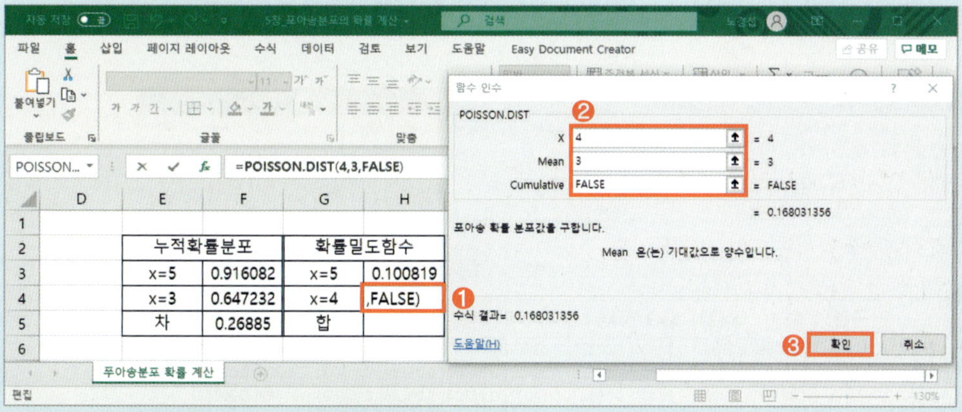


[그림 5-33] **포아송분포에서 x=5의 확률밀도함수 계산**

**TIP** x=4의 확률밀도함수를 계산한 이유는 포아송분포가 이산 확률분포이므로 4회와 5회에 대한 확률을 각각 구해 더하면 4~5회의 누적확률이 계산되기 때문이다.

**03** ❶ H5셀로 셀 포인터를 옮긴 후 ❷ Σ 아이콘을 클릭한다. ❸ 함수식 '=SUM(H3:H4)'이 자동으로 입력되면 Enter↵ 를 누른다. $P(4 \leq X \leq 5)$의 확률이 26.89%임을 알 수 있다.

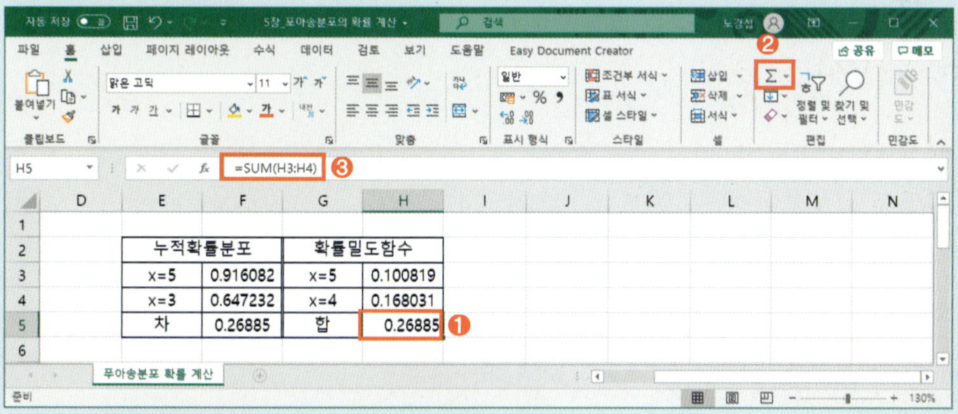


[그림 5-34] **포아송분포에서 $P(4 \leq X \leq 5)$의 확률(확률밀도함수)**

## 포아송분포와 정규분포의 관계

[예제 5-5]를 통해 포아송분포를 구하는 방법에 대해 이해했을 것이다. 다음으로 λ와 $x$의 값이 변했을 때, 포아송분포의 그래프가 어떻게 변하는지 확인하는 것이 중요하다. [그림 5-35]는 [예제 5-5]의 λ값을 1~10까지 확대한 포아송분포다.

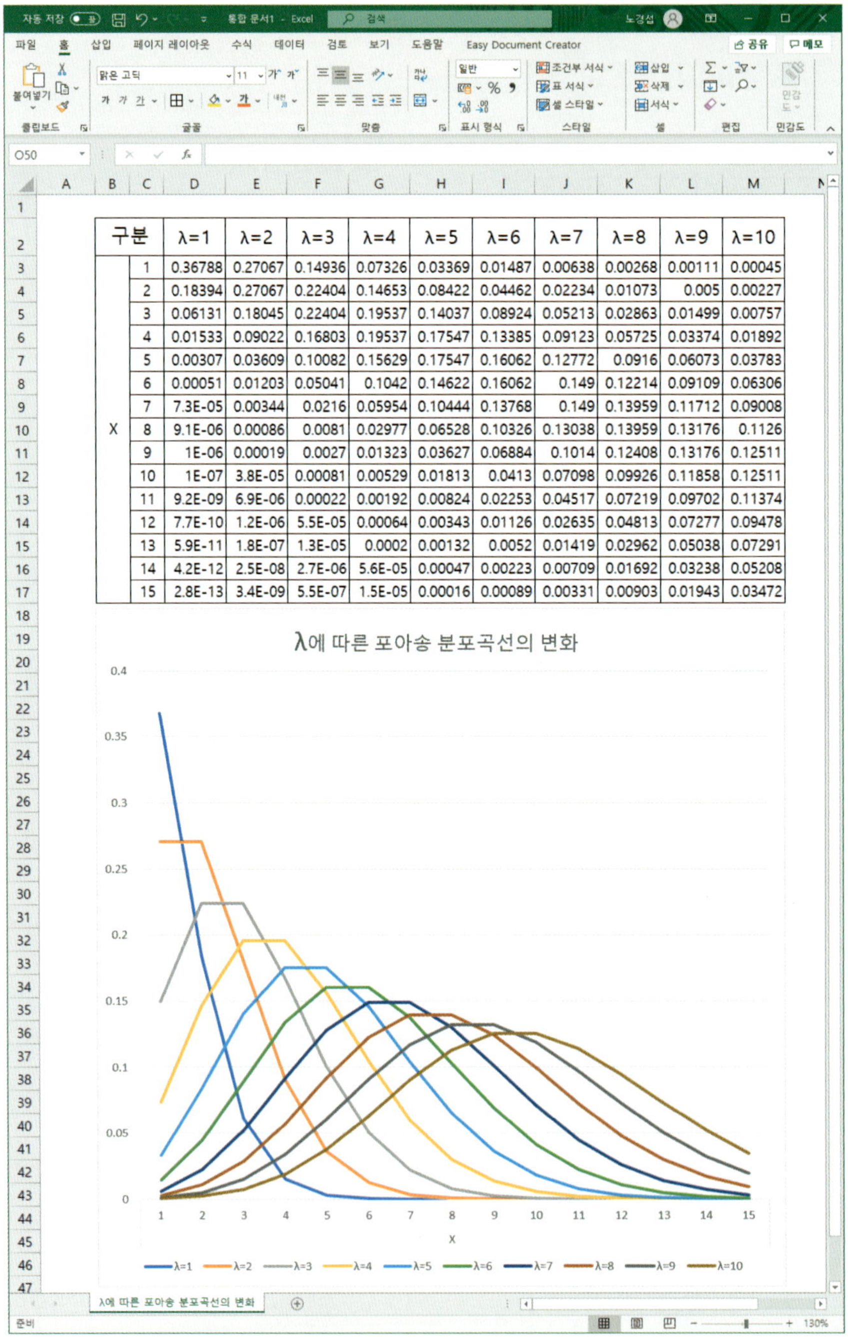


| 구분 | | λ=1 | λ=2 | λ=3 | λ=4 | λ=5 | λ=6 | λ=7 | λ=8 | λ=9 | λ=10 |
|---|---|---|---|---|---|---|---|---|---|---|---|
| X | 1 | 0.36788 | 0.27067 | 0.14936 | 0.07326 | 0.03369 | 0.01487 | 0.00638 | 0.00268 | 0.00111 | 0.00045 |
| | 2 | 0.18394 | 0.27067 | 0.22404 | 0.14653 | 0.08422 | 0.04462 | 0.02234 | 0.01073 | 0.005 | 0.00227 |
| | 3 | 0.06131 | 0.18045 | 0.22404 | 0.19537 | 0.14037 | 0.08924 | 0.05213 | 0.02863 | 0.01499 | 0.00757 |
| | 4 | 0.01533 | 0.09022 | 0.16803 | 0.19537 | 0.17547 | 0.13385 | 0.09123 | 0.05725 | 0.03374 | 0.01892 |
| | 5 | 0.00307 | 0.03609 | 0.10082 | 0.15629 | 0.17547 | 0.16062 | 0.12772 | 0.0916 | 0.06073 | 0.03783 |
| | 6 | 0.00051 | 0.01203 | 0.05041 | 0.1042 | 0.14622 | 0.16062 | 0.149 | 0.12214 | 0.09109 | 0.06306 |
| | 7 | 7.3E-05 | 0.00344 | 0.0216 | 0.05954 | 0.10444 | 0.13768 | 0.149 | 0.13959 | 0.11712 | 0.09008 |
| | 8 | 9.1E-06 | 0.00086 | 0.0081 | 0.02977 | 0.06528 | 0.10326 | 0.13038 | 0.13959 | 0.13176 | 0.1126 |
| | 9 | 1E-06 | 0.00019 | 0.0027 | 0.01323 | 0.03627 | 0.06884 | 0.1014 | 0.12408 | 0.13176 | 0.12511 |
| | 10 | 1E-07 | 3.8E-05 | 0.00081 | 0.00529 | 0.01813 | 0.0413 | 0.07098 | 0.09926 | 0.11858 | 0.12511 |
| | 11 | 9.2E-09 | 6.9E-06 | 0.00022 | 0.00192 | 0.00824 | 0.02253 | 0.04517 | 0.07219 | 0.09702 | 0.11374 |
| | 12 | 7.7E-10 | 1.2E-06 | 5.5E-05 | 0.00064 | 0.00343 | 0.01126 | 0.02635 | 0.04813 | 0.07277 | 0.09478 |
| | 13 | 5.9E-11 | 1.8E-07 | 1.3E-05 | 0.0002 | 0.00132 | 0.0052 | 0.01419 | 0.02962 | 0.05038 | 0.07291 |
| | 14 | 4.2E-12 | 2.5E-08 | 2.7E-06 | 5.6E-05 | 0.00047 | 0.00223 | 0.00709 | 0.01692 | 0.03238 | 0.05208 |
| | 15 | 2.8E-13 | 3.4E-09 | 5.5E-07 | 1.5E-05 | 0.00016 | 0.00089 | 0.00331 | 0.00903 | 0.01943 | 0.03472 |

[그림 5-35] λ에 따른 포아송 분포곡선의 변화

$\lambda$가 커질수록 포아송분포의 곡선이 점점 정규분포 곡선을 닮아가는 것을 확인할 수 있다. $\lambda$의 값이 커진다는 것은 사건이 발생할 확률이 높아진다는 의미다. 평균값 $\lambda$가 커진다는 의미는 각 단위에 발생하는 사건이 아주 적거나 아주 많이 나타나는 경우가 같이 존재한다는 것으로, 전체적인 의미에서 확인하면 정규분포를 구성하게 된다. 그러므로 각 단위별 비교가 필요한 경우, 평균값 $\lambda$를 비교하기 곤란할 때는 정규분포를 이용해야 한다.

CHAPTER

# 05 연습문제

**1.** 불확실한 미래에 대한 위험을 줄이는 의사결정과 확률분포의 관계를 설명하라.

**2.** 균등분포의 개념과 특성에 대해 설명하라.

**3.** 정규분포와 표준정규분포의 개념과 특성에 대해 설명하라.

**4.** 정규분포와 표준정규분포는 분포상으로 모두 정규분포를 이루기 때문에 분포의 모양이 동일하다. 그러나 실제 조사에서는 표준정규분포로 계산한다. 표준정규분포를 이용하는 이유를 말하고 그 특징을 설명하라.

**5.** 확률변수 $X$의 평균은 100이고, 분산이 100이다. 이때 확률변수 $X$가 107보다 클 확률과 97보다 작을 확률을 구하라.

**6.** 우리나라는 전 세계에서 5G 통신망이 가장 발달한 나라다. 5G가 보급되면서 통신사마다 고객 이탈을 막기 위해 다양한 프로모션과 고객 관리 업무를 진행하고 있다. 1년 동안 고객 유치 업무를 진행해보니 평균적으로 5.4명을 만나 5G에 대해 설명하면 현재 이용하고 있는 상품을 변경했다. 이때 분산은 1.5명이었다.

(a) 4명 이내로 고객을 만나 새롭게 유치하게 될 고객은 전체의 몇 %가 되는지 구하라.

(b) 고객의 10%는 기존 상품을 오래 사용한 분들이다. 이 고객들에게 5G로 이전하도록 안내한다고 할 때 몇 명을 만나야 새 상품으로 변경하게 될지 구하라.

**7.** B 손해사정법인에서 수임하는 보험 관련 사건은 1년간 약 150건에 이른다. 그중 약 6건 정도에서 제대로 된 보상을 받지 못하는 것으로 나타났다. 이 손해사정법인에서 이런 경우가 나타나는 확률을 이항분포와 포아송분포를 이용하여 계산한 후, 그 결과를 비교하여 나타나는 특징을 설명하라. 그리고 어떤 확률분포를 이용하는 것이 바람직한지 설명하라.

**8.** L 지역에 거주하는 주민들이 병원을 찾아 진료를 받는 평균을 조사해보니 연간 3.5일이고, 분산은 9일이었다.

(a) 이 지역 주민 중에서 무작위로 표본을 선정했을 때, 연간 진료일이 5일을 넘을 확률을 구하라.

(b) 이 지역의 90%, 95%, 99% 확률로 주민이 진료를 받는 날짜의 범위를 구하라.

**9.** 축구 경기를 관람하려고 하는데, 지방에서 열리는 경기라 돌아오는 차편의 터미널 막차 시간을 확인해보니 21시 30분이다. 터미널에서 경기장까지 15분이 걸리고 경기는 오후 7시에 시작한다. 최근 100경기의 경기 시간은 전후반 45분씩 90분과 휴식 시간 15분, 예상 지연 시간이 전후반 각각 7분씩 평균 119분으로 계산되었으며, 분산은 100분이었다. 이 경기를 보러 갔을 때 막차를 놓치게 될 확률을 구하라.

CHAPTER

# 06

# 추정

Estimation

## 정답을 범위로 제시한다고요?

지금까지 학습한 내용을 보면 결국 통계학이란 정답을 추정하는 것이다. '추정'이라는 단어에 집중하면 어떤 하나의 수치나 값을 정확하게 찾는 것이 아니라 '아마도 이럴 거야~'라고 대답하는 것처럼 느껴질 수도 있다. 그래서 바로 이 부분부터 어렵다고 이야기하는 사람들이 많아진다.

또한 추정에서부터 본격적으로 확률의 개념이 들어와 계산으로 연결된다. 그래서 이 단계에 들어서면 집중력이 떨어지기도 한다. 하지만 통계의 본질적인 의미를 생각해보면 사실 쉽다고 여겨야 하는 주제가 '추정'이다.

생각해보라. 콕 집어서 답 하나만 말하면 명확해 보일 수 있겠지만 그러면 틀릴 확률도 높아진다. 반면, 최소한 99%는 맞는다는 설명과 함께 답을 a부터 b까지라고 범위로 말하면 틀릴 확률이 낮아질 것이다. 또한 이렇게 범위로 말하면 듣는 사람도 더욱 신뢰할 수 있을 것이다.

이 장에서는 범위로 정답을 제시하는 방법을 살펴본다. 또한 정답을 범위로 추정할 때 표본을 몇 개로 구성해야 그 범위가 더 정확하게 보이는지 알아본다. 즉, 표본의 개수를 정하는 방법도 함께 살펴볼 것이다.

Contents

01_ 점추정과 구간추정

02_ 모평균의 구간추정

03_ 모집단 비율 및 분산의 구간추정

연습문제

SECTION 01

# 점추정과 구간추정

- 점추정의 의미와 바람직한 점추정량이 되기 위한 조건을 이해한다.
- 구간추정의 의미와 구간추정이 필요한 이유를 이해한다.
- 신뢰수준과 신뢰구간에 대해 살펴본다.

Keywords | 점추정 | 구간추정 | 신뢰구간 |

추정은 정확하지는 않지만 이 정도면 될 것이라는 정도를 가늠하는 것이다. 그 정도를 가늠하는 방법은 정확하게 어떠한 수치로 나타낼 수도 있고, 시작점과 종료점으로 표현할 수도 있다. 지금부터는 이러한 추정에 대해 알아보자.

## 추정

기술통계가 표본으로부터 통계량을 구하고 통계량 간의 차이를 파악하는 데 중점을 둔다면, 추론통계는 표본을 통해 모집단의 성격을 파악하는 데 중점을 둔다. 특히 추론통계에서는 모수를 특정 수치나 수치의 범위로 표현한다.

모수를 **추정**(estimation)하는 방법에는 **점추정**(point estimation)과 **구간추정**(interval estimation)이 있다. 점추정은 모수를 특정한 수치로 표현하는 것이고, 구간추정은 모수를 최소값과 최대값의 범위로 추정하는 것이다. 예를 들어 통학 시간에 대해 점추정은 30분, 40분과 같이 특정한 수치로 표현하고, 구간추정은 30~40분과 같이 범위로 표현한다.

**추정치**(estimate)는 모수를 추정하기 위해 선택된 표본을 $x_1, x_2, x_3, \cdots, x_n$이라 할 때, 이를 대상으로 계산하여 구체적으로 도출한 통계량을 말한다. 표본 $x_1, x_2, x_3, \cdots, x_n$에서 관찰된 값으로 추정치를 계산하는 함수를 구한다. 이때 $f(x)$(단, $x = x_1, x_2, x_3, \cdots, x_n$)와 같이 추정치를 계산하기 위한 도출 함수를 **추정량**(estimator)[1]이라 한다. 추정량은 표본을 설명할 때 어떤 단일 숫자가 아닌 $x_1, x_2, x_3, \cdots, x_n$을 모두 설명할 수 있는 함수식(도구)으로 표현한다.

1 추정량의 영어 단어인 'estimator'에서 알 수 있듯이 추정량은 $x = x_1, x_2, x_3, \cdots, x_n$ 모두를 설명할 수 있는 행위자(~or)다.

## 점추정

앞서 점추정은 모수를 어떤 특정 값으로 추정하는 것이라 했다. 예를 들어, 토익 시험에서 750점, 850점, 800점을 받았다고 하자. 모든 조건이 동일하다고 할 때, 다음에 받을 성적을 추정하면 몇 점이 될까? 모든 조건이 동일하다고 했으니 3번의 시험 성적 평균인 800점으로 추정하면 무난할 것이다. 이 방법은 모수를 하나의 수치로 대표하는 가장 편리한 방법이다. 하지만 800점이 정확하게 추정된 것일까? 맞다고 할 수도 없고, 틀렸다고 할 수도 없다. 실제로 800점을 얻는다면 정확한 추정이 되겠지만, 그 외의 점수를 받는다면 틀린 추정이 되기 때문이다. 이 예에서 알 수 있듯이 점추정은 오차를 필연적으로 동반한다는 약점이 있다.

따라서 점추정의 오차를 최소로 만들어야 바람직한 추정이라 할 수 있다. 바람직한 점추정량이 되기 위해서는 다음 조건들을 만족해야 한다. 여기서는 모수를 $\theta$, 추정량을 $\hat{\theta}$라 표현한다.

### 바람직한 점추정량의 조건

❶ **일치성(consistency) : 표본의 크기가 모집단 규모에 근접해야 한다.**

일치성은 표본이 모집단의 규모에 근접할수록 오차가 작아진다는 의미다. 표본의 개수가 $n \to \infty$로 되어 모집단과 일치하면 오차는 0이 된다. 즉, 표본이 커질수록 위험이 감소한다.

> **참고 일치성 확인**
>
> $\lim_{n\to\infty}[E(\hat{\theta}_n - \theta)^2] = \lim_{n\to\infty} MSE(\hat{\theta}_n) = 0$이 되므로 추정량과 모수의 차이가 0이 되어 신뢰성이 커진다.

❷ **불편성(unbiased estimator) : 추정량이 모수와 같아야 한다.**

추정량 $\hat{\theta}$로 모수 $\theta$를 추정하여 $E(\hat{\theta}) = \theta$가 되면 가장 바람직한 추정이다. 이때의 추정량을 **불편추정량**이라 한다. $E(\hat{\theta}) \neq \theta$가 되면 추정량과 모수에 차이가 있다는 의미이며, 이때 **편의**(biased)가 있다고 한다. 추정량에 대한 기대값이 모수와 동일하게 나타나면, 이는 추출된 표본에 오류가 나타날 만한 영향이 없다는 뜻이다. 즉, 표본추출이 **불편성**(unbiasedness)을 만족한다는 의미다.

❸ **유효성(efficiency) : 추정량의 분산이 최소값이어야 한다.**

**유효성**은 모수에 대한 추정량의 분산(분포)이 작을수록 추정량이 바람직하다는 의미다. 이러한 조건은 추정량이 여러 개일 경우, 이들을 서로 비교하여 가장 유효한 추정량을 확인할 때 필요하다. 모수 $\theta$에 대한 불편추정량이 $\hat{\theta}_1$과 $\hat{\theta}_2$로 2개가 있다고 할 때, $Var(\hat{\theta}_1) > Var(\hat{\theta}_2)$라면 $\hat{\theta}_1$보다 $\hat{\theta}_2$가 더 바람직한 추정량이라고 볼 수 있다.

**❹ 평균 오차제곱(Mean Squared Error, MSE) : 평균 오차제곱이 최소값이어야 한다.**

각각의 측정치에서 평균을 뺀 나머지를 오차라 하는데, 이 차이가 최소가 되어야 한다. 모든 편차의 합은 0이 되므로 오차에 제곱을 하여 더한 **평균 오차제곱** $E[(\hat{\theta}-\theta)^2]$의 값이 최소가 되는 추정량이어야 한다. 즉, 추정량과 모수의 차이가 최소가 되어야 한다.

**❺ 충분성(sufficiency) : 표본이 모집단의 대표성을 가져야 한다.**

표본 $x_1, x_2, x_3, \cdots, x_n$으로부터 추정량 $\hat{\theta}$를 추정할 때, 확률함수를 $T(x_1, x_2, x_3, \cdots, x_n) = x_1$이라 하면 $\hat{\theta} = x_1$이 된다. 즉, 확률함수에 어떤 값을 대입해도 $x_1$만 도출되기 때문에, 추정량 $\hat{\theta}$가 표본 $(x_1, x_2, x_3, \cdots, x_n)$의 정보를 모두 포함한다고 보기 어렵다. 표본은 모집단에 대해 대표성을 가져야 통계적인 의미가 있으므로, $\hat{\theta} = T(x_1, x_2, x_3, \cdots, x_n)$의 정보가 모수 $\theta$에 대한 모든 정보를 포함할 때, 추정량 $\hat{\theta}$를 모수 $\theta$에 대한 충분한 추정이라 하고, 이를 충분성이 확보되었다고 한다.

❶ 일치성, ❷ 불편성, ❸ 유효성, ❹ 평균오차제곱은 바람직한 추정량에 한정되는 조건이지만 ❺ 충분성은 통계학 전체에 적용될 수 있는 일반적인 통계량에 관한 조건이다.

## 구간추정

점추정에는 오차(위험)가 있으므로 신뢰도 문제가 발생한다. 바람직한 점추정량의 조건에서 확인한 것처럼, 점추정은 $n \to \infty$로 하여 모집단을 조사하지 않는 한 오차가 발생할 수밖에 없다. 그렇다면 조사자 입장에서 (이런 위험을 낮추기 위해) 어떤 방법으로 오차를 줄일 수 있을까?

점추정은 명확한 수치를 제시하지만 신뢰도에 문제가 있다. 그러므로 이를 보완하기 위해 신뢰도를 제시하면서 상한값과 하한값으로 모수를 추정하는 구간추정(interval estimation)을 사용한다. 앞서 통학 시간에 대해 살펴본 것처럼 30~40분과 같이 구간(범위)으로 추정하면 상한과 하한으로 표현되므로 점추정보다 더 정확하게 추정할 수 있다.

100%의 신뢰도로 구간추정을 하면 조사 결과가 모두 맞아야 하므로 추정해야 하는 범위가 너무 넓어진다. 현실적으로 그렇게 할 수는 없으므로 신뢰할 수 있을 만한 정도인 90%, 95%, 99%, 99.9% 수준에서 조사 목적에 맞게 신뢰도를 선택해야 한다.

**신뢰수준**(confidence level)은 추정값이 존재하는 구간(범위)에 모수가 포함될 확률을 말한다. 95%, 99%, 99.9%의 신뢰수준은 $100 \times (1-\alpha)$%로 계산되는데, 여기서 $\alpha$는 조사에서 인정되는 오차 수준이다. 다시 말해 신뢰수준 95%, 99%, 99.9%라는 것은 어떤 조사에서 각각 5%, 1%, 0.1%의 오차가 있다 하더라도 의미 있는 조사라고 인식한다는 의미다.[2]

## 신뢰구간

**신뢰구간**(confidence interval)은 상한값과 하한값의 구간으로 표시한다. 다시 말해, 신뢰수준을 기준으로 추정된 점으로부터 (−) 방향과 (+) 방향으로 하한과 상한을 표시한다.

모평균($\mu$)을 추정할 때 표본평균을 $\bar{x}$, 표준오차를 $SE$라 하면, 표본평균 $\bar{x}$를 기준으로 표준오차 $SE$에 $z$를 곱한 값을 빼주면 하한값, 더해주면 상한값이 계산된다. 모집단 평균에 대한 신뢰구간을 나타내면 다음과 같다.

$$\bar{x} - z \cdot SE \le \mu \le \bar{x} + z \cdot SE$$

일반적으로 정규분포를 가정하므로, $z$값은 표준정규분포표에서 찾아 사용한다. 표준정규분포곡선의 아래 면적은 1인데, 이때 1은 100%의 신뢰도를 의미한다. 예를 들어, 95%의 신뢰도는 표준정규분포곡선 아래의 면적이 0.95이며, (평균)=0을 기준으로 좌우로 ±1.96만큼 떨어진 부분의 면적임을 의미한다.

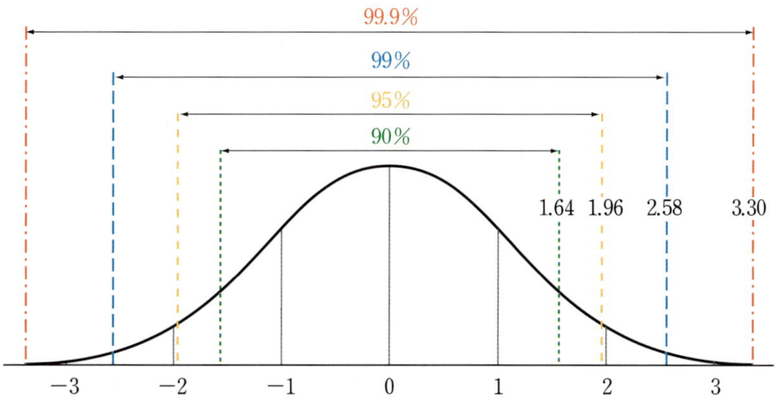

[그림 6-1] 표준정규분포의 곡선과 $z$값

그러므로 신뢰구간 90%, 95%, 99%, 99.9%의 의미는 $P(-z \le Z \le z)$에서 0.90, 0.95, 0.99, 0.999의 $z$값을 찾아야 알 수 있다. $P(0 \le Z \le z)$이면서 좌우대칭이므로 [표 6-1]의 표준정규분포표에서 0.90, 0.95, 0.99, 0.999의 $\frac{1}{2}$값을 찾으면 된다. 95%라면 0.95/2=0.475다. 같은 방식으로 각각에 해당하는 값을 표준정규분포표에서 찾으면,

2 5%, 1%, 0.1%의 오차를 유의수준(significant level)이라고 하며, 각각 $p=0.05$, $p=0.01$, $p=0.001$로 표시한다.

90%일 때 $z$=1.64, 95%일 때 $z$=1.96, 99%일 때 $z$=2.58, 99.9%일 때 $z$=3.30임을 알 수 있다.[3,4]

[표 6-1] 표준정규분포표 $P(0 \le Z \le z)$

| $z$ | 0.00 | 0.01 | 0.02 | 0.03 | 0.04 | 0.05 | 0.06 | 0.07 | 0.08 | 0.09 |
|---|---|---|---|---|---|---|---|---|---|---|
| 0.0 | 0.0000 | 0.0040 | 0.0080 | 0.0120 | 0.0160 | 0.0199 | 0.0239 | 0.0279 | 0.0319 | 0.0359 |
| 0.1 | 0.0398 | 0.0438 | 0.0478 | 0.0517 | 0.0557 | 0.0596 | 0.0636 | 0.0675 | 0.0714 | 0.0753 |
| 0.2 | 0.0793 | 0.0832 | 0.0871 | 0.0910 | 0.0948 | 0.0987 | 0.1026 | 0.1064 | 0.1103 | 0.1141 |
| 0.3 | 0.1179 | 0.1217 | 0.1255 | 0.1293 | 0.1331 | 0.1368 | 0.1406 | 0.1443 | 0.1480 | 0.1517 |
| 0.4 | 0.1554 | 0.1591 | 0.1628 | 0.1664 | 0.1700 | 0.1736 | 0.1772 | 0.1808 | 0.1844 | 0.1879 |
| 0.5 | 0.1915 | 0.1959 | 0.1985 | 0.2019 | 0.2054 | 0.2088 | 0.2123 | 0.2157 | 0.2190 | 0.2224 |
| 0.6 | 0.2257 | 0.2291 | 0.2324 | 0.2357 | 0.2389 | 0.2422 | 0.2454 | 0.2486 | 0.2517 | 0.2549 |
| 0.7 | 0.2580 | 0.2611 | 0.2642 | 0.2673 | 0.2704 | 0.2734 | 0.2764 | 0.2794 | 0.2823 | 0.2852 |
| 0.8 | 0.2881 | 0.2910 | 0.2939 | 0.2967 | 0.2995 | 0.3023 | 0.3051 | 0.3078 | 0.3106 | 0.3133 |
| 0.9 | 0.3159 | 0.3186 | 0.3212 | 0.3238 | 0.3264 | 0.3289 | 0.3315 | 0.3340 | 0.3365 | 0.3389 |
| 1.0 | 0.3413 | 0.3438 | 0.3461 | 0.3485 | 0.3508 | 0.3531 | 0.3554 | 0.3577 | 0.3599 | 0.3621 |
| 1.1 | 0.3643 | 0.3665 | 0.3686 | 0.3708 | 0.3729 | 0.3749 | 0.3770 | 0.3790 | 0.3810 | 0.3830 |
| 1.2 | 0.3849 | 0.3869 | 0.3888 | 0.3907 | 0.3925 | 0.3944 | 0.3962 | 0.3980 | 0.3997 | 0.4015 |
| 1.3 | 0.4032 | 0.4049 | 0.4066 | 0.4082 | 0.4099 | 0.4115 | 0.4131 | 0.4147 | 0.4162 | 0.4177 |
| 1.4 | 0.4192 | 0.4207 | 0.4222 | 0.4236 | 0.4251 | 0.4265 | 0.4279 | 0.4292 | 0.4306 | 0.4319 |
| 1.5 | 0.4332 | 0.4345 | 0.4357 | 0.4370 | 0.4382 | 0.4394 | 0.4406 | 0.4418 | 0.4429 | 0.4441 |
| 1.6 | 0.4452 | 0.4463 | 0.4474 | 0.4484 | 0.4495 | 0.4505 | 0.4515 | 0.4525 | 0.4535 | 0.4545 |
| 1.7 | 0.4554 | 0.4564 | 0.4573 | 0.4582 | 0.4591 | 0.4599 | 0.4608 | 0.4616 | 0.4625 | 0.4633 |
| 1.8 | 0.4641 | 0.4649 | 0.4656 | 0.4664 | 0.4671 | 0.4678 | 0.4686 | 0.4693 | 0.4699 | 0.4706 |
| 1.9 | 0.4713 | 0.4719 | 0.4726 | 0.4732 | 0.4738 | 0.4744 | 0.4750 | 0.4756 | 0.4761 | 0.4767 |
| 2.0 | 0.4772 | 0.4778 | 0.4783 | 0.4788 | 0.4793 | 0.4798 | 0.4803 | 0.4808 | 0.4812 | 0.4817 |
| 2.1 | 0.4821 | 0.4826 | 0.4830 | 0.4834 | 0.4838 | 0.4842 | 0.4846 | 0.4850 | 0.4854 | 0.4857 |
| 2.2 | 0.4861 | 0.4864 | 0.4868 | 0.4871 | 0.4875 | 0.4878 | 0.4881 | 0.4884 | 0.4887 | 0.4890 |
| 2.3 | 0.4893 | 0.4896 | 0.4898 | 0.4901 | 0.4904 | 0.4906 | 0.4909 | 0.4911 | 0.4913 | 0.4916 |
| 2.4 | 0.4918 | 0.4920 | 0.4922 | 0.4925 | 0.4927 | 0.4929 | 0.4931 | 0.4932 | 0.4934 | 0.4936 |
| 2.5 | 0.4939 | 0.4940 | 0.4941 | 0.4943 | 0.4945 | 0.4946 | 0.4948 | 0.4949 | 0.4951 | 0.4952 |
| 2.6 | 0.4953 | 0.4955 | 0.4956 | 0.4957 | 0.4959 | 0.4960 | 0.4961 | 0.4962 | 0.4963 | 0.4964 |
| 2.7 | 0.4965 | 0.4966 | 0.4967 | 0.4968 | 0.4969 | 0.4970 | 0.4971 | 0.4972 | 0.4973 | 0.4974 |
| 2.8 | 0.4974 | 0.4975 | 0.4976 | 0.4977 | 0.4977 | 0.4978 | 0.4979 | 0.4979 | 0.4980 | 0.4981 |
| 2.9 | 0.4981 | 0.4982 | 0.4982 | 0.4983 | 0.4984 | 0.4984 | 0.4985 | 0.4985 | 0.4986 | 0.4986 |
| 3.0 | 0.4987 | 0.4987 | 0.4987 | 0.4988 | 0.4988 | 0.4989 | 0.4989 | 0.4989 | 0.4990 | 0.4990 |
| 3.1 | 0.4990 | 0.4991 | 0.4991 | 0.4991 | 0.4992 | 0.4992 | 0.4992 | 0.4992 | 0.4993 | 0.4993 |
| 3.2 | 0.4993 | 0.4993 | 0.4994 | 0.4994 | 0.4994 | 0.4994 | 0.4994 | 0.4995 | 0.4995 | 0.4995 |
| 3.3 | 0.4995 | 0.4995 | 0.4995 | 0.4996 | 0.4996 | 0.4996 | 0.4996 | 0.4996 | 0.4996 | 0.4997 |
| 3.4 | 0.4997 | 0.4997 | 0.4997 | 0.4997 | 0.4997 | 0.4997 | 0.4997 | 0.4997 | 0.4997 | 0.4998 |
| 3.5 | 0.4998 | 0.4998 | 0.4998 | 0.4998 | 0.4998 | 0.4998 | 0.4998 | 0.4998 | 0.4998 | 0.4998 |

3 90%, 95%, 99%, 99.9%의 $z$값은 통계학에서 자주 사용되는 z값이므로 외워두기 바란다.

4 90%인 경우 0.4495에 해당하는 값인 1.64와 0.4505에 해당하는 값인 1.65의 중간값이지만 여기서는 1.64로 선택했다.

### 예제 6-1 구간추정

토익 점수의 평균과 표준오차가 각각 (평균)=500, (표준오차)=100일 때, 신뢰도 90%, 95%, 99%에서 구간추정으로 평균에 대한 모수를 추정하라.

**풀이**

**• 신뢰도 90%에서 구간추정**

$\bar{x} = 500, SE = 100, z = 1.64$이므로 다음과 같이 구할 수 있다.

$$500 - 1.64 \cdot 100 \le \mu \le 500 + 1.64 \cdot 100$$
$$336 \le \mu \le 664$$

**• 신뢰도 95%에서 구간추정**

$\bar{x} = 500, SE = 100, z = 1.96$이므로 다음과 같이 구할 수 있다.

$$500 - 1.96 \cdot 100 \le \mu \le 500 + 1.96 \cdot 100$$
$$304 \le \mu \le 696$$

**• 신뢰도 99%에서 구간추정**

$\bar{x} = 500, SE = 100, z = 2.58$이므로 다음과 같이 구할 수 있다.

$$500 - 2.58 \cdot 100 \le \mu \le 500 + 2.58 \cdot 100$$
$$242 \le \mu \le 758$$

[예제 6-1]에서 신뢰도에 따른 구간추정을 살펴보면, 신뢰도가 높을수록 그 범위가 넓어지는 것을 확인할 수 있다. 신뢰구간이 좁을수록 조사자가 더 의미 있는 결과를 제시할 수 있는 것처럼 보이지만, 신뢰수준이 낮아지는 것을 감수해야 한다. 따라서 조사 대상이나 조사 상황에 맞게 신뢰수준을 선택해야 한다.

**참고 신뢰도 100%**

신뢰도를 100%로 하면 조사 결과가 모두 맞는 것이므로 최상의 결과가 될 것이다. 그러나 신뢰도 90%, 95%, 99%의 모평균 구간추정 결과에서 보는 바와 같이 신뢰도가 올라갈수록 구간은 점점 넓어진다. $z$값이 올라가기 때문에 그런 결과가 발생하는데, 100%에 해당하는 $z$값은 $\infty$다.

이는 $-\infty \le \mu \le \infty$의 값을 갖는다는 것이므로, 조사 결과가 틀릴 확률은 당연히 0%이지만 전혀 의미 없는 결과가 된다. 따라서 신뢰도를 약간 낮추더라도 유의미한 구간을 확인하는 게 더 유용할 수 있다. 즉, 조사자가 조사 대상에 따라 신뢰수준을 정하고 구간을 추정해야 한다.

SECTION 02

# 모평균의 구간추정

- 모수를 아는 경우와 모르는 경우, z분포와 t분포의 활용 방법을 이해한다.
- 적절한 표본의 개수가 몇 개인지 계산하는 방법을 알아본다.
- 모집단의 분산과 비율에 대한 추정 방법을 알아본다.

Keywords | 모수를 아는 경우의 z분포 활용 | 모수를 모르는 경우의 t분포 활용 | 표본의 크기 결정 |

집단의 특성을 나타내는 수치로 가장 많이 사용되는 것은 평균이다. 이 절에서는 평균에 대한 신뢰구간을 추정할 것이다. 모집단의 표준편차를 아는 경우와 모르는 경우로 나누어, 주어진 정보 상황에 따라 신뢰구간을 도출하는 방법을 학습하도록 한다.

**농구 선수들의 득점을 예측할 수 있을까?**

[그림 6-2] 농구 선수의 득점 순간

농구는 경기 진행 속도도 빠르고 선수들의 행동도 아주 민첩하다. 또한 경기당 득점수도 개인별로 상당히 많은 차이가 난다.

그렇다면 어떤 한 선수를 특정하여 한 경기에서 득점하게 될 점수를 예측할 수 있을까? 물론 단 한 경기만 진행된다면 득점을 예측하기는 쉽지 않다. 하지만 프로 경기의 경우 시즌 내내 경기가 이어지므로, 과거의 경기 내용을 득점 추정의 근거로 활용할 수 있다.

이때 특정 선수가 지금까지 출전한 경기 내용만으로 단순한 그래프를 그려 추이를 예측한다면 과학적인 방법이라 할 수 없다. 과학적인 방법으로 득점을 예상하려면 통계를 적용해야 한다. 특정 선수가 지금까지 얻은 점수를 분석했을 때 일정한 규칙을 띤 분포를 구성하진 않더라도 이를 이용하여 신뢰수준을 적용하여 추정할 수 있으며, 이는 훨씬 신뢰할 만한 수치라 할 수 있다.

## 모평균의 신뢰구간

수집된 데이터를 기준으로 모평균을 추정할 때 가장 먼저 생각해야 할 것이 있다. 모분산을 알고 있는지 여부다. 그에 따라 구분해서 접근해야 한다.

### 모집단의 분산을 아는 경우

사실 모집단의 정보를 알고 있는 경우는 거의 없다. 그런데도 모집단의 분산을 아는 경우에 대해 가정하는 이유는 이렇게 살펴보는 것이 분산을 모르는 경우를 학습할 때 도움이 되기 때문이다. 일반적으로 통계학에서는 90%, 95%, 99%, 99.9%에 해당하는 신뢰구간을 많이 이용한다. 신뢰구간에 속하지 않는 10%, 5%, 1%, 0.1%를 $\alpha$라 했을 때, 신뢰구간은 $1-\alpha$로 표현한다. 이 구간을 그래프로 나타내면 [그림 6-3]과 같고, 신뢰구간을 수식으로 나타내면 다음과 같다.

$$100(1-\alpha)\% = P\left(-z_{\frac{\alpha}{2}} \leq Z \leq z_{\frac{\alpha}{2}}\right)$$

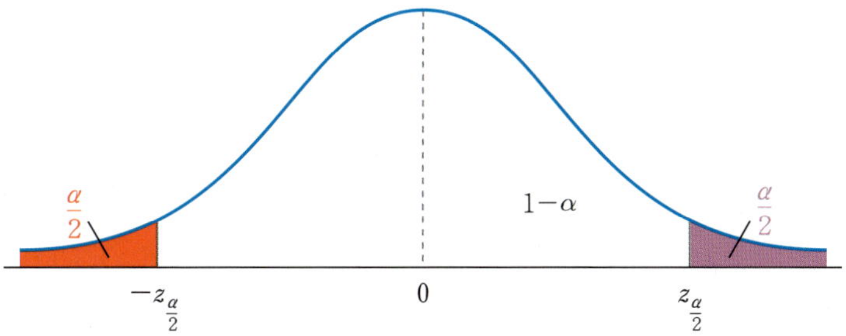


[그림 6-3] 신뢰수준 $1-\alpha$

모집단의 분산을 알고 있으므로, 평균이 $\mu$, 표준오차가 $\frac{\sigma}{\sqrt{n}}$ 일 때 $1-\alpha$의 신뢰구간은 다음과 같이 구할 수 있다.

$$\bar{x} - z_{\frac{\alpha}{2}} \cdot \frac{\sigma}{\sqrt{n}} \leq \mu \leq \bar{x} + z_{\frac{\alpha}{2}} \cdot \frac{\sigma}{\sqrt{n}}$$

**참고 신뢰구간 $1-\alpha$의 도출 과정**

모집단에 대한 정보를 알고 있으며, 표본이 평균 $\mu$, 표준오차 $\frac{\sigma}{\sqrt{n}}$ 인 정규분포를 이룬다고 가정하면, 신뢰구간을 다음과 같이 구할 수 있다.

$$-z_{\frac{\alpha}{2}} \leq Z \leq z_{\frac{\alpha}{2}}$$

$$\Rightarrow -z_{\frac{\alpha}{2}} \leq \frac{\bar{x}-\mu}{\sigma/\sqrt{n}} \leq z_{\frac{\alpha}{2}}$$

$$\Rightarrow -z_{\frac{\alpha}{2}} \cdot \frac{\sigma}{\sqrt{n}} \leq \bar{x} - \mu \leq z_{\frac{\alpha}{2}} \cdot \frac{\sigma}{\sqrt{n}}$$

$$\Rightarrow -\bar{x} - z_{\frac{\alpha}{2}} \cdot \frac{\sigma}{\sqrt{n}} \leq -\mu \leq -\bar{x} + z_{\frac{\alpha}{2}} \cdot \frac{\sigma}{\sqrt{n}}$$

$$\Rightarrow \bar{x} - z_{\frac{\alpha}{2}} \cdot \frac{\sigma}{\sqrt{n}} \leq \mu \leq \bar{x} + z_{\frac{\alpha}{2}} \cdot \frac{\sigma}{\sqrt{n}}$$

## 예제 6-2 모집단의 분산을 아는 경우 모평균의 신뢰구간 구하기 준비파일 | 6장_신뢰구간.xlsx

A 회사에서 생산하는 전구의 평균 수명을 확인하고자 한다. 무작위로 200개의 표본을 추출하여 수명을 측정했더니 평균 수명이 30,000시간, 모분산은 250,000이었다. 이때 95%의 신뢰수준으로 모평균의 신뢰구간을 추정하라.

### 풀이

$\bar{x} = 30{,}000$, $z = 1.96$, $\sigma^2 = 250{,}000$, $n = 200$이므로 다음과 같이 구할 수 있다.

$$30{,}000 - 1.96 \cdot \sqrt{\frac{250{,}000}{200}} \leq \mu \leq 30{,}000 + 1.96 \cdot \sqrt{\frac{250{,}000}{200}}$$

$$29{,}931 \leq \mu \leq 30{,}069$$

### 실습

**01** Excel을 실행하여 '6장_신뢰구간.xlsx' 파일을 불러온다.

**02** ❶ B6셀에 셀 포인터를 두고 ❷ 하한값을 구하는 계산식 '=B3-(1.96*(SQRT(D3/E3)))'를 입력한다.

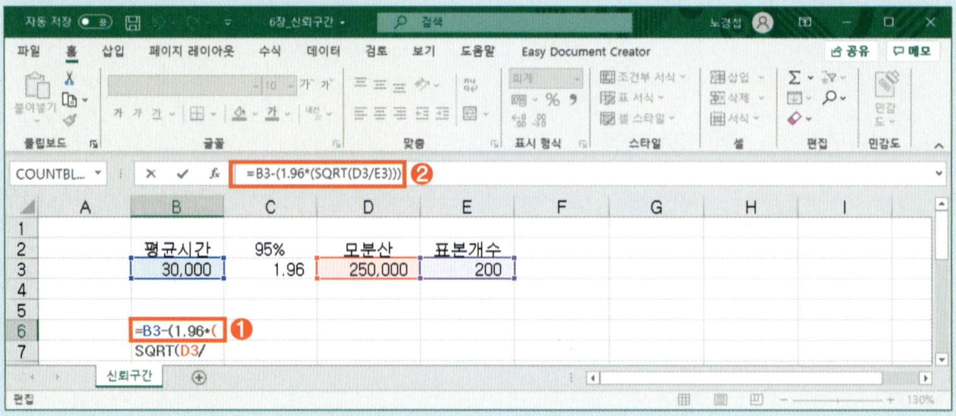


[그림 6-4] 신뢰구간의 하한값 계산

**03** ❶ E6셀로 셀 포인터를 옮긴 후 ❷ 상한값을 구하는 계산식 '=B3+(1.96*(SQRT(D3/E3)))'을 입력한다.

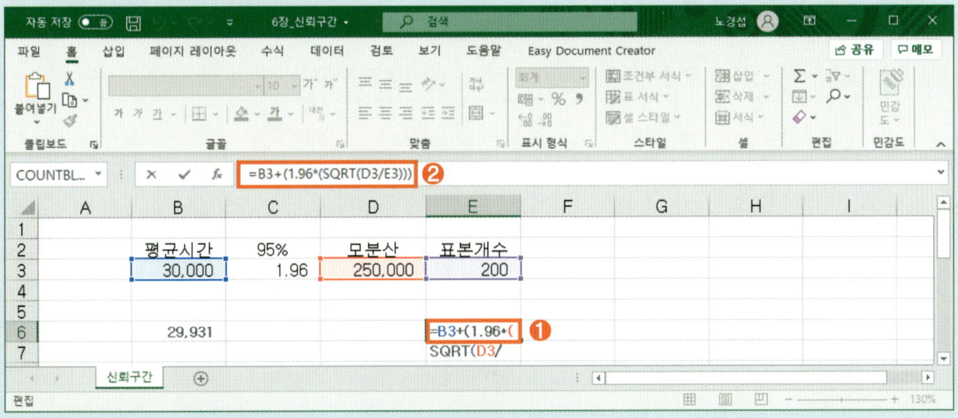


[그림 6-5] 신뢰구간의 상한값 계산

**04** 신뢰구간의 하한값은 29,931, 상한값은 30,069로 계산됨을 확인할 수 있다.

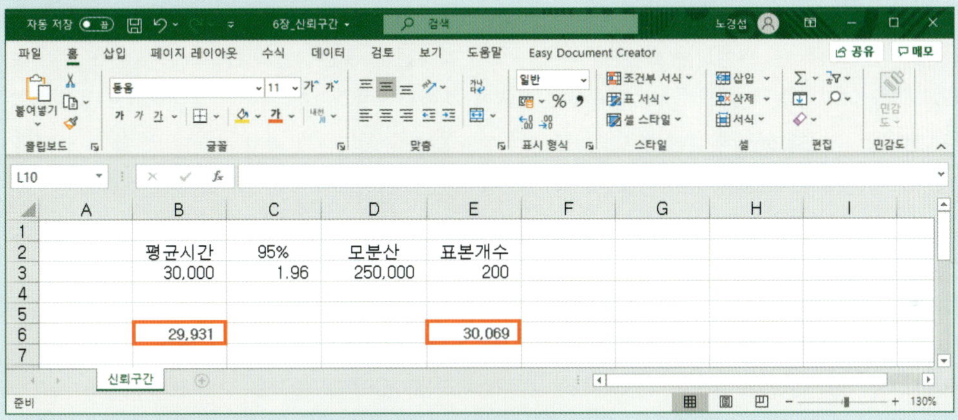


[그림 6-6] 신뢰구간의 계산 결과

**Note** **표준편차 vs. 표준오차**

모집단에서 표본 100개를 추출한 후, 평균을 추정하는 실험을 한다고 가정해보자. 추출한 100개의 표본에 대해 평균($\bar{x}$)을 구한 후에 분포까지 확인해야 표본의 특성을 더 정확하게 파악할 수 있다. 분포를 표현하는 방법에는 **표준편차**(standard deviation)와 **표준오차**(standard error)가 있다.[5]

### ■ 표준편차

3장에서 중심경향도를 파악하고 분포를 나타내는 산포도를 확인하면서 분산과 표준편차를 살펴보았다. 표준편차는 표본평균으로부터 표본들이 흩어져 있는 산포를 나타내기 위해, 분산을 먼저 구한 후 다시 제곱근을 취한 값이다. 모평균을 알 수 없으므로 표본평균으로 모평균을 추정했으며, 표본의 분포를 확인하고자 표준편차를 구했다. 즉, 모평균을 추정하기 위해 표본을 추출해서 표본의 평균과 표본의 특성을 나타내는 것이 표준편차다. 표준편차는 다음과 같이 구한다.

$$S=\sqrt{\frac{1}{n-1}\sum_{i=1}^{n}(x_i-\bar{x})^2}$$

### ■ 표준오차

표준오차는 모평균을 추정하는 표본평균의 산포도를 나타낸다. 표본평균의 산포라는 말은 표본이 여러 개임을 의미한다. 단순히 1개의 평균으로 표본을 추출하기보다 2개 이상의 표본평균으로 모수를 추정한다면 더 정확하게 추정할 수 있다. 표본의 추출 횟수를 최대한 늘려서 $n \to \infty$로 할 수 있다면, 이들의 평균은 모수와 일치하게 될 것이다. 다시 말해, 모집단에서 $k$개의 표본을 추출해서 $k$개 ($\bar{x}_1, \bar{x}_2, \bar{x}_3, \cdots, \bar{x}_k$)의 평균을 구하면 1개의 표본으로 모평균을 추정할 때보다 모수에 더 근접하게 추정할 수 있다.

표준오차는 추출된 표본들의 숫자를 늘려서 평균을 구한 후, 이들 간의 표준편차를 나타낸 것이다. 표준오차는 평균들 간의 분포를 나타내므로 표준오차가 줄어들수록 평균을 나타내는 점들이 집중적으로 모여 있다. 따라서 이 경우 모수의 추정이 정확하게 이루어졌음을 판단할 수 있다. 평균의 표준오차는 다음과 같이 구한다.

$$\text{모분산을 아는 경우 : } S.E=\frac{\sigma}{\sqrt{n}}$$

$$\text{모분산을 모르는 경우 : } S.E=\frac{s}{\sqrt{n}}$$

5 같은 주제로 통계조사를 하더라도 기관, 조사자, 시기 등에 따라 다른 조사 결과가 나온다. 같은 설문을 동시에 여러 번 하더라도 마찬가지다. 이처럼 동일한 통계조사에 대해 다른 결과가 나타나는 것을 표준오차라 하며, 통계조사 결과가 단 1개뿐인 경우는 표준편차가 된다.

## 모집단의 분산을 모르는 경우

신뢰구간을 추정할 때 모집단의 분산을 아는 경우에는 공식에 대입해 신뢰구간을 추정할 수 있지만, 모집단의 분산을 모르는 경우에는 표본의 분산으로부터 표준편차를 계산해서 신뢰구간을 추정해야 한다. 표본의 분산 $s^2$과 표본의 표준편차 $s$는 다음과 같이 구한다.

$$s^2 = \frac{1}{n-1}\sum_{i=1}^{n}(x_i - \bar{x})^2$$

$$s = \sqrt{\frac{1}{n-1}\sum_{i=1}^{n}(x_i - \bar{x})^2}$$

그런데 표본의 표준편차를 이용한 신뢰구간은 모표준편차를 이용한 신뢰구간보다 틀릴 가능성이 더 크므로, 신뢰구간의 범위도 더 커질 수밖에 없다. 이런 경우에는 정규분포가 아닌 $t$분포[6]를 이용해야 한다.

$t$분포는 모수를 모를 때 정규분포를 이루는 모집단에서 추출한 표본의 크기가 작은 경우에 사용한다. 특히 $t$분포는 자유도에 따라 서로 다른 분포를 나타내는데, 자유도가 높아질수록 표준정규분포(z분포)의 모양에 가까워진다.[7] 이때 자유도는 표본의 개수에서 1을 뺀 것을 말한다.

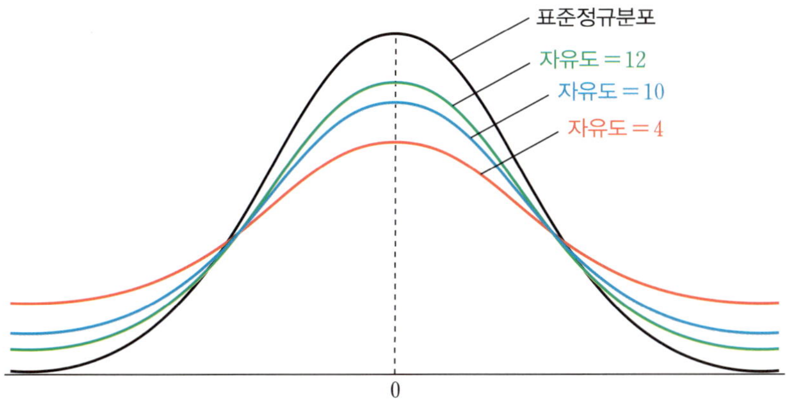


[그림 6-7] $z$분포와 $t$분포의 관계

$t$분포표는 [표 6-1]의 표준정규분포표와 다르다. 내부에 확률이 표시되는 표준정규분포와 달리, $t$분포표는 자유도와 확률에 따른 각각의 $t$값이 표시된다. [표 6-2]를 보면 표본의 자유도와 신뢰구간의 확률로 $t$값을 찾아 직접 계산하도록 되어 있다. 95% 신뢰구간의 의

6 $t$분포는 1908년 고셋(William Sealey Gosset, 1894~1937)이 자신이 일하는 기네스 양조장에서 맥주 원료인 양질의 보리를 구분하기 위해 개발하였다. 이때 익명(Student)으로 논문을 발표하여 Student T로 불리기도 한다.
7 이 내용이 이해되지 않는다면 2장에서 다룬 $z$분포와 $t$분포의 관계를 참조하기 바란다.

미는 좌우 각각 2.5%를 제외한 상한과 하한의 안쪽 영역이므로 $\alpha$를 찾을 때 $\frac{1}{2}$에 해당하는 값을 찾아야 한다.

[표 6-2] **$t$분포표**

| 자유도 | $\alpha$ | | | | | | | | |
|---|---|---|---|---|---|---|---|---|---|
| | 0.25 | 0.1 | 0.05 | 0.025 | 0.01 | 0.005 | 0.0025 | 0.001 | 0.0005 |
| 1 | 1.000 | 3.078 | 6.314 | 12.706 | 31.821 | 63.657 | 127.321 | 318.309 | 636.619 |
| 2 | 0.816 | 1.886 | 2.920 | 4.303 | 6.965 | 9.925 | 14.089 | 22.327 | 31.599 |
| 3 | 0.765 | 1.638 | 2.353 | 3.182 | 4.541 | 5.841 | 7.453 | 10.215 | 12.924 |
| 4 | 0.741 | 1.533 | 2.132 | 2.776 | 3.747 | 4.604 | 5.598 | 7.173 | 8.610 |
| 5 | 0.727 | 1.476 | 2.015 | 2.571 | 3.365 | 4.032 | 4.773 | 5.893 | 6.869 |
| 6 | 0.718 | 1.440 | 1.943 | 2.447 | 3.134 | 3.707 | 4.317 | 5.208 | 5.959 |
| 7 | 0.711 | 1.415 | 1.895 | 2.365 | 2.998 | 3.499 | 4.029 | 4.785 | 5.408 |
| 8 | 0.706 | 1.397 | 1.860 | 2.306 | 2.896 | 3.355 | 3.833 | 4.501 | 5.041 |
| 9 | 0.703 | 1.383 | 1.833 | 2.262 | 2.821 | 3.250 | 3.688 | 4.297 | 4.781 |
| 10 | 0.700 | 1.372 | 1.812 | 2.223 | 2.764 | 3.169 | 3.581 | 4.144 | 4.587 |
| 11 | 0.697 | 1.363 | 1.796 | 2.201 | 2.718 | 3.106 | 3.497 | 4.025 | 4.437 |
| 12 | 0.695 | 1.356 | 1.782 | 2.179 | 2.681 | 3.055 | 3.428 | 3.930 | 4.318 |
| 13 | 0.694 | 1.350 | 1.771 | 2.160 | 2.650 | 3.012 | 3.373 | 3.852 | 4.221 |
| 14 | 0.692 | 1.345 | 1.761 | 2.145 | 2.624 | 2.977 | 3.326 | 3.787 | 4.141 |
| 15 | 0.691 | 1.341 | 1.753 | 2.131 | 2.602 | 2.947 | 3.286 | 3.733 | 4.073 |
| 16 | 0.690 | 1.337 | 1.746 | 2,120 | 2.583 | 2.921 | 3.252 | 3.686 | 4.015 |
| 17 | 0.689 | 1.333 | 1.740 | 2.110 | 2.567 | 2.898 | 3.222 | 3.646 | 3.965 |
| 18 | 0.688 | 1.330 | 1.734 | 2.101 | 2.552 | 2.878 | 3.197 | 3.611 | 3.922 |
| 19 | 0.688 | 1.328 | 1.729 | 2,093 | 2.539 | 2.861 | 3.174 | 3.579 | 3.883 |
| 20 | 0.687 | 1.325 | 1.725 | 2.086 | 2.528 | 2.845 | 3.153 | 3.552 | 3.850 |
| 21 | 0.686 | 1.323 | 1.721 | 2.080 | 2.518 | 2.831 | 3.135 | 3.527 | 3.819 |
| 22 | 0.686 | 1.321 | 1.717 | 2.074 | 2.508 | 2.819 | 3.119 | 3.505 | 3.792 |
| 23 | 0.685 | 1.319 | 1.714 | 2.069 | 2.500 | 2.807 | 3.104 | 3.485 | 3.768 |
| 24 | 0.685 | 1.318 | 1.711 | 2.064 | 2.492 | 2.797 | 3.091 | 3.467 | 3.745 |
| 25 | 0.684 | 1.316 | 1.708 | 2.060 | 2.485 | 2.787 | 3.078 | 3.450 | 3.725 |
| 26 | 0.684 | 1.315 | 1.706 | 2.056 | 2.479 | 2.779 | 3.067 | 3.435 | 3.707 |
| 27 | 0.684 | 1.314 | 1.703 | 2.052 | 2.473 | 2.771 | 3.057 | 3.421 | 3.690 |
| 28 | 0.683 | 1.313 | 1.701 | 2.048 | 2.467 | 2.763 | 3.047 | 3.408 | 3.674 |
| 29 | 0.683 | 1.311 | 1.699 | 2.045 | 2.462 | 2.756 | 3.380 | 3.396 | 3.659 |
| 30 | 0.683 | 1.310 | 1.697 | 2.042 | 2457 | 2.750 | 3.030 | 3.385 | 3.646 |
| 40 | 0.681 | 1.303 | 1.684 | 2.021 | 2.423 | 2.704 | 2.963 | 3.307 | 3.551 |
| 60 | 0.679 | 1.296 | 1.671 | 2.000 | 2.390 | 2.660 | 2.915 | 3.232 | 3.460 |
| 120 | 0.677 | 1.289 | 1.658 | 1.980 | 2.358 | 2.617 | 2.860 | 3.160 | 3.374 |

## 예제 6-3 모집단의 분산을 모르는 경우 모평균의 신뢰구간 구하기 준비파일 | 6장_신뢰구간2.xlsx

다음은 같은 반 학생 12명의 신장을 조사한 자료다. 학생들 신장에 대해 95% 신뢰수준으로 모평균의 신뢰구간을 추정하라.

| 번호 | 1 | 2 | 3 | 4 | 5 | 6 | 7 | 8 | 9 | 10 | 11 | 12 |
|---|---|---|---|---|---|---|---|---|---|---|---|---|
| 키 | 168 | 160 | 170 | 162 | 168 | 163 | 164 | 167 | 175 | 179 | 161 | 155 |

### 풀이

학생들 신장의 평균과 표준편차를 구하면 다음과 같다.

$$\bar{x} = \frac{168 + 160 + \cdots + 161 + 155}{12} = 166$$

$$s = \sqrt{\frac{(168-166)^2 + (160-166)^2 + (170-166)^2 + \cdots + (155-166)^2}{11}} = 6.6469$$

이때 표준오차는 $\frac{s}{\sqrt{n}} = \frac{6.6469}{\sqrt{12}} = 1.9188$이고, 자유도는 $12 - 1 = 11$이다.

양측검정을 해야 하므로 자유도가 11이면서 95%의 신뢰구간에 해당하는 t값을 $\alpha = 0.025$에서 확인한다. t분포표에서 찾으면 95%의 $t_{\frac{\alpha}{2}} = 2.201$임을 알 수 있다. 따라서 신뢰구간을 구하면 다음과 같다.

$$166 - 2.201 \cdot \frac{6.6469}{\sqrt{12}} \le \mu \le 166 + 2.201 \cdot \frac{6.6469}{\sqrt{12}}$$

$$166 - 2.2021 \cdot 1.9188 \le \mu \le 166 + 2.2021 \cdot 1.9188$$

$$161.7767 \le \mu \le 170.2233$$

즉, 95% 신뢰구간은 최저 161.7767cm에서 최대 170.2233cm로 계산되었다.

## 실습

**01** Excel을 실행하여 '6장_신뢰구간2.xlsx' 파일을 불러온다.

**02** ❶ D5셀에 평균을 구하는 함수식 '=AVERAGE(C3:N3)', D6셀에 표준편차를 구하는 함수식 '=STDEV.S(C3:N3)', D7셀에 표준오차를 구하는 계산식 '=D6/SQRT(12)'를 입력하고, D8셀에 자유도 11을 입력한다. ❷ G7셀에 하한값의 계산식 '=D5−2.201* D7', H7셀에 상한값의 계산식 '=D5+2.201*D7'을 입력한다.

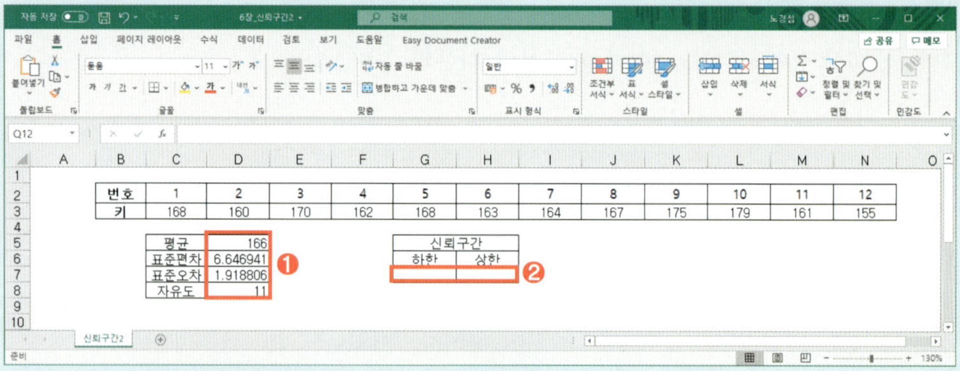


[그림 6-8] **모집단의 분산을 모르는 경우, 모평균의 신뢰구간 계산**

**03** 상한값은 170.2233, 하한값은 161.7767로 계산됨을 확인할 수 있다.

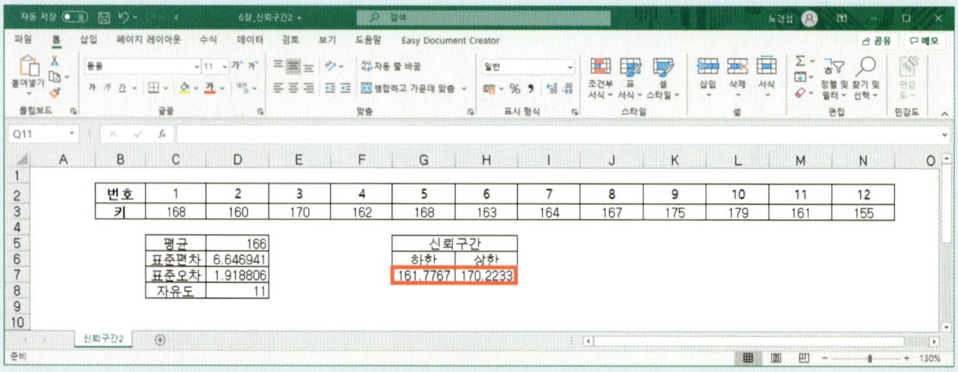


[그림 6-9] **모집단의 분산을 모르는 경우, 모평균의 신뢰구간 계산 결과**

## 표본의 크기 결정

표본의 크기가 커진다는 것은 도출되는 통계량에 대한 신뢰도가 높아지는 것을 의미한다. 반대로 표본의 크기가 작으면, 모집단을 대표할 만한 대표성과 신뢰도가 떨어질 수밖에 없다. 다시 말해, 점추정이 아닌 구간추정으로 신뢰구간을 도출했다 하더라도 표본의 크기가 작으면 그 결과를 신뢰할 수 없게 된다. 그렇다고 신뢰도만 고려하여 계속 표본의 개수를 늘리는 것도 시간적, 비용적인 면에서 한계가 생길 수밖에 없다. 그렇다면 과연 표본의 크기는 어느 정도로 결정해야 적절할까?

여러 번 언급했듯이 통계학은 오로지 정답만 추구하는 학문이 아니다. 미지의 모수를 추정해야 하기 때문에 확률을 활용하는데, 신뢰구간도 마찬가지다. 정확한 점추정이 어렵기 때문에 구간추정을 하고, 이에 확률을 결부하여 95% 신뢰구간, 99% 신뢰구간과 같은 표현을 쓴다. 즉, 정확한 수치는 알 수 없지만 통계 기법을 사용하면 알고자 하는 모수가 신뢰구간의 하한과 상한 사이의 어딘가에 있으리라 짐작할 수 있으며, 또 그러한 짐작이 맞을 확률로 제시되는 수치가 바로 신뢰도다. 그러나 맞을 확률이 100%는 아니기 때문에 언제나 틀릴 가능성도 존재한다. 그래서 추정이 틀리더라도 최대한으로 허용할 만한 오차를 정하는데, 이를 **허용오차**(tolerance 혹은 permissible error)라고 한다.

정규분포의 신뢰구간은 $\bar{x} \pm z_{\frac{\alpha}{2}} \cdot SE$이다. 이를 풀어서 나타내면 $\bar{x} \pm z_{\frac{\alpha}{2}} \cdot \frac{\sigma}{\sqrt{n}}$이다. $\bar{x} \pm z_{\frac{\alpha}{2}} \cdot \frac{\sigma}{\sqrt{n}}$로부터 허용오차를 기준으로 적절한 표본 개수 $n$을 다음과 같이 구할 수 있다.

$$n = \left( \frac{z_{\frac{\alpha}{2}} \cdot \sigma}{d} \right)^2 \quad (d \ : \ \text{허용오차})$$

표본의 크기를 결정하는 이 식을 실제로 계산하려고 하면 $\sigma$가 문제가 된다. 모표준편차를 입력해야 하는데, 대부분의 경우 모수를 알기 어렵기 때문이다. 그렇다고 표본표준편차 $s$를 사용할 수도 없다. 현 단계는 표본을 추출하기 전으로, 적절한 표본의 크기를 확인하는 단계이므로 통계량을 구할 수 없기 때문이다. 그래서 표준편차를 알기 위해 몇 개의 표본에서 표준편차를 구하거나 과거의 데이터를 이용해서 구해야 한다.

**참고 허용오차의 도출 과정**

$z_{\frac{\alpha}{2}} \cdot \frac{\sigma}{\sqrt{n}}$가 유의수준 내에서 인정되는 신뢰구간을 형성하므로 이를 허용오차 $d$라 할 수 있다. $\bar{x}$는 허용오차 100(1−$\alpha$)% 확률의 신뢰구간에 포함된다. 따라서 $P(|\bar{x} - \mu| \le d) = 1 - \alpha$($d$ : 허용오차)로 표현할 수 있다. 여기서 $n$을 도출하면 다음과 같다.

$$d = z_{\frac{\alpha}{2}} \cdot \frac{\sigma}{\sqrt{n}} \Rightarrow d \cdot \sqrt{n} = z_{\frac{\alpha}{2}} \cdot \sigma \Rightarrow \sqrt{n} = \frac{z_{\frac{\alpha}{2}} \cdot \sigma}{d} \Rightarrow \quad \therefore \ n = \left( \frac{z_{\frac{\alpha}{2}} \cdot \sigma}{d} \right)^2$$

## 예제 6-4 적절한 표본 개수 구하기

준비파일 | 6장_표본개수.xlsx

주유소의 주유기가 정확한 용량으로 주유되는지를 확인하기 위해 1리터씩 용량을 재는 조사를 하고자 한다.

(a) 최소 몇 개의 표본을 검사해야 하는지 구하라.
(단, 신뢰수준 99%, 허용오차 ±100ml, 표준편차 150ml)

(b) 알려진 표준편차가 없어서 10개의 표본을 추출해 (표준편차) = 170ml를 계산했다. 신뢰수준 95%, 허용오차 ±100ml일 때, 몇 개의 표본으로 조사해야 하는지 구하라.

### 풀이

(a) $1-\alpha=0.99$이므로 $z_{\frac{\alpha}{2}}=2.58$, $d=100$, $s=150$이다. 따라서 표본 개수를 구하면 다음과 같다.

$$n=\left(\frac{z_{\frac{\alpha}{2}}\cdot\sigma}{d}\right)^2=\left(\frac{2.58\cdot 150}{100}\right)^2=14.9769$$

그러므로 최소한 15개의 표본으로 용량을 확인해야 한다.

(b) $1-\alpha=0.95$이므로 $z_{\frac{\alpha}{2}}=1.96$, $d=100$, $s=170$이다. 따라서 표본 개수를 구하면 다음과 같다.

$$n=\left(\frac{z_{\frac{\alpha}{2}}\cdot\sigma}{d}\right)^2=\left(\frac{1.96\cdot 170}{100}\right)^2=11.1022$$

그러므로 최소한 12개의 표본으로 용량을 확인해야 한다.

## 실습

**01** Excel을 실행하여 '6장_표본개수.xlsx' 파일을 불러온다.

**02** ❶ B4셀에 '2.58', C4셀에 '1.96', D4셀에 '100', E4셀에 (a)의 표준편차인 '150', F4셀에 (b)의 표준편차인 '170'을 각각 입력한다. ❷ B8셀에 (a)를 구하는 수식 '=((B4*E4)/D4)^2'을 입력하고, ❸ F8셀에 (b)를 구하는 수식 '=((C4*F4)/D4)^2'을 입력한다.

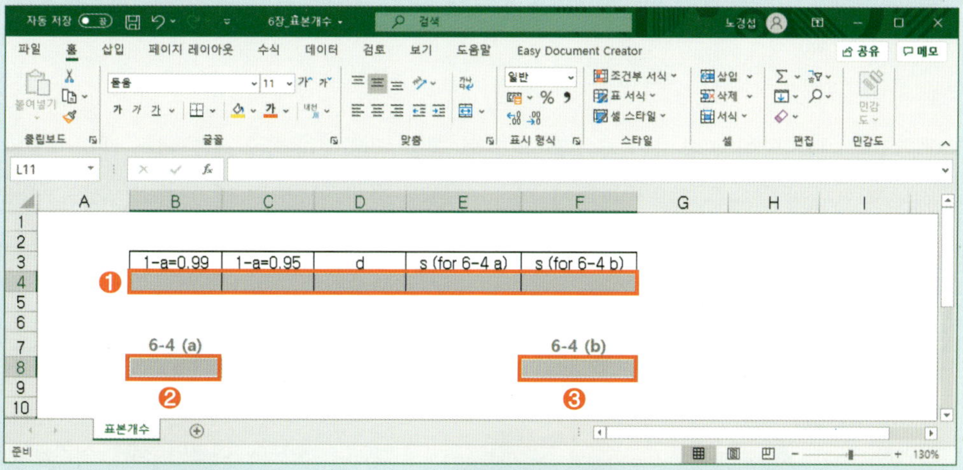


[그림 6-10] 표본 개수 계산

**03** (a)와 (b)의 표본 개수가 각각 14.9769, 11.1022임을 확인할 수 있다.

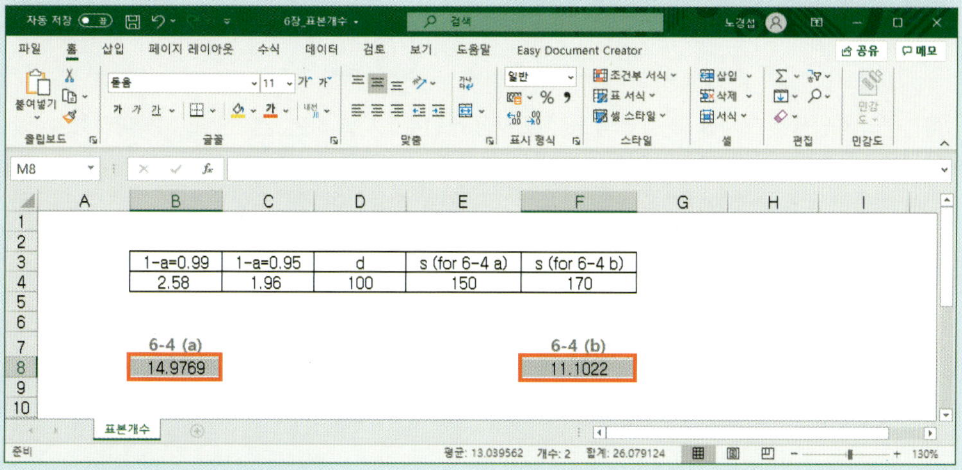


[그림 6-11] 표본 개수 계산 결과

SECTION 03

# 모집단 비율 및 분산의 구간추정

• 모집단 비율의 신뢰구간과 모집단 분산의 신뢰구간에 대해 알아본다.

Keywords | 모집단 비율의 신뢰구간 | 모집단 비율에서 표본의 크기 결정 | 모집단 분산의 신뢰구간 |

실생활에서 가장 많이 활용하는 추정은 비율에 관한 추정이다. '우리 반에서 대학에 가는 학생은 몇 %일까?' 혹은 '천만 관객이 넘은 영화는 전체 국민 중 몇 %가 본 것일까?'와 같은 조사가 대표적인 예다. 이 절에서는 이와 같은 비율에 관한 추정을 학습하도록 한다.

**우리 학교 졸업생의 취업률은 얼마나 될까?**

[그림 6-12] 구직

현재 대학생들의 가장 큰 관심사는 단연 취업이다. 보도에 따르면 청년 실업률이 대략 10%라는데, 이는 10명 중 9명이 취업을 했다는 말이다. 그런데 취업을 준비하는 학생들에게는 이러한 수치가 피부에 와 닿지 않는다. 실제로 느껴지는 취업률은 통계 결과로 나타난 수치보다 상당히 낮게 느껴진다.

졸업생의 취업률을 조사할 때 졸업생 명단을 받아서 전수조사를 하면 정확한 모수를 파악할 수 있을 것이다. 그러나 졸업생 전수조사는 만만한 일이 아니다. 따라서 표본을 대상으로 조사하여 취업에 성공한 비율을 추정하게 되는데, 이때 신뢰구간을 적용하여 구간추정을 하면 점추정보다 정확하게 추정할 수 있다.

## 모집단 비율의 구간추정

비율에 대한 신뢰구간도 하나의 점인 표본비율($\hat{p}$)에 대한 신뢰구간을 의미한다. 표본비율은 표본을 추출했을 때, 표본의 개수($n$) 중에서 특정 사건($t$)이 발생하는 빈도를 비율로 나타낸 것이다.

$$\text{표본비율}(\hat{p}) = \frac{\text{특정 사건}(t)}{\text{표본의 개수}(n)}$$

표본이 충분히 클 때 표본비율의 신뢰구간은 다음과 같이 구한다. 이때 표준오차($\sigma_{\hat{p}}$)는 $\sqrt{\frac{\hat{p} \cdot (1-\hat{p})}{n}}$ 이다.

$$\hat{p} - z_{\frac{\alpha}{2}} \cdot \sqrt{\frac{\hat{p} \cdot (1-\hat{p})}{n}} \leq p \leq \hat{p} + z_{\frac{\alpha}{2}} \cdot \sqrt{\frac{\hat{p} \cdot (1-\hat{p})}{n}}$$

**참고 모집단 비율에서 표준오차 도출 과정**

추출한 표본 중에서 특정한 사건이 '발생했다' 혹은 '발생하지 않았다'를 나타내는 분포는 이항분포다. 이항분포의 평균은 $\mu = E(x) = p$이고, 분산은 $V(x) = p(1-p)$이다.

계산된 분산은 표본평균과 모평균 사이에 어느 정도의 차이가 있는지를 판단할 수 있는 지표여야 한다. 따라서 표본의 개수로 나누고 제곱근을 취해 표본평균이 모평균으로부터 어느 정도 떨어져 있는지를 판단한다. 결국 표준오차($\sigma_{\hat{p}}$)는 $\sqrt{\frac{\hat{p} \cdot (1-\hat{p})}{n}}$ 으로 표현할 수 있다.[8] 즉, 표준편차가 하나의 표본에서 각각의 개체에 대한 값들의 차이를 의미한다면, 표준오차는 표본을 통해 도출된 평균값이 모집단의 평균과 어느 정도의 차이가 발생하는지를 보여준다.

### 예제 6-5 모집단 비율의 신뢰구간 구하기

준비파일 | 6장_모비율의 신뢰구간.xlsx

주유소의 주유 용량이 정확한지 확인하기 위해 국내 주유소 중 무작위로 77곳을 선정하여 용량을 계량했다. 그 결과 5곳의 주유소에서 주유해야 할 용량과 실제 주유된 용량에 차이가 있었다. 전체 주유소의 주유 용량에 대해 95% 신뢰수준으로 주유해야 할 용량과 실제 주유된 용량에 차이가 있을 비율에 대한 신뢰구간을 구하라.

8 이 내용이 잘 이해되지 않는다면 5장을 참고하기 바란다.

## 풀이

77곳의 주유소 표본 중 5곳의 주유소에서 용량 차이를 보였으므로 $\hat{p} = \frac{5}{77} = 0.0649$ 이다. $n = 77$, $\hat{p} = 0.0649$, $z_{\frac{\alpha}{2}} = 1.96$이므로 다음과 같이 구할 수 있다.

$$0.0649 - 1.96 \cdot \sqrt{\frac{0.0649 \cdot (1-0.0649)}{77}} \le p \le 0.0649 + 1.96 \cdot \sqrt{\frac{0.0649 \cdot (1-0.0649)}{77}}$$

$$0.009896 \le p \le 0.1199742$$

그러므로 전체 주유소의 0.98 ~ 12.00%에서 주유해야 할 용량과 실제 주유된 용량에 차이가 발견될 수 있다.

## 실습

**01** Excel을 실행하여 '6장_모비율의 신뢰구간.xlsx' 파일을 불러온다.

**02** 제곱근을 계산하는 함수 SQRT를 이용한다. ❶ B6셀에 하한값의 계산식 '=D3-F3*SQRT(I3)'을 입력하고 ❷ F6셀에 상한값의 계산식 '=D3+F3*SQRT(I3)'을 입력한다.

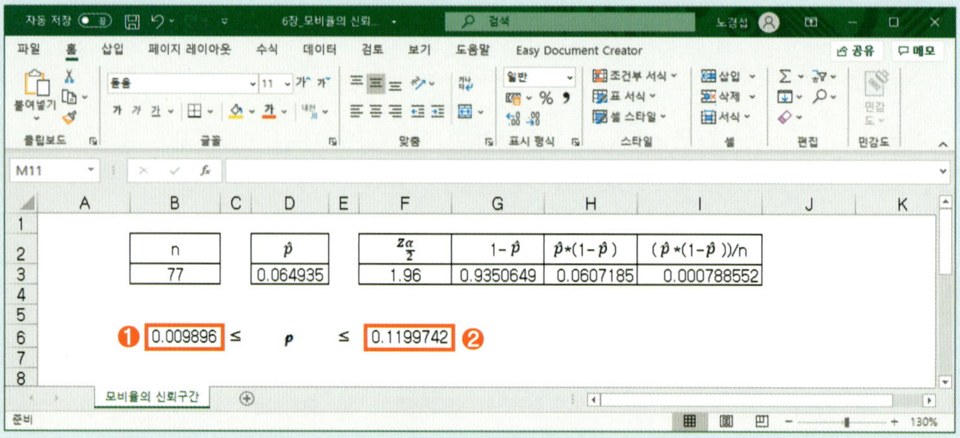


[그림 6-13] 모비율의 신뢰구간 계산

### 표본의 크기 결정

모집단의 평균을 추정하는 과정에서 표본의 크기를 결정하는 방법을 앞에서 살펴보았다. 모집단의 비율을 추정하는 경우에도 표본의 크기를 어느 정도로 해야 할지 가늠해야 한다. 이 경우에도 신뢰구간의 허용오차(오차한계)를 어느 정도로 할지 먼저 정하면 적절한 표본의 개수를 결정할 수 있다.

표본비율에서 상한과 하한을 결정하는 $z_{\frac{\alpha}{2}} \cdot \sqrt{\frac{\hat{p} \cdot (1-\hat{p})}{n}}$ 가 허용오차 $d$를 넘지 않으면 되므로 다음과 같이 정리할 수 있다.

$$d = z_{\frac{\alpha}{2}} \cdot \sqrt{\frac{\hat{p} \cdot (1-\hat{p})}{n}}$$

$$d \cdot \sqrt{n} = z_{\frac{\alpha}{2}} \cdot \sqrt{\hat{p} \cdot (1-\hat{p})}$$

$$n = \hat{p} \cdot (1-\hat{p}) \cdot \left(\frac{z_{\frac{\alpha}{2}}}{d}\right)^2$$

**예제 6-6 모집단 비율에 대한 표본 크기 구하기** 준비파일 | 6장_표본크기 결정.xlsx

휴대폰을 제조하는 회사에서 화면이 클수록 스마트폰 사용자의 만족도가 올라가는지를 조사하려고 한다. 큰 화면을 사용하면 만족도가 올라간다는 이용자의 비율에 대해 95%의 신뢰구간으로 조사하려고 할 때, 오차한계가 5% 이하인 표본의 크기를 구하라. (단, $\hat{p} = 0.95$)

**풀이**

$z_{\frac{\alpha}{2}} = 1.96$, $\hat{p} = 0.95$, $d = 0.05$이므로 다음과 같이 구할 수 있다.

$$n = 0.95 \cdot 0.05 \cdot \left(\frac{1.96}{0.05}\right)^2 = 72.99$$

따라서 최소 73명을 표본으로 설정해야 한다.

### 실습

**01** Excel을 실행하여 '6장_표본크기 결정.xlsx' 파일을 불러온다.

**02** D6셀에 표본 크기의 계산식 '=C3*(1-C3)*(B3/D3)^2'를 입력한다.

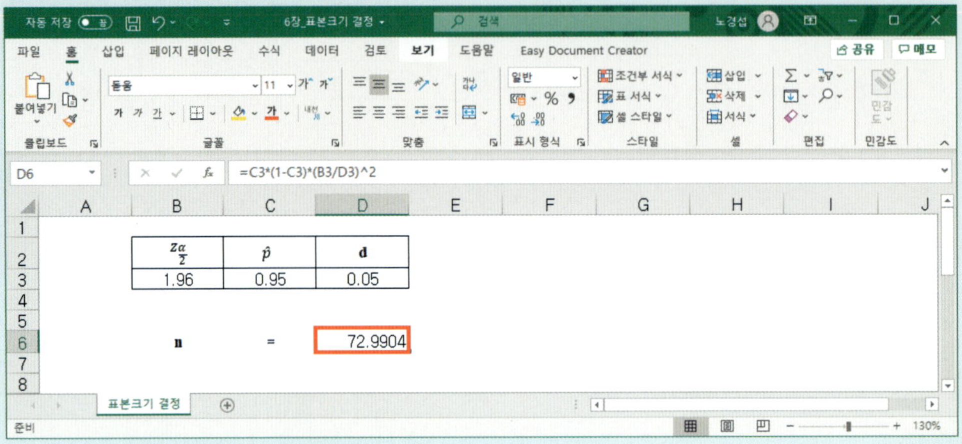


[그림 6-14] **모집단 비율에서 표본크기 결정**

## 모집단 분산의 구간추정

실생활에서는 주로 평균과 비율을 많이 사용하지만, 통계학에서는 이에 더하여 분산(혹은 표준편차)을 사용한다. 분산(혹은 표준편차)은 평균과 비율로는 알 수 없는 분포의 특성을 설명해주는 통계량으로, 의사결정을 하는 데 중요한 기준이 될 수 있다.

산포하고 있는 분산을 분포로 나타낸 것이 $\chi^2$(카이제곱, chi-square)분포다. 정규분포를 이루는 모집단이라도 분산의 분포는 정규분포가 아닌 $\chi^2$분포로 나타낸다. 분산이 $\sigma^2$인 모집단으로부터 $n$개의 표본을 추출해서 표본분산 $s^2$을 계산하면, 자유도가 $(n-1)$인 $\chi^2$ 분포를 따른다고 하며, $\chi^2 = \frac{(n-1)s^2}{\sigma^2}$으로 나타낸다.

$\chi^2$분포는 정규분포의 모양을 따르지 않기 때문에 하한과 상한을 동일하게 표현하지 않고, 신뢰구간을 다음과 같이 나타낸다.

$$\chi^2_{1-\frac{\alpha}{2}} \le \frac{(n-1)s^2}{\sigma^2} \le \chi^2_{\frac{\alpha}{2}} \quad \Rightarrow \quad \frac{\chi^2_{1-\frac{\alpha}{2}}}{(n-1)s^2} \le \frac{1}{\sigma^2} \le \frac{\chi^2_{\frac{\alpha}{2}}}{(n-1)s^2}$$

따라서 모집단 분산의 신뢰구간은 다음과 같이 구할 수 있다.

$$\frac{(n-1)s^2}{\chi^2_{\frac{\alpha}{2}}} \le \sigma^2 \le \frac{(n-1)s^2}{\chi^2_{1-\frac{\alpha}{2}}}$$

**Note** **$\chi^2$분포에서 상한과 하한을 다르게 표현하는 이유는?**

정규분포로 가정하면 신뢰구간의 상한과 하한을 $\overline{X} \pm Z_{\frac{\alpha}{2}} \cdot SE$ 와 같이 ±를 이용하여 중심으로부터 동일한 위치를 계산하면 된다. 하지만 $\chi^2$분포는 분산 자체가 어느 정도 산포하고 있는지를 나타내는 분포다. 분산이 제곱값이므로 $\chi^2$분포에서는 음수(−)가 나올 수 없다. 즉, 양수(+) 값만 존재한다. 따라서 좌우가 서로 대칭인 정규분포가 아니다.[9]

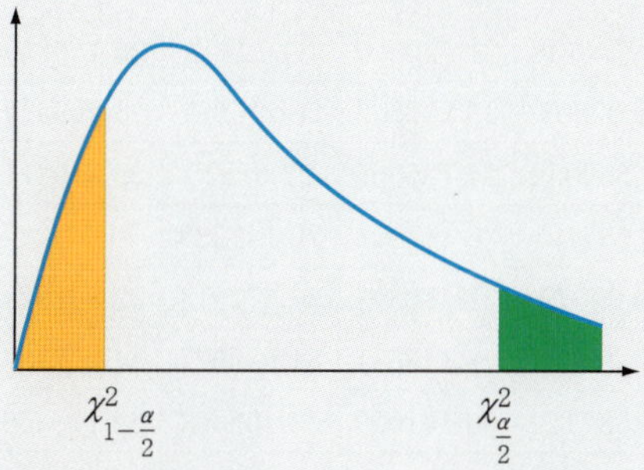


[그림 6-15] $\chi^2$분포

또한 $\alpha$에 해당하는 영역은 오른쪽 부분의 영역을 나타낸다. 그래프의 전체 면적이 1이므로 좌측 영역은 $1-\alpha$가 된다. 신뢰구간에서 $\alpha$는 모수를 포함하지 않을 확률이므로 상한과 하한을 $\chi^2_{1-\frac{\alpha}{2}}$과 $\chi^2_{\frac{\alpha}{2}}$으로 구분할 수 있다. 그러므로 모분산($\sigma^2$)을 추정하는 공식으로 다음 식을 사용한다.

$$\chi^2_{1-\frac{\alpha}{2}} \le \frac{(n-1)s^2}{\sigma^2} \le \chi^2_{\frac{\alpha}{2}}$$

9 상식적으로 생각해도 표본을 추출했을 때 분산이 0인 경우는 극히 드물 것이다. $\chi^2$분포에서 분산 값들은 점점 늘어나다가 어느 정도 한계에 도달하면 줄어들 수밖에 없다. 무한정 퍼지는 분산이 발생하는 경우는 거의 없을 것이기 때문이다.

[표 6-3] $\chi^2$ 분포표

| 자유도 | α | | | | | | | |
|---|---|---|---|---|---|---|---|---|
| | 0.995 | 0.99 | 0.975 | 0.95 | 0.05 | 0.025 | 0.01 | 0.005 |
| 1 | 3.927E-0.5 | 0.0001571 | 0.0009821 | 0.0039321 | 3.8414588 | 5.0238862 | 6.6348966 | 7.8794386 |
| 2 | 0.010251 | 0.0201007 | 0.0506356 | 0.1025866 | 5.9914645 | 7.3777589 | 9.2103404 | 10.596635 |
| 3 | 0.0717218 | 0.1148318 | 0.2157953 | 0.3518463 | 7.8147279 | 9.3484036 | 11.344867 | 12.838156 |
| 4 | 0.2069891 | 0.2971095 | 0.4844186 | 0.710723 | 9.487729 | 11.143287 | 13.276704 | 14.860259 |
| 5 | 0.4117419 | 0.5542981 | 0.8312116 | 1.1454762 | 11.070498 | 12.832502 | 15.086272 | 16.749602 |
| 6 | 0.6757268 | 0.8720903 | 1.2373442 | 1.6353829 | 12.591587 | 14.449375 | 16.811894 | 18.547584 |
| 7 | 0.9892557 | 1.2390423 | 1.6898692 | 2.1673499 | 14.06714 | 16.012764 | 18.475307 | 20.27774 |
| 8 | 1.3444131 | 1.6464974 | 2.1797307 | 2.7326368 | 15.507313 | 17.534546 | 20.090235 | 21.954955 |
| 9 | 1.7349329 | 2.0879007 | 2.7003895 | 3.3251128 | 16.918978 | 19.022768 | 21.665994 | 23.589351 |
| 10 | 2.1558565 | 2.5582122 | 3.2469728 | 3.9402991 | 18.307038 | 20.483177 | 23.209251 | 25.18818 |
| 11 | 2.6032219 | 3.0534841 | 3.8157483 | 4.5748131 | 19.675138 | 21.920049 | 24.72497 | 26.756849 |
| 12 | 3.0738236 | 3.570569 | 4.4037885 | 5.2260295 | 21.02607 | 23.336664 | 26.216967 | 28.299519 |
| 13 | 3.5650346 | 4.1069155 | 5.0087505 | 5.8918643 | 22.362032 | 24.735605 | 27.68825 | 29.819471 |
| 14 | 4.074675 | 4.6604251 | 5.6287261 | 6.5706314 | 23.684791 | 26.118948 | 29.141238 | 31.31935 |
| 15 | 4.6009156 | 5.2293489 | 6.2621378 | 7.2609439 | 24.99579 | 27.488393 | 30.577914 | 32.801321 |
| 16 | 5.1422054 | 5.8122125 | 6.9076644 | 7.9616456 | 26.296228 | 28.845351 | 31.999927 | 34.267187 |
| 17 | 5.6972171 | 6.4077598 | 7.5641864 | 8.6717602 | 27.587112 | 30.191009 | 33.408664 | 35.718466 |
| 18 | 6.2648047 | 7.0149109 | 8.2307462 | 9.3904551 | 28.869299 | 31.526378 | 34.805306 | 37.156451 |
| 19 | 6.8439714 | 7.6327296 | 8.9065165 | 10.117013 | 30.143527 | 32.852327 | 36.190869 | 38.582257 |
| 20 | 7.4338443 | 8.2603983 | 9.5907774 | 10.850811 | 31.410433 | 34.169607 | 37.566235 | 39.996846 |
| 21 | 8.0336534 | 8.8971979 | 10.282898 | 11.591305 | 32.670573 | 35.478876 | 38.932173 | 41.401065 |
| 22 | 8.6427164 | 9.542923 | 10.982321 | 12.338015 | 33.924438 | 36.780712 | 40.28936 | 42.795655 |
| 23 | 9.2604248 | 10.195716 | 11.688552 | 13.090514 | 35.172462 | 38.075627 | 41.638398 | 44.181275 |
| 24 | 9.8862335 | 10.856361 | 12.40115 | 13.848425 | 36.415029 | 39.364077 | 42.97982 | 45.558512 |
| 25 | 10.519652 | 11.523975 | 13.11972 | 14.611408 | 37.652484 | 40.646469 | 44.314105 | 46.92789 |
| 26 | 11.160237 | 12.198147 | 13.843905 | 15.379157 | 38.885139 | 41.92317 | 45.641683 | 48.289882 |
| 27 | 11.807587 | 12.878504 | 14.573383 | 16.151396 | 40.113272 | 43.194511 | 46.962942 | 49.644915 |
| 28 | 12.461336 | 13.56471 | 15.307861 | 16.927875 | 41.337138 | 44.460792 | 48.278236 | 50.993376 |
| 29 | 13.121149 | 14.256455 | 16.047072 | 17.708366 | 42.556968 | 45.722286 | 49.587884 | 52.335618 |
| 30 | 13.78672 | 14.953457 | 16.790772 | 18.492661 | 43.772972 | 46.979242 | 50.892181 | 53.671962 |
| 40 | 20.706535 | 22.164261 | 24.433039 | 26.509303 | 55.758479 | 59.341707 | 63.69074 | 66.765962 |
| 50 | 27.990749 | 29.706683 | 32.357364 | 34.764252 | 67.504807 | 71.420195 | 76.153891 | 79.489978 |
| 60 | 35.534491 | 37.484852 | 40.481748 | 43.187958 | 79.081944 | 83.297675 | 88.379419 | 91.9511698 |
| 70 | 43.27518 | 45.441717 | 48.757565 | 51.739278 | 90.531225 | 95.023184 | 100.42518 | 104.2149 |
| 80 | 51.171932 | 53.540077 | 57.153173 | 60.391478 | 101.87947 | 106.62857 | 112.32879 | 116.32106 |
| 90 | 59.196304 | 61.754079 | 65.646618 | 69.12603 | 113.14527 | 118.13589 | 124.11632 | 128.29894 |
| 100 | 67.327563 | 70.064895 | 74.221927 | 77.929465 | 124.34211 | 129.5612 | 135.80672 | 140.16949 |

## 예제 6-7 모집단 분산의 신뢰구간 구하기

준비파일 | 6장_모집단 분산의 신뢰구간.xlsx

학생들의 스마트폰 중독 정도를 확인하고자 스마트폰을 이용하는 초·중고생 50명을 대상으로 1일 평균 이용 시간을 조사했다. 그 결과 학생들은 스마트폰을 평균 4.3시간 이용하고 있으며, 분산이 2.5시간으로 나타났다. 스마트폰의 이용 시간에 대한 분산을 확인하기 위해 신뢰수준 95%에서 신뢰구간을 구하라.

### 풀이

$n = 50,\ \ s^2 = 2.5,\ \ \chi^2_{1-\frac{\alpha}{2}} = \chi^2_{0.975} = 70.22,\ \ \chi^2_{\frac{\alpha}{2}} = \chi^2_{0.025} = 31.55$ 이므로 신뢰구간을 다음과 같이 구할 수 있다.

$$\frac{49 \cdot 2.5}{70.22} \le \sigma^2 \le \frac{49 \cdot 2.5}{31.55}$$

$$1.74 \le \sigma^2 \le 3.88$$

### 실습

**01** Excel을 실행하여 '6장_모집단 분산의 신뢰구간.xlsx' 파일을 불러온다.

**02** ❶ D3셀에 셀 포인터를 두고 ❷ $f_x$ 를 클릭한다. [**함수 마법사**] 창에서 ❸ '함수 검색(S):'에 '카이 제곱'을 입력하고 ❹ [**검색**]을 클릭한다. ❺ '함수 선택(N):'에서 'CHISQ.INV' 함수[10]를 선택한 후 ❻ [**확인**]을 클릭한다.

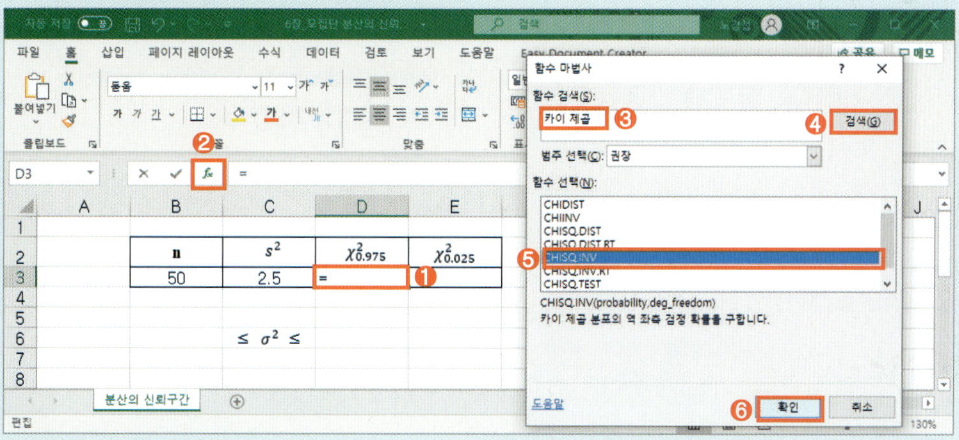


[그림 6-16] $\chi^2$ 함수 선택

10 CHISQ.INV 함수는 카이제곱 분포에서 좌측 영역의 검정 확률을 구하는 함수다.

**03** [**함수 인수**] 창에서 ❶ 'Probability'에 '0.975', 자유도를 나타내는 'Deg_freedom'에 '49'[11]를 입력한 후 ❷ [**확인**]을 클릭한다.

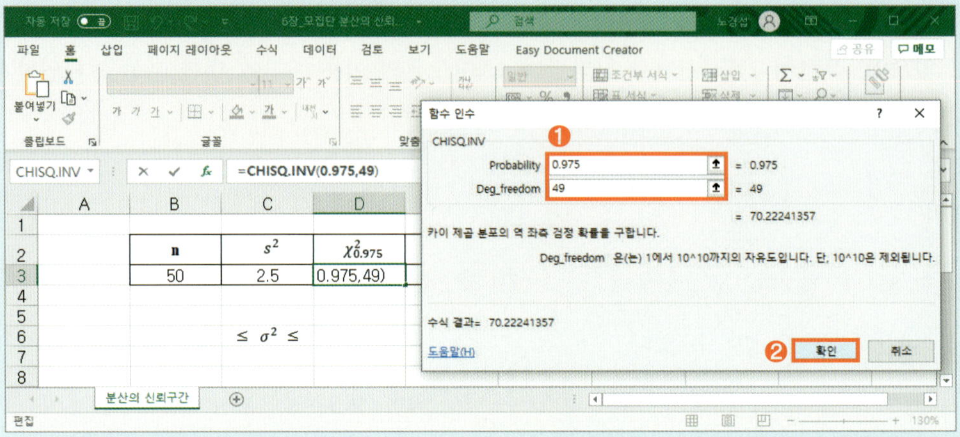


[그림 6-17] $\chi^2$ **함수의 인수 입력**

**04** ❶ E3셀로 셀 포인터를 옮긴 후 ❷ $f_x$를 클릭한다. [**함수 마법사**] 창에서 ❸ '함수 검색(S):'에 '카이 제곱'을 입력하고 ❹ [**검색**]을 클릭한다. ❺ '함수 선택(N):'에서 'CHISQ.INV.RT' 함수[12]를 클릭한 후 ❻ [**확인**]을 클릭한다.

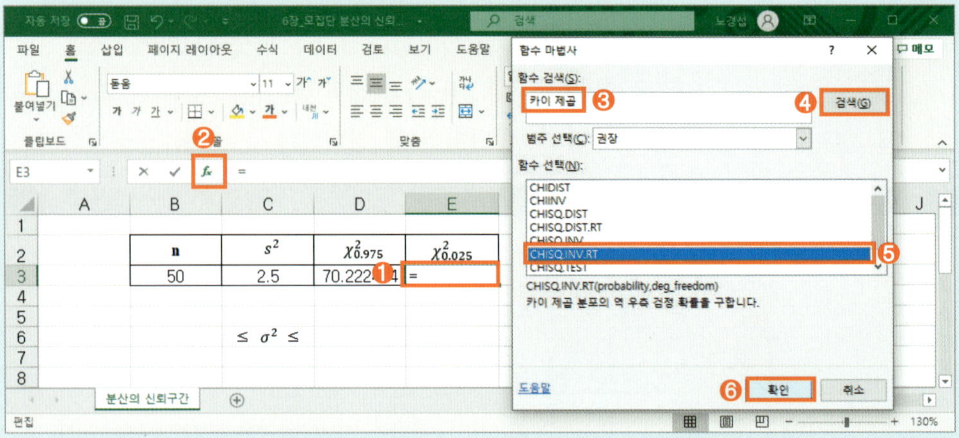


[그림 6-18] $\chi^2$ **함수의 선택**

---

11 자유도에 50이 아니라 49를 입력한 것이 이해되지 않는다면, 3장을 참고하기 바란다.
12 CHISQ.INV.RT 함수는 카이제곱 분포에서 우측 영역의 검정 확률을 구하는 함수다.

**05** [함수 인수] 창에서 ❶ 'Probability'에 '0.975'[13], 'Deg_freedom'에 '49'를 입력한 후 ❷ [확인]을 클릭한다.

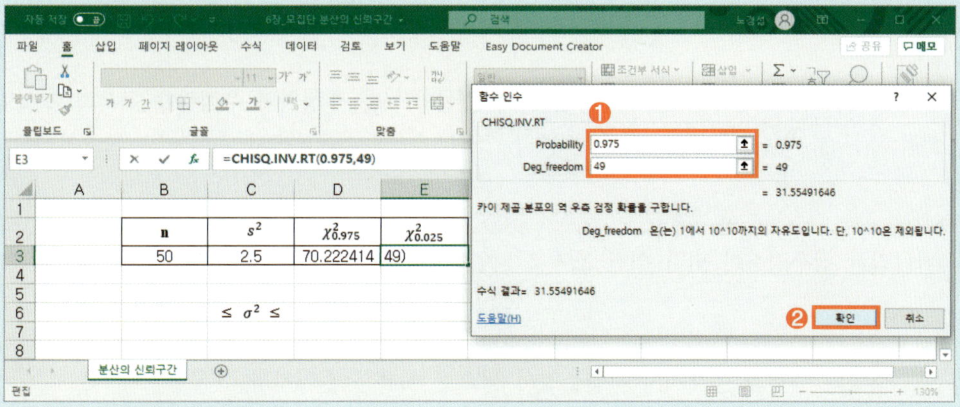

[그림 6-19] $\chi^2$ 함수의 인수 입력

**06** ❶ B6셀에 하한값의 계산식 '=((B3−1)*C3)/D3'을 입력하고, ❷ D6셀에 상한값의 계산식 '=((B3−1)*C3)/E3'을 입력한다.

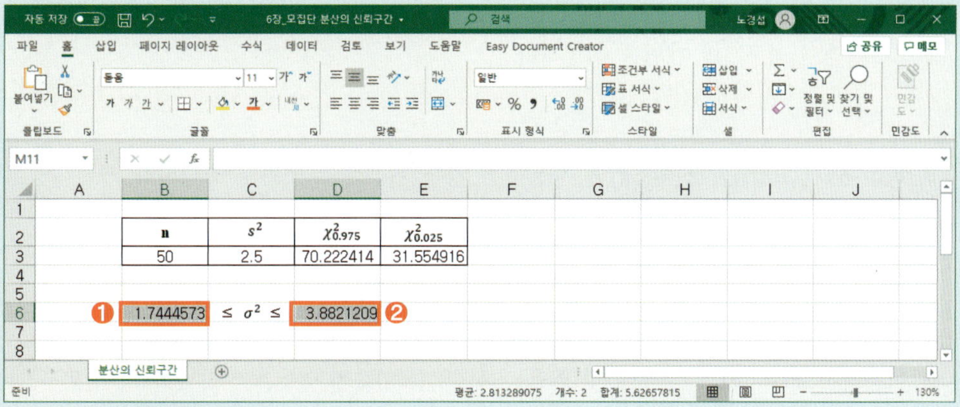

[그림 6-20] $\chi^2$ 함수의 계산 결과

13 $\chi^2_{0.025}$인데 Probability에 0.975를 입력한 이유는 함수 CHISQ.INV.RT가 카이제곱 분포에서 우측 영역의 검정 확률을 구하는 함수이기 때문이다.

CHAPTER

# 06 연습문제

1. 추정의 개념과 모수를 추정하는 방법에 대해 설명하고, 추정치와 추정량을 구분하여 설명하라.

2. 바람직한 점추정량이 되기 위한 조건을 나열하고, 이에 대해 설명하라.

3. 구간추정의 개념과 통계에서 구간추정이 필요한 이유를 설명하라.

4. 통계학 중간고사를 실시한 결과 평균이 81점, 표준오차가 9점으로 확인되었다. 신뢰수준 90%, 95%, 99%로 구간추정을 하여 모평균을 추정하라.

5. 신뢰수준과 신뢰구간의 개념을 설명하라.

6. 통계조사에서 100%의 신뢰구간을 사용하지 않는 이유는 무엇인지 설명하라.

7. **[컴퓨터 실습]** 연습문제.xlsx의 '6장_손흥민 골기록' 시트는 손흥민이 프로 구단에 데뷔한 첫 해부터 2019/2020 시즌까지의 경기 수와 골 기록을 보여준다. 풀이 과정을 적고, Excel을 이용하여 2020/2021 시즌에 몇 골을 기록할 수 있을지 90%, 95%, 99%의 신뢰구간에서 예측하라. 단, 90%의 $z=1.64$, 95%의 $z=1.96$, 99%의 $z=2.58$의 $z$분포를 이용한다. (예측을 해본 후 2020/2021의 실제 골 기록과 비교해보기 바란다.)

8. 표준편차와 표준오차의 개념을 설명하고, 두 개념의 차이를 설명하라.

9. **[컴퓨터 실습]** 명절을 맞이하여 전국에서 사과 깎기의 달인이 모였다. 대결 과제는 '사과 껍질이 끊어지지 않게 최대한 길게 깎기'다. 무작위로 25명의 출전자들의 깎은 껍질의 길이를 측정하여 연습문제.xlsx의 '6장_사과껍질' 시트에 정리하였다. 이 데이터를 이용하여 사과 껍질 길이의 90%, 95%, 99%에 해당하는 신뢰구간을 구하라.

**10.** 문구점에서 판매되는 스카치테이프의 길이를 조사하고자 한다.

(a) 최소 몇 개의 표본으로 계산해야 하는지 구하라.
(신뢰구준 95%, 허용오차 ±30cm, 표준편차 22cm)

(b) 알려진 표준편차가 없어서 10번의 표본을 추출하여 표준편차 16cm를 계산했다. 신뢰수준 99%, 허용오차 ±30cm일 때, 몇 개의 표본으로 조사해야 하는지 구하라.

**11.** 달걀을 고를 때 달걀 껍데기에 각인된 기호의 의미를 알면 좋다. 첫 번째 숫자 그룹은 계란 산란일, 가운데 기호는 축산업에 따른 사업자의 고유번호, 마지막 숫자는 사육 환경을 의미한다. 이 마지막 숫자 중 1은 방사, 2는 축사 내 평사, 3은 개선된 케이지, 4는 기존 케이지를 의미한다. 당연히 1이 적힌 달걀이 품질이 가장 좋고 가격도 비싸다. 그리고 3 이상의 숫자가 찍힌 달걀은 시중의 일반적인 달걀보다 약 25% 이상 비싸다.(일반적인 달걀은 대부분 4에 해당한다.)

일반 소비자에게 이런 정보를 제공하고 100명의 표본을 조사하여 3 이상의 달걀을 구입할 것인지에 대한 조사를 진행했다. 그 결과 20명의 선택이 달라졌을 때, 달걀을 구입하는 전체 소비자의 90% 신뢰구간으로 3 이상의 건강한 달걀을 선택할 비율의 신뢰구간을 구하라.

**12.** 학교를 다니며 강의를 들었을 때와 Zoom으로 강의를 들었을 때를 비교하여 어떤 경우에 성적이 더 향상되었는지를 조사하고자 한다. 수강생의 비율에 대한 95%의 신뢰구간을 알려고 할 때, 오차한계가 10% 이하가 되는 표본의 크기를 구하라. (단, $\hat{p}=0.95$)

**13.** 정규분포를 따르는 모집단의 분산에 대해 구간추정을 할 때, 상한과 하한을 다르게 표현하는 이유를 설명하라.

**14.** 대학생 120명을 대상으로 한 달 평균 용돈을 조사하니 28만 3천 원이었다. 표준편차를 17만 원이라고 가정하고 신뢰수준 95%에서의 분산을 추정하라.

CHAPTER

# 07

# 가설검정

Statistical Hypothesis Testing

## 가설검정, 왜 배워야 하나요?

지금까지는 모수를 추정하는 방법에 대해 살펴보았다. 그런데 모수를 추정한 후에는 그 추정 결과를 통해 조사에 의미가 있는지 확인해야 한다. 조사에 의미가 있으려면 누구나 믿고 받아들이는 사실에 대해 예상하지 못한 결과가 나오거나 시사하는 바가 있어 '이 조사를 시행하길 정말 잘했구나'라는 결론을 얻어야 한다.

검정이란 추정한 결과를 과연 받아들일 만한 것인지 조사자가 설정한 기준과 비교하여 채택 여부를 판단하는 과정이다. 그러므로 가설검정을 통해 조사에 의미가 있는지 살펴보는 일은 통계조사에서 매우 중요하다. 이 장에서는 가설검정과 유의수준에 대해 살펴보고, 모집단의 평균, 분산 및 비율의 가설검정에 대해 살펴본다.

Contents


01_ 가설검정과 유의수준

02_ 단일 모집단 평균의 가설검정

03_ 단일 모집단 비율 및 분산의 가설검정

연습문제

SECTION 01

# 가설검정과 유의수준

- 가설과 가설검정의 의미를 이해하고 가설검정의 절차에 대해 살펴본다.
- 가설검정의 오류와 가설의 검정력에 대해 이해한다.
- 양측검정과 단측검정을 이해하고 각 검정 방법을 살펴본다.

Keywords | 가설검정 | 가설검정의 절차 | 유의 수준 | 가설검정의 오류 | 양측검정 | 단측검정 |

통계학에서 모수를 추정하는 것도 추론이지만 '모수는 어떠할 것이다'라는 가정을 세우고 그 가정이 맞는지 틀린지 확인해보는 것도 추론이다. 이 두 가지 추론의 통계학적인 접근 방법은 서로 다르다. 모수 추정이 직접적인 조사 방법인 데 비하여, 가설검정은 모수가 어떠할 것인가에 대해 '맞다' 혹은 '아니다'를 판단하는 방법이다. 다시 말해, 모수 추정은 특정한 모수를 직접 추정하는 것이고 신뢰구간 추정은 유의수준 하에서 모수가 포함될 범위를 추정하는 것이다. 그러나 가설검정은 주어진 유의수준 하에서 주장이나 추측이 일정 신뢰구간에 포함될지 여부를 판단하는 것이다.

**스포츠 이온 음료의 용량이 과연 250ml일까?**

[그림 7-1] 이온 음료

소비자는 제품을 살 때 제조사에서 표시하는 용량이나 성분을 신뢰한다. 음료수를 살 때도 용기에 표기된 용량을 별 의심 없이 받아들인다. 또한 강도 높은 운동을 한 후에 마시는 스포츠 이온 음료가 수분 섭취를 빠르게 해서 건강에 도움이 된다고 믿는 사람들이 많다.

그런데 실제로 운동을 한 후에 250ml로 표기된 이온 음료를 마셨을 때, 너무 땀을 많이 흘린 탓인지 표기된 것보다 양이 적다는 의문이 생긴다. 이런 경우, 이온 음료의 용량이 250ml가 맞는지 어떻게 확인할 수 있을까?

가장 정확한 방법은 대상이 되는 모든 음료수의 용량을 측정하는 것이다. 하지만 이 방법을 사용하면 상품성을 훼손하게 되므로 일정한 표본을 선택해서 조사하여 확인한다.

## 가설검정

**가설**(hypothesis)이란 주어진 사실 혹은 조사하려는 사실이 어떠하다는 주장이나 추측을 말한다. 통계학적으로는 모수를 추정할 때 모수가 어떠하다(혹은 어떠할 것이다)는 조사자의 주장이나 추측을 가설이라고 한다. 가설에는 기존에 믿어온 사실이 맞다는 귀무가설과 기존에 믿어왔던 사실이 실제와 다르다는 대립가설이 있다. 이렇게 수립된 귀무가설과 대립가설이 모집단에 관한 내용과 맞는지 맞지 않은지 판단하는 것을 가설검정이라고 한다.

### 귀무가설

**귀무가설**(歸無假說, null hypothesis)은 일반적으로 믿어온 사실을 가설로 설정한 것이다. 영가설(零假說)[1]이라고도 하며, 영(零, 0)이라는 의미로 $H_0$으로 표기한다. 귀무가설은 모두가 인정하고 받아들이는 내용을 가설로 설정한 것이기에, 귀무가설을 증명하기 위한 조사는 하지 않는다. 연구 목적이 되는 가설에 상반되는 의미를 가지는 가설이므로 귀무가설 자체를 연구해도 어떤 의미를 찾아내긴 어렵다는 것이다.

예를 들어, 스포츠 이온 음료의 용량이 제품에 표기된 250ml가 맞는지를 조사한다고 하자. 여기서 귀무가설은 스포츠 이온 음료의 용량이 250ml라고 표기된 것이 사실이라고 설정하면 된다. 용기의 표면에 적힌 250ml를 의심하는 경우는 거의 없기 때문이다.

$H_0$ : 스포츠 이온 음료의 용량은 제품에 표기된 250ml다.

그런데 이 경우에는 실제 용량이 제품에 표기된 250ml가 아니라는 조사 결과가 더 큰 의미를 가질 것이다.

### 대립가설

**대립가설**(對立假說, antihypothesis)은 공공연하게 사실로 받아들여진 현상에 대립되는 가설로 연구 목적이 된다. 대립가설을 조사하여 대립가설이 지지를 받으면 큰 의미가 있다. 대립가설은 연구를 통한 증명이 목적이며, 표본에 근거한 강력한 증거로 입증하고자 하는 가설이다. 연구를 진행하는 의미가 있으므로 연구가설(研究假說, research hypothesis)[2] 이라고도 하며, 영(零, 0)에 반대가 된다는 의미로 $H_1$으로 표기한다.

스포츠 이온 음료의 용량 조사에서 이온 음료의 실제 용량이 제품에 표기된 250ml가 아니라면, 이는 소비자 권익 운동으로 연결될 수 있는 사안이므로 의미가 있을 것이다. 그러

1 귀무가설과 영가설에서 '귀무(歸無)', '영(零)', 'null'은 모두 '아무것도 없다'는 뜻이다. 귀무가설은 당연한 사실이라 연구할 의미가 없음을 가설로 설정한 것이다.

2 대립가설과 연구가설에서 '대립(對立)'은 연구할 의미가 없다는 것에 대한 반대(anti-)를 뜻한다. 즉, 대립가설은 연구를 하면 어떤 의미 있는 결과를 찾을 수 있는 가설을 설정한 것이다.

므로 대립가설은 귀무가설과 대립하여, 스포츠 이온 음료에 표기된 용량 250ml가 사실이 아니라고 설정하면 된다.

- 양측검정[3]

$H_1$ : 스포츠 이온 음료의 용량은 제품에 표기된 250ml가 아니다.

- 단측검정

$H_1$ : 스포츠 이온 음료의 용량은 제품에 표기된 250ml보다 적다.

혹은

$H_1$ : 스포츠 이온 음료의 용량은 제품에 표기된 250ml보다 많다.

## 가설검정의 오류

통계적 판단이란 가설을 검정한다는 의미다. 가설검정은 통계량으로 모수를 추정하는 과정이므로 아무리 정확히 추정하더라도 가설과 모수 사이에는 항상 오차가 발생한다. 따라서 모수를 추정할 때는 항상 오류 가능성(확률)을 제시한다. 통계적 의사결정에서 틀리지 않는 것이 목적이라면 추정된 모수의 틀릴 확률을 낮게 잡으면 된다. 오차를 최소한으로 줄여 0에 가깝게 만들어야 의사결정의 실패를 줄일 수 있다. 반면, 의사결정의 오류와 상관없이 특정한 수치를 도출하는 것이 목적이라면 표본으로부터 계산한 결과를 정확하게 제시하면 된다.

여기서 의사결정의 실패를 오류라 하고, 오류는 제1종 오류와 제2종 오류로 나뉜다.

### ■ 제1종 오류

- **귀무가설을 채택해야 함에도 귀무가설을 기각하는 경우**를 말한다.
- $H_0$를 기각할 확률을 $\alpha$라고 한다면 채택하게 될 확률은 $1-\alpha$로 표시할 수 있다.
- 가설검정을 위해 **유의수준을 나타내는 $\alpha$값과 관련**이 있다.

### ■ 제2종 오류

- **귀무가설을 기각해야 함에도 귀무가설을 채택하는 경우**를 말한다.
- 귀무가설을 기각해야 함에도 귀무가설을 채택하는 경우의 확률을 $\beta$로 표시한다면, 귀무가설을 기각하는 것이 옳을 확률은 $1-\beta$가 된다.

3 양측검정과 단측검정에 대한 자세한 내용은 뒤에 나오는 '양측검정과 단측검정'에서 확인하도록 한다.

■ 가설 검정력

귀무가설을 채택해야 하지만 귀무가설을 기각하는 경우의 확률은 유의수준 $\alpha$로 표시하고, 귀무가설을 기각해야 함에도 귀무가설을 채택하는 경우의 확률은 $\beta$로 표시한다. 그러므로 기각해야 할 귀무가설을 기각하는 확률은 $1-\beta$가 된다. 이는 **대립가설($H_1$)이 사실인 상황에서 귀무가설($H_0$)을 기각할 확률**이자 2종 오류가 발생하지 않을 확률로 가설 검정력(power of hypothesis testing)이라 한다. 즉, 귀무가설이 거짓일 때 이를 기각할 확률을 의미한다.

제1종 오류를 피하려면 귀무가설을 채택하기 위한 채택역을 넓히면(혹은 기각역을 줄이면) 된다. 즉, $\alpha$ 값을 줄이면 1종 오류를 피할 수 있다. 그러나 이런 경우에도 기각해야 할 귀무가설을 채택하는 2종 오류에서 자유로울 수 없다. 따라서 연구자는 제1종 오류와 제2종 오류를 피할 수 있는 적절한 유의수준을 선택해야만 한다.

## 양측검정과 단측검정

연구조사를 하기 위해 귀무가설과 대립가설을 세웠다면, 그다음에는 어떤 가설이 맞는지 판단해야 한다. 우선 어떤 가설을 채택하기 전에 가설을 기각할 수 있는 검정 방법을 결정해야 한다.

이때 주의해야 할 것은 채택/기각의 기준은 항상 귀무가설이 된다는 것이다. 새로운 사실을 증명하려면 대립가설을 증명해야 하지만 현실적으로 대립가설을 지지할 수 있는 데이터를 구하는 것은 불가능하다. 이는 모수를 알지 못하는 상황에서 대립가설의 채택 여부를 판단한다는 것이 불가능하고, 누구나 인정하는 사실과 반대되는 내용이 조사 대상이 되어야 한다는 논리적인 문제가 있기 때문이다. 그러므로 가설검정의 출발점은 항상 귀무가설이어야 한다. 귀무가설의 채택 여부를 판단해서 귀무가설을 기각할 때 대립가설을 받아들이는 논리가 형성된다.[4]

기각의 판단 기준에는 양측검정과 단측검정이 있다. 조사 결과가 유의수준 $\alpha$에 포함되면 기각하고, 포함되지 않으면 채택한다.

### 양측검정

**양측검정**(two-sided test)은 조사하려는 대립가설, 즉 '사실이 아니다'라는 것을 검정하여 귀무가설을 기각하고 대립가설을 채택하고자 하는 것이다. 앞에 나온 스포츠 이온 음료의

4 논문에서 가설 선택과 관련하여 '귀무가설을 기각하고 대립가설을 채택한다.' 혹은 '귀무가설을 기각할 수 없다.'로 표현하는 이유 역시 귀무가설을 기준으로 판단하기 때문이다.

예를 생각해보자. 이 예에서 '사실이 아니다'에 해당하는 것은 스포츠 이온 음료의 용량이 250ml라고 믿었지만 실제로 조사해보니 그렇지 않다는 것이다. 250ml가 아닌 경우는 250ml보다 많거나 적은 상황이다. 이는 다음과 같이 나타낼 수 있다.

$$H_0: \mu = 250ml$$
$$H_1: \mu \neq 250ml$$

가설의 출발점은 귀무가설로, 실제로 조사해본 결과 이온 음료의 용량이 250ml가 아니라면 귀무가설을 기각한다. $H_1: \mu \neq 250ml$가 되는 가설의 채택 여부를 판단하는 기준을 유의수준 $\alpha$라고 하면, [그림 7-2]와 같이 유의수준 $\alpha$는 + 방향과 − 방향 양쪽이므로 각각 $\frac{\alpha}{2}$씩 구분되어 나타난다. 250ml보다 많은 쪽과 적은 쪽의 방향에 임계치[5]를 기준으로 하여 기각역과 채택역으로 나뉘고 기각역이 양쪽으로 나타나기 때문에, 이러한 검정 방식을 양측검정이라 한다.

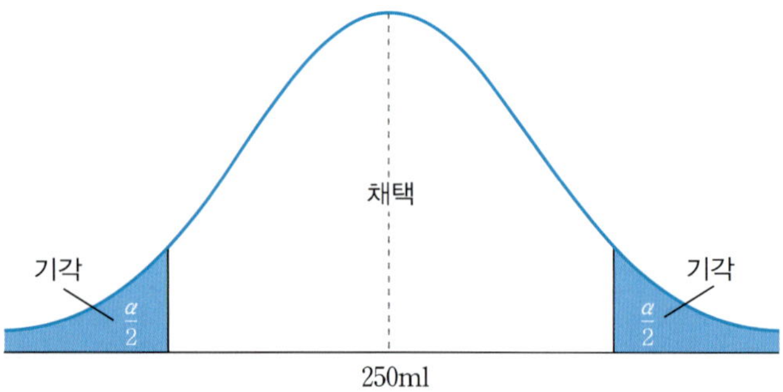


[그림 7-2] 양측검정의 채택역과 기각역

## 단측검정

**단측검정**(one-sided test)은 조사 목적에 따라 대립가설의 한쪽만 검정하는 방식이다. 스포츠 이온 음료의 예에서라면 용량이 250ml보다 적다고 수립하거나 250ml보다 많다고 수립하여 한쪽만 살펴보는 것이다. 따라서 귀무가설과 대립가설은 다음과 같이 나타낼 수 있다.

$$H_0: \mu \geq 250ml \quad \text{혹은} \quad H_0: \mu \leq 250ml$$
$$H_1: \mu < 250ml \qquad\qquad H_1: \mu > 250ml$$ [6]

5 임계치(threshold)는 어떤 현상이 서로 다르게 나타나는 기준점을 의미한다.

6 $H_0: \mu \geq 250ml$, $H_1: \mu < 250ml$은 250ml보다 적은 경우는 문제가 되기 때문에 250ml이거나 이보다 많으면 문제가 되지 않는 경우의 가설검정이고, $H_0: \mu \leq 250ml$, $H_1: \mu > 250ml$은 250ml보다 많으면 문제가 되고 250ml이거나 이보다 적으면 문제가 되지 않는 경우의 가설검정이다.

$H_1: \mu < 250ml$는 좌측검정이라 하며 [그림 7-3(a)]와 같다. $H_1: \mu > 250ml$은 우측검정이라 하며 [그림 7-3(b)]와 같다.

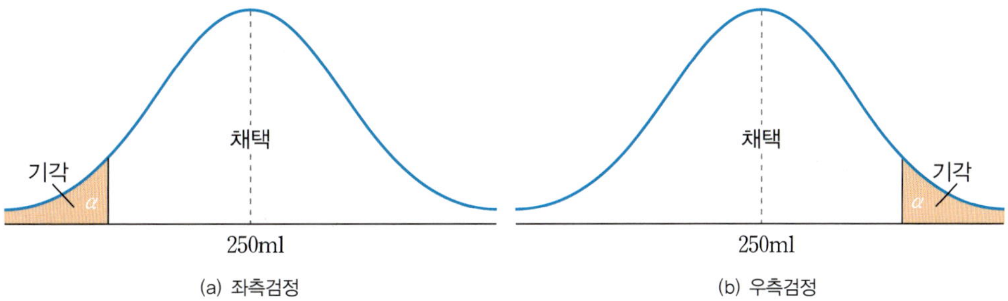


[그림 7-3] 단측검정의 채택역과 기각역

## 가설검정의 절차

다음 절차를 통해 귀무가설과 대립가설 중 채택하거나 기각해야 하는 의사결정을 할 수 있는 결론에 도달할 수 있다.

가설 수립 → 유의수준 결정 → 기각역 설정 → 통계량의 계산 → 의사결정

❶ 가설 수립 : 귀무가설($H_0$)과 대립가설($H_1$)을 수립한다.

❷ 유의수준 결정 : 수립된 귀무가설과 대립가설 중 어떤 가설을 채택할 것인지 판단하는 유의수준 $\alpha$를 결정한다.

❸ 기각역 설정 : 조사의 성격에 따라 양측검정을 할 것인지 단측검정을 할 것인지를 정해서 기각역을 설정한다.

❹ 통계량의 계산 : 수집된 표본을 대상으로 조사에 필요한 통계량을 계산한 후 기각역과 비교한다.

❺ 의사결정 : 귀무가설과 대립가설 중 어떤 가설을 채택할 것인지 결정한다.

## Note 가설검정의 진행 및 해석 시 알아두어야 할 용어

### • 가설

통계적 가설검정의 대상이 되는 가설에는 기존에 믿어온 사실이 맞다는 귀무가설($H_0$)과 기존에 믿어온 사실이 실제와 다르다는 대립가설($H_1$)이 있다.

### • 검정통계량

표본통계량을 계산했을 때 영가설($H_0$)이 가지는 값이 모수로부터 어느 정도 떨어져 있는지 나타내는 지표를 말한다.

### • 임계치

임계치는 영가설을 기각하거나 채택하기 위한 한계값을 의미한다. 검정통계량을 계산하여 임계치를 기준으로 좌/우 어느 쪽에 있는가에 따라 채택과 기각을 판단한다.

### • 유의수준과 $p$값

검정통계량을 해석하기 위해 영가설($H_0$)이 발생할 가능성을 확률로 표시한 것이다. $\alpha$는 유의수준(significance level)으로 전적으로 연구자(조사자)가 결정하게 되는데, 이는 연구자가 연구에 맞는 적절한 유의수준을 기준으로 가설을 검정할 것이기 때문이다. 유의수준은 확률(probability)로 표시되므로 약자를 사용하여 $p$값(p-value)으로 표시한다.

일반적으로 통계학에서는 95%, 99%, 99.9%를 기준으로 유의수준을 설정한다. 아래에 제시한 표기 방법은 절대적인 것이 아니며 일반적으로 연구자들이 보고서나 논문에 표기하는 방식이다. 따라서 연구자에 따라서는 다른 표기 방법을 써서 표시할 수 있다. 이때 반드시 주석으로 어떤 의미인지를 보고해야 한다.

예 95%유의수준 : $\alpha = 0.05$ 혹은 $p \leq 0.05$ $\Rightarrow$ *으로 표시
99%유의수준 : $\alpha = 0.01$ 혹은 $p \leq 0.05$ $\Rightarrow$ **으로 표시
99.9%유의수준 : $\alpha = 0.001$ 혹은 $p \leq 0.05$ $\Rightarrow$ ***으로 표시

### • 결과의 해석

검정통계량을 계산한 값이 어느 영역에 포함되는지를 확인하여 가설의 채택/기각 여부를 판단한다. 일반적으로 연구자는 유의수준을 보면서 결과를 해석한다. $p$값을 기준으로 값이 작게 나온다면 귀무가설을 기각하고 대립가설을 채택한다.

## 가설검정의 기본 요소

통계적인 가설검정을 실시할 때 기본적으로 지켜야 할 사항은 다음과 같다.

### ▪ 무작위 추출

표본을 모집단으로부터 추출할 때 무작위로 추출해야 한다. 무작위 표본추출 시 연구자의 편향(bias)이 없는 확률적 표본추출을 기본으로 하여야 한다.

### ▪ 통계적 독립성

표본으로부터 관측치를 수집할 때 어떤 하나의 관측치가 다른 관측치에 영향을 미치지 않아야 한다. 관측치가 어떤 외부 요인에 의해 영향을 받게 되면 계산된 통계량의 신뢰성에 대해 문제가 발생하고 표본은 모집단에 대한 대표성을 잃게 되므로, 독립성을 준수해야 한다.

### ▪ 정규성

표본을 구성하는 관측치는 충분히 많아서 분포가 정규분포를 구성해야 한다.

### ▪ 등분산성

둘 이상의 표본을 비교하는 가설검정을 하는 경우 이 두 집단은 서로 등분산을 구성해야 한다. 등분산을 유지하지 않는 경우 평균을 비교하는 의미가 없어지기 때문이다.

### ▪ 표본의 크기

표본의 크기를 늘리면 표준오차가 줄어들어 모수에 접근하게 되므로 통계적 검정력은 높아진다. 따라서 표본의 크기를 가능하면 크게 설정해야 한다.

SECTION 02

# 단일 모집단 평균의 가설검정

- 모분산을 아는 경우와 모르는 경우의 가설검정 방법을 이해한다.
- p값을 이용하여 가설검정하는 방법을 알아본다.

Keywords | 모분산을 아는 경우의 가설검정 | 모분산을 모르는 경우의 가설검정 | $p$값을 이용한 가설검정 |

6장에서는 모평균에 대한 구간을 추정했다. 여기서는 모집단의 평균을 추정하는 조사를 할 때, 가설을 설정하고 가설을 검정하는 방법에 대해 알아본다. 가설검정도 모평균의 구간추정에서와 같이 모분산을 아는 경우와 모르는 경우로 구분하여 살펴본다.

## 모분산을 아는 경우의 가설검정

단일 모집단의 모평균에 대한 가설검정을 할 때도 신뢰구간을 추정할 때와 같이 모분산을 알고 접근하는 경우는 극히 드물다. 하지만 이런 접근 방식이 모분산을 모르는 경우를 학습할 때 도움이 되므로 먼저 모분산을 알고 있다는 가정하에 가설검정을 해보자.

가장 먼저 해야 할 일은 가설 수립이다. 귀무가설은 모평균이 계산된 특정 값과 동일하므로 다음과 같이 나타낼 수 있다.

$$H_0 : \mu = \overline{x}$$

대립가설은 양측검정의 경우 모평균이 특정 값과 동일하지 않으므로 다음과 같다.

$$H_1 : \mu \neq \overline{x}$$

단측검정의 경우에는 다음과 같이 나타낼 수 있다.

좌측검정의 대립가설 : $H_1 : \mu < \overline{x}$

우측검정의 대립가설 : $H_1 : \mu > \overline{x}$

귀무가설과 대립가설에 대해 $\alpha = 0.05$에서 가설검정을 살펴보자.

양측검정이면 $\pm z_{\frac{\alpha}{2}} = z_{0.025} = \pm 1.96$이고, 검정통계량은 $Z = \dfrac{\bar{x} - \mu}{\sigma / \sqrt{n}}$이므로, $Z$의 절대값이 1.96보다 크면($|Z| > 1.96$) 귀무가설($H_0$)을 기각한다.

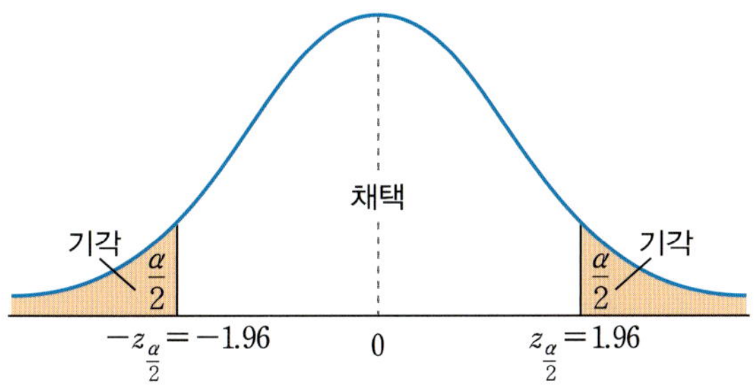


[그림 7-4] **양측검정**

좌측검정이면 $-z_{\alpha} = -z_{0.05} = -1.64$이므로, 검정통계량 $Z$값이 $-1.64$보다 작으면($Z < -1.64$) 귀무가설($H_0$)을 기각한다.

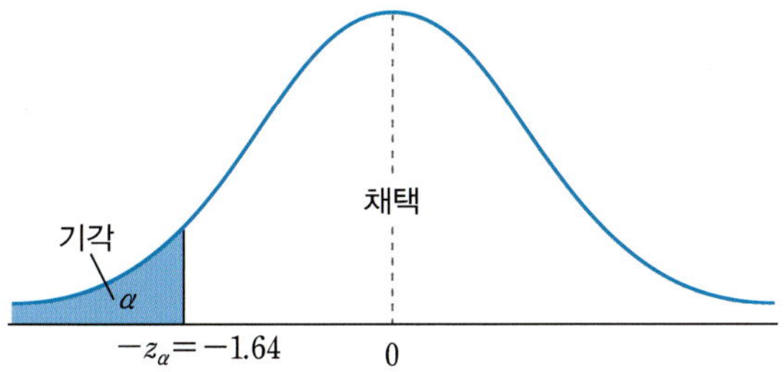


[그림 7-5] **좌측검정**

우측검정이면 $z_{\alpha} = z_{0.05} = 1.64$이므로, 검정통계량 $Z$값이 1.64보다 크면($Z > 1.64$) 귀무가설($H_0$)을 기각한다.

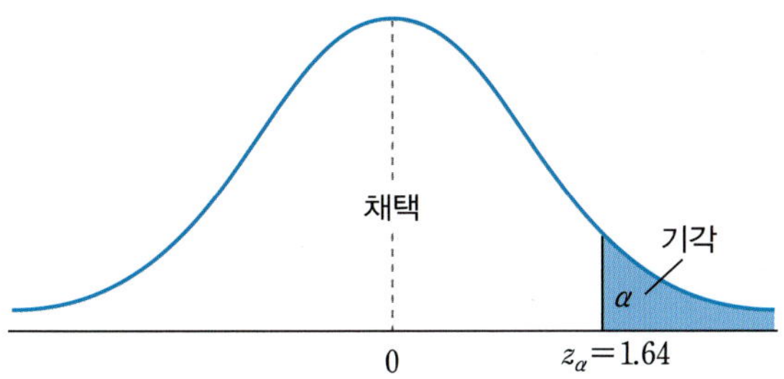


[그림 7-6] **우측검정**

## 예제 7-1 모분산을 아는 경우의 가설검정

준비파일 | 7장_가설검정(모분산을 아는 경우).xlsx

스포츠 이온 음료의 용량이 제품에 표시된 250ml보다 적은 것 같아서 직접 조사를 해보고자 한다. 표본 300개를 대상으로 용량을 측정한 결과, 평균 244.65로 확인되었다. 표준편차가 20일 때, 가설을 수립하고 유의수준 0.05에서의 좌측검정을 실시하라.

### 풀이

소비자들이 사실이라 믿는 내용이 귀무가설이다. 조사자가 이온 음료의 용량이 250ml보다 적다는 것을 대립가설로 수립해서 검정하고자 하므로 귀무가설은 $H_0 : \mu = 250$, 대립가설은 $H_1 : \mu < 250$이 된다.

유의수준 0.05에서의 좌측검정을 살펴보자. $n = 300$, $\overline{x} = 244.65$, $\sigma = 20$, $\alpha = 0.05$이므로 $-z_\alpha = -z_{0.05} = -1.64$이며, $Z < -1.64$이면 귀무가설을 기각한다.

$$Z = \frac{\overline{x} - \mu}{\sigma / \sqrt{n}} = \frac{244.65 - 250}{20 / \sqrt{300}} = -4.633 \cdots$$

이다. 따라서 $Z < -1.64$를 만족한다. 즉, 스포츠 이온 음료의 용량이 250ml라는 귀무가설($H_0$)을 기각하므로 대립가설 $H_1 : \mu < 250$을 채택한다. 이 조사 결과를 보면, 스포츠 이온 음료의 용량은 제품에 표기된 250ml보다 적음을 알 수 있다.

### 실습

**01** Excel을 실행하여 '7장_가설검정(모분산을 아는 경우).xlsx' 파일을 불러온다.

**02** ❶ 'N'은 '300', '$\overline{x}$'는 '244.65', '$\mu$'는 '250', '$\sigma$'는 '20', '$\alpha$'는 '0.05'를 입력한다.
❷ H3셀에 검정통계량을 구하는 계산식 '=(C3-D3)/(E3/SQRT(B3))'을 입력한다.

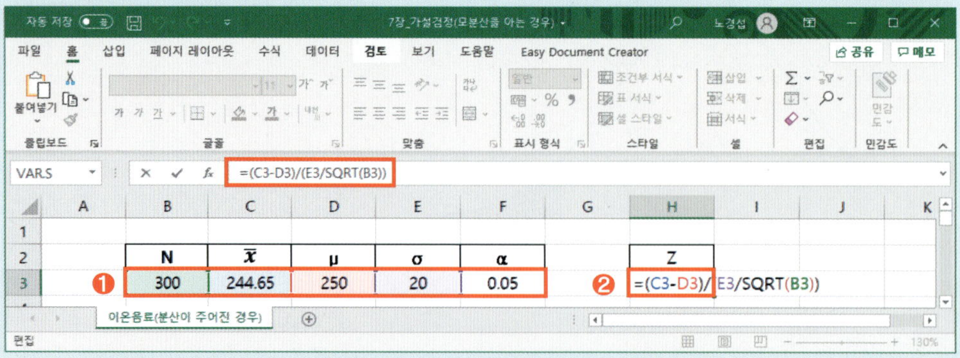


[그림 7-7] 모분산을 아는 경우의 $Z$값 계산

**03** Z값이 −4.63324로 계산됨을 확인할 수 있다. 즉, $Z < -1.64$를 만족한다.

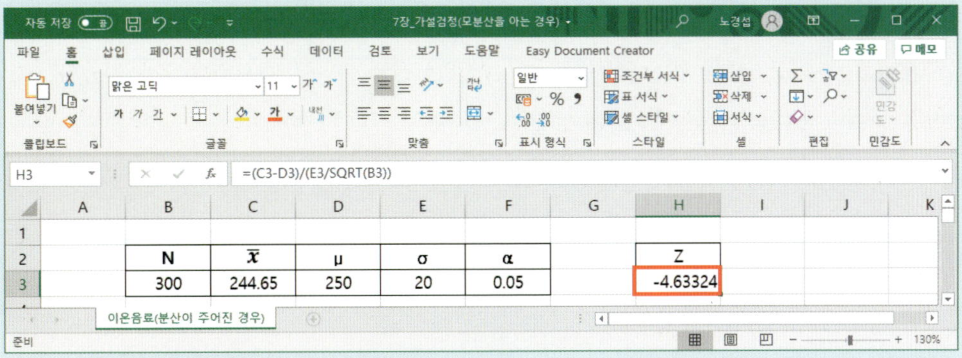


[그림 7-8] 가설검정 결과(모분산을 아는 경우)

## 모분산을 모르는 경우의 가설검정

모분산을 아는 경우는 불가능에 가깝기 때문에 대부분 모분산을 모르는 경우의 가설검정이 이루어진다. 그런데 모분산을 아는 경우라면 모수를 알고 있다는 것이므로 표본의 크기가 상관없겠지만, 모분산을 모르는 경우에는 표본이 큰 경우와 작은 경우로 구분해서 확인해야 한다.

### 표본이 큰 경우의 가설검정

앞에서 모분산을 아는 경우의 가설검정을 살펴보았는데, 실제 연구나 조사에서 모수를 알고 접근하는 경우는 극히 드물다. 그런데 모수를 모르더라도 표본이 아주 큰 경우, 즉 $n \to \infty$이면 모집단의 정규성과 상관없이 중심극한정리에 의해 자연스럽게 $s^2$은 $\sigma^2$으로 수렴함을 알 수 있다. 그러므로 표본이 큰 경우의 검정통계량은 모분산이 주어진 것과 동일하게 $Z = \dfrac{\overline{x} - \mu}{s/\sqrt{n}}$로 계산하면 된다. 즉, 표본이 크다면 모분산이 주어진 것과 동일하게 계산하되, 큰 표본의 표준편차를 계산해서 대입하면 된다.

### 표본이 작은 경우의 가설검정

$Z = \dfrac{\overline{x} - \mu}{\sigma/\sqrt{n}}$로 검정통계량을 계산했지만, 표본이 충분하지 못한 경우에는 검정하는 방법이 다르다. 6장에서 표준편차를 모르는 경우에 검정하는 방법을 배웠는데, 검정통계량을 계산할 때도 표본통계량 $t_{n-1} = \dfrac{\overline{x} - \mu}{s/\sqrt{n}}$는 자유도 $(n-1)$에서 $t$분포를 따르게 된다.

**Note** $t$검정과 $z$검정의 관계

통계학을 학습할 때 검정 방법이 다양하여 혼란스러울 수 있다. $t$검정과 $z$검정의 관계만 보더라도 검정통계량을 구하는 공식은 비슷한데 도출 결과가 다르다. 이 두 가지 검정 방법은 중심극한정리에 의해 구분되는 것으로 판단하면 이해하기 쉽다.

즉 표본이 30보다 적으면 $t$분포를 이용하고, 그보다 많으면 $z$분포를 이용한다. 다만 $t$분포표를 보면 알 수 있듯이 $t$분포는 30보다 적은 표본의 분포를 나타내는 동시에 30보다 많은 표본의 분포도 포함한다. 다시 말해 $z$분포는 $t$분포에 포함된다고 할 수 있다.

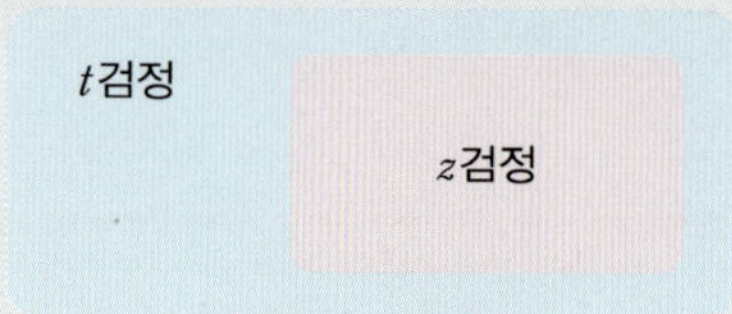


[그림 7-9] $t$검정과 $z$검정의 관계

실제로 일반적으로 사용되는 통계프로그램 SPSS Statistics 에서는 $z$검정이라는 개념이 존재하지 않는다. 표본의 개수가 많아지면 $t$분포가 $z$분포로 수렴하고 표본의 개수가 $\infty$로 접근하면 $t$분포와 $z$분포는 같아지게 된다. 이는 $t$분포로 $z$분포를 설명할 수 있다고 할 수 있다.

## 예제 7-2 모분산을 모르는 경우의 가설검정

준비파일 | 7장_가설검정(모분산을 모르는 경우).xlsx

[예제 7-1]의 스포츠 이온 음료의 용량에 대한 조사를 다음과 같이 표본 15개를 대상으로 살펴보고자 한다. 직접 가설을 수립하고, 유의수준 0.05에서 좌측검정을 실시하라. 단, 모집단의 분포는 정규분포라 가정한다.

| 번호 | 1 | 2 | 3 | 4 | 5 | 6 | 7 | 8 | 9 | 10 | 11 | 12 | 13 | 14 | 15 |
|---|---|---|---|---|---|---|---|---|---|---|---|---|---|---|---|
| 용량(ml) | 257 | 253 | 241 | 242 | 277 | 240 | 270 | 235 | 265 | 235 | 245 | 238 | 260 | 275 | 250 |

### 풀이

[예제 7-1]에서 살펴본 것처럼 귀무가설은 $H_0 : \mu = 250$, 대립가설은 $H_1 : \mu < 250$이다.

유의수준 0.05에서 좌측검정을 살펴보자. $n = 15$, $\alpha = 0.05$이고 $\bar{x}$와 $s$는 주어지지 않았으므로 구해야 한다. 먼저 표본평균 $\bar{x}$를 구하면

$$\frac{257+253+241+\cdots+250}{15}=252.2$$

이고, 표본의 표준편차를 구하기 위해 표본분산($s^2$)을 구하면 다음과 같다.

$$s^2=\frac{1}{n-1}\sum_{i=1}^{n}(x_i-\overline{x})^2$$

$$=\frac{(257-252.2)^2+(253-252.2)^2+\cdots+(250-252.2)^2}{14}=209.2$$

따라서 표본의 표준편차는 $s=\sqrt{209.2}=14.46$이다.

검정통계량 $t$를 계산하기 위해 $\frac{\overline{x}-\mu}{s/\sqrt{n}}$에 대입하면 $t=\frac{252.2-250}{14.46/\sqrt{15}}=0.589$이다.

$t$분포표에서 자유도는 $n-1=14$이며, 좌측검정 $\alpha=0.05$인 $t$값은 −1.761이다. 좌측검정에 해당하므로, 이를 그래프로 나타내면 [그림 7-10]과 같다. $t$값의 검정통계량이 0.589이므로, 귀무가설 $H_0$를 기각할 수 없다. 따라서 유의수준 0.05에서 스포츠 이온 음료의 용량은 $H_0: \mu=250$을 만족한다고 할 수 있다. 이 조사 결과를 보면, 스포츠 이온 음료의 용량은 제품에 표기된 250ml가 맞다.

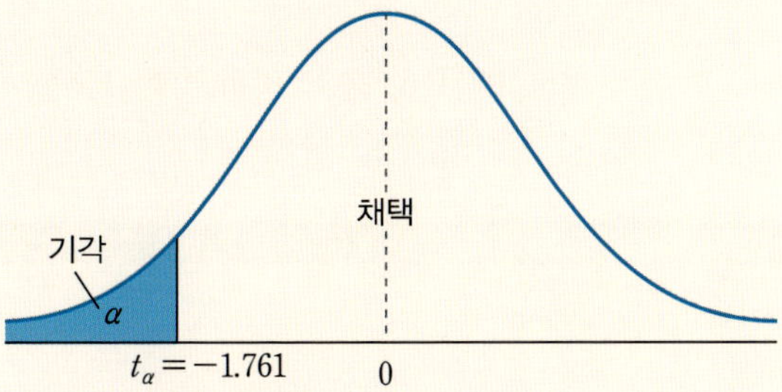


[그림 7-10] 기각역과 채택역

## 실습

**01** Excel을 실행하여 '7장_가설검정(모분산을 모르는 경우).xlsx' 파일을 불러온다.

**02** ❶ 'N'은 '15', 'α'는 '0.05'를 입력한다. ❷ C6셀에 표본평균을 구하는 계산식 '=AVERAGE(C3:Q3)'을 입력하고 ❸ D6셀에 다음 계산식을 입력한다.

=((C3−C6)^2+(D3−C6)^2+(E3−C6)^2+(F3−C6)^2+(G3−C6)^2+(H3−C6)^2+(I3−C6)^2+(J3−C6)^2+(K3−C6)^2+(L3−C6)^2+(M3−C6)^2+(N3−C6)^2+(O3−C6)^2+(P3−C6)^2+(Q3−C6)^2)/(B6−1)

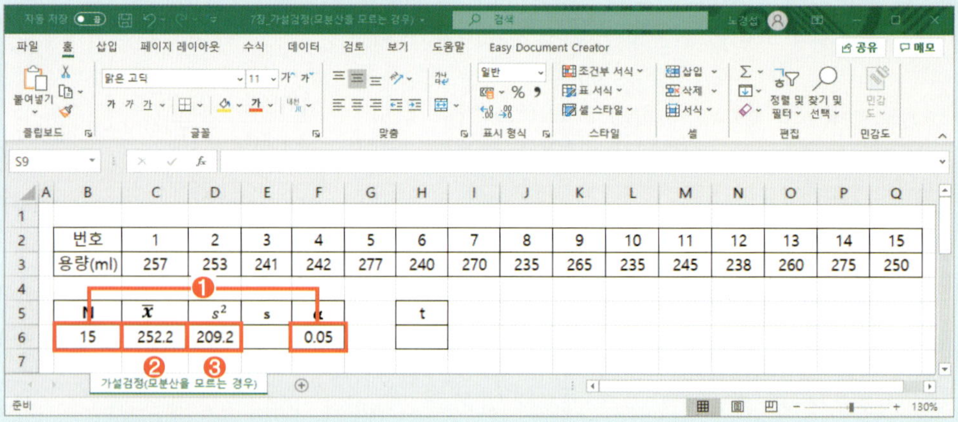

[그림 7-11] 모분산을 모르는 경우 $s^2$ 계산

**03** ❶ E6셀에 표본의 표준편차를 구하는 함수식 '=SQRT(D6)'을 입력하고 ❷ H6셀에 검정통계량을 구하는 계산식 '=(C6-250)/(E6/SQRT(B6))'을 입력한다.

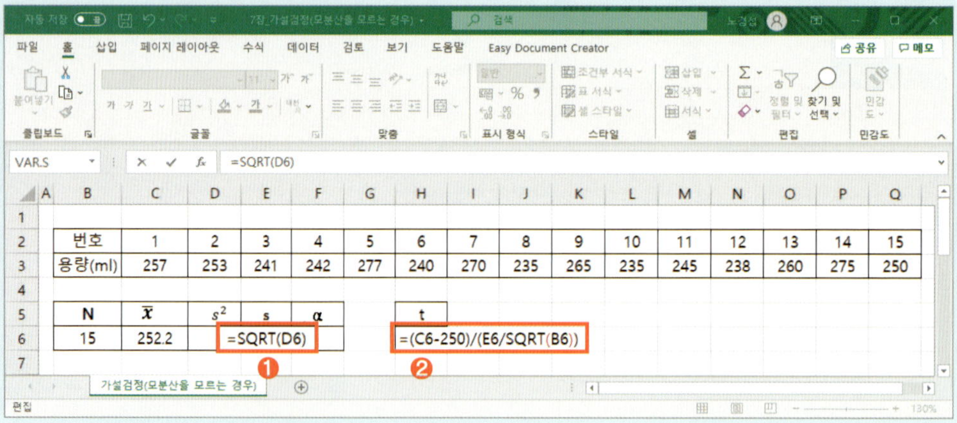

[그림 7-12] 모분산을 모르는 경우 $t$값 계산

**04** t가 0.589로 계산됨을 확인할 수 있다. 즉 $t > -1.761$을 만족한다.

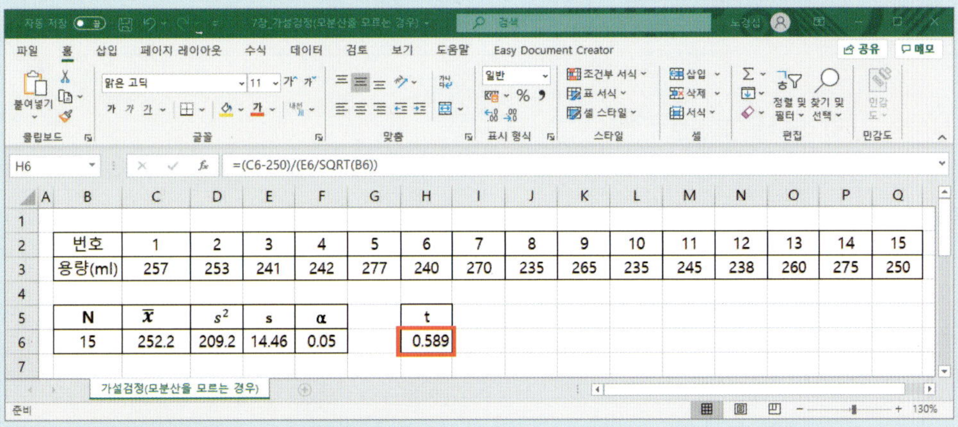


| 번호 | 1 | 2 | 3 | 4 | 5 | 6 | 7 | 8 | 9 | 10 | 11 | 12 | 13 | 14 | 15 |
|---|---|---|---|---|---|---|---|---|---|---|---|---|---|---|---|
| 용량(ml) | 257 | 253 | 241 | 242 | 277 | 240 | 270 | 235 | 265 | 235 | 245 | 238 | 260 | 275 | 250 |

| N | $\bar{x}$ | $s^2$ | s | α | t |
|---|---|---|---|---|---|
| 15 | 252.2 | 209.2 | 14.46 | 0.05 | 0.589 |

[그림 7-13] 모분산을 모르는 경우 $t$값 계산 결과

## $p$값을 이용한 가설검정

지금까지 유의수준에 따라 채택/기각을 결정했는데 이는 신뢰범위에 표함되는지 여부를 제시하는 것으로 채택/기각에 대한 강도를 표현하기에는 충분하지 않다. 이러한 단점을 보완하기 위해 채택/기각에 대한 기준을 확률로 나타내는데, 이 방법을 **$p$값을 이용한 가설검정**이라고 한다. 이때 $p$값은 귀무가설을 기각하기 위한 최대한의 한계점을 나타내는데, 유의수준 $\alpha$를 기준으로 보면 $\alpha$로부터 멀리 떨어져 있는 확률을 나타낸다.

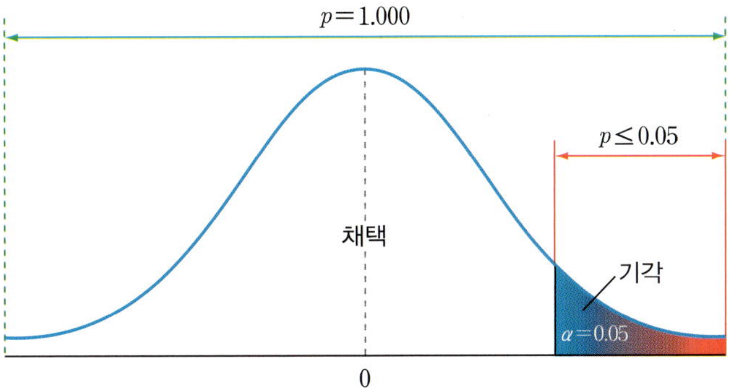


[그림 7-14] $p$값을 이용한 가설검정의 기각역과 채택역

[그림 7-14]에서 전체 구간에 대한 확률은 $p=1$, 즉 100%의 확률이다. 그런데 가설을 수립하고 귀무가설을 채택/기각할 것인가에 대한 기준은 $\alpha=0.05$이므로 우측 부분이 귀무가설을 기각하는 영역이 된다. 여기서 $p$값은 $\alpha=0.05$와 동일한 영역이 되거나 기준점

이 $\alpha = 0.05$보다 우측에서 시작하는 우측 전체의 영역을 의미한다. 따라서 **$p$값이 0.05보다 작거나 같다면 귀무가설을 기각한다.**

**Note** $p$값의 다른 표현들

$p$값을 표현하는 방법이 다양하므로, 그 방법들을 알고 있어야 어떤 조사 결과를 접하더라도 이해하기가 수월하다.

$p$값의 다른 표현 : p-value, significance level(혹은 sig.), 유의수준, 유의확률

통계분석 방법에 따라 $p$값과 달리 표현되는 값들도 있는데, 실제로는 각각의 경우에 따라 $p$값과 1:1로 대응해서 나오는 수치들이다. Excel은 물론이고 통계 프로그램을 이용하여 도출된 결과를 바탕으로 수치들을 비교해보면, 분석 방법에 따라 다른 수치가 표현되지만 $p$값은 공통으로 표시된다. 그 이유는 $p$값이 확률이므로 0~1까지의 값을 가지게 되어 다른 수치들을 표준화한 효과가 나타나기 때문이다. 이러한 이유로 거의 모든 분석 결과에서 $p$값을 사용한다. [표 7-1]을 보면 통계분석 방법에 따라 유의수준은 각각 1:1로 대응하게 되는데, 공통적으로 $p$값이 모두 포함되어 있음을 확인할 수 있다.

[표 7-1] 통계분석 방법별 유의수준의 종류

| $t$검정 | 분산분석 | 회귀분석 | 교차분석 |
|---|---|---|---|
| $t, p$ | $F, p$ | $F, t, p$ | $\chi^2, p$ |

## 예제 7-3 $p$값을 이용한 가설검정

준비파일 | 7장_가설검정(p값).xlsx

[예제 7-1]의 스포츠 이온 음료의 용량에 대한 조사에서 표본 300개를 대상으로 살펴보고자 한다. 용량을 직접 측정한 결과 평균이 244.65ml로 확인되었다. 표준편차가 45일 때, 직접 가설을 수립하고 유의수준 0.05에서 귀무가설의 기각 여부를 판단하라.

### 풀이

[예제 7-1]에서 살펴본 것처럼 귀무가설은 $H_0 : \mu = 250$, 대립가설은 $H_1 : \mu < 250$이다.

검정통계량을 계산해보자. $n = 300$, $\bar{x} = 244.65$, $s = 45$, $\alpha = 0.05$이므로 $Z$값을 구하면

$$Z = \frac{\bar{x} - \mu}{s/\sqrt{n}} = \frac{244.65 - 250}{45/\sqrt{300}} = -2.059$$

이다. 그리고 $p$값을 구하면 다음과 같다.

$$
\begin{aligned}
p &= P(z < -2.059) \\
&= 0.5 - P(0 \le z \le 2.059) \\
&\fallingdotseq 0.5 - P(0 \le z \le 2.06) \\
&= 0.5 - 0.480 = 0.020
\end{aligned}
$$

따라서 $p < 0.05$를 만족한다. 즉 스포츠 이온 음료의 용량이 250ml라는 귀무가설($H_0$)을 기각하므로 대립가설 $H_1 : \mu < 250$을 채택한다. 이 조사 결과를 보면, 스포츠 이온 음료의 용량은 제품에 표기된 250ml보다 적음을 알 수 있다.

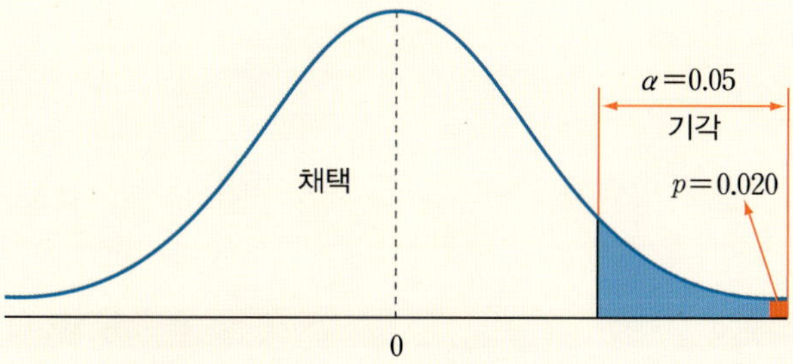


[그림 7-15] 음료수의 $p$값에 대한 가설검정

## 실습

**01** Excel을 실행하여 '7장_가설검정(p값).xlsx' 파일을 불러온다.

**02** ❶ 'N'은 '300', '$\bar{x}$'는 '244.65', '$\mu$'는 '250', 's'는 '45'를 입력한다. ❷ F3셀에 검정통계량을 구하는 계산식 '=(C3-D3)/(E3/SQRT(B3))'을 입력한다.

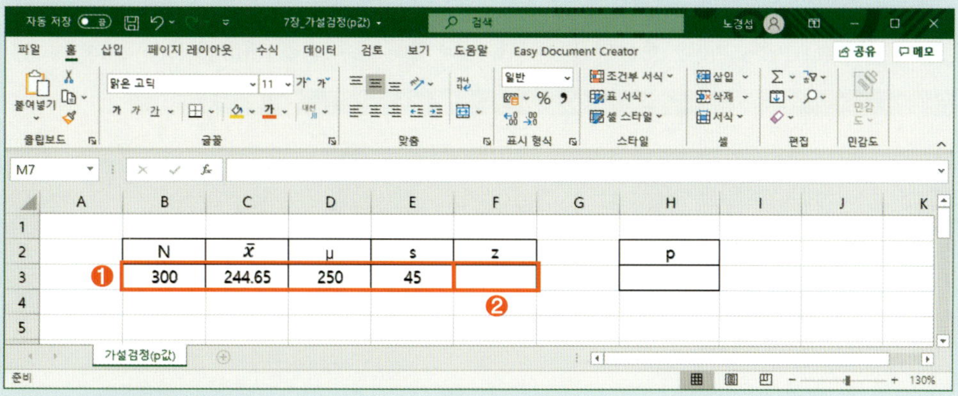


[그림 7-16] $p$값 검정을 위한 $Z$값 계산

**03** ❶ 셀 포인터를 H3셀에 두고 ❷ $f_x$를 클릭한다. **[함수 마법사]** 창에서 ❸ '함수 검색(S):'에 '정규 분포'를 입력한 후 ❹ **[검색]**을 클릭한다. ❺ '함수 선택(N):'에서 'NORM.S.DIST' 함수를 선택한 후 ❻ **[확인]**을 클릭한다.

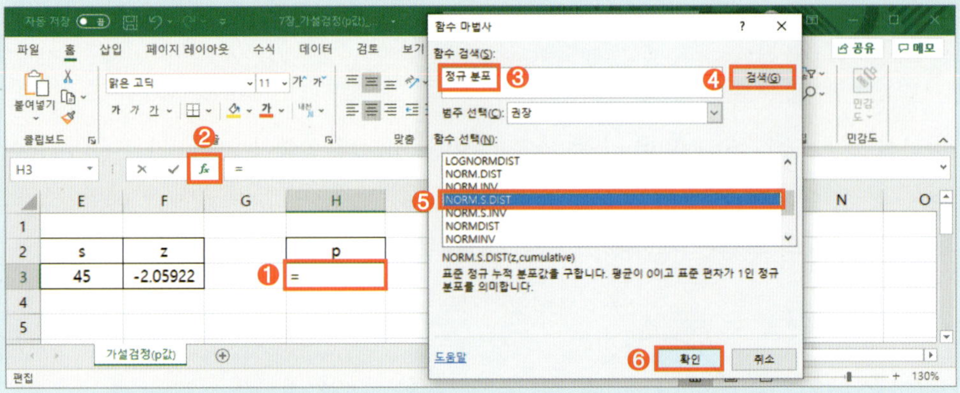


[그림 7-17] $p$값 검정을 위한 정규분포 함수의 선택

**04** **[함수 인수]** 창에서 ❶ 'Z'에 F3셀을 입력한다. ❷ 'Cumulative'에는 누적확률분포인 'TRUE'를 입력한 후 ❸ **[확인]**을 클릭한다.

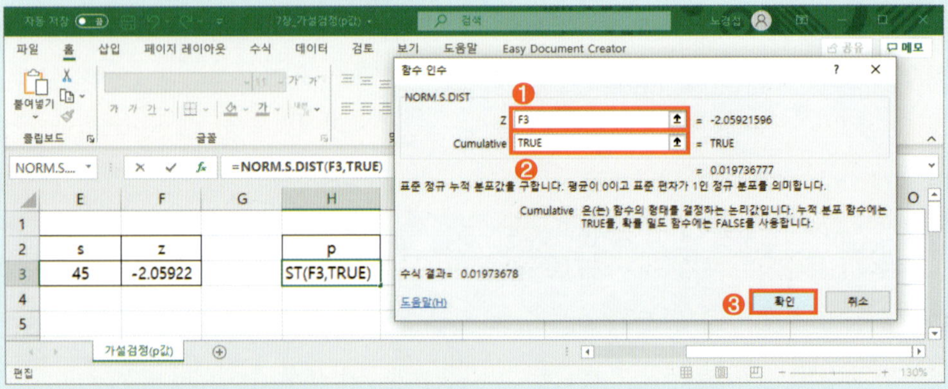


[그림 7-18] $p$값 검정을 위한 정규분포 함수의 인수 입력

**05** $p$값이 0.01973678로 계산됨을 확인할 수 있다. 즉 $p < 0.05$를 만족한다.

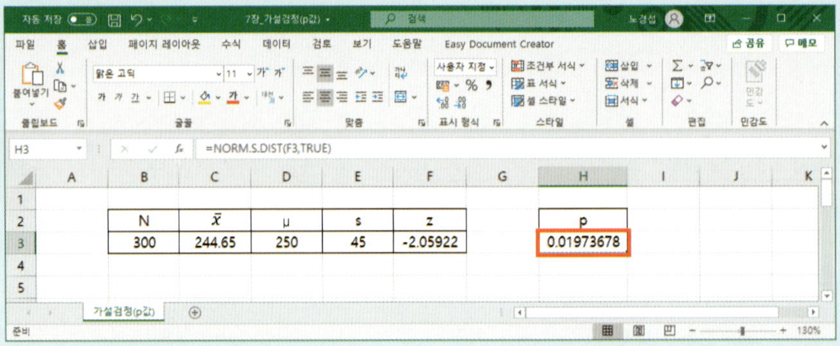


[그림 7-19] $p$값 검정 결과

SECTION 03

# 단일 모집단 비율 및 분산의 가설검정

- 모집단 비율의 검정 방법을 알아본다.
- 모집단 분산의 검정 방법을 알아본다.

Keywords | 모집단 비율의 가설검정 | 모집단 분산의 가설검정 |

앞서 평균을 기준으로 가설을 수립하고 검정하는 방법을 살펴보았다. 평균이 통계에서 가장 많이 사용되는 통계량이지만, 평균의 성격을 파악하려면 분산을 살펴볼 필요가 있다. 비율에 대한 가설검정 역시 실생활에서는 물론 통계학에서도 상당히 많이 사용된다.

## 모집단 비율의 가설검정

모집단 비율에 대한 가설검정이란 모집단에 대한 특성을 비율로 가늠하여 검정하는 것을 말한다. 모집단 비율에 대한 가설검정을 할 때는 조사 목적에서 목표로 하는 비율을 기준으로 제시하고, 조사 결과를 기준으로 제시한 비율과 비교하여 높으면 채택하고 낮으면 기각한다. 이때 기준을 제시할 수 있다는 장점이 있어 다양한 용도로 활용되고 있다. 예를 들어, 4번 타자가 되기 위해서는 3할(30%)을 넘어야 한다거나 3할 3푼(33%)을 넘어야 한다는 등의 기준을 제시할 수 있다.

전자 제품의 AS 센터에서 수리를 받거나 고객 상담을 한 다음 며칠 후에 본사로부터 만족도 조사를 위한 전화를 받아본 경험이 있을 것이다. 100명의 고객이 서비스를 받았다고 할 때, 과연 몇 %의 고객이 만족감을 느꼈을지 확인하는 조사를 생각해보자.

비율에 대한 가설검정은 정해진 유의수준 하에서 구한 표본비율이 모비율과 동일한지에 대한 가설검정이다.

검정하고자 하는 비율을 $p$라 하고 가설을 검정해보자. 표본에서 구한 비율을 $\hat{p}$, 모집단의 비율을 $p$라 하면, 귀무가설과 대립가설은 다음과 같다.

$$H_0 : p = \hat{p}$$

$$H_1 : p \neq \hat{p} \quad \text{(양측검정)}$$

$$H_1 : p < \hat{p} \quad \text{혹은} \quad p > \hat{p} \quad \text{(단측검정)}$$

모비율의 검정통계량은 다음과 같이 구할 수 있다. 이때 모비율 $p$를 구하기 위한 표본비율 분포의 표준편차 $s_{\hat{p}} = \sqrt{\frac{p(1-p)}{n}}$ 을 이용한다.

$$Z = \frac{\hat{p} - p}{\sqrt{\frac{p(1-p)}{n}}}$$

귀무가설을 기각하려면 양측검정에서는 $Z > z_{\frac{\alpha}{2}}$, $Z < z_{\frac{\alpha}{2}}$, 단측검정에서는 $H_1 : p < \hat{p}$ 이면 $Z < z_{\alpha}$이고, $H_1 : p > \hat{p}$이면 $Z > z_{\alpha}$이다.

## 예제 7-4 모집단 비율의 가설검정

준비파일 | 7장_모집단 비율의 가설검정.xlsx

S전자에 AS 센터 서비스에 대한 불만이 민원으로 접수되어, AS 센터를 방문한 고객을 대상으로 서비스 만족도를 조사하고자 한다. 방문한 고객의 80% 이상이 서비스에 만족한다면 서비스에 관한 재교육을 실시하지 않고, 그렇지 않다면 재교육을 실시할 예정이다. 무작위로 선택한 100명의 고객을 대상으로 만족도를 조사한 결과, 78명의 고객만 서비스에 만족한다고 했다. 이에 대해 유의수준 0.05에서 검정하라.

### 풀이

80%를 기준으로 재교육을 실시할 것인지 말 것인지를 판단하게 된다. 이때 대립가설은 $p \neq 0.8$이 아니라 $p < 0.8$로 설정한다. 80% 이상의 고객이 만족하다는 답변을 한다면 굳이 이러한 조사를 하지 않을 것이기 때문이다. 즉, 민원이 제기되었다는 것 자체가 만족도가 80%보다 적다는 가정을 유도한다. 따라서 80%에 미치지 않는다는 것을 확인하는 단측검정이므로 귀무가설은 $H_0 : p \geq 0.8$, 대립가설은 $H_1 : p < 0.8$ 이다.

검정통계량을 계산해보자. $N = 100$, $p = 0.8$, $\hat{p} = 0.78$, $\alpha = 0.05$이므로

$$Z = \frac{\hat{p} - p}{\sqrt{\frac{p(1-p)}{n}}} = \frac{0.78 - 0.8}{\sqrt{\frac{0.8(1-0.8)}{100}}} = -0.5$$

가 된다. 정규분포표에서 확인하면 $z_{0.05} = 1.64$이고 좌측검정이므로 $z_{0.05} = -1.64$가 된다.[7] [그림 7-20]을 보면 $Z = -0.5$는 좌측 채택역에 속한다. 즉, 귀무가설을 기각하지 못한다. 이 조사 결과를 보면, 서비스에 관한 재교육을 실시하지 않아도 된다.

7 $z = 1.96$이 아니라 1.64가 된 것은 단측검정에서 대칭인 반대 부분이 채택역이 되기 때문이다.

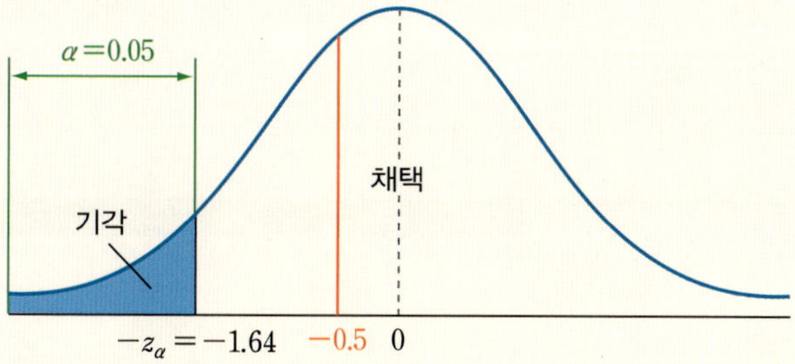


[그림 7-20] 서비스 만족도에 대한 가설검정

즉, 귀무가설을 기각하지 못한다. 따라서 이 조사의 결과를 보면, 서비스에 관한 재교육을 실시하지 않아도 된다.

## 실습

**01** Excel을 실행하여 '7장_모집단 비율의 가설검정.xlsx' 파일을 불러온다.

**02** ❶ 'N'은 '100', '$\hat{p}$'는 '0.78', '$p$'는 '0.80'을 입력한다. ❷ F3셀에 검정통계량을 구하는 계산식 '=((C3-D3)/SQRT((D3*(1-D3))/B3))'을 입력한다.

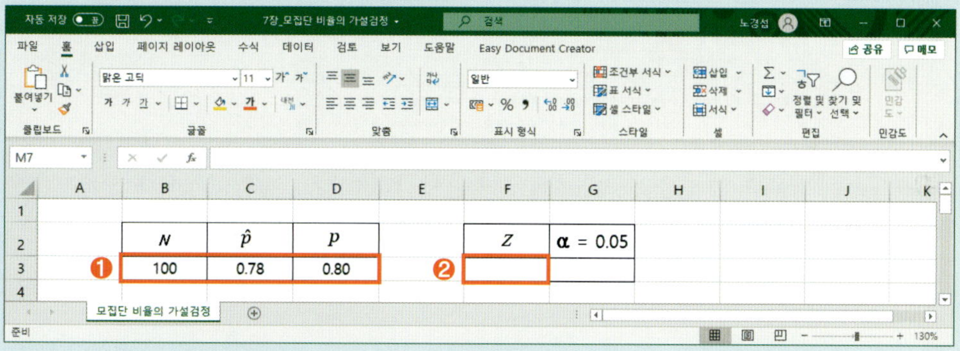


[그림 7-21] 서비스 만족도에 대한 $Z$값 계산

**03** ❶ 셀 포인터를 G3셀에 두고 ❷ $f_x$를 클릭한다. **[함수 마법사]** 창에서 ❸ '함수 검색(S):'에 '정규분포'를 입력한 후 ❹ **[검색]**을 클릭한다. ❺ '함수 선택(N):'에서 'NORM.S.INV' 함수[8]를 선택한 후 ❻ **[확인]**을 클릭한다.

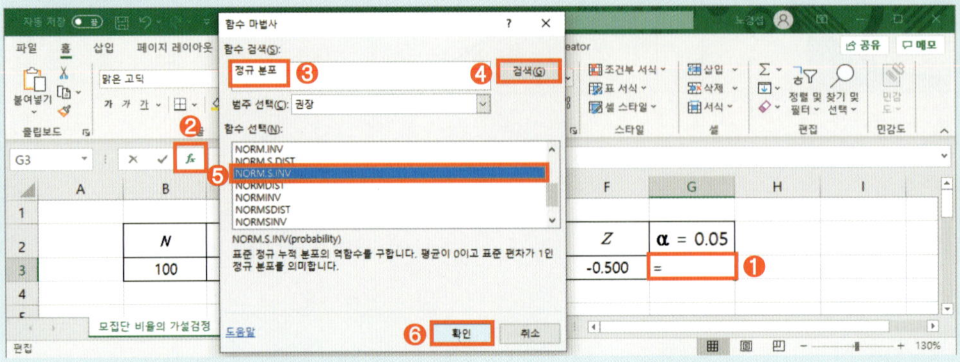

[그림 7-22] $z$값 계산을 위한 정규분포 함수 선택

**04** **[함수 인수]** 창에서 ❶ 'Probability'에 '0.05'를 입력하고 ❷ **[확인]**을 클릭한다.

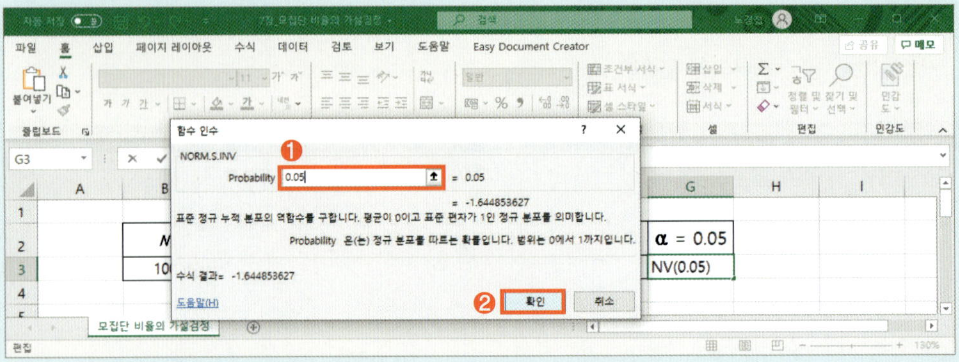

[그림 7-23] 유의수준 $\alpha = 0.05$ 입력

8 좌측검정이므로 표준정규분포에서 누적확률분포의 역함수를 구해야 한다.

**05** 좌측검정의 0.05에 해당하는 값이 −1.644854로 계산됨을 확인할 수 있다. $Z$값이 −0.5이고, 유의수준이 −1.644854이므로 계산된 통계량이 표준정규분포의 기준이 되는 평균 0의 방향인 우측으로 더 멀리 떨어져 있음을 알 수 있다.

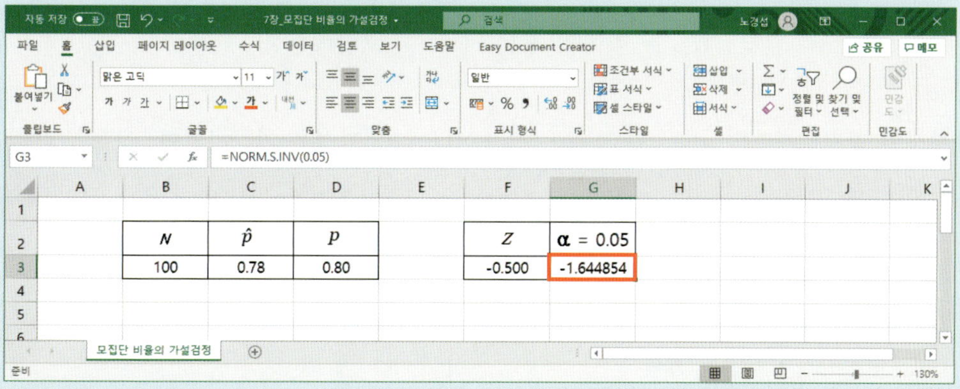


[그림 7-24] $\alpha = 0.05$의 $z$값

## 모집단 분산의 가설검정

분산에 대한 가설검정은 평균에 대해 어느 정도 산포가 나타나는지를 살펴보는 가설검정이다. 예를 들어 동일한 서비스를 받은 후 서비스에 대한 만족도 평균을 구해도 사람마다 만족도는 다 다를 것이고, 동일한 제품을 사용하더라도 사용 기간이 다르게 나타날 수 있다. 이 때문에 평균을 기준으로 나타나는 분산에 대한 가설검정도 모집단 평균의 가설검정과 함께 많이 사용되고 있다.

6장에서 모집단 분산의 구간추정에 대해 살펴보았다. 그 방식은 평균의 구간추정과 동일하지만, 산포하고 있는 분산은 $\chi^2$(카이제곱, chi-square)분포였다. 분산에 대한 가설검정도 동일하게 $\chi^2$분포를 이용한다.

분산이 $\sigma^2$인 모집단으로부터 $n$개의 표본을 추출해서 표본분산 $s^2$을 계산하면 이 표본은 자유도가 $(n-1)$인 $\chi^2$분포를 따르며, 검정통계량은 다음과 같이 구할 수 있다.

$$\chi^2_{(n-1)} = \frac{(n-1)s^2}{\sigma^2}$$

이때 귀무가설과 대립가설은 다음과 같다.

$$H_0 : \sigma^2 = s^2$$

$$H_1 : \sigma^2 \neq s^2 \text{ (양측검정)}$$

$$H_1 : \sigma^2 < s^2 \quad \text{혹은} \quad \sigma^2 > s^2 \text{ (단측검정)}$$

모분산의 검정통계량은 $\chi^2_{(n-1)} = \dfrac{(n-1)s^2}{\sigma^2}$ 이다. 귀무가설을 기각하려면, 양측검정에서는 $\chi^2 < \chi^2_{(n-1, 1-\frac{\alpha}{2})}$, $\chi^2 > \chi^2_{(n-1, \frac{\alpha}{2})}$ 이어야 한다. 단측검정에서 $H_1 : \sigma^2 < \sigma_0^2$ (좌측검정)이면 $\chi^2 < \chi^2_{(n-1, 1-\alpha)}$ 이고, $H_1 : \chi^2 > \chi_0^2$ (우측검정)이면 $\chi^2 > \chi^2_{(n-1, \alpha)}$ 이다.

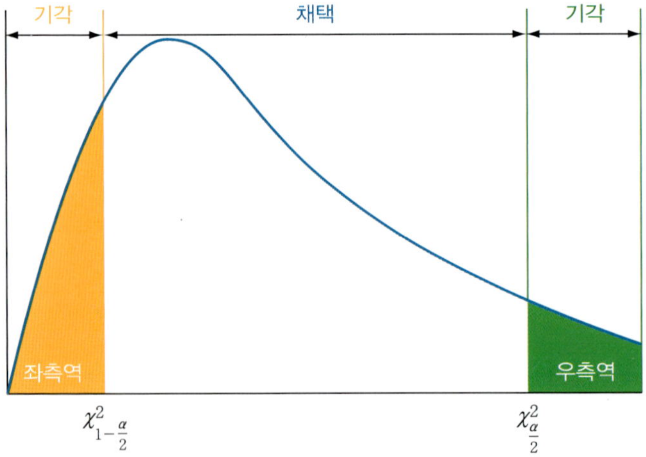


[그림 7-25] **카이제곱 분포에서의 검정**

## 예제 7-5 모집단 분산의 가설검정

준비파일 | 7장_모집단 분산의 가설검정.xlsx

자동차 제조사 H사에서 개발한 친환경 하이브리드 자동차는 연비가 25km/l, 분산은 6.25로 H사는 이 자동차를 홍보하면서 세계적인 자동차 회사로 거듭나고자 한다. 소비자 단체에서는 H사의 홍보 자료가 사실인지 확인하기 위해 표본으로 50대의 자동차 연비를 직접 측정하였다. 그 결과 연비는 28.4km/l이며 분산이 3.84로 조사되었다. H사의 주장대로 연비의 분산이 6.25가 맞는지 유의수준 0.05에서 검정하라.

**풀이**

이 조사는 연비가 25km/l로 측정된 자동차에 대해 제조사에서 주장하는 대로 평균 연비의 분산이 6.25인지를 확인하는 것이므로, 귀무가설은 $H_0 : \sigma^2 = 6.25$, 대립가설은 $H_1 : \sigma^2 \neq 6.25$가 된다.

검정통계량을 계산해보자. $n = 50$, $\overline{x} = 28.4$, $s^2 = 3.84$, $\alpha = 0.05$이므로

$$\chi^2_{(n-1)} = \frac{(n-1)s^2}{\sigma^2} = \frac{49 \times 3.84}{6.25} = 30.106$$

이다. 양측검정이므로 $\chi^2 > \chi^2_{(n-1, \frac{\alpha}{2})}$, $\chi^2 < \chi^2_{(n-1, 1-\frac{\alpha}{2})}$를 만족하면 귀무가설을 기각한다. $\alpha = 0.05$이며, 자유도 49이므로 $\chi^2_{(n-1, 1-\frac{\alpha}{2})} = 31.555$, $\chi^2_{(n-1, \frac{\alpha}{2})} = 70.222$이다. 즉, [그림 7-26]과 같이 $\chi^2_{(n-1)}$이 31.555~70.222의 범위에 있지 않으므로 귀무가설을 기각한다. 이 조사 결과를 보면, 제조사는 분산이 6.25라고 주장하고 있지만 실제로는 그렇지 않다는 것을 알 수 있다. 즉, 분산이 적은 쪽이므로 평균 연비 28.4km/l에서 안정적으로 나타나는 것을 알 수 있다.

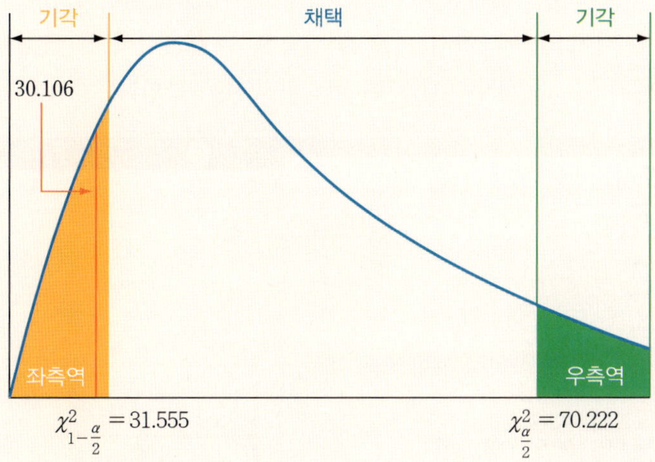


[그림 7-26] $\chi^2$ 분포에서의 채택역과 기각역

## 실습

**01** Excel을 실행하여 '7장_모집단 분산의 가설검정.xlsx' 파일을 불러온다.

**02** ❶ '$N$'은 '50', '$s^2$'은 '3.84', '$\sigma^2$'은 '6.25'를 입력한다. ❷ E3셀에 검정통계량을 구하는 계산식 '=((B3−1)*C3)/D3'을 입력한다.

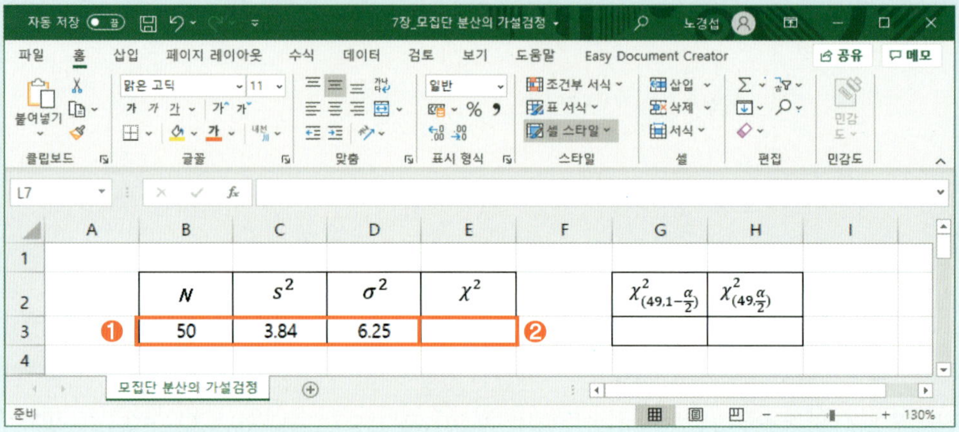


[그림 7-27] $\chi^2$의 채택역과 기각역을 구분하는 임계치 계산

**03** 먼저 좌측역을 구해보자. ❶ 셀 포인터를 G3셀에 두고 ❷ $f_x$를 클릭한다. **[함수 마법사]** 창에서 ❸ '함수 검색(S):'에 '카이 제곱'을 입력한 후 ❹ **[검색]**을 클릭한다. ❺ '함수 선택(N):'에서 'CHISQ.INV' 함수[9]를 선택한 후 ❻ **[확인]**을 클릭한다.

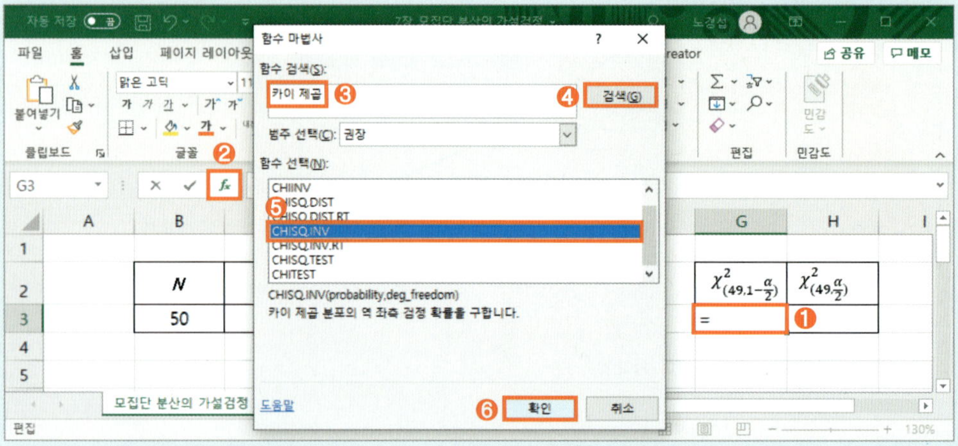


[그림 7-28] $\chi^2$분포에서 좌측역 함수 선택

---

9 CHISQ.INV 함수는 좌측 분포의 역을 구하는 함수다.

**04** [**함수 인수**] 창에서 ❶ 'Probability'에 '0.025'를 입력하고, ❷ 자유도를 의미하는 'Deg_freedom'에 '49'를 입력한 후 ❸ [**확인**]을 클릭한다.

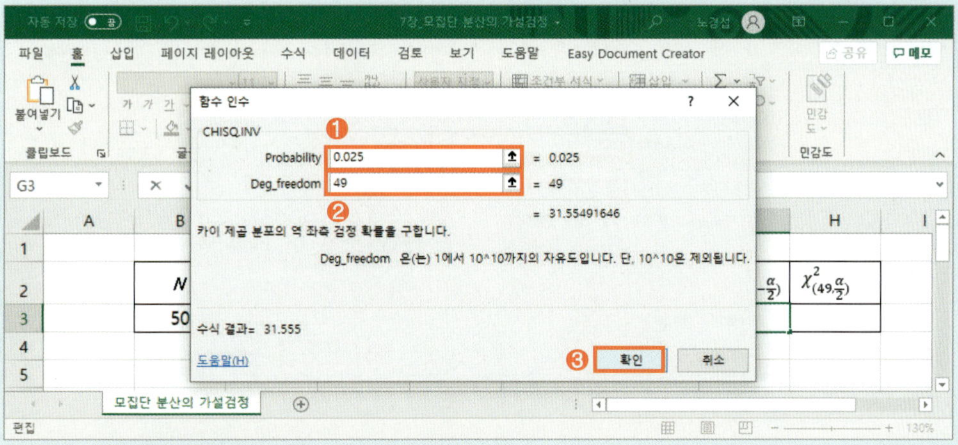


[그림 7-29] $\chi^2$ 통계량의 좌측역 계산을 위한 인수 입력

**05** 우측역을 구해보자. ❶ 셀 포인터를 H3셀에 두고 ❷ $f_x$를 클릭한다. [**함수 마법사**] 창에서 ❸ '함수 검색(S):'에 '카이 제곱'을 입력한 후 ❹ [**검색**]을 클릭한다. ❺ '함수 선택(N):'에서 'CHISQ.INV.RT' 함수[10]를 선택한 후 ❻ [**확인**]을 클릭한다.[11]

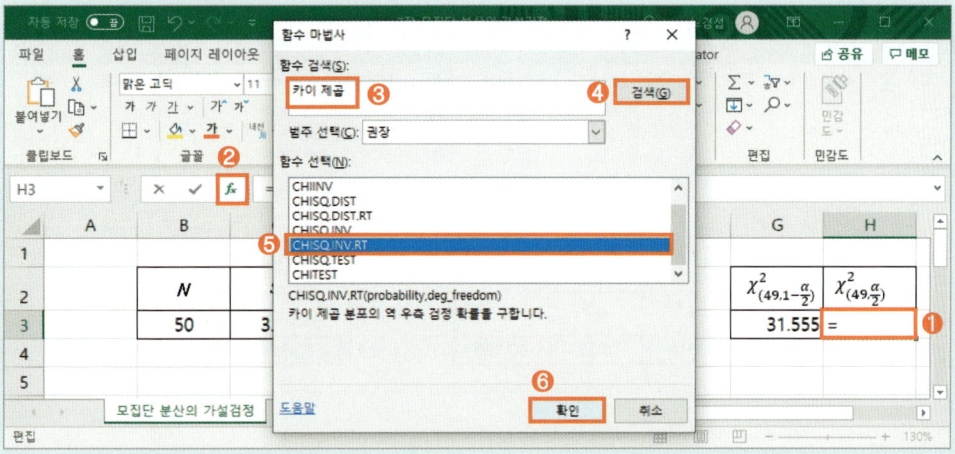


[그림 7-30] $\chi^2$분포에서 우측역 함수 선택

---

10 CHISQ.INV.RT 함수는 우측 분포의 역을 구하는 함수다.

11 'CHISQ.INV' 함수에 확률을 0.975로 입력해도 동일한 값이 출력된다.

**06** [**함수 인수**] 창에서 ❶ 'Probability'에 '0.025'를 입력하고 ❷ 자유도를 의미하는 'Deg_freedom'에 '49'를 입력한 후 ❸ [**확인**]을 클릭한다.

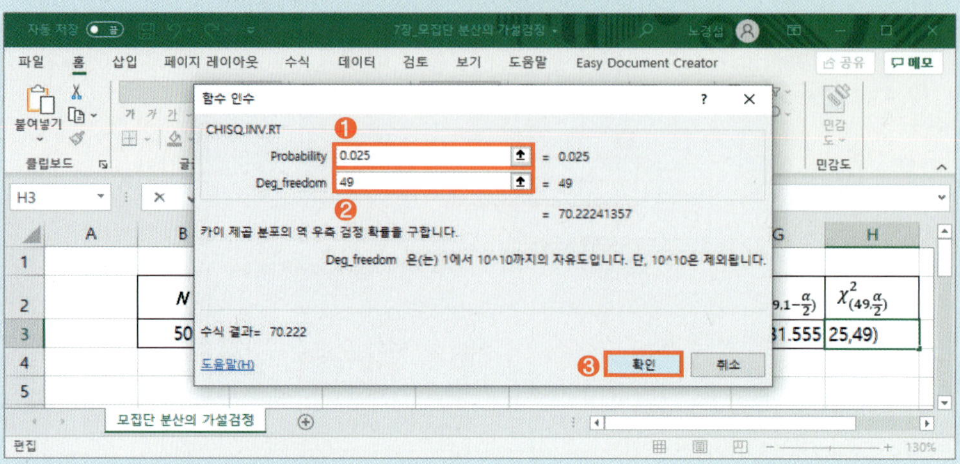

[그림 7-31] $\chi^2$ 통계량의 우측역 계산을 위한 인수 입력

**07** $\chi^2_{(n-1,1-\frac{\alpha}{2})}$, $\chi^2_{(n-1,\frac{\alpha}{2})}$ 이 31.555와 70.222로 계산됨을 확인할 수 있다. 이 값을 $\chi^2_{(n-1)}=30.106$과 비교해보면, 귀무가설의 좌측 기각역에 속하므로 대립가설을 채택한다.

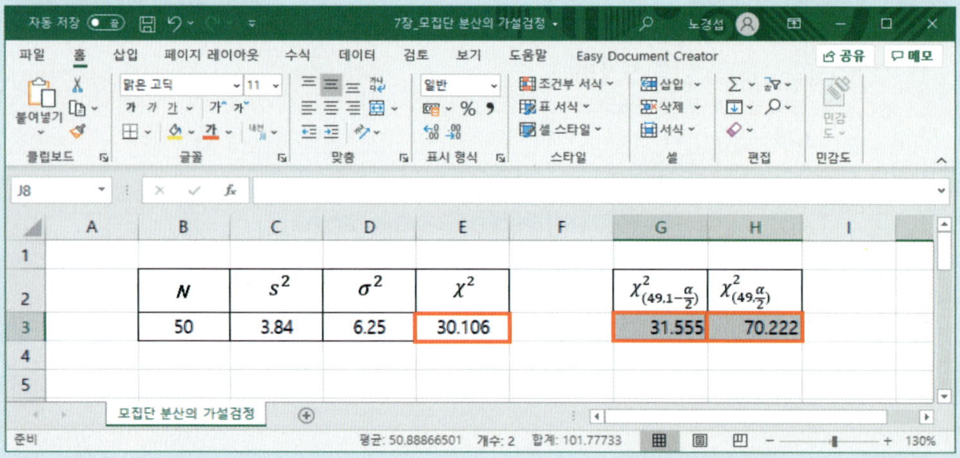

[그림 7-32] 가설검정 결과

CHAPTER

# 07 연습문제

1. 가설의 개념과 종류에 대해 설명하라.

2. 검정이 무엇인지 설명하고, 그 종류를 유의수준과 함께 설명하라.

3. 통계적 판단을 하는 데 있어 유의수준이 어떠한 역할을 하는지 설명하라.

4. 통계적 오류에 대해 설명하고, 이러한 오류를 피하기 위해서는 어떻게 해야 하는지 설명하라.

5. 전기 자동차에 들어가는 배터리 기술이 발달하면서 점점 운행 거리가 늘어나고 있다. 제조사에서 주장하는 전기 자동차의 운행 거리가 완충 시 600km라는 광고를 확인하기 위해 직접 조사를 하고자 한다. 표본 121개를 선택하여 직접 운행 거리를 측정했다. 그 결과 평균 운행거리는 599.2km였고, 표준편차는 25km였다. 이때 가설을 수립하고, 유의수준 0.05에서 양측검정과 좌측검정을 실시하라.

6. [컴퓨터 실습] 정부 발표에 의하면 국내의 1인당 스마트폰 데이터 사용량이 월간 10GB를 넘었다고 한다. 연습문제.xlsx의 '7장_1인당 월간 데이터 사용량' 시트는 스마트폰 사용자 30명을 대상으로 월간 데이터 사용량을 측정하여 적은 것이다. 모집단의 분포는 정규분포라고 가정한다. 이때 가설을 수립하고, 유의수준 0.05에서 양측검정과 좌측검정을 실시하라.

7. [컴퓨터 실습] 알려져 있는 휴대전화 배터리의 작동시간이 5시간이고, 표본 100개를 선택하여 배터리의 작동 시간을 확인했더니 평균 작동 시간은 5.1시간이었고, 표준편차가 50분이었다. 유의수준이 0.05일 때 귀무가설의 기각 여부를 Excel을 이용하여 판단하라.

8. [컴퓨터 실습] B 보험회사에서는 재무 컨설턴트가 월간 목표인 106%에 미달하면, 영업 성과의 향상을 위해 영업 전략교육을 진행하기로 하였다. 무작위로 재무 컨설턴트 150명을 표본으로 선택하여 평균 달성 목표를 확인했더니 99%라는 결과를 얻었다. 영업 전략교육을 실시해야 할지 말아야 할지에 대해 유의수준 0.05에서 Excel을 이용하여 검정하라.

CHAPTER

# 08

# 두 모집단 간의 추론

Inference between two populations

## 두 모집단은 어떻게 비교할 수 있을까?

지금까지 단일 표본에 대한 통계적 추론을 살펴보았다. 1~7장에서는 통계학의 기초를 구성하는 내용을 다루었고 8장부터는 이 기초 위에서 활용 및 응용하는 내용을 다룬다. 이제 단일 모집단에 대한 추정과 검정에서 더 나아가 두 모집단에 대한 추정과 검정으로 통계의 적용 범위를 확대하려고 한다. 이는 '표본이 2개인 경우에는 어떻게 비교할 수 있을까?'에 대한 내용이다.

표본이 2개일 때도 단일 표본으로 추론할 때처럼 각각의 표본을 하나씩 분석해서 비교를 통해 어떤 유의미한 결과를 찾을 수 있다. 그러나 이런 방법으로는 단지 비교만 할 수 있을 뿐이고, 두 표본에 대한 추론 결과에 차이가 날 때 그 차이에 의미가 있는지 없는지를 판단할 수가 없다. 이러한 판단을 하려면 다른 방법을 이용해야 한다. 또한 두 모집단으로부터 표본을 추출할 때는 두 모집단 간의 연관성 유무를 염두에 두어야 한다. 즉, 두 표본을 서로 비교할 때 표본 간의 연관성 여부에 주목해야 한다. 표본 간에 연관성이 있다면 이를 대응표본이라 하고, 서로 연관성이 없다면 독립표본이라 한다. 그러므로 표본 관계의 성격에 따라 분석 방법이 달라진다.

이 장에서는 표본이 2개인 대응표본과 독립표본에 대하여 두 모집단의 평균 차이에 대한 가설검정을 살펴본다. 그리고 두 모집단의 비율 차이에 대한 가설검정을 알아볼 것이다.

Contents

01_두 모집단의 평균 차이에 대한 가설검정 : 대응표본

02_두 모집단의 평균 차이에 대한 가설검정 : 독립표본

03_두 모집단의 비율 차이에 대한 가설검정

연습문제

SECTION 01

# 두 모집단의 평균 차이에 대한 가설검정 : 대응표본

- 대응표본의 개념을 이해한다.
- 대응표본의 $t$검정 방법을 살펴본다.

Keywords | 대응표본 | 대응표본의 $t$검정 |

통계분석의 대상이 두 모집단으로부터 각각 추출한 두 표본일 때, 분석 방법은 표본 관계의 성격에 따라 달라진다. 표본의 연관성 유무에 따라 대응표본과 독립표본으로 구분되는데, 먼저 대응표본에서 모집단의 평균 차이를 살펴보자.

**신약의 효과성 검정**

[그림 8-1] COVID19 특효약

2019년 말부터 COVID19라는 생소한 바이러스 때문에 전 세계가 유례 없는 혼란을 겪고 있다. 펜데믹으로 인한 거리 두기와 마스크 쓰기가 일상화되었고, 모범적인 K-방역으로 한국의 위상이 높아졌다. 인류는 이러한 환경을 만든 생소한 바이러스에 대해 서로 정보를 공유하며 함께 극복하기 위해 노력하고 있다.

A 제약회사는 각고의 노력 끝에 COVID19를 극복하기 위한 새로운 주사제를 개발했다고 한다. 건강에 해롭지 않으면서 COVID19에는 효과적이며 안전하다는 것이 A 제약회사의 주장이다. A 제약회사는 이 신약의 효과성을 검증한 후 그 결과를 홍보 자료로 활용하고자 한다. 어떻게 해야 이 COVID19 특효약의 효과를 증명할 수 있을까?

신약의 효과를 살펴보려면 신약을 투여하기 전과 후를 짝지어 살펴보아야 한다. 이처럼 표본을 짝지어 그 차이를 살펴보는 것이 대응표본 검정 방법이다.

## 대응표본

**대응표본**(paired sample)은 [그림 8-2]와 같이 두 모집단으로부터 표본을 각각 추출할 때, 표본을 구성하는 각각의 인자가 짝을 지어 서로 연관된 표본을 말한다. 대응표본은 교육, 광고, 의료 등의 분야에서 사전(ex-ante)과 사후(ex-post)를 비교하여 효과를 평가할 때 주로 사용된다. 이때 두 표본은 각각의 모집단에서 추출하지만, 모집단에서 짝을 지어 추출한 것이므로 평균 차이에 대한 검정은 하나의 표본에 대한 검정으로 간주할 수 있다. 따라서 대응표본은 사실 하나의 표본에 대해 두 번 측정하는 것으로 볼 수 있다.[1,2]

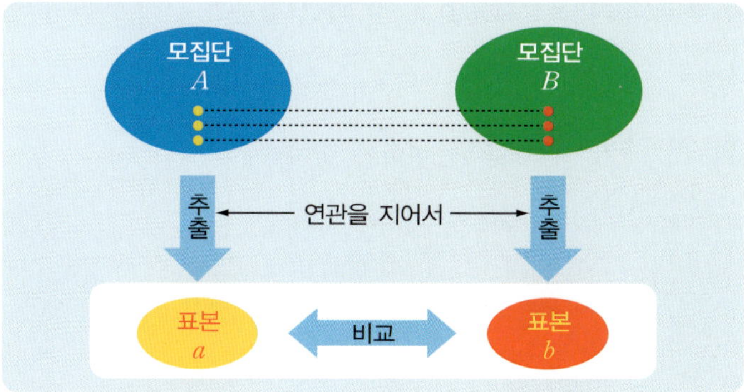


[그림 8-2] 대응표본[3]

## 대응표본의 $t$검정

예시를 통해 대응표본의 $t$검정을 살펴보자. 최근 A 제약회사에서 COVID19에 효과가 있다는 특효약을 개발하는 데 성공했다. 이 특효약이 정말 체온을 정상적으로 유지하는 효과가 있는지 확인해보고자 한다. [표 8-1]은 15명을 대상으로 투약 전/후의 체온 변화를 조사한 결과다. 유의수준 5%에서 COVID19 특효약을 투약하기 전/후의 체온을 비교해보자.

[표 8-1] 투약 전/후의 체온 변화

단위 : °C

| 번호 | 1 | 2 | 3 | 4 | 5 | 6 | 7 | 8 | 9 | 10 | 11 | 12 | 13 | 14 | 15 |
|---|---|---|---|---|---|---|---|---|---|---|---|---|---|---|---|
| 투약 전 | 37.5 | 36.5 | 38.0 | 37.9 | 36.9 | 36.3 | 38.2 | 36.9 | 36.5 | 36.7 | 37.6 | 36.9 | 37.5 | 37.0 | 37.2 |
| 투약 후 | 36.3 | 36.5 | 36.7 | 36.1 | 36.4 | 36.5 | 36.8 | 36.2 | 36.6 | 36.5 | 36.7 | 36.5 | 36.2 | 36.3 | 36.8 |

COVID19 특효약의 투약 전/후의 체온 변화에 대한 비교는 그 평균에 변화가 있는지를 검정하는 것이다. 즉, 투약 전/후의 15명에 대한 체온의 평균에 변화가 있는지를 검정한다. 투약 전/후의 표본은 서로 연결되어 있으며, 하나의 표본 집단을 기준으로 사전/사후의 체온을 측정했으므로 하나의 표본을 두 번 측정한 것으로 이해하면 된다.

1 두 표본에 대한 검정 방법을 설명하기 전에, 쉽게 개념을 파악할 수 있도록 대응표본을 먼저 살펴보고자 한다. 그런 후에 두 표본으로 구성된 독립표본에 대해 살펴볼 것이다.

2 《제대로 알고 쓰는 논문 통계분석: SPSS & AMOS (개정증보판)》 (한빛아카데미, 2019), p.88 참조
《완벽분석! 사회조사분석사 2급 필기》 (한빛아카데미, 2019), p.398 참조

3 [그림 8-2]는 동일한 표본의 '사전-사후'로 연관되어 있다.

### 가설 수립

조사 목적이 체온 변화의 효과에 맞춰져 있으므로, 대립가설 $H_1$은 체온에 변화가 있다는 것이고, 귀무가설 $H_0$는 체온에 변화가 없다는 것이다.

즉, 투약 전의 표본평균을 $\bar{x}_i$, 투약 후의 표본평균을 $\bar{x}_j$라 하면 다음과 같이 나타낼 수 있다.[4]

$$H_0 : \bar{x}_i - \bar{x}_j = 0 \Rightarrow \text{체온에 변화가 없다.}$$

$$H_1 : \bar{x}_i - \bar{x}_j \neq 0 \Rightarrow \text{체온에 변화가 있다.}$$

### 표본통계량과 표준오차

투약 전의 표본을 $X_i$, 투약 후의 표본은 $X_j$, 표본의 크기를 $n$이라 한다. $X_i$와 $X_j$의 차이를 $X_i - X_j = d$라 하면, 투약 전/후 차이의 평균은 $\frac{\sum(X_i - X_j)}{n} = \bar{d}$가 된다. 그러면 투약 전/후 차이의 분산은 $s_d^2 = \frac{\sum(d-\bar{d})^2}{n-1}$, 표준편차는 $s_d = \sqrt{\frac{\sum(d-\bar{d})^2}{n-1}}$, 표준오차는 $s_{\bar{d}} = \frac{s_d}{\sqrt{n}}$이다.

이를 이용하여 투약 전/후 차이의 평균, 분산, 표준편차, 표준오차를 구하면 다음과 같다.

$$\bar{d} = \frac{\sum(X_i - X_j)}{n} = \frac{(37.5-36.3)+(36.5-36.5)+\cdots+(37.2-36.8)}{14} = 0.7$$

$$s_d^2 = \frac{\sum(d-\bar{d})^2}{n-1} = \frac{(1.2-0.7)+(0-0.7)+\cdots+(0.4-0.7)}{15} \fallingdotseq 0.366$$

$$s_d = \sqrt{\frac{\sum(d-\bar{d})^2}{n-1}} = \sqrt{\frac{(1.2-0.7)+(0-0.7)+\cdots+(0.4-0.7)}{14}} \fallingdotseq 0.605$$

$$s_{\bar{d}} = \frac{s_d}{\sqrt{n}} = \frac{0.837}{\sqrt{15}} \fallingdotseq 0.156$$

### 가설검정

수립된 가설에 대한 검정은 자유도를 $n-1$로 하는 $t$분포를 이용한다. 이때 표본이 30개 이상인 경우에는 정규분포를 이용해도 상관없다.[5] 신뢰구간 $100(1-\alpha)$에서 검정통계량은 $X_i - X_j$에 대해 다음과 같다.

4 여기서는 개념을 먼저 이해하고자 양측검정으로 설명하고 있으나, 조사 목적에 따라 체온 변화에 초점을 맞추어 체온이 떨어지거나 높아지는 것만 검정하는 단측검정을 실시해야 할 것이다.

5 6장에서 표본의 개수가 30이 넘어가면 중심극한정리에 의해 정규분포를 이용할 수 있음을 살펴보았다.

$$t = \frac{\bar{d}}{s_d / \sqrt{n}}$$

양측검정이므로 유의수준은 0.05이며 자유도가 14인 $t_{(14,\,0.025)}$는 2.145다. 양측검정의 신뢰구간은 다음과 같이 구할 수 있다.

$$\bar{d} - t_{(n-1,\,\frac{\alpha}{2})} \cdot \frac{s_d}{\sqrt{n}} \le t \le \bar{d} + t_{(n-1,\,\frac{\alpha}{2})} \cdot \frac{s_d}{\sqrt{n}}$$

$$0.7 - 2.145 \cdot \frac{0.605}{\sqrt{15}} \le t \le 0.7 + 2.145 \cdot \frac{0.605}{\sqrt{15}}$$

$$0.7 - 2.145 \cdot 0.156 \le t \le 3.900 + 2.145 \cdot 0.156$$

$$0.365 \le t \le 1.035$$

95%의 신뢰구간에서 검정통계량 $t$를 구하면 다음과 같다.

$$t = \frac{\bar{d}}{s_d / \sqrt{n}} = \frac{0.7}{0.156} \fallingdotseq 4.487$$

4.487은 신뢰구간의 범위에 포함되지 않는다. 즉, 귀무가설을 기각하고 대립가설을 채택해야 한다. 이를 그래프로 나타내면 [그림 8-3]과 같다.

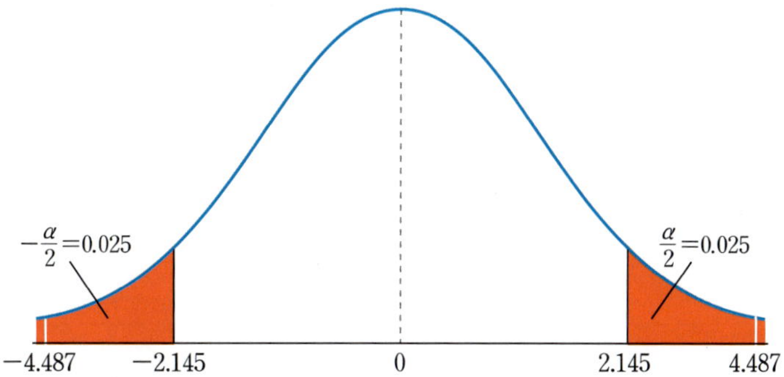


[그림 8-3] **대응표본 $t$ 검정의 그래프**

양측검정이므로 좌우의 유의수준은 각각 0.025로 표현되며, 자유도가 14인 $t_{(14,\,0.025)}$가 2.145를 나타내므로 계산한 검정통계량 4.487이 기각역에 속해 있음을 확인할 수 있다.

**참고 $t$분포와 $z$분포의 차이**

$z$분포는 그래프 전체의 면적을 1로 하는 확률분포이므로 0에서 1의 값을 가진다. 그러므로 확률을 기준으로 가설의 채택과 기각을 판단한다. 반면, $t$분포는 확률값이 아닌 $t$값을 기준으로 분포가 구성된다. 이는 중심 0으로부터의 면적을 나타내는 것으로 볼 수 있다. 즉, 자유도와 유의수준이 주어진 상황에서 면적을 확인하는 것이므로, 음의 값이 아니라 양의 값으로 나타낸다.

## 예제 8-1 대응표본의 가설검정

준비파일 | 8장_대응표본의 가설검정.xlsx

A 제약회사에서 개발한 COVID19 특효약의 효과를 확인하기 위해 조사한 [표 8-1]을 바탕으로 정말 체온 조절에 효과가 있는지 Excel을 이용하여 검정하라. 단, 유의수준은 5%다.

### 실습

**01** Excel을 실행하여 '8장_대응표본의 가설검정.xlsx' 파일을 불러온다.

**02** ❶ **[데이터]** 탭을 클릭한 후 ❷ **[데이터 분석]** 메뉴를 클릭한다. **[통계 데이터 분석]** 창에서 ❸ 't-검정: 쌍체비교'를 선택하고 ❹ **[확인]**을 클릭한다.

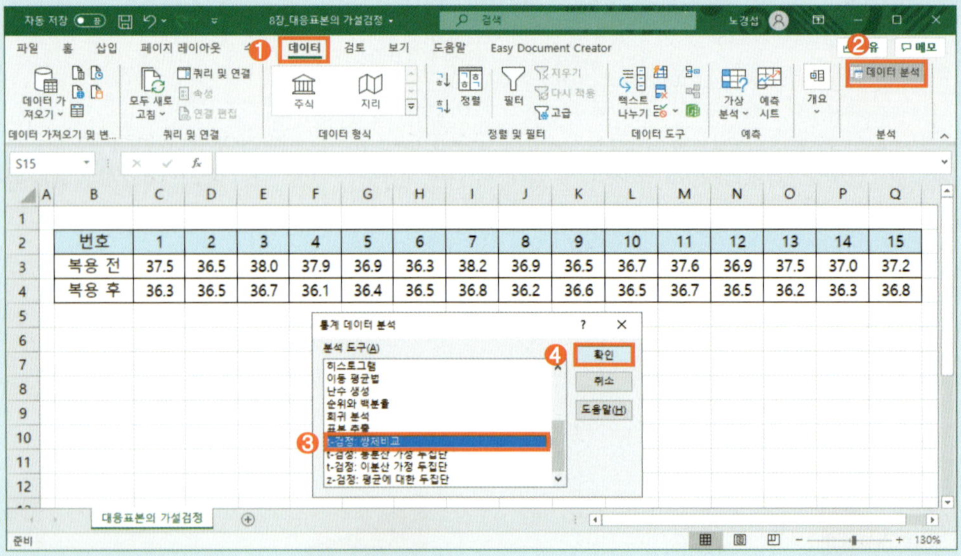


[그림 8-4] 통계 데이터 분석의 't-검정: 쌍체비교' 선택

**03** **[t-검정: 쌍체비교]** 창에서 ❶ '변수 1 입력 범위(1):' 칸을 클릭한 후 ❷ 복용 전의 데이터 구간을 B3셀부터 Q3셀까지 드래그하여 입력한다. ❸ '변수 2 입력 범위(2):' 칸을 클릭한 후 ❹ 복용 후의 데이터 구간을 B4셀부터 Q4셀까지 드래그하여 입력한다. ❺ 이름표(L)에 ☑로 표시한 후 ❻ '유의 수준(A)' 0.05를 확인한다. ❼ '출력 범위(O):' 칸을 클릭한 후 ❽ 결과가 나타나게 될 시작 위치인 B6셀을 클릭하고 ❾ **[확인]**을 클릭한다.

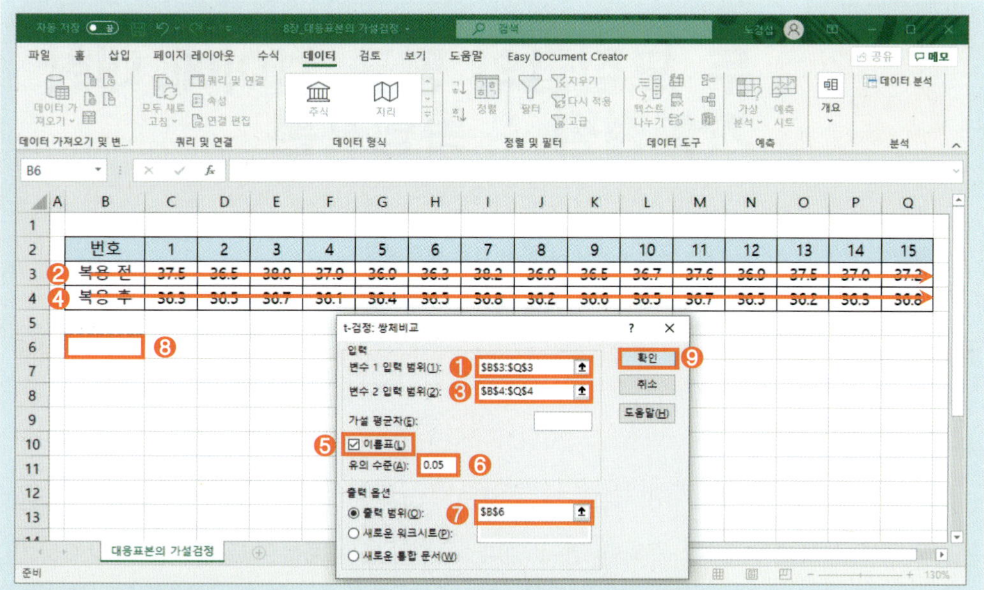


[그림 8-5] [t-검정: 쌍체비교] 설정

**04** ❶ 't 기각치 양측 검정' 값은 2.144786688이므로 신뢰구간이 ±2.144786688임을 확인할 수 있다. ❷ 't 통계량' 값은 4.48304096이고[6] ❸ $t$값에 해당하는 **유의확률** 'P(T<=t) 양측 검정'이 0.000515669임을 알 수 있다.

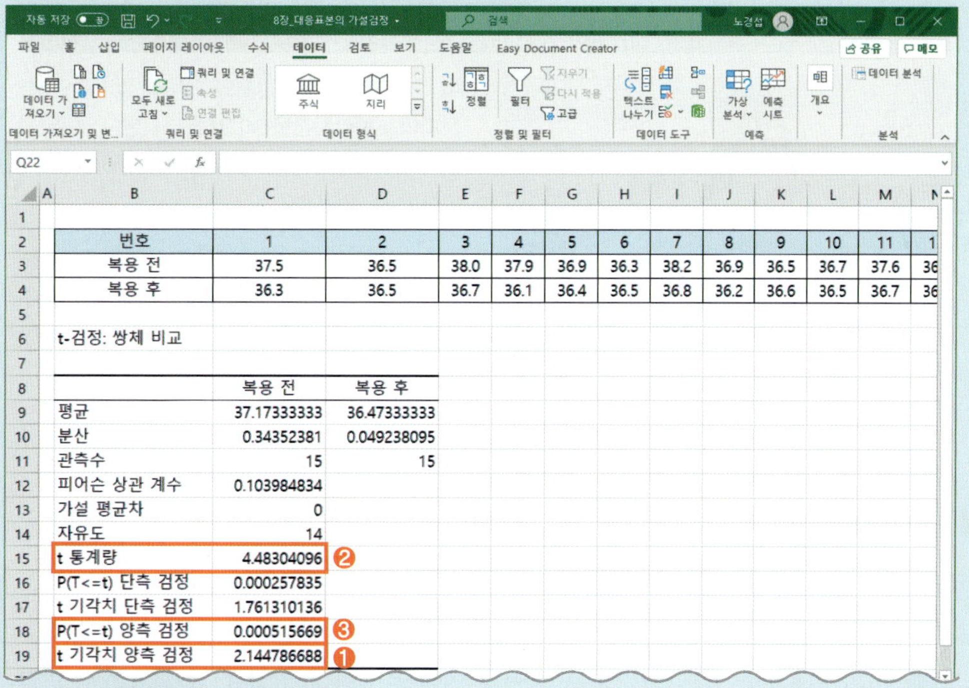


[그림 8-6] 대응표본 t검정 결과

6 앞에서 손으로 풀었을 때 $t$통계량이 4.487로 계산된 것은 소수점 4자리에서 반올림한 값을 계산 결과로 사용한 것이다. 그러나 Excel에서는 소수점 이하의 모든 수치를 그대로 사용해서 계산하므로 약간 차이가 난다.

SECTION 02

# 두 모집단의 평균 차이에 대한 가설검정 : 독립표본

- 독립표본의 개념을 이해한다.
- 표본의 충분성 여부에 따른 독립표본의 t검정 방법을 살펴본다.

Keywords | 독립표본 | 독립표본의 t검정 |

이 절에서는 통계분석의 대상이 되는 두 표본이 연관성이 없는 독립표본일 때 모집단의 평균 차이를 살펴보자. 이때 주의할 점이 있다. 독립표본은 표본이 추출되는 과정에서 연관성이 없다는 의미이며, 비교 대상으로서 연관성은 존재하고 있다는 사실이다. 다시 말해, 표본의 구성은 각각 독립적으로 이루어지지만 각 표본의 평균값을 서로 비교하기 위해 등분산성은 유지한다는 의미다.

**알카라인 건전지의 사용 시간 검정**

[그림 8-7] 건전지

A사의 알카라인 건전지와 B사의 알카라인 건전지의 사용 시간을 비교하고자 한다. 어떻게 해야 두 회사의 건전지 사용 시간을 정확하게 비교할 수 있을까?

이를 위해서는 두 회사에서 표본을 각각 추출해야 하는데, 이처럼 두 모집단에서 표본을 추출하여 차이를 살펴볼 때 독립표본의 검정 방법을 사용한다.

## 독립표본

**독립표본**(independent sample)은 [그림 8-8]과 같이 표본을 두 모집단으로부터 각각 추출할 때, 각 표본을 구성하는 인자가 서로 상관없는 표본을 말한다. 두 모집단에서 추출한 표본을 서로 비교하는 것이므로 표본 간에는 어떠한 연관성도 없다. 독립표본에서 평균 차이에 대한 검정은 두 모집단에서 각각 표본을 추출하고 이 두 표본을 서로 비교하여 진행한다.

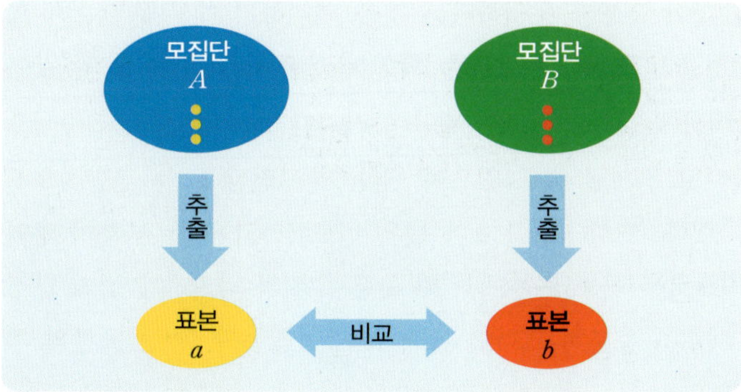


[그림 8-8] 독립표본

[그림 8-9]는 독립표본의 모수와 통계량을 나타낸다. 모집단 $A$의 평균을 $\mu_A$, 분산을 $\sigma_A^2$이라 하고, 모집단 $B$의 평균을 $\mu_B$, 분산을 $\sigma_B^2$이라 하면, 모집단 $A$에서 추출한 표본 $a$의 평균은 $\bar{x}_a$, 분산은 $s_a^2$이 되고, 모집단 $B$에서 추출한 표본 $b$의 평균은 $\bar{x}_b$, 분산은 $s_b^2$이 된다.

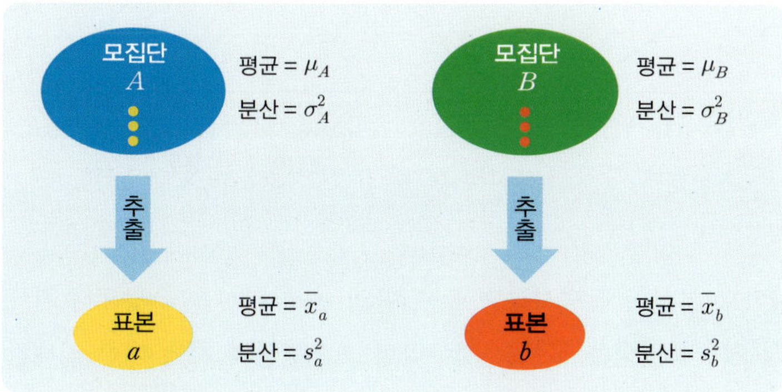


[그림 8-9] 독립표본의 모수와 통계량

독립표본을 검정하려면 서로 다른 모집단으로부터 추출한 표본 $a$와 표본 $b$의 분포를 먼저 알아야 한다. 표본 $a$와 표본 $b$의 분포는 분산이 같은 경우와 분산이 다른 경우로 나누어 생각할 수 있다.

[그림 8-10(a)]와 같이 분산이 같은 경우(등분산)에는 각각의 표본에서 $\bar{x}_a$와 $\bar{x}_b$를 비교하면 된다. 하지만 [그림 8-10(b)]와 같이 분산이 다른 경우에는 별도의 과정[7]을 한 번 더 거쳐야 비교를 할 수 있다.

7 두 모집단의 분산이 같지 않다면 등분산 가정이 불가능하므로 통합분산을 이용할 수 없다. 이럴 때는 표본오차를 구할 때 계산되는 분산을 표본과 대비한 값을 이용한다.

분산이 동일하다는 것은 (a)와 같이 분포가 동일하다는 것을 의미하기 때문에 단순히 평균값을 비교해서 어떤 표본의 평균이 크거나 작은지를 확인하면 된다. 하지만 (b)와 같이 분산이 다르면 분포가 서로 상이하게 나타난다. 즉, 평균이 작지만 $\bar{x}_a$는 빈도가 집중적으로 높게 나타나 상대적으로 많다고 느껴질 수도 있으며, 평균이 크지만 $\bar{x}_b$는 전반적으로 빈도가 낮은 부분이 나타날 수 있다. 또한 $b$보다 $a$가 높은 빈도를 나타내는 부분의 영역이 클 수도 있기 때문에 직관적으로는 어느 표본에서 더 높은 수치가 나타나게 될지 단정하기 쉽지 않다. 물론 표본의 개수가 충분히 크다면 문제가 되지 않는다. 이는 표본의 개수가 적을 때 발생하는 문제다.

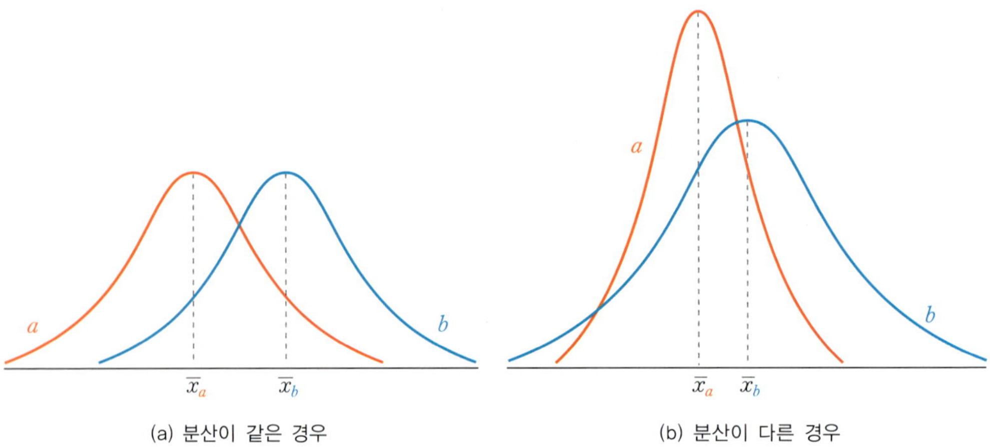


[그림 8-10] **독립표본의 분산**

표본의 개수가 충분하지 않아도 분산이 동일하다면 두 집단의 공통 분산을 추정해서 합동분산 추정량을 활용한다. 분산의 동일성을 모르는 경우라면 표본평균의 차에 대한 기대값과 분산을 이용하여 비교할 수 있다.[8]

따라서 독립표본은 표본 개수의 충분한 정도와 분산의 동일성 여부에 따라 다음의 네 가지 경우로 구분하여 신뢰구간과 검정통계량을 구할 수 있다.

- 표본의 개수가 충분하고, 모분산이 동일한 경우
- 표본의 개수가 충분하고, 모분산 간의 동일성을 모르는 경우
- 표본의 개수가 충분하지 않고, 모분산이 동일한 경우
- 표본의 개수가 충분하지 않고, 모분산 간의 동일성을 모르는 경우

위의 네 가지 경우에 대해 각각 알아보도록 하자.[9]

8 이와 관련된 내용은 바로 뒤에 이어지는 '표본의 개수가 충분하지 않고 모분산이 동일한 경우'와 '표본의 개수가 충분하지 않고 모분산 간의 동일성을 모르는 경우'에서 상세하게 설명한다.

9 이어지는 계산식에서 대문자 $A$와 $B$는 각 모집단을 나타내고, 소문자 $a$와 $b$는 모집단에서 추출한 표본을 나타낸다. 모평균은 $\mu$, 모분산은 $\sigma^2$, 표본평균은 $\bar{x}$, 표본분산은 $s^2$으로 표현한다.

### 표본의 개수가 충분하고, 모분산이 동일한 경우

두 집단의 모평균 $\mu_A$, $\mu_B$를 비교할 때 각 분산 $\sigma_A^2$, $\sigma_B^2$를 알고 있다면, $\mu_A - \mu_B = 0$의 추정량은 $\overline{x}_a - \overline{x}_b$가 된다. 이를 표준화하면 다음과 같다.[10]

$$z = \frac{(\overline{x}_a - \overline{x}_b) - (\mu_A - \mu_B)}{\sqrt{\dfrac{\sigma_A^2}{n_a} + \dfrac{\sigma_B^2}{n_b}}},\ N(0, 1)$$

$\mu_A - \mu_B$에 대한 $100(1-\alpha)\%$의 신뢰구간은 다음과 같다.

$$(\overline{x}_a - \overline{x}_b) - z_{\frac{\alpha}{2}} \times \sqrt{\frac{\sigma_A^2}{n_a} + \frac{\sigma_B^2}{n_b}} \le \mu_A - \mu_B \le (\overline{x}_a - \overline{x}_b) + z_{\frac{\alpha}{2}} \times \sqrt{\frac{\sigma_A^2}{n_a} + \frac{\sigma_B^2}{n_b}}$$

이때 가설을 수립하면 다음과 같다.

- $H_0: \mu_A - \mu_B = 0,\ H_1: \mu_A - \mu_B \neq 0 \Rightarrow |\mu_A - \mu_B| > z_{\frac{\alpha}{2}}$이면 $H_0$ 기각, $H_1$ 채택
- $H_0: \mu_A - \mu_B = 0,\ H_1: \mu_A - \mu_B > 0 \Rightarrow \mu_A - \mu_B > z_\alpha$이면 $H_0$ 기각, $H_1$ 채택
- $H_0: \mu_A - \mu_B = 0,\ H_1: \mu_A - \mu_B < 0 \Rightarrow \mu_A - \mu_B < -z_\alpha$이면 $H_0$ 기각, $H_1$ 채택

귀무가설($H_0$)인 $\mu_A - \mu_B = 0$의 가설검정을 위한 검정통계량은 다음과 같이 구한다.

$$z = \frac{(\overline{x}_b - \overline{x}_b) - (\mu_A - \mu_B)}{\sqrt{\dfrac{\sigma_A^2}{n_a} + \dfrac{\sigma_B^2}{n_b}}} = \frac{(\overline{x}_b - \overline{x}_b)}{\sqrt{\dfrac{\sigma_A^2}{n_a} + \dfrac{\sigma_B^2}{n_b}}}$$

### 표본의 개수가 충분하고, 모분산 간의 동일성을 모르는 경우

두 집단의 모평균($\mu_A$, $\mu_B$)을 비교할 때 각 분산($\sigma_A^2$, $\sigma_B^2$)를 모르는 경우, 표본의 개수가 충분하다면 표본분산 $s_a^2$, $s_b^2$으로 분산 $\sigma_A^2$, $\sigma_B^2$를 대체할 수 있다. 표본의 개수가 충분히 크다는 가정하에서 표본평균의 차($\overline{x}_a - \overline{x}_b$)에 대한 기대값과 분산은 각각 다음과 같다.[11]

10 이 부분이 이해되지 않는다면 6장 2절을 참고하기 바란다.

11 2개의 모집단으로부터 추출된 표본은 서로 독립이므로 공분산은 $Cov(\overline{x}_a, \overline{x}_b) = 0$이다. 공분산에 대해서는 10장에서 자세히 설명한다.

$$E(\bar{x}_a - \bar{x}_b) = E(\bar{x}_a) - E(\bar{x}_b) = \mu_A - \mu_B$$

$$s^2(\bar{x}_a - \bar{x}_b) = s^2(\bar{x}_a) + s^2(\bar{x}_b) - 2Cov(\bar{x}_a, \bar{x}_b)$$
$$= \frac{s_a^2}{n_a} + \frac{s_b^2}{n_b}, \ (n_a, n_b \geq 30)$$

$\mu_A - \mu_B = 0$의 추정량$(\bar{x}_a - \bar{x}_b)$을 표준화하면 $z = \dfrac{(\bar{x}_a - \bar{x}_b)}{\sqrt{\dfrac{s_a^2}{n_a} + \dfrac{s_b^2}{n_b}}}$, $N(0, 1)$이고, 모분산을 $s_a^2$, $s_b^2$으로 대체했으므로 $\mu_A - \mu_B$의 $100(1-\alpha)\%$의 신뢰구간은 다음과 같다.

$$(\bar{x}_a - \bar{x}_b) - z_{\frac{\alpha}{2}}\sqrt{\frac{s_a^2}{n_a} + \frac{s_b^2}{n_b}} \leq \mu_A - \mu_B \leq (\bar{x}_a - \bar{x}_b) + z_{\frac{\alpha}{2}}\sqrt{\frac{s_a^2}{n_a} + \frac{s_b^2}{n_b}}$$

가설은 '표본의 개수가 충분하고, 모분산이 동일한 경우'와 같으며, 귀무가설($H_0$)인 $\mu_A - \mu_B = 0$의 가설검정을 위한 검정통계량은 다음과 같이 구한다.

$$z = \frac{(\bar{x}_a - \bar{x}_b) - (\mu_A - \mu_B)}{\sqrt{\dfrac{s_a^2}{n_a} + \dfrac{s_b^2}{n_b}}} = \frac{(\bar{x}_a - \bar{x}_b)}{\sqrt{\dfrac{s_a^2}{n_a} + \dfrac{s_b^2}{n_b}}}$$

### 표본의 개수가 충분하지 않고, 모분산이 동일한 경우

표본의 개수가 충분하지 않은 두 표본에 대해서도 평균 차이를 검정할 수 있다. 두 모집단의 분산이 동일할 때는 **두 모집단이 정규분포이거나 정규분포와 비슷하다는 가정**이 있어야 검정할 수 있다. 즉, 분산이 서로 같거나 비슷하다는 가정을 하는 데 무리가 없어야 한다.[12]

이때 모집단은 $N(\mu_A, \sigma_A^2)$과 $N(\mu_B, \sigma_B^2)$이며, $\sigma_A^2 = \sigma_B^2 = \sigma^2$이므로 두 모집단의 공통 분산 $\sigma^2$을 추정해야 한다. 그런데 모분산을 모르므로 표본분산으로 대체하여 $s_a^2 = s_b^2 = s^2$과 같이 분산이 서로 동일하다고 추정한다. 서로 독립적인 모집단들의 공통 분산의 불편추정량(unbiased estimator)을 **합동 분산 추정량**(pooled variance estimator)이라 하며, $s_p^2$으로 나타낸다.

12 실무에서는 분산이 같다는 합리적 가정을 우선해서 세우지는 않는다. 불가피하게 표본의 개수를 늘리지 못하는 상황이 아니라면 표본의 개수를 충분히 늘리기 위해 노력한다.

$$s_p^2 = \frac{\sum_{i=1}^{k}(n_i - 1) \cdot s_i^2}{\sum_{i=1}^{k}(n_i - 1)} \quad \text{(단, } k \text{ : 모집단 개수, } n \text{ : 표본 크기, } s^2 \text{ : 표본분산)}$$

여기서는 모집단 $A$와 $B$를 대상으로 한 독립표본에 대한 검정을 다루고 있으므로, 표본 $a$와 표본 $b$의 합동 분산 추정량은 다음과 같다.

$$s_p^2 = \frac{(n_a - 1) \cdot s_a^2 + (n_b - 1) \cdot s_b^2}{(n_a - 1) + (n_b - 1)} = \frac{(n_a - 1) \cdot s_a^2 + (n_b - 1) \cdot s_b^2}{n_a + n_b - 2}, \quad (\sigma_A^2 = \sigma_B^2)$$

$\mu_A - \mu_B$에 대한 $100(1-\alpha)\%$의 신뢰구간은 다음과 같다.

$$(\bar{x}_a - \bar{x}_b) - t_{(\frac{\alpha}{2}, n_a + n_b - 2)} s_p \times \sqrt{\left(\frac{1}{n_a} + \frac{1}{n_b}\right)} \le \mu_A - \mu_B \le (\bar{x}_a - \bar{x}_b)$$
$$+ t_{(\frac{\alpha}{2}, n_a + n_b - 2)} s_p \times \sqrt{\left(\frac{1}{n_a} + \frac{1}{n_b}\right)}$$

가설은 '표본의 개수는 충분하고, 모분산이 동일한 경우'와 같으며, 귀무가설($H_0$)인 $\mu_A - \mu_B = 0$의 가설검정을 위한 검정통계량은 다음과 같이 구한다.

$$t_{(n_a + n_b - 2, \frac{\alpha}{2})} = \frac{(\bar{x}_a - \bar{x}_b) - (\mu_A - \mu_B)}{s_p \sqrt{\left(\frac{1}{n_a} + \frac{1}{n_b}\right)}} = \frac{(\bar{x}_a - \bar{x}_b)}{s_p \sqrt{\left(\frac{1}{n_a} + \frac{1}{n_b}\right)}}$$

**참고 Bartlett-Box의 등분산 검정**

Bartlett-Box의 등분산 검정은 서로 독립인 다수 모집단의 분산이 같음을 검정하는 방법이다. $k$개의 모집단 분산이 모두 같다는 것은 $\sigma_1^2 = \sigma_2^2 = \sigma_3^2 = \cdots = \sigma_k^2$을 의미한다. 등분산성은 다음 식으로 검정한다.

$$\sum_{i=1}^{k}(n_i - 1) \cdot \log(s_p^2) - \sum_{i=1}^{k}(n_i - 1) \cdot \log(s_i^2)$$

합동 분산 추정량에서 표본분산 $s_i^2$이 $s_p^2$에 접근할수록 등분산이 확인된다. 일반적으로 서로 다른 표본의 숫자가 같을 때, Bartlett-Box 등분산 검정이 $F$검정과 함께 많이 사용된다.

### 표본의 개수가 충분하지 않고, 모분산 간의 동일성을 모르는 경우

모집단이 정규분포를 따르면, 모분산 간의 동일성을 알 수 없고 표본이 충분하지 않은 경우에도 검정을 할 수 있다. 다만 이런 경우에도 표본평균 차이의 분포($\bar{x}_a - \bar{x}_b$)는 정규분포를 구성하고 있어야 한다.

표본평균의 차($\bar{x}_a - \bar{x}_b$)에 대한 기대값과 분산은 다음과 같다.

$$E(\bar{x}_a - \bar{x}_b) = E(\bar{x}_a) - E(\bar{x}_b) = \mu_A - \mu_B$$

$$s^2(\bar{x}_a - \bar{x}_b) = s^2(\bar{x}_a) + s^2(\bar{x}_b) - 2Cov(\bar{x}_a, \bar{x}_b) = \frac{s_a^2}{n_a} + \frac{s_b^2}{n_b}$$ [13]

$\mu_A - \mu_B$에 대한 $100(1-\alpha)\%$의 신뢰구간은 다음과 같다.

$$(\bar{x}_a - \bar{x}_b) - t_{(n_a+n_b-2, \frac{\alpha}{2})}\sqrt{\frac{s_a^2}{n_a} + \frac{s_b^2}{n_b}} \le \mu_A - \mu_B \le (\bar{x}_a - \bar{x}_b) + t_{(n_a+n_b-2, \frac{\alpha}{2})}\sqrt{\frac{s_a^2}{n_a} + \frac{s_b^2}{n_b}}$$

가설은 다음과 같이 수립할 수 있다.

- $H_0: \mu_A - \mu_B = 0,\ H_1: \mu_A - \mu_B \neq 0$
- $H_0: \mu_A - \mu_B = 0,\ H_1: \mu_A - \mu_B > 0$
- $H_0: \mu_A - \mu_B = 0,\ H_1: \mu_A - \mu_B < 0$

귀무가설($H_0$)인 $\mu_A - \mu_B = 0$의 가설검정을 위한 검정통계량은 '표본의 개수가 충분하지 않고, 모분산이 동일한 경우'와 같다.

$$t_{(n_a+n_b-2, \frac{\alpha}{2})} = \frac{(\bar{x}_a - \bar{x}_b) - (\mu_A - \mu_B)}{\sqrt{\frac{s_a^2}{n_a} + \frac{s_b^2}{n_b}}}$$

이처럼 표본이 충분하지 않더라도 평균의 차이를 비교할 수 있다. 다만, 표본이 극히 적은 경우에는 문제가 있을 수 있다.[14]

13 $A$와 $B$는 서로 독립이므로 이 둘의 공분산 $Cov(\bar{x}_a, \bar{x}_b) = 0$이다.

14 표본의 개수가 1~3개 정도면 자유도에서 문제가 발생할 수 있으므로 자유도를 별도로 구해야 한다. 이런 경우는 전혀 일반적이지 않으므로 이 책에서는 설명하지 않는다.

[표 8-2] 대응표본과 독립표본의 공식

| 구분 | | | 공식 |
|---|---|---|---|
| 대응표본 | | 표본분포 | $\bar{d}=\frac{\sum(X_i-X_j)}{n}$, $s_d=\sqrt{\frac{\sum(d-\bar{d})^2}{n-1}}$, $s_{\bar{d}}=\frac{s_d}{\sqrt{n}}$ |
| 대응표본 | | 신뢰구간 | $\bar{d}-t_{(n-1,\frac{\alpha}{2})}\cdot\frac{s_d}{\sqrt{n}}\le t\le\bar{d}+t_{(n-1,\frac{\alpha}{2})}\cdot\frac{s_d}{\sqrt{n}}$ |
| 대응표본 | | 검정통계량 | $t=\frac{\bar{d}}{s_d/\sqrt{n}}$ |
| 독립표본 | 표본이 크고, 모분산을 모를 때 | 표본분포 | $E(\bar{x}_a-\bar{x}_b)=\mu_A-\mu_B$,<br>$s^2(\bar{x}_a-\bar{x}_b)=s^2(\bar{x}_a)+s^2(\bar{x}_b)-2Cov(\bar{x}_a,\bar{x}_b)=\frac{s_a^2}{n_a}+\frac{s_b^2}{n_b}$, $(n_a,n_b\ge 30)$ |
| 독립표본 | 표본이 크고, 모분산을 모를 때 | 신뢰구간 | $(\bar{x}_a-\bar{x}_b)-z_{\frac{\alpha}{2}}\sqrt{\frac{s_a^2}{n_a}+\frac{s_b^2}{n_b}}\le\mu_A-\mu_B\le(\bar{x}_a-\bar{x}_b)+z_{\frac{\alpha}{2}}\sqrt{\frac{s_a^2}{n_a}+\frac{s_b^2}{n_b}}$ |
| 독립표본 | 표본이 크고, 모분산을 모를 때 | 검정통계량 | $z=\frac{(\bar{x}_a-\bar{x}_b)-(\mu_A-\mu_B)}{\sqrt{\frac{s_a^2}{n_a}+\frac{s_b^2}{n_b}}}=\frac{(\bar{x}_a-\bar{x}_b)}{\sqrt{\frac{s_a^2}{n_a}+\frac{s_b^2}{n_b}}}$ |
| 독립표본 | 표본이 작고, 모분산이 동일할 때 | 표본분포 | $E(\bar{x}_a-\bar{x}_b)=\mu_A-\mu_B$, $s^2(\bar{x}_a-\bar{x}_b)=s_p^2\left(\frac{1}{n_A}+\frac{1}{n_B}\right)(n_A,n_B<30)$,<br>$s_p^2=\frac{(n_A-1)s_A^2+(n_B-1)s_B^2}{(n_A-1)+(n_B-1)}$ $(\sigma_A^2=\sigma_B^2)$ |
| 독립표본 | 표본이 작고, 모분산이 동일할 때 | 신뢰구간 | $(\bar{x}_a-\bar{x}_b)-t_{(\frac{\alpha}{2},n_a+n_b-2)}s_p\sqrt{\left(\frac{1}{n_a}+\frac{1}{n_b}\right)}\le\mu_A-\mu_B\le(\bar{x}_a-\bar{x}_b)$<br>$+t_{(\frac{\alpha}{2},n_a+n_b-2)}s_p\sqrt{\left(\frac{1}{n_a}+\frac{1}{n_b}\right)}$ |
| 독립표본 | 표본이 작고, 모분산이 동일할 때 | 검정통계량 | $t_{(n_a+n_b-2,\frac{\alpha}{2})}=\frac{(\bar{x}_a-\bar{x}_b)-(\mu_A-\mu_B)}{s_p\sqrt{\left(\frac{1}{n_a}+\frac{1}{n_b}\right)}}=\frac{(\bar{x}_a-\bar{x}_b)}{s_p\sqrt{\left(\frac{1}{n_a}+\frac{1}{n_b}\right)}}$ |
| 독립표본 | 표본이 작고, 모분산을 모를 때 | 표본분포 | $E(\bar{x}_a-\bar{x}_b)=\mu_A-\mu_B$,<br>$s^2(\bar{x}_a-\bar{x}_b)=s^2(\bar{x}_a)+s^2(\bar{x}_b)-2Cov(\bar{x}_a,\bar{x}_b)=\frac{s_a^2}{n_a}+\frac{s_b^2}{n_b}$ |
| 독립표본 | 표본이 작고, 모분산을 모를 때 | 신뢰구간 | $(\bar{x}_a-\bar{x}_b)-t_{(n_a+n_b-2,\frac{\alpha}{2})}\sqrt{\frac{s_a^2}{n_a}+\frac{s_b^2}{n_b}}\le\mu_A-\mu_B\le(\bar{x}_a-\bar{x}_b)$<br>$+t_{(n_a+n_b-2,\frac{\alpha}{2})}\sqrt{\frac{s_a^2}{n_a}+\frac{s_b^2}{n_b}}$ |
| 독립표본 | 표본이 작고, 모분산을 모를 때 | 검정통계량 | $t_{(n_a+n_b-2,\frac{\alpha}{2})}=\frac{(\bar{x}_a-\bar{x}_b)-(\mu_A-\mu_B)}{\sqrt{\frac{s_a^2}{n_a}+\frac{s_b^2}{n_b}}}$ |

## 독립표본의 $t$검정

예시를 통해 독립표본 $t$검정을 살펴보자. A사와 B사의 알카라인 건전지 사용 시간을 비교해보고자 한다. [표 8-3]은 검정을 위해 표본을 20개씩 선정하여 동일한 장난감을 작동시키고, 작동 시간을 조사한 결과다. A사와 B사의 알카라인 건전지의 작동 시간에 차이가 있는지 유의수준 5%에서 검정해보자.

[표 8-3] A사와 B사의 작동 시간 단위 : 시간

| 번호 | 1 | 2 | 3 | 4 | 5 | 6 | 7 | 8 | 9 | 10 | 11 | 12 | 13 | 14 | 15 | 16 | 17 | 18 | 19 | 20 |
|---|---|---|---|---|---|---|---|---|---|---|---|---|---|---|---|---|---|---|---|---|
| A사 | 18 | 16 | 17 | 15 | 14 | 19 | 16 | 15 | 18 | 15 | 16 | 17 | 15 | 14 | 19 | 12 | 16 | 18 | 15 | 17 |
| B사 | 16 | 15 | 16 | 14 | 15 | 18 | 13 | 15 | 12 | 17 | 15 | 16 | 18 | 12 | 14 | 15 | 16 | 15 | 15 | 17 |

### 가설 수립

조사 목적이 제조사별 알카라인 건전지의 품질 차이에 맞춰져 있으므로, 대립가설 $H_1$은 제조사별 건전지의 사용 시간에 차이가 있다는 것이고, 귀무가설 $H_0$는 제조사별 건전지의 사용시간에 차이가 없다는 것이다.

즉 A사의 건전지 표본의 평균 사용 시간을 $\overline{x}_a$, B사의 건전지 표본의 평균 사용 시간을 $\overline{x}_b$라고 하면 다음과 같이 나타낼 수 있다.

$H_0$ : $\overline{x}_a = \overline{x}_b$ ⇒ A사와 B사의 건전지 사용 시간에 차이가 없다.

$H_1$ : $\overline{x}_a \neq \overline{x}_b$ ⇒ A사와 B사의 건전지 사용 시간에 차이가 있다.

### 표본통계량과 합동 분산 추정량

표본의 크기를 $n$이라 하고, $\overline{x}_a$과 $\overline{x}_b$의 차이를 $E(\overline{x}_a - \overline{x}_b) = \mu_A - \mu_B$라 하면, $\sigma^2$에 대한 합동 분산 추정량 $s_p^2$은 다음과 같다.

$$\frac{(n_a - 1)s_a^2 + (n_b - 1)s_b^2}{(n_a - 1) + (n_b - 1)}$$

$\sigma^2(\overline{x}_a - \overline{x}_b)$은 $s^2(\overline{x}_a - \overline{x}_b)$이고, 이에 대한 불편 추정량은 $s^2(\overline{x}_a - \overline{x}_b) = s_p^2\left(\frac{1}{n_a} + \frac{1}{n_b}\right)$이 된다.

$\bar{x}_a = 16.1$, $\bar{x}_b = 15.2$, $s_a^2 = 3.253$ , $s_b^2 = 2.800$이므로 합동 분산 추정량을 구하면 다음과 같다.

$$s_p^2 = \frac{(20-1)\cdot 3.253 + (20-1)\cdot 2.800}{40-2} = 3.026$$

이때 $s_p = \sqrt{3.026} = 1.740$는 $s_a^2$과 $s_b^2$을 각자의 자유도로 가중한 공통분산의 불편추정량(unbiased estimator)이다.

## 가설검정

수립된 가설에 대한 검정은 자유도를 $(n_a + n_b - 2)$로 하는 $t$분포를 이용한다. 검정통계량은 다음과 같이 구한다.

$$t_{(n_a+n_b-2,\frac{\alpha}{2})} = \frac{(\bar{x}_a - \bar{x}_b)}{s_p\sqrt{\left(\frac{1}{n_a}+\frac{1}{n_b}\right)}}$$

[표 8-3]에 대한 신뢰구간 95%에서의 검정통계량은 다음과 같다.

$$t_{(38,\,0.025)} = \frac{(\bar{x}_a - \bar{x}_b)}{s_p\sqrt{\left(\frac{1}{n_a}+\frac{1}{n_b}\right)}} = \frac{16.1-15.2}{1.740\cdot\sqrt{\frac{1}{20}+\frac{1}{20}}} = 1.636$$

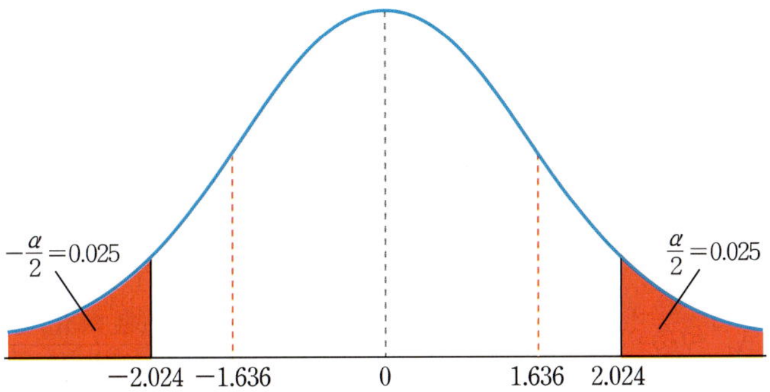


[그림 8-11] 독립표본 $t$검정의 그래프

양측검정이므로 좌우의 유의수준은 각각 0.025로 표현된다. 자유도가 38인 $t_{(38,\,0.025)}$가 2.024를 나타내므로, 계산한 검정통계량 1.636이 채택역에 속해 있음을 확인할 수 있다. 또한 양측 검정의 신뢰구간은 다음과 같다.

$$(\bar{x}_a - \bar{x}_b) - t_{(n_a + n_b - 2,\, \frac{\alpha}{2})} \times s_p \times \sqrt{\left(\frac{1}{n_a} + \frac{1}{n_b}\right)} \le \mu_A - \mu_B$$
$$\le (\bar{x}_a - \bar{x}_b) + t_{(n_a + n_b - 2,\, \frac{\alpha}{2})} \times s_p \times \sqrt{\left(\frac{1}{n_a} + \frac{1}{n_b}\right)}$$

$$(16.1 - 15.2) - 1.636 \times 1.740 \times \sqrt{\frac{1}{20} + \frac{1}{20}} \le \mu_A - \mu_B$$
$$\le (16.1 - 15.2) - 1.636 \times 1.740 \times \sqrt{\frac{1}{20} + \frac{1}{20}}$$

$$0.000 \le \mu_A - \mu_B \le 1.800$$

[그림 8-11]과 같이 1.636은 신뢰구간의 범위에 포함된다. 즉, 귀무가설($H_0$)을 기각할 수 없다.

## 예제 8-2 독립표본의 가설검정

준비파일 | 8장_독립표본의 가설검정.xlsx

[표 8-3]을 바탕으로 A사와 B사의 알카라인 건전지의 사용 시간에 정말 차이가 있는지 Excel을 이용하여 검정하라. 단, 유의 수준은 5%다.

### 실습

**01** Excel을 실행하여 '8장_독립표본의 가설검정.xlsx' 파일을 불러온다.

**02** ❶ [데이터] 탭을 클릭한 후 ❷ **[데이터 분석]** 메뉴를 클릭한다. **[통계 데이터 분석]** 창에서 ❸ 't-검정: 등분산 가정 두집단'을 선택하고 ❹ **[확인]**을 클릭한다.

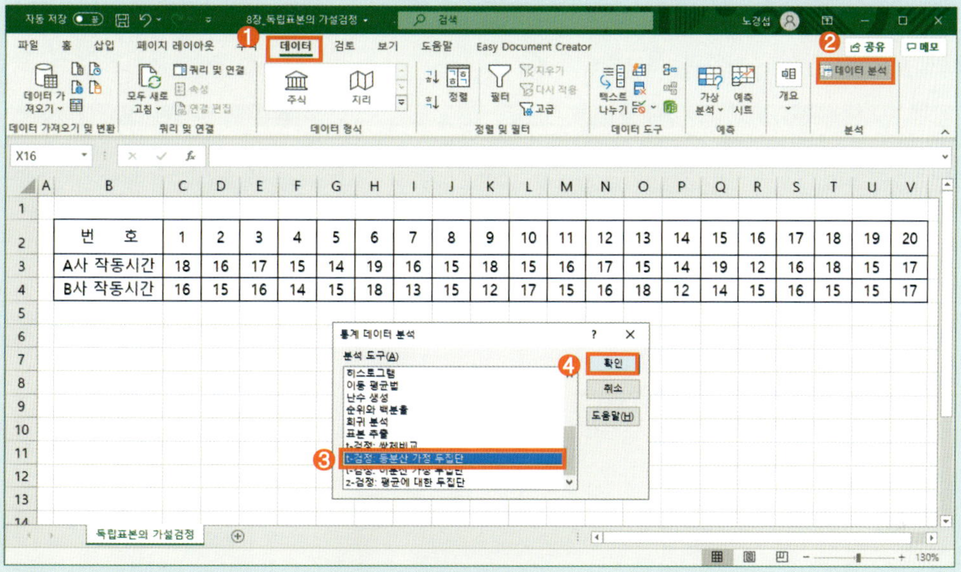


[그림 8-12] **통계 데이터 분석의 't-검정: 등분산 가정 두집단' 선택**

**03** **[t-검정: 등분산 가정 두집단]** 창에서 ❶ '변수 1 입력 범위(1):' 칸을 클릭한 후 ❷ A사의 데이터 구간을 B3셀부터 V3셀까지 드래그하여 입력한다. ❸ '변수 2 입력 범위(2):' 칸을 클릭한 후 ❹ B사의 데이터 구간을 B4셀부터 V4셀까지 드래그하여 입력한다. ❺ '이름표(L)'에 ☑를 한 후 ❻ '유의 수준(A)'이 0.05인지 확인한다. ❼ '출력 범위(O):' 칸을 클릭한 후 ❽ 결과가 나타나게 될 시작 위치인 B6셀을 클릭하고 ❾ **[확인]**을 클릭한다.

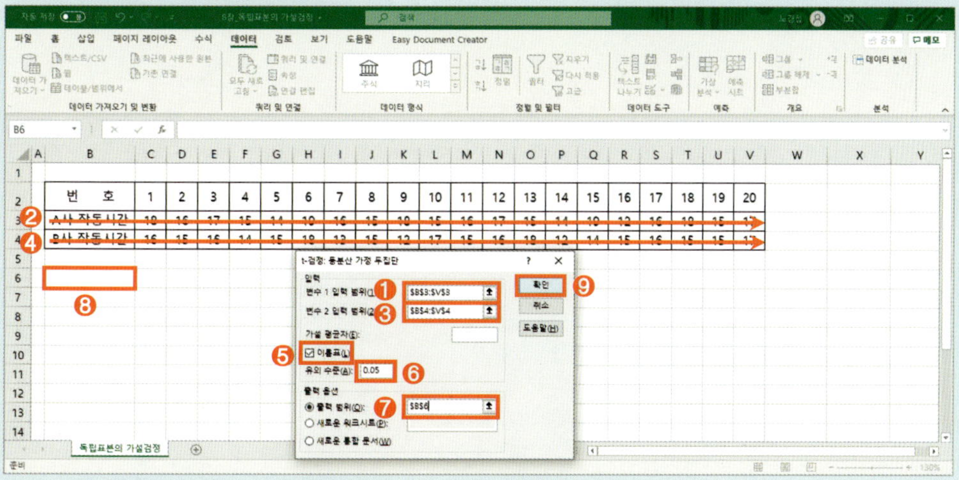


[그림 8-13] **[t-검정: 등분산 가정 두집단] 설정**

**04** ❶ 't 기각치 양측 검정' 값은 2.024394164이므로 신뢰구간이 ±2.024394164임을 확인할 수 있다. ❷ 't 통계량' 값은 1.636007866이고 ❸ $t$값에 해당하는 유의확률 'P(T<=t) 양측 검정'이 0.11009524임을 알 수 있다. 유의수준이 5%이므로 귀무가설을 기각할 수 없다.

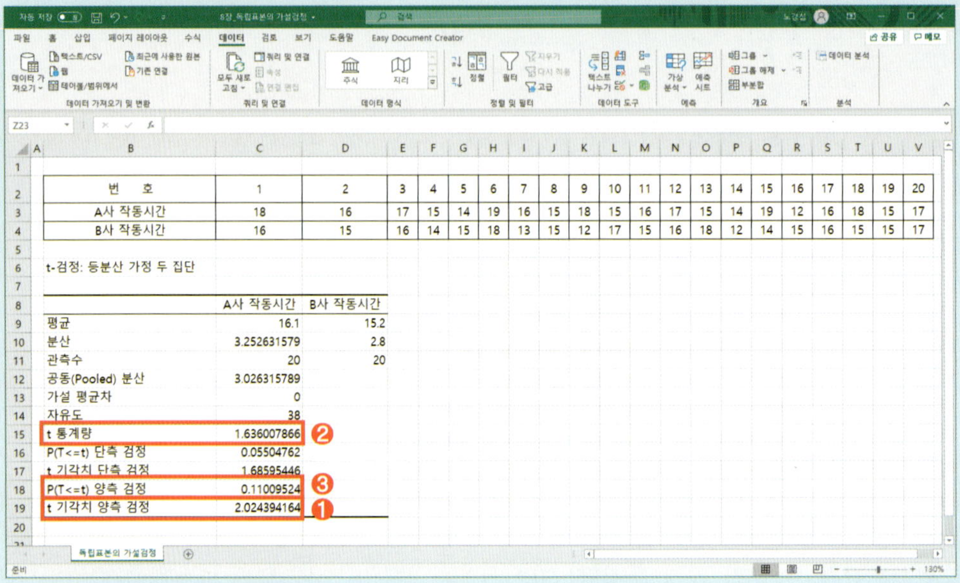

| 번 호 | 1 | 2 | 3 | 4 | 5 | 6 | 7 | 8 | 9 | 10 | 11 | 12 | 13 | 14 | 15 | 16 | 17 | 18 | 19 | 20 |
|---|---|---|---|---|---|---|---|---|---|---|---|---|---|---|---|---|---|---|---|---|
| A사 작동시간 | 18 | 16 | 17 | 15 | 14 | 19 | 16 | 15 | 18 | 15 | 16 | 17 | 15 | 14 | 19 | 12 | 16 | 18 | 15 | 17 |
| B사 작동시간 | 16 | 15 | 16 | 14 | 15 | 18 | 13 | 15 | 12 | 17 | 15 | 16 | 18 | 12 | 14 | 15 | 16 | 15 | 15 | 17 |

t-검정: 등분산 가정 두 집단

| | A사 작동시간 | B사 작동시간 |
|---|---|---|
| 평균 | 16.1 | 15.2 |
| 분산 | 3.252631579 | 2.8 |
| 관측수 | 20 | 20 |
| 공동(Pooled) 분산 | 3.026315789 | |
| 가설 평균차 | 0 | |
| 자유도 | 38 | |
| t 통계량 | 1.636007866 ❷ | |
| P(T<=t) 단측 검정 | 0.05504762 | |
| t 기각치 단측 검정 | 1.68595446 | |
| P(T<=t) 양측 검정 | 0.11009524 ❸ | |
| t 기각치 양측 검정 | 2.024394164 ❶ | |

[그림 8-14] **대응표본 $t$검정 결과**

SECTION 03

# 두 모집단의 비율 차이에 대한 가설검정

- 두 모집단의 비율 차이에 대한 개념을 이해한다.
- 두 모집단의 비율 차이에 대한 검정 방법을 살펴본다.

Keywords | 비율 차이에 대한 가설검정 | 공통 비율을 이용한 가설검정 |

일반적으로 단일 모집단의 비율을 추정하는 방법이 활용되지만, 두 모집단의 비율을 비교하는 방법도 많이 활용되고 있다.

## 비율 차이에 대한 검정

모집단 $A$의 비율이 $p_A$, 모집단 $B$의 비율이 $p_B$라 할 때, 두 모집단 간의 차이는 비율 차이에 대한 검정을 통해 판단한다. 두 모집단의 모비율은 각각 $p_A$와 $p_B$이고, 표본을 통한 표본비율 $\hat{p}_a$와 $\hat{p}_b$의 차로 $(p_A - p_B)$를 추정한다.

비율 차이에 대한 가설은 다음과 같이 수립하여 검정한다.

$$H_0: p_A - p_B = 0,\ H_1: p_A - p_B \neq 0 \Rightarrow \text{양측 검정}$$
$$H_0: p_A - p_B = 0,\ H_1: p_A - p_B > 0 \Rightarrow \text{우측 검정}$$
$$H_0: p_A - p_B = 0,\ H_1: p_A - p_B < 0 \Rightarrow \text{좌측 검정}$$

예시를 통해 비율 차이에 대한 검정을 살펴보자. 한국대학교에서는 신기술을 도입했을 때 출석률 변화에 효과가 있는지 확인하고자 한다. 이를 위해 $A$반은 스마트폰 애플리케이션을 이용하여 강의실에 입장한 학생들만 출석으로 인정하고, $B$반은 기존의 호명하는 방식으로 출석을 확인하였다. 한 학기(15주) 동안 출석을 조사한 결과가 [표 8-4]와 같을 때, 95%의 신뢰구간을 구해보자. 또한 $A$반과 $B$반의 출석률에 차이가 있는지 살펴보자. 단, $n_A = 30$, $n_B = 35$다.

[표 8-4] $A$반과 $B$반의 출석 현황 단위 : 명

| 반\주차 | 1 | 2 | 3 | 4 | 5 | 6 | 7 | 8 | 9 | 10 | 11 | 12 | 13 | 14 | 15 |
|---|---|---|---|---|---|---|---|---|---|---|---|---|---|---|---|
| $A$반 | 30 | 28 | 27 | 29 | 27 | 28 | 28 | 30 | 29 | 28 | 27 | 26 | 28 | 29 | 30 |
| $B$반 | 34 | 35 | 30 | 29 | 31 | 30 | 34 | 34 | 31 | 30 | 32 | 31 | 28 | 33 | 34 |

## 가설 수립

조사 목적이 출석률 차이에 맞춰져 있으므로, 대립가설은 출석률에 차이가 있다는 것이고 귀무가설은 출석률에 차이가 없다는 것이다.

$A$반의 출석률을 $p_A$, $B$반의 출석률을 $p_B$라고 하면 다음과 같이 나타낼 수 있다.[15]

$H_0$ : $p_A - p_B = 0$ ⇒ 신기술을 도입했을 때 $A$반과 $B$반의 출석률에 차이가 없다.
$H_1$ : $p_A - p_B \neq 0$ ⇒ 신기술을 도입했을 때 $A$반과 $B$반의 출석률에 차이가 있다.

## 표본통계량과 표준오차

$A$반과 $B$반의 표본 크기를 각각 $n_a$와 $n_b$라 하면, 표본의 크기가 충분히 클 때 기대값과 분산은 각각 다음과 같다.[16]

$$E(\hat{p}_a - \hat{p}_b) = p_A - p_B$$

$$s^2(\hat{p}_a - \hat{p}_b) = s^2(\hat{p}_a) + s^2(\hat{p}_b) = \frac{\hat{p}_a(1-\hat{p}_a)}{n_a} + \frac{\hat{p}_b(1-\hat{p}_b)}{n_b}$$

$\hat{p}_a - \hat{p}_b$를 표준화하여 검정통계량을 구하면 다음과 같다.

$$z = \frac{(\hat{p}_a - \hat{p}_b) - (p_A - p_B)}{\sqrt{\frac{\hat{p}_a(1-\hat{p}_a)}{n_a} + \frac{\hat{p}_b(1-\hat{p}_b)}{n_b}}}$$

**참고 두 집단에서 $\hat{p}_a - \hat{p}_b$의 표준화**

단일 집단의 비율에 대한 표준화는 $\frac{\hat{p}-p}{\sqrt{\frac{\hat{p}(1-\hat{p})}{n}}}$이다. 여기에 집단이 하나 더 추가되는 것이므로 $\hat{p}$와 $p$에 대해 각각 $A$ 집단과 $B$ 집단으로 구분한 $\hat{p}$과 $p$를 대입하면 $z = \frac{(\hat{p}_a - \hat{p}_b) - (p_A - p_B)}{\sqrt{\frac{\hat{p}_a(1-\hat{p}_a)}{n_a} + \frac{\hat{p}_b(1-\hat{p}_b)}{n_b}}}$이 된다.

---

15 신기술을 도입했을 때 출석률에 차이가 나는지를 검정하는 조사이므로 귀무가설을 $p_A - p_B = 0$으로 설정한다. 만약 출석률이 향상되었다는 대립가설을 세웠다면 $H_1 : p_A - p_B > 0$으로 검정하면 된다.

16 표본이 충분하다면 $\hat{p}_a - \hat{p}_b$가 정규분포가 되기 때문이다.

모집단의 비율 차이에 대한 표준오차는 다음과 같이 구한다.

$$s^2(\hat{p}_a - \hat{p}_b) = \frac{\hat{p}_a(1-\hat{p}_a)}{n_a} + \frac{\hat{p}_b(1-\hat{p}_b)}{n_b}$$

$$s(\hat{p}_a - \hat{p}_b) = \sqrt{\frac{\hat{p}_a(1-\hat{p}_a)}{n_a} + \frac{\hat{p}_b(1-\hat{p}_b)}{n_b}}$$

비율 차이에 대한 상한값과 하한값을 구할 수 있으며, 95%의 검정에 $z_{\frac{\alpha}{2}} = 1.96$를 이용하면 $1.96 \cdot \sqrt{\frac{\hat{p}_a(1-\hat{p}_a)}{n_a} + \frac{\hat{p}_b(1-\hat{p}_b)}{n_b}}$ 와 같이 계산할 수 있다. 신뢰구간의 한계는 표준오차로 구할 수 있는데, $z_{\frac{\alpha}{2}} \cdot s(\hat{p}_a - \hat{p}_b)$로 상한과 하한에 대한 신뢰구간을 구할 수 있다. 표준화에 의한 신뢰구간은 다음과 같다.

$$(\hat{p}_a - \hat{p}_b) - z_{\frac{\alpha}{2}}\sqrt{\frac{\hat{p}_a(1-\hat{p}_a)}{n_a} + \frac{\hat{p}_b(1-\hat{p}_b)}{n_b}} \le (p_A - p_B) \le (\hat{p}_a - \hat{p}_b) + z_{\frac{\alpha}{2}}\sqrt{\frac{\hat{p}_a(1-\hat{p}_a)}{n_a} + \frac{\hat{p}_b(1-\hat{p}_b)}{n_b}}$$

$A$반과 $B$반의 비율 $\hat{p}_a$와 $\hat{p}_b$를 구해보자. 15주 동안 출석해야 할 총인원을 구하면 $A$반은 30명×15주 = 450명, $B$반은 35명×15주 = 525명이고, 실제 출석 인원은 $A$반이 424명, $B$반이 476명이다. 그러므로 비율 $\hat{p}_a$와 $\hat{p}_b$는 다음과 같이 구할 수 있다.[17]

$$\hat{p}_a = \frac{424}{450} = 0.942 \ , \ \hat{p}_b = \frac{476}{525} = 0.907$$

모집단의 비율 차이에서 대한 표준오차는 다음과 같다.

$$s(\hat{p}_a - \hat{p}_b) = \sqrt{\frac{0.942(1-0.942)}{450} + \frac{0.907(1-0.907)}{525}} = 0.017$$

$z_{\frac{\alpha}{2}} = 1.96$이므로 95%에서의 상한값과 하한값은 $\pm 1.96 \cdot 0.017 = \pm 0.033$이고, 95%의 신뢰구간은 다음과 같다.

$$(0.942 - 0.907) - 0.033 \le p_A - p_B \le (0.942 - 0.907) + 0.033$$

$$0.002 \le p_A - p_B \le 0.068$$

17 일일 평균 출석 인원을 15주로 나누어 비율을 구해도 동일한 값이 나온다.

**참고** $p_a - p_b$의 신뢰구간 유도 과정

표준화된 $\dfrac{(\hat{p}_a - \hat{p}_b) - (p_A - p_B)}{\sqrt{\dfrac{\hat{p}_a(1-\hat{p}_a)}{n_a} + \dfrac{\hat{p}_b(1-\hat{p}_b)}{n_b}}}$을 기준으로 $p_A - p_B$의 신뢰구간을 구하면 다음과 같다.

$$-z_{\frac{\alpha}{2}} \le \frac{(\hat{p}_a - \hat{p}_b) - (p_A - p_B)}{\sqrt{\dfrac{\hat{p}_a(1-\hat{p}_a)}{n_a} + \dfrac{\hat{p}_b(1-\hat{p}_b)}{n_b}}} \le z_{\frac{\alpha}{2}}$$

$$-z_{\frac{\alpha}{2}} \cdot \sqrt{\frac{\hat{p}_a(1-\hat{p}_a)}{n_a} + \frac{\hat{p}_b(1-\hat{p}_b)}{n_b}} \le (\hat{p}_a - \hat{p}_b) - (p_a - p_b) \le z_{\frac{\alpha}{2}} \cdot \sqrt{\frac{\hat{p}_a(1-\hat{p}_a)}{n_a} + \frac{\hat{p}_b(1-\hat{p}_b)}{n_b}}$$

$$(\hat{p}_a - \hat{p}_b) - z_{\frac{\alpha}{2}} \cdot \sqrt{\frac{\hat{p}_a(1-\hat{p}_a)}{n_a} + \frac{\hat{p}_b(1-\hat{p}_b)}{n_b}} \le (p_A - p_B) \le (\hat{p}_a - \hat{p}_b) + z_{\frac{\alpha}{2}} \cdot \sqrt{\frac{\hat{p}_a(1-\hat{p}_a)}{n_a} + \frac{\hat{p}_b(1-\hat{p}_b)}{n_b}}$$

## 가설검정

수립된 가설을 검정하기 위해 양측 검정의 $\pm z_{\frac{\alpha}{2}}$를 이용한다. 유의수준 $\alpha$값을 결정하고 검정통계량을 계산한 후 이들을 비교하여 가설을 검정한다.

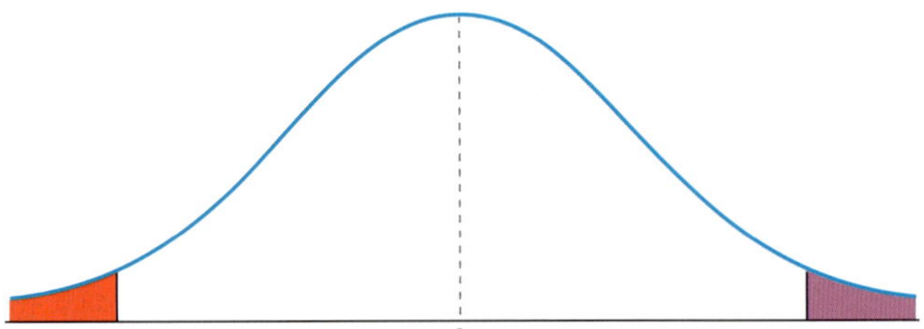


[그림 8-15] 비율 차이의 검정을 위한 그래프

가설이 $H_0$: $p_A - p_B = 0$, $H_1$ : $p_A - p_B \neq 0$이고, $\alpha = 0.05$인 양측검정이므로 가설의 기각역은 $|\pm 1.96| > |z|$이다. 검정통계량을 구하면 다음과 같다.

$$z=\frac{(0.942-0.907)-0}{\sqrt{\frac{0.942(1-0.942)}{450}+\frac{0.907(1-0.907)}{525}}}=\frac{0.035}{0.017}=2.059$$

계산한 검정통계량 2.059가 기각역에 속해 있으므로, 귀무가설을 기각하고 대립가설을 채택한다.

## 예제 8-3 비율 차이에 대한 가설검정

준비파일 | 8장_비율 차이에 대한 가설검정.xlsx

[표 8-4]를 바탕으로 신기술을 도입했을 때 정말 출석률에 차이가 나는지 Excel을 이용하여 검정하라. 단, $n_A=30$, $n_B=35$이고 신뢰수준은 95%로 한다.

### 실습

**01** Excel을 실행하여 '8장_비율 차이에 대한 가설검정.xlsx' 파일을 불러온다.

**02** ❶ T6셀에 표준오차를 구하는 계산식 '=SQRT((T3*(1-T3)/S3)+(T4*(1-T4)/S4))'를 입력한다. ❷ 95%의 신뢰구간을 구하기 위해 R8셀에 좌측 계산식 '=(T3-T4)-(1.96*T6)'을 입력하고 ❸ T8셀에 우측 계산식 '=(T3-T4)+(1.96*T6)'을 입력한다.

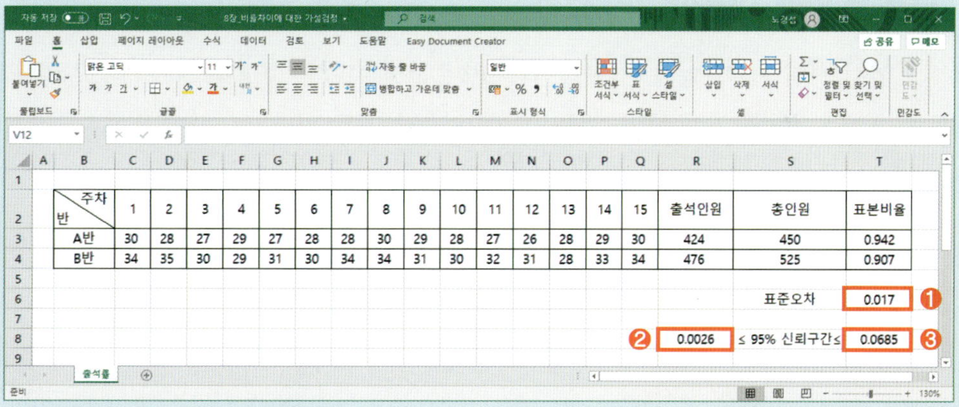

| 반 \ 주차 | 1 | 2 | 3 | 4 | 5 | 6 | 7 | 8 | 9 | 10 | 11 | 12 | 13 | 14 | 15 | 출석인원 | 총인원 | 표본비율 |
|---|---|---|---|---|---|---|---|---|---|---|---|---|---|---|---|---|---|---|
| A반 | 30 | 28 | 27 | 29 | 27 | 28 | 28 | 30 | 29 | 28 | 27 | 26 | 28 | 29 | 30 | 424 | 450 | 0.942 |
| B반 | 34 | 35 | 30 | 29 | 31 | 30 | 34 | 34 | 31 | 30 | 32 | 31 | 28 | 33 | 34 | 476 | 525 | 0.907 |

표준오차 0.017 ❶

❷ 0.0026 ≤ 95% 신뢰구간 ≤ 0.0685 ❸

[그림 8-16] 비율 차이에 대한 신뢰구간

**03** ❶ T7셀에 유의수준 0.05의 $z$값 '±1.96'을 입력하고 ❷ T10셀에 검정통계량을 구하는 계산식 '=((0.942-0.907)-0)/SQRT((T3*(1-T3)/S3)+(T4*(1-T4)/S4))'를 입력한다. 검정통계량 값이 2.083622임을 확인할 수 있다.[18] ±1.96의 범위에서 벗어나므로 귀무가설을 기각하고 대립가설을 채택한다.

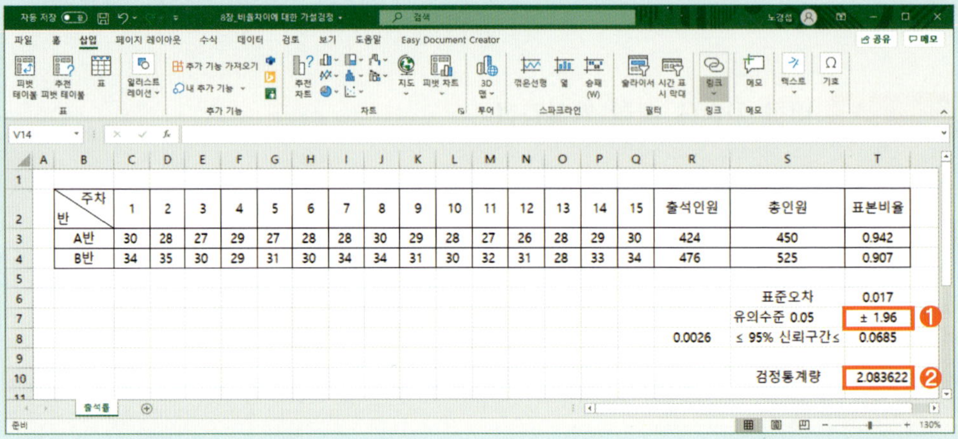

| 주차 / 반 | 1 | 2 | 3 | 4 | 5 | 6 | 7 | 8 | 9 | 10 | 11 | 12 | 13 | 14 | 15 | 출석인원 | 총인원 | 표본비율 |
|---|---|---|---|---|---|---|---|---|---|---|---|---|---|---|---|---|---|---|
| A반 | 30 | 28 | 27 | 29 | 27 | 28 | 28 | 30 | 29 | 28 | 27 | 26 | 28 | 29 | 30 | 424 | 450 | 0.942 |
| B반 | 34 | 35 | 30 | 29 | 31 | 30 | 34 | 34 | 31 | 30 | 32 | 31 | 28 | 33 | 34 | 476 | 525 | 0.907 |
| | | | | | | | | | | | | | | | | | 표준오차 | 0.017 |
| | | | | | | | | | | | | | | | | | 유의수준 0.05 | ± 1.96 ❶ |
| | | | | | | | | | | | | | | | | 0.0026 | ≤ 95% 신뢰구간≤ | 0.0685 |
| | | | | | | | | | | | | | | | | | 검정통계량 | 2.083622 ❷ |

[그림 8-17] 비율 차이에 대한 검정통계량 계산

## 공통 비율을 이용한 가설검정

앞서 수립한 $H_0: p_A - p_B = 0$, $H_1: p_A - p_B \neq 0$의 가설을 검정할 때, $H_0: p_A = p_B$이므로 $A$반과 $B$반을 합한 공통 비율 $\hat{p}_{ab}$를 이용할 수도 있다.

$$\hat{p}_{ab} = \frac{(A\text{반 표본 수}) \cdot (A\text{반 비율}) + (B\text{반 표본 수}) \cdot (B\text{반 비율})}{(\text{전체 표본 수})}$$

$$= \frac{n_a \hat{p}_a + n_b \hat{p}_b}{n_a + n_b}$$

18 앞서 구한 검정통계량 계산 결과와 약간 차이가 난다. 이는 소수점 몇 번째 자리에서 반올림했느냐에 따라 달라지는 것이므로 근소한 차이라면 무시해도 된다.

이때 $H_0$의 가설을 기준으로 하므로 $A$반과 $B$반의 출석이 동일한 비율이라는 가정이 성립한다.[19] 그리고 전체 표본 수는 $A$반과 $B$반에서 추출한 표본 수를 합한 전체 표본 수를 의미한다. 또한 전체 표본 수를 구성하는 각 $n_a$와 $n_b$의 증감에 따라 가중된 공통 비율이 서로 다르게 구해진다. $p_A = p_B$이므로 검정통계량은 다음과 같이 구할 수 있다.

$$z = \frac{(\hat{p}_a - \hat{p}_b) - (p_A - p_B)}{\sqrt{\hat{p}_{ab}(1-\hat{p}_{ab})\left(\frac{1}{n_a} + \frac{1}{n_b}\right)}}$$

## 예제 8-4 공통 비율을 이용한 가설검정

준비파일 | 8장_공통 비율을 이용한 가설검정.xlsx

[표 8-4]를 바탕으로 신기술을 도입했을 때 정말 출석률에 차이가 나는지 공통 비율을 이용하여 검정하라. 단, $n_A = 30$, $n_B = 35$이고 신뢰수준은 95%로 한다.

### 풀이

공통 비율 $\hat{p}_{ab}$를 구하면

$$\hat{p}_{ab} = \frac{450 \cdot 0.942 + 525 \cdot 0.907}{975} = 0.923$$

이고, 검정통계량을 구하면 다음과 같다.

$$z = \frac{(0.942 - 0.907) - 0}{\sqrt{0.923(1-0.923)\left(\frac{1}{450} + \frac{1}{525}\right)}} = 2.044$$

$\alpha = 0.05$에서 양측검정의 기각역은 $|\pm 1.96| > |z|$이다. 계산된 $z = 2.044$이므로 $\pm 1.96$의 범위에서 벗어난다. 따라서 $H_0 : p_A - p_B = 0$을 기각하고, $H_1 : p_A - p_B \neq 0$을 채택한다.

19 모비율이 같다는 가정하의 표본 $a$, $b$이므로 공통 비율을 구해 계산하였다. 다수의 교재에서 편의상 이 방법을 사용하고 있으나, 귀무가설 $H_0$가 확인되지 않았으므로 다음 식을 활용하는 것이 더 바람직하다. 그러나 공통 비율로 계산하더라도 산출되는 값의 차이는 극히 미미하다.

$$z = \frac{(\hat{p}_a - \hat{p}_b) - (p_A - p_B)}{\sqrt{\frac{\hat{p}_a(1-\hat{p}_a)}{n_a} + \frac{\hat{p}_b(1-\hat{p}_b)}{n_b}}}$$

## 실습

**01** Excel을 실행하여 '8장_공통 비율을 이용한 가설검정.xlsx' 파일을 불러온다.

**02** ❶ T9셀에 공통 비율의 계산식 '=((S3*T3)+(S4*T4))/(S3+S4)'를 입력하고 ❷ T11셀에 공통 비율을 이용하여 검정통계량을 구하는 계산식 '=((0.942−0.907)−0)/SQRT(T9*(1−T9)*((1/S3)+(1/S4)))'을 입력한다.

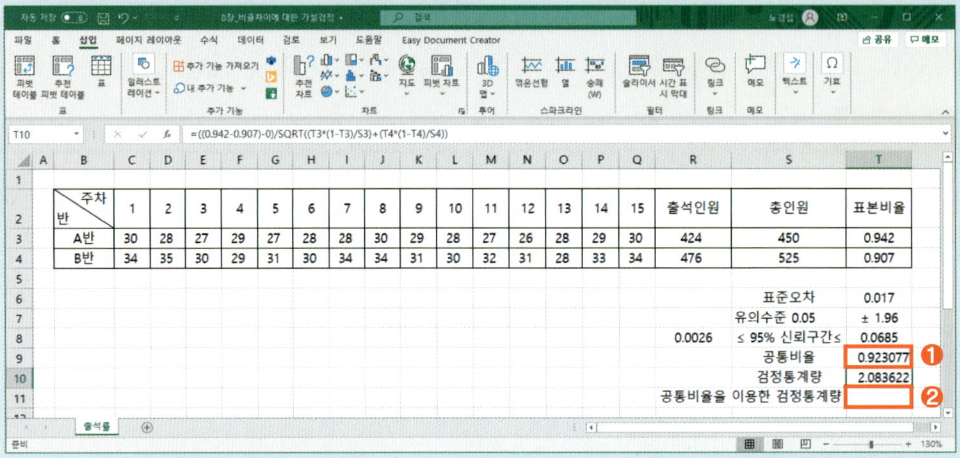


[그림 8-18] **공통 비율을 이용한 검정통계량 계산**

**03** 공통 비율이 0.923077, 검정통계량 값이 2.044581임을 확인할 수 있다. ±1.96의 범위에서 벗어나므로 귀무가설을 기각하고 대립가설을 채택한다.

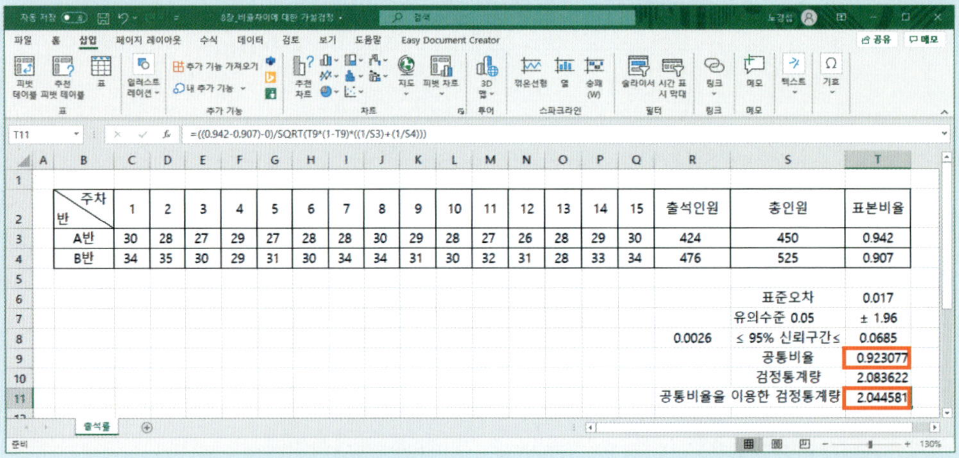


[그림 8-19] **공통 비율을 이용한 가설검정 결과**

CHAPTER

# 08 연습문제

**1.** 평균 차이를 검정할 때, 표본이 1개인 경우 측정 횟수에 따른 검정 방법과 표본이 2개인 경우의 검정 방법이 어떻게 다른지 설명하라.

**2.** 대응표본의 개념에 대해 설명하고, 주로 어떤 경우에 활용되는지 설명하라.

**3.** **[컴퓨터 실습]** A 제약회사는 암기에 도움이 되는 청명환을 개발했다. 이 제약회사는 청명환을 복용하면 암기력이 20% 증가하여 학습에 도움이 된다고 주장한다. 연습문제.xlsx의 '8장_청명환' 시트는 청명환을 복용한 사람 25명에 대해 청명환을 복용하기 전과 후의 암기 능력을 조사한 자료다. 청명환의 효과가 있는지 가설을 수립하고 유의수준 5%로 검정하라.

**4.** 독립표본의 개념에 대해 설명하고, 주로 어떤 경우에 활용되는지 설명하라.

**5.** **[컴퓨터 실습]** 국내 1, 2위 시장을 점유하는 타이어 제조업체들이 서로 자사 제품이 최고라는 광고를 한다. 연습문제.xlsx 파일의 '8장_타이어 주행거리' 시트는 동급의 타이어를 A사와 B사에서 각각 25개씩 표본 추출해서 주행거리를 측정한 자료다. A사와 B사의 동급 타이어의 주행거리에 차이가 있는지 유의수준 5% 이내에서 검정하라.

**6.** **[컴퓨터 실습]** A 방송국에서는 미니 시리즈 16부작 드라마 2편을 방송하였다. a 작품은 호화 캐스팅, 현지 로케, 해외 스타 출연 등에 200억 원의 제작비를 들였고, b 작품은 탄탄한 구성, 치밀한 준비, 무대 경험이 풍부한 무명 연기자들 섭외에 30억 원을 들였다. 연습문제.xlsx의 '8장_드라마 시청률' 시트는 25개 가구를 기준으로 16주 동안 두 작품의 시청률을 측정한 자료다. 두 드라마의 시청률에 차이가 있는지 확인하라.

**7.** **[컴퓨터 실습]** [연습문제 6]을 공통 비율을 이용하여 검정하라.

CHAPTER

# 09

# 분산분석

## Analysis of Variance

## 모집단이 3개 이상인 경우에는 어떻게 분석할까?

앞서 단일 모집단에 대한 분석을 살펴본 후 두 모집단을 비교하는 검정까지 학습했다. 그렇다면 모집단이 3개 이상인 경우에는 어떻게 분석해야 할까?

모집단이 3개 이상인 분석이라고 해서 별도의 분석 방법이 필요한 것은 아니다. 이미 배운 분석 방법을 응용하여 적용하면 된다. 이 장에서 학습하는 분산분석은 통계분석에서 가장 난이도가 높은 분석이니만큼, 3개 모집단의 평균 비교를 할 때 수식이나 계산 과정이 길고 복잡해서 어렵게 느끼는 독자도 있을 것이다. 하지만 분석  흐름을 이해하고 분석 결과가 무엇을 의미하는지 이해하는 데 초점을 맞추어 학습한다면 통계분석에 더욱 자신감이 붙을 것이다.

Contents

01_ 분산분석의 기본

02_ 일원 분산분석

03_ 이원 분산분석

연습문제

SECTION 01

# 분산분석의 기본

- 분산분석의 개념을 이해한다.
- 분산분석을 구분하는 기준을 안다.
- 분산분석을 진행하기 위한 기본 가정을 이해한다.

Keywords | 분산분석의 개념 | 분산분석의 구분 | 분산분석의 가정 |

8장에서 두 모집단을 비교하여 분석하는 방법을 살펴보았다. 통계조사를 할 때 두 모집단 간 비교 분석을 통해 충분히 의미 있는 결과를 도출하여 활용할 수 있다. 하지만 조사나 연구 현장에서는 부득이하게 3개 이상의 집단을 비교해야 하는 상황이 종종 발생한다. 이렇게 3개 이상의 집단을 분석할 때 더 많은 시사점을 얻을 수도 있기 때문이다.

3개 이상의 집단을 분석할 때도 $t$검정을 이용할 수 있지만, 집단 간의 조합을 따져 분석을 여러 번 실행해야 하므로 매우 복잡하다. 따라서 이 절에서는 3개 이상의 집단을 한 번에 분석할 수 있는 분산분석에 대해 살펴보고자 한다.

**편의점 브랜드에 따라 이용자의 만족도에 차이가 있을까?**

[그림 9-1] 다양한 편의점 브랜드

국내에 편의점이 들어온 지 어느새 30여 년이 흘러, 토종 편의점도 많이 생겼다. 일반적으로 소비자들은 편의점이 가깝고 24시간 영업하므로 사용 편리성이 높아 편의점을 이용할 것이다.

편의점을 자주 이용하는 한 학생이 실제로 편의점에 대한 만족도가 어느 정도인지 궁금해 조사 계획을 세웠다. 주변에서 흔히 볼 수 있는 5개 브랜드의 편의점 이용자를 조사 대상으로 하고자 한다. 이 5개 집단에 대한 분석을 어떻게 할 수 있을까? 3개 이상의 편의점에 대한 평균 만족도의 차이를 조사하는 것이므로, 분산분석을 이용하면 쉽게 결과를 도출할 수 있다.

## 분산분석의 개념

**분산분석**(ANnalysis Of VAriance, ANOVA[1])은 1920년대 통계학자이며 생물학자인 R.A. Fisher(1890. 2. ~ 1962. 7.)가 고안한 분석 방법으로, $F$분포를 이용해 가설을 검정

을 하는 것이다.[2] 이는 3개 이상의 집단에 대한 평균 차이를 검증하는 분석 방법으로, 특성에 대한 산포의 제곱합을 요인별 제곱합으로 분해한 후 영향 요인을 찾아낸다. $t$검정에서는 직접적으로 두 집단에 대한 차이를 비교했지만, 3개 이상의 집단을 직접 비교하는 방법은 상당히 복잡하다. 그러므로 이 경우에는 분산분석을 사용하는 것이 편리하다.

분산분석은 3개 이상의 집단에 대한 평균 차이를 검정하는 분석이다. 그렇다면 왜 평균분석이라 하지 않고 분산분석이고 할까? 이는 분산을 비교하여 평균 차이를 검정하기 때문이다. 분산분석은 집단 간 분산과 집단 내 분산을 확인하여 모집단의 특성을 찾아내기에 적합한 분석 방법이다. [그림 9-2]를 통해 집단 간/내의 분산을 비교하는 이유를 살펴보자.

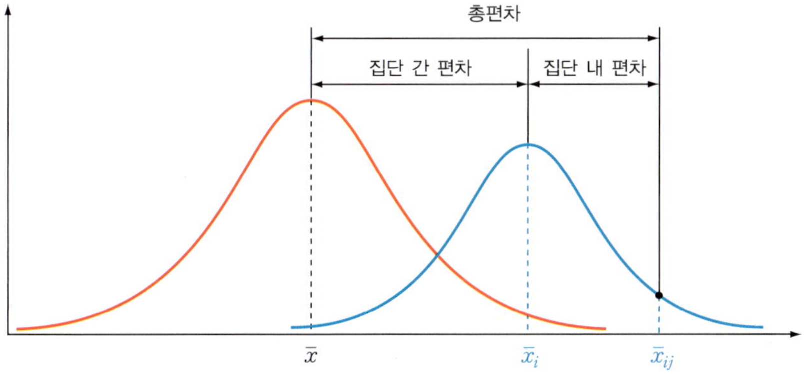


[그림 9-2] **분산분석의 편차**

[그림 9-2]는 분산분석을 설명하기 위해 편의점 5개 브랜드의 만족도를 측정하고, 편의상 편의점 $i$의 그래프를 나타낸 것이다. 편의점 5개 브랜드 전체의 만족도 평균은 $\overline{x}$, 편의점 $i$의 만족도 평균은 $\overline{x}_i$, 편의점 $i$의 만족도에 대한 측정치 중 하나인 $j$를 $\overline{x}_{ij}$라고 하면, 총편차는 집단 간 편차와 집단 내 편차로 구성된다.

$$(\text{총편차}) = \overline{x}_{ij} - \overline{x}$$

$$(\text{집단 간 편차}) = \overline{x}_i - \overline{x}$$

$$(\text{집단 내 편차}) = \overline{x}_{ij} - \overline{x}_i$$

집단 간 분산이 크면 클수록, 집단 내 분산이 작으면 작을수록 집단 간의 평균 차이가 커짐을 알 수 있다. 이때 집단 간의 상대적인 비율을 확인하여 분산비율($F$)로 나타낸다.[3]

1 ANOVA는 '아노바'라고 읽는다.
2 https://en.wikipedia.org/wiki/Ronald_Fisher, Nov 2015.
https://en.wikipedia.org/wiki/F-test, Nov 2015.
3 분산비율은 R.A. Fisher의 이름에서 딴 'F'로 나타낸다.

분산비율($F$)은 분산 차이를 활용하여 집단 간 평균 차이가 있는지를 검정하는 검정통계량으로 이용된다.

$$F = \frac{(\text{집단 간 변동})}{(\text{집단 내 변동})} = \frac{(\text{집단 간 평균제곱})}{(\text{집단 내 평균제곱})}$$

**참고 총편차, 집단 간 편차, 집단 내 편차**[4]

[그림 9-2]는 총편차와 집단 간 편차, 집단 내 편차를 나타낸다. 각각의 구성 형태는 $\overline{x}_{ij}$를 기준으로 $\overline{x}_{ij} = \overline{x} + (\overline{x}_i - \overline{x}) + (\overline{x}_{ij} - \overline{x}_i)$와 같이 수식으로 나타낼 수 있다. 또한 이 수식은 $\overline{x}_{ij} - \overline{x} = (\overline{x}_i - \overline{x}) + (\overline{x}_{ij} - \overline{x}_i)$와 같이 정리할 수 있다. 즉, (총편차) = (집단 간 편차) + (집단 내 편차)이며, $(\text{편차})^2 = (\text{분산})$이다. 따라서 (총분산) = (집단 간 분산) + (집단 내 분산)이 된다.

## 분산분석의 구분

분산분석은 변수의 개수와 특성에 따라 일원 분산분석, 이원 분산분석, 다원 분산분석, 다변량 분산분석으로 구분된다.[5]

### 일원 분산분석

**일원 분산분석**(one-way ANOVA)은 한 가지 기준이 되는 요인으로 비교하고자 하는 변수의 평균 차이가 집단 간에 존재하는지를 조사하는 것이다. 예를 들면, [그림 9-3]과 같이 3개 이상의 편의점 브랜드를 대상으로 고객이 느끼는 만족도에 차이가 있는지 조사할 때 일원 분산분석을 사용한다.

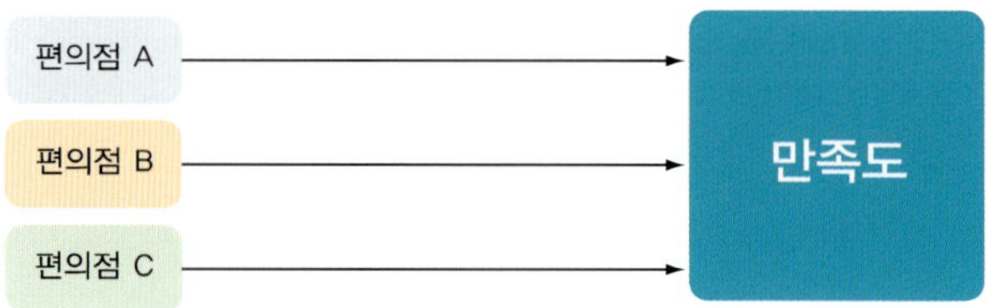


[그림 9-3] 일원 분산분석 : 만족도의 평균 차이 비교

4 이에 대해서는 이어지는 2절의 '일원 분산분석의 편차' 항목에서 자세히 다룬다.

5 분산분석에서 변수를 독립변수와 종속변수의 개념으로 설명하는 경우가 많다. 그러나 독립변수와 종속변수의 개념하에서는 원인과 결과에 맞추어야 하므로 분산분석에 적용하기에는 무리가 있다. 편의점의 브랜드나 상권, 본사 국적 등의 요인은 연구 상황의 상태로 인식해야 하며, 집단이 구분되는 요인으로 보는 것이 적당하다. 분산분석의 분석 결과를 정리하는 과정도 독립변수와 종속변수의 개념으로 정리하지 않으며, 요인에 해당하는 변수를 '집단 간', '처리(treatment)' 등으로 표현하는 점을 기억해야 한다. 독립변수와 종속변수에 대해서는 11장에서 좀 더 자세하게 설명하도록 한다.

## 이원 분산분석

**이원 분산분석**(two-way ANOVA)은 두 가지 기준이 되는 요인으로 비교하고자 하는 변수의 평균 차이가 집단 간에 존재하는지를 조사하는 것이다. 예를 들면, [그림 9-4]와 같이 편의점을 브랜드 종류와 상권을 기준으로 나누고, 고객이 느끼는 만족도에 차이가 있는지 조사할 때 이원 분산분석을 사용한다.

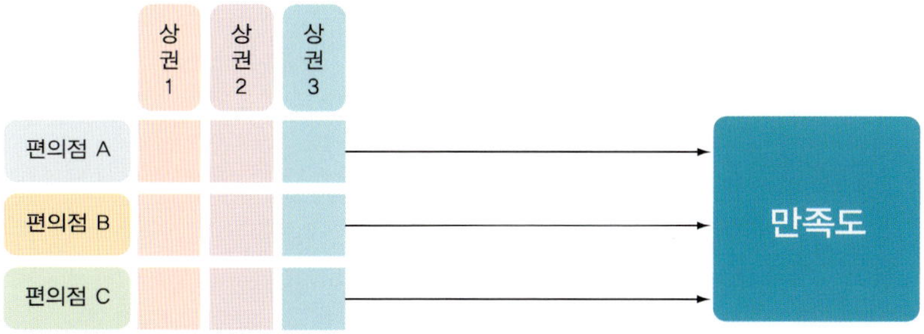


[그림 9-4] 이원 분산분석 : 만족도의 평균 차이 비교

## 다원 분산분석

**다원 분산분석**(multi-way ANOVA)은 세 가지 이상의 기준이 되는 요인으로 비교하고자 하는 변수의 평균 차이가 집단 간에 존재하는지를 조사하는 것이다. 예를 들면, [그림 9-5]와 같이 편의점을 브랜드와 상권, 본사 국가를 기준으로 나누고 고객이 느끼는 만족도에 차이가 있는지 조사할 때 다원 분산분석을 사용한다.

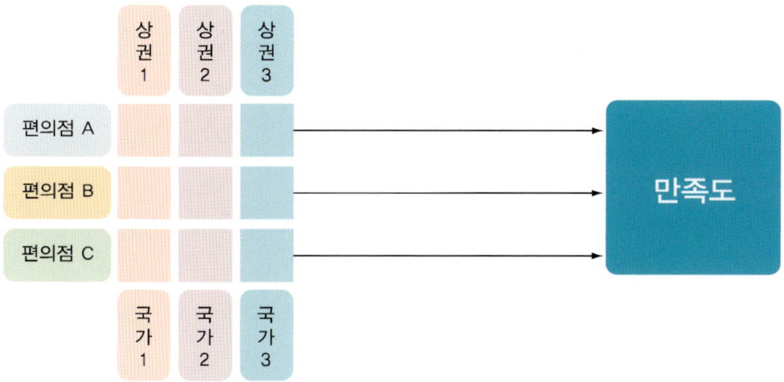


[그림 9-5] 다원 분산분석 : 만족도의 평균 차이 비교

### 다변량 분산분석

**다변량 분산분석**(multi-variate ANOVA)은 1개 이상의 기준이 되는 요인에 대해 비교하고자 하는 2개 이상의 변수를 기준으로 집단 간에 차이가 있는지를 조사하는 것이다. 예를 들면, [그림 9-6]과 같이 편의점을 3개 이상의 브랜드 집단으로 구분하는 요인변수로 구성하고, 비교하고자 하는 변수를 고객 만족도와 재방문율의 2개 이상으로 구성하여 조사할 때 다변량 분산분석을 사용한다.

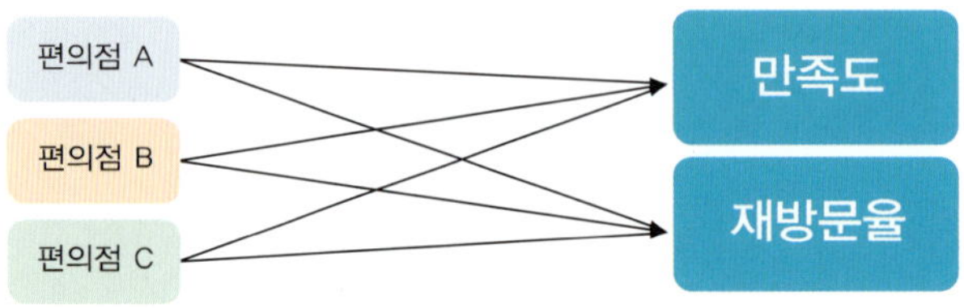


[그림 9-6] 다변량 분산분석 : 만족도와 재방문율의 평균 차이 비교

이처럼 분산분석은 3개 이상의 집단 간 평균 차이를 알아보는 검정으로, 집단을 구성하는 요인변수와 비교하고자 하는 평균값을 구성하는 변수에 따라 [표 9-1]과 같이 구분된다.

[표 9-1] 분산분석의 구분

| 구분 | 명칭 | | 요인의 수 | 평균 비교 변수 (종속변수) |
|---|---|---|---|---|
| 단일변량 분산분석 | 일원 분산분석 | One-way ANOVA | 1개 | 1개 |
| | 이원 분산분석 | Two-way ANOVA | 2개 | |
| | 다원 분산분석 | Multi-way ANOVA | 3개 이상 | |
| 다변량 분산분석 | - | MANOVA | 1개 이상 | 2개 이상 |

여기서는 분산분석을 구분하는 기준을 이해하고, 분석 과정은 일원 분산분석과 이원 분산분석까지만 다루기로 한다.[6]

6 다원 분산분석과 다변량 분산분석은 고급 분산분석으로, 이에 대해 더 많은 내용을 알고 싶다면 《제대로 알고 쓰는 논문 통계분석: SPSS & AMOS (개정증보판)》 (한빛아카데미, 2019)을 참고하기 바란다.

## 분산 차이 검정과 분산분석의 가정

분산분석이 3집단 이상의 평균을 비교하는 분석이기 때문에 표본에 대해 다음과 같은 가정이 필요하다.

### ■ 각 모집단은 정규분포를 이루어야 한다.

표본으로 모집단 간의 평균 차이를 추정하는 것이므로 모집단은 정규분포를 구성해야 한다. 정규분포이지만 집단 간 평균은 서로 다를 수 있다.

### ■ 집단 간 분산은 서로 동일해야 한다.

집단 간 비교를 할 때 분산이 동일하지 않으면 집단 간의 평균 차이를 구별하기가 쉽지 않다. 앞서 9장에서 등분산일 때 $t$검정을 할 수 있다고 배웠는데, 분산분석 역시 집단 간의 평균 비교이므로 등분산을 이루어야 한다. 분산분석은 집단이 3개 이상일 때 사용하는 분석 방법이므로 분산이 다르면 계산하기 어렵다.

[그림 9-7]은 집단 간 분산이 같지 않은 경우를 나타낸다. 표본 $a$의 평균은 $\bar{x}_a$이고 표본 $b$의 평균은 $\bar{x}_b$다. 그림처럼 집단 간 분산이 동일하지 않은 경우에는 앞서 [그림 9-2]와 비교했을 때 분포가 서로 다르고 편차가 너무 많이 겹쳐져 집단 간 구분이 어렵다. 여러 개의 집단이 동시에 겹쳐 있는 경우라면 더욱 구분하기 어려워진다.

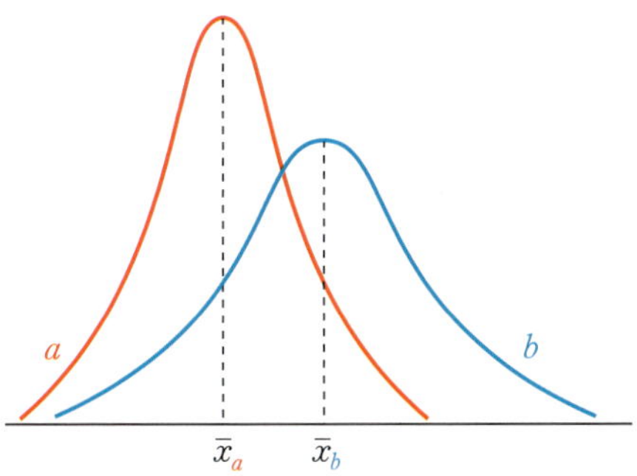


[그림 9-7] 집단 간 분산이 동일하지 않은 경우

### ■ 각 표본은 독립적으로 추출되어야 한다.

표본을 구성하는 과정에서 각각의 표본은 모두 독립적으로 구성되어야 한다. 즉, 표본을 구성하는 과정에서 어느 집단이 다른 집단에 영향을 주지 않아야 한다.

### ■ 각 표본의 크기는 적절해야 한다.

분석을 진행하기 위해서는 표본의 크기가 충분해야 한다. 이는 통계학 전체에 적용되는 기준인 '충분성'과 연결되는 가정이다. 집단 간 표본 크기에 차이가 많이 난다면 편의가 발생할 수 있기에 적절한 연구조사가 되기 힘들지만, 모든 집단에서 표본이 충분하게 추출되었다면 분산분석을 실시할 때 표본의 개수에 상관없이 분석을 진행할 수 있다.

SECTION 02

# 일원 분산분석

- 일원 분산분석이 진행되는 과정을 이해한다.
- 일원 분산분석의 결과를 해석할 수 있다.

Keywords | 총편차 | 집단 간 편차 | 집단 내 편차 | 평균제곱 | 결과 해석 |

일원 분산분석은 분산분석의 개념과 원리를 이해하기에 가장 좋은 분석 방법이다. 각 집단에 따른 분산의 차이로 평균 차이가 확인되는 과정을 이해하는 것이 핵심이다.

## 일원 분산분석의 과정

[표 9-2]는 국내 편의점 3개를 대상으로 소비자 만족도를 조사한 자료다. 이 조사에서 원인이 되는 분석 대상의 요인변수는 3개의 편의점이 되고, 평균 비교의 결과가 되는 결과변수는 소비자의 만족도가 된다.[7] 즉, 이 조사는 3개 이상의 집단에 대해 소비자의 만족도에 평균 차이가 있는지를 알아보기 위한 조사다. 각 편의점에 대한 소비자 만족도에 차이가 있는지를 $\alpha = 0.05$의 수준에서 알아보자.

[표 9-2] 편의점별 만족도 측정 데이터

| 번호 | 편의점 A | 편의점 B | 편의점 C |
|---|---|---|---|
| 1 | 1 | 4 | 4 |
| 2 | 4 | 4 | 3 |
| 3 | 3 | 3 | 4 |
| 4 | 3 | 4 | 3 |
| 5 | 3 | 4 | 4 |
| 6 | 3 | 5 | 4 |
| 7 | 3 | 4 | 3 |
| 8 | – | 4 | 3 |
| 9 | – | – | 3 |

7 다수의 책에서 분석 대상이 되는 요인변수를 독립변수로 설명하고 있고, 비교의 대상이 되는 결과변수를 종속변수로 설명하고 있다. 하지만 이것은 잘못된 것이라 설명하였다.(p.264의 각주 5 참조)

### 가설 수립

조사 목적이 편의점별로 소비자 만족도에 차이가 있는가에 맞춰져 있으므로, 대립가설 $H_1$은 편의점별로 소비자 만족도에 차이가 있다는 것이고, 귀무가설 $H_0$는 편의점별로 소비자 만족도에 차이가 없다는 것이다. 즉 편의점 A, B, C의 평균을 각각 $\overline{x}_A$, $\overline{x}_B$, $\overline{x}_C$라 하면 가설을 다음과 같이 나타낼 수 있다.[8]

$H_0$ : $\overline{x}_A = \overline{x}_B = \overline{x}_C$ ⇒ 편의점별 소비자 만족도에 차이가 없다.

$H_1$ : 편의점별 소비자 만족도에 차이가 있다.

### 자료 구성

가설을 수립했다면 자료가 어떻게 구성되어 있는지 파악해야 한다. [표 9-2]의 측정치를 기준으로 각 집단의 평균을 $\overline{x}_A$, $\overline{x}_B$, $\overline{x}_C$, 전체 평균을 $\overline{x}$로 표시한 후, 각각의 평균을 도출하면 [표 9-3]과 같다.

[표 9-3] 일원 분산분석의 자료 구성

| 번호 | 편의점 A | 편의점 B | 편의점 C | 전체 |
|---|---|---|---|---|
| 1 | 1 | 4 | 4 | |
| 2 | 4 | 4 | 3 | |
| 3 | 3 | 3 | 4 | |
| 4 | 3 | 4 | 3 | |
| 5 | 3 | 4 | 4 | |
| 6 | 3 | 5 | 4 | |
| 7 | 3 | 4 | 3 | |
| 8 | – | 4 | 3 | |
| 9 | – | – | 3 | |
| 표기 | $\overline{x}_A$ | $\overline{x}_B$ | $\overline{x}_C$ | $\overline{x}$ |
| 평균 | 2.857 | 4.000 | 3.444 | 3.458 |

## 일원 분산분석의 편차

3개 이상의 집단에 대해 소비자 만족도에 평균 차이가 있는지를 검정하는 조사이므로, 집단 간 편차, 집단 내 편차, 총편차를 먼저 구한다.

8 대립가설 $H_1$을 식(式)으로 표현하려면 조합을 통해 경우의 수를 구해야 하므로 여기서는 생략한다.

### 총편차

**총편차**(Sum of Squares Total, SST)는 관측된 자료에 대한 전체 평균과의 차이의 제곱합이다.[9]

$$SST = \sum\sum(x_{ij} - \bar{x})^2$$

그러므로 [표 9-3]의 24개 측정치에 대해 총편차를 구하면 다음과 같다.[10]

$$SST = (1-3.458)^2 + (4-3.458)^2 + (3-3.458)^2 + \cdots + (3-3.458)^2 = 13.9$$

### 집단 간 편차

**집단 간 편차**(Sum of Squares Between samples, SSB)는 해당 집단에서 측정된 평균에 대한 전체 평균 차이의 제곱합이다. 이 값은 표본평균과 전체에 대한 평균의 차이에 대한 제곱합이 되며, 표본의 개수를 감안해야 하므로 표본의 개수에 해당하는 $n_i$를 곱해서 계산한다. 집단 간 편차를 확인하는 이유는 해당 집단의 대표값인 평균을 이용하여 전체 평균과 비교하기 위해서다.

$$SSB = \sum n_i(\bar{x}_j - \bar{x})^2$$

[표 9-3]의 편의점 A, B, C에 대한 집단 간 편차를 구하면 다음과 같다.

$$SSB = 7 \cdot (2.857 - 3.4)^2 + 8 \cdot (4.000 - 3.4)^2 + 9 \cdot (3.444 - 3.4)^2 = 4.8$$

### 집단 내 편차

**집단 내 편차**(Sum of Squares Within samples, SSW)는 집단 내에서 측정된 자료에 대한 집단 평균 차이의 제곱합이다.[11] 집단 내 편차를 확인하는 이유는 동일한 집단에서 발생한 측정치의 편차를 측정해 통제할 수 없는 외부 변수를 고려하기 위한 것이다.[12]

$$SSW = \sum\sum(x_{ij} - \bar{x}_i)^2$$

[표 9-3]의 편의점 A, B, C에 대한 각각의 집단 내 편차를 구하면 다음과 같다.

---

9 $\sum$가 2개인 이유는 $i$와 $j$에 대해 각각 $\sum$를 해야 하기 때문이다.

10 Excel로 계산하면 SST=13.958, SSB=4.879, SSW=9.079로 소수점 이하의 반올림 없이 계산되므로, 손으로 푼 값과 어느 정도 차이가 발생한다.

11 집단 내 편차(sum of squares within samples, SSW)를 한 집단 내에서 편차(오차)를 제곱하여 합한 값인 오차 제곱합(sum of squares error, SSE)으로 표현하기도 한다.

12 예를 들어, 동일한 지역에서 수확한 과일의 당도를 측정하면 모두 같게 나올 것 같지만, 실제로 측정된 당도는 모두 동일하지 않다. 이때 나타나는 편차를 집단 내 편차라 한다.

$$SSW_A = (1-2.857)^2 + (4-2.857)^2 + \cdots + (3-2.857)^2 = 4.8$$
$$SSW_B = (4-4.000)^2 + (4-4.000)^2 + \cdots + (4-4.000)^2 = 2.000$$
$$SSW_C = (4-3.444)^2 + (3-3.444)^2 + \cdots + (3-3.444)^2 = 2.222$$

최종적으로 계산된 집단 내 편차는 $SSW_A + SSW_B + SSW_C = 9.079$다. 따라서 다음 식이 성립함을 알 수 있다.[13]

| (총편차) | = | (집단 간 편차) | + | (집단 내 편차) |
|---|---|---|---|---|
| $SST$ | = | $SSB$ | + | $SSW$ |
| 13.973 | = | 4.894 | + | 9.079 |

## 일원 분산분석의 결과 해석

먼저 편차(제곱합)를 서로 어떻게 비교하는지에 대해 알아보자. 어떤 값을 비교할 때 가장 기본이 되는 값은 평균이다. 편차도 동일하게 접근하여 비교할 수 있다. 즉 편차를 자유도로 나누면 편차의 평균이 되는데, 이때 각 편차는 각기 다른 자유도를 가진다. 전체 자료 $n$개로부터 $SST$는 자유도가 $(n-1)$이고, 표본의 수가 $i$개일 때 $SSB$의 자유도는 $(i-1)$, $SSW$의 자유도는 $(n-i)$이다. 결국 집단 간/내의 편차(제곱합)를 자유도로 나누면 분산[14]이 되므로, 이를 분산분석이라 한다. **집단 간 평균제곱**(Mean Squares Between samples, MSB)과 **집단 내 평균제곱**(Mean Squares Within samples, MSW)은 다음과 같이 구한다.

$$MSB = \frac{SSB}{i-1}$$
$$MSW = \frac{SSW}{n-i}$$

집단 간 평균제곱과 집단 내 평균제곱을 구했다면, 이들 두 평균제곱의 비율을 확인해야 한다. 이를 분산비율 $F$라 한다. 이 비율은 집단 내의 평균제곱을 기준으로 집단 간에는 어느 정도로 평균제곱의 변화가 있는지를 확인하는 것이다. 분산비율은 다음과 같이 구할 수 있다.

$$\text{분산비율}(F) = \frac{\text{집단 간 변동}}{\text{집단 내 변동}} = \frac{\text{집단 간 평균제곱}}{\text{집단 내 평균제곱}} = \frac{MSB}{MSW} = \frac{\frac{SSB}{i-1}}{\frac{SSW}{n-i}}$$

13 모든 계산에서 소수점 4째 자리에서 반올림한 결과 0.001의 차이가 발생했다.
14 3장에서 측정치와 평균의 차이를 제곱한 후 자유도로 나누어 도출한 결과를 분산이라고 배웠다.

[표 9-3]의 분산비율을 구하기 위해 먼저 $MSB$와 $MSW$를 구하면

$$\text{집단 간 평균제곱 : } MSB = \frac{4.8}{2} = 2.44$$

$$\text{집단 내 평균제곱 : } MSW = \frac{9.079}{21} = 0.432$$

가 된다. 따라서 표본비율은 다음과 같다.

$$F = \frac{2.44}{0.432} = 5.6$$

[표 9-3]에 대한 일원 분산분석표를 정리하면 [표 9-4]와 같다.

[표 9-4] [표 9-3]에 대한 일원 분산분석표

| 구분 | 편차(제곱합) | 자유도 | 평균제곱 | 분산비율 $F$ |
|---|---|---|---|---|
| 집단 간<br>집단 내 | $SSB = 4.8$<br>$SSW = 9.079$ | $i-1=2$<br>$n-i=21$ | $MSB = 2.44$<br>$MSW = 0.432$ | $\frac{MSB}{MSW} = \frac{2.44}{0.432} = 5.6$ |
| 합계 | $SST = 13.9$ | $n-1=23$ | − | − |

[표 9-4]의 분산비율을 보면 5.648로 계산되었다. 이는 한 집단의 내부에 대해 느끼는 만족도와 비교해 편의점이라는 집단으로 보았을 때 약 5.648배 차이가 난다는 의미다. 즉, 한 종류의 편의점에 대해 느끼는 소비자 만족도의 차이는 작은 반면, 편의점들 간에 대해 느끼는 소비자 만족도 차이는 더 크다는 의미이며, 이들의 비율이 5.648배의 차이가 난다는 것이다.

**Note 집단 내의 자유도가 $(n-i)$인 이유**

[표 9-3]의 편의점 A, B, C는 각각 7개, 8개, 9개의의 표본으로 구성되어 있으므로, 각각에 대한 자유도를 구하면 편의점 A는 $7-1=6$(개), 편의점 B는 $8-1=7$(개), 편의점 C는 $9-1=8$(개)다. 그러므로 집단 3개의 자유도를 모두 합하면 $(7-1)+(8-1)+(9-1)=(7+8+9)+(-3)=21$이 된다. 이는 전체 표본의 개수 24에서 표본의 개수 3을 뺀 21과 같음을 알 수 있다.

## 가설의 채택

5.648배의 차이가 있음을 아는 것으로 분산분석이 마무리되는 것이 아니다. 5.648이라는 값 역시 표본을 통해 모수를 추정하는 것이므로, 이에 대한 확률적인 근거를 통해 $H_0$와 $H_1$ 중 어느 것을 채택할지 판단해야 한다.

분산비율의 분포를 알려면 $F$분포표에서 유의수준에 해당하는 값을 찾아 5.648과 비교해야 한다. $F$분포표는 분자와 분모의 자유도에 따라 유의수준에 해당하는 면적을 나타낸다.

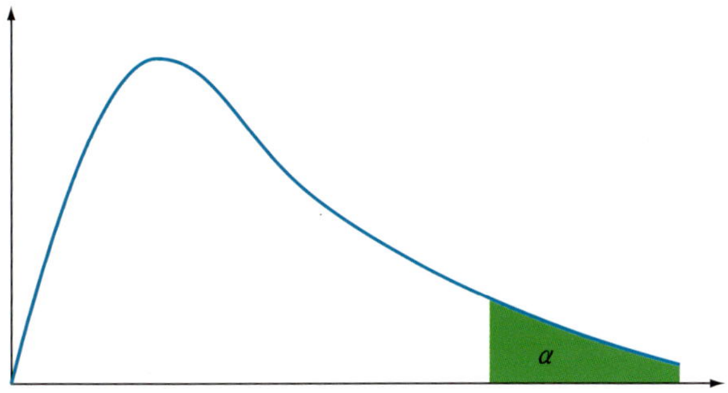


[그림 9-8] $F$분포도

[표 9-5]에서 분자의 자유도가 2, 분모의 자유도는 21에 해당하는 $F$분포표의 값은 3.47이다.[15] $F$분포표에서 3.47은 5% 수준에서 분산비율이 3.47이라는 의미다. 5.664는 3.47보다 크기 때문에, 5.648이 나올 확률은 5%보다 더 낮다. 그러므로 귀무가설을 기각하고 대립가설을 채택한다.

**참고 $F$분포표의 값보다 큰 값의 분산비율에 대한 확률이 낮아지는 이유는?**

[표 9-4]의 분산비율을 비교하면서 편의점의 만족도 차이가 5.648배라고 했다. 하지만 F분포표에서는 3.47배의 차이가 나야 5%의 확률이라고 했다. $H_0$는 편의점별 소비자의 만족도 차이가 없다는 것인데, 5% 확률에서 3.47보다 훨씬 큰 값인 5.648로 조사되었다는 것은 5% 확률보다 더 낮게 발생할 것임을 의미하므로 $H_0$를 기각하고 $H_1$를 채택해야 한다.

15 $F$분포표를 비롯해 이후에 나오는 각종 분포표는 첨부파일 '각종 분포표.xlsx'에서 전체를 확인할 수 있다.

[표 9-5] $F$분포표($\alpha = 0.05$)

| 분자<br>분모 | 1 | 2 | 3 | 4 | 5 | 6 | 7 | 8 | 9 | 10 |
|---|---|---|---|---|---|---|---|---|---|---|
| 1 | 161.45 | 199.50 | 215.71 | 224.58 | 230.16 | 233.99 | 236.77 | 238.88 | 240.54 | 241.88 |
| 2 | 18.51 | 19.00 | 19.16 | 19.25 | 19.30 | 19.33 | 19.35 | 19.37 | 19.38 | 19.40 |
| 3 | 10.13 | 9.55 | 9.28 | 9.12 | 9.01 | 8.94 | 8.89 | 8.85 | 8.81 | 8.79 |
| 4 | 7.71 | 6.94 | 6.59 | 6.39 | 6.26 | 6.16 | 6.09 | 6.04 | 6.00 | 5.96 |
| 5 | 6.61 | 5.79 | 5.41 | 5.19 | 5.05 | 4.95 | 4.88 | 4.82 | 4.77 | 4.74 |
| 6 | 5.99 | 5.14 | 4.76 | 4.53 | 4.39 | 4.28 | 4.21 | 4.15 | 4.10 | 4.06 |
| 7 | 5.59 | 4.74 | 4.35 | 4.12 | 3.97 | 3.87 | 3.79 | 3.73 | 3.68 | 3.64 |
| 8 | 5.32 | 4.46 | 4.07 | 3.84 | 3.69 | 3.58 | 3.50 | 3.44 | 3.39 | 3.35 |
| 9 | 5.12 | 4.26 | 3.86 | 3.63 | 3.48 | 3.37 | 3.29 | 3.23 | 3.18 | 3.14 |
| 10 | 4.96 | 4.10 | 3.71 | 3.48 | 3.33 | 3.22 | 3.14 | 3.07 | 3.02 | 2.98 |
| 11 | 4.84 | 3.98 | 3.59 | 3.36 | 3.20 | 3.09 | 3.01 | 2.95 | 2.90 | 2.85 |
| 12 | 4.75 | 3.89 | 3.49 | 3.26 | 3.11 | 3.00 | 2.91 | 2.85 | 2.80 | 2.75 |
| 13 | 4.67 | 3.81 | 3.41 | 3.18 | 3.03 | 2.92 | 2.83 | 2.77 | 2.71 | 2.67 |
| 14 | 4.60 | 3.74 | 3.34 | 3.11 | 2.96 | 2.85 | 2.76 | 2.70 | 2.65 | 2.60 |
| 15 | 4.54 | 3.68 | 3.29 | 3.06 | 2.90 | 2.79 | 2.71 | 2.64 | 2.59 | 2.54 |
| 16 | 4.49 | 3.63 | 3.24 | 3.01 | 2.85 | 2.74 | 2.66 | 2.59 | 2.54 | 2.49 |
| 17 | 4.45 | 3.59 | 3.20 | 2.96 | 2.81 | 2.70 | 2.61 | 2.55 | 2.49 | 2.45 |
| 18 | 4.41 | 3.55 | 3.16 | 2.93 | 2.77 | 2.66 | 2.58 | 2.51 | 2.46 | 2.41 |
| 19 | 4.38 | 3.52 | 3.13 | 2.90 | 2.74 | 2.63 | 2.54 | 2.48 | 2.42 | 2.38 |
| 20 | 4.35 | 3.49 | 3.10 | 2.87 | 2.71 | 2.60 | 2.51 | 2.45 | 2.39 | 2.35 |
| 21 | 4.32 | 3.47 | 3.07 | 2.84 | 2.68 | 2.57 | 2.49 | 2.42 | 2.37 | 2.32 |
| 22 | 4.30 | 3.44 | 3.05 | 2.82 | 2.66 | 2.55 | 2.46 | 2.40 | 2.34 | 2.30 |
| 23 | 4.28 | 3.42 | 3.03 | 2.80 | 2.64 | 2.53 | 2.44 | 2.37 | 2.32 | 2.27 |
| 24 | 4.26 | 3.40 | 3.01 | 2.78 | 2.62 | 2.51 | 2.42 | 2.36 | 2.30 | 2.25 |
| 25 | 4.24 | 3.39 | 2.99 | 2.76 | 2.60 | 2.49 | 2.40 | 2.34 | 2.28 | 2.24 |
| 26 | 4.23 | 3.37 | 2.98 | 2.74 | 2.59 | 2.47 | 2.39 | 2.32 | 2.27 | 2.22 |
| 27 | 4.21 | 3.35 | 2.96 | 2.73 | 2.57 | 2.46 | 2.37 | 2.31 | 2.25 | 2.20 |
| 28 | 4.20 | 3.34 | 2.95 | 2.71 | 2.56 | 2.45 | 2.36 | 2.29 | 2.24 | 2.19 |
| 29 | 4.18 | 3.33 | 2.93 | 2.70 | 2.55 | 2.43 | 2.35 | 2.28 | 2.22 | 2.18 |
| 30 | 4.17 | 3.32 | 2.92 | 2.69 | 2.53 | 2.42 | 2.33 | 2.27 | 2.21 | 2.16 |
| 31 | 4.16 | 3.30 | 2.91 | 2.68 | 2.52 | 2.41 | 2.32 | 2.25 | 2.2 | 2.15 |
| 32 | 4.15 | 3.29 | 2.90 | 2.67 | 2.51 | 2.40 | 2.31 | 2.24 | 2.19 | 2.14 |
| 33 | 4.14 | 3.28 | 2.89 | 2.66 | 2.50 | 2.39 | 2.30 | 2.23 | 2.18 | 2.13 |
| 34 | 4.13 | 3.28 | 2.88 | 2.65 | 2.49 | 2.38 | 2.29 | 2.23 | 2.17 | 2.12 |
| 35 | 4.12 | 3.27 | 2.87 | 2.64 | 2.49 | 2.37 | 2.29 | 2.22 | 2.16 | 2.11 |

[그림 9-9]는 Excel을 이용하여 구한 일원 분산분석 결과다. 직접 손으로 계산한 결과와 동일한 것을 확인할 수 있다.

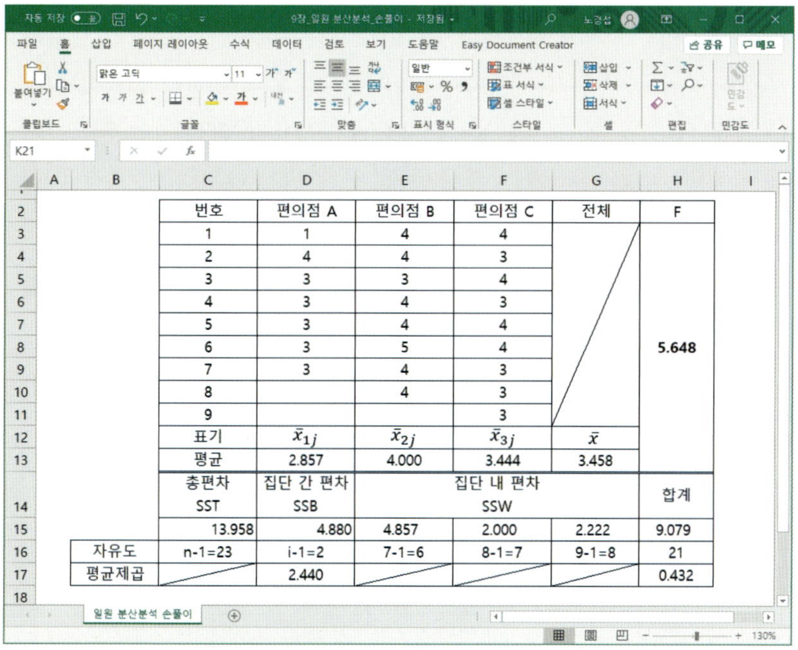

| | 번호 | 편의점 A | 편의점 B | 편의점 C | 전체 | F |
|---|---|---|---|---|---|---|
| | 1 | 1 | 4 | 4 | | |
| | 2 | 4 | 4 | 3 | | |
| | 3 | 3 | 3 | 4 | | |
| | 4 | 3 | 4 | 3 | | |
| | 5 | 3 | 4 | 4 | | |
| | 6 | 3 | 5 | 4 | | 5.648 |
| | 7 | 3 | 4 | 3 | | |
| | 8 | | 4 | 3 | | |
| | 9 | | | 3 | | |
| | 표기 | $\bar{x}_{1j}$ | $\bar{x}_{2j}$ | $\bar{x}_{3j}$ | $\bar{x}$ | |
| | 평균 | 2.857 | 4.000 | 3.444 | 3.458 | |
| | 총편차 SST | 집단 간 편차 SSB | 집단 내 편차 SSW | | | 합계 |
| | 13.958 | 4.880 | 4.857 | 2.000 | 2.222 | 9.079 |
| 자유도 | n-1=23 | i-1=2 | 7-1=6 | 8-1=7 | 9-1=8 | 21 |
| 평균제곱 | | 2.440 | | | | 0.432 |

[그림 9-9] Excel로 계산한 일원 분산분석

## 예제 9-1 일원 분산분석

준비파일 | 9장_일원 분산분석.xlsx

Excel을 이용하여 [표 9-3]에 대한 일원 분산분석을 확인하라.

### 실습

**01** Excel을 실행하여 '9장_일원 분산분석.xlsx' 파일을 불러온다.

**02** ❶ **[데이터]** 탭을 클릭한 후 ❷ **[데이터 분석]** 메뉴를 클릭한다. **[통계 데이터 분석]** 창에서 ❸ '분산 분석: 일원 배치법'을 선택하고 ❹ **[확인]**을 클릭한다.

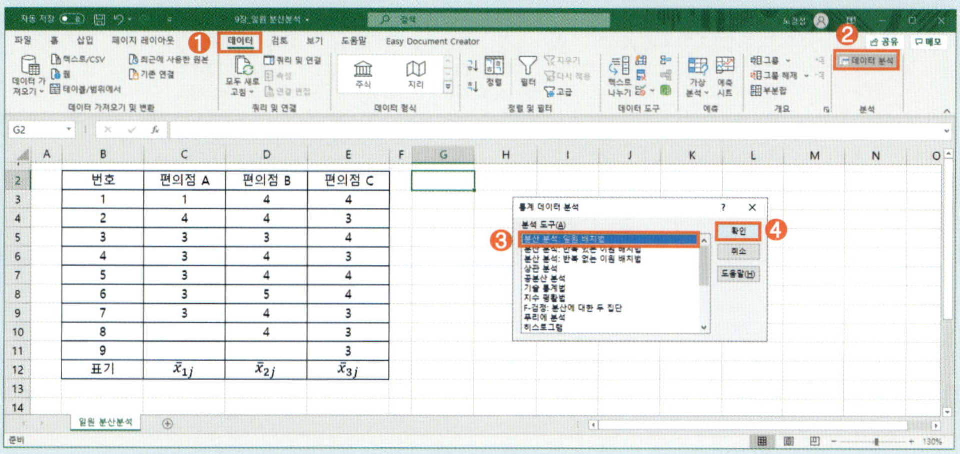

[그림 9-10] 통계 데이터 분석의 '분산 분석 : 일원 배치법' 선택

**03** **[분산 분석: 일원 배치법]** 창에서 ❶ '입력 범위(I):' 칸을 클릭한 후 ❷ C2셀부터 E11셀까지 드래그하여 입력한다. ❸ '데이터 방향:'을 '열'로 선택하고 ❹ '첫째 행 이름표 사용(L)'에 ☑ 표시를 한 후 ❺ '유의 수준(A)' 0.05를 확인한다. ❻ '출력 범위(O):' 칸을 클릭한 후 ❼ 결과가 나타나게 될 시작 위치 G2셀을 클릭한 다음 ❽ **[확인]**을 클릭한다.

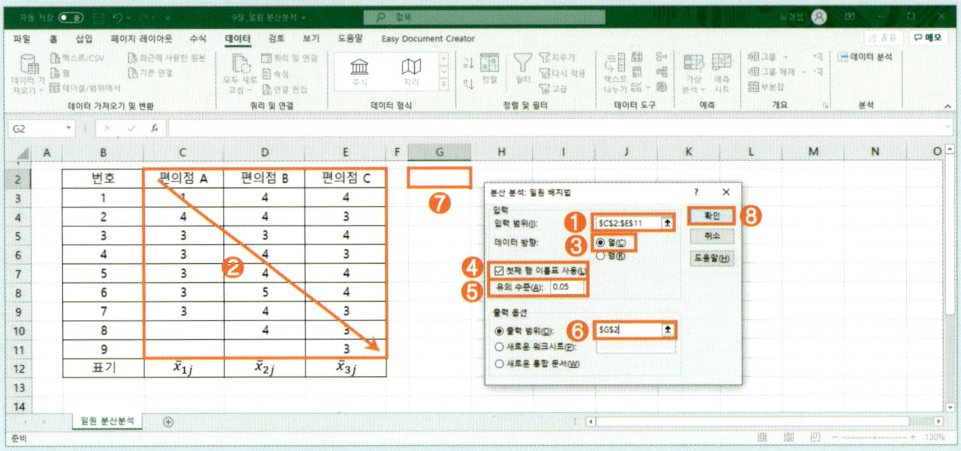


[그림 9-11] **[분산분석 : 일원 배치법] 설정**

**04** 분산비율은 F비로 표현되며 5.64237로 계산되었다. 이에 대한 유의확률인 P-값은 0.010935, 유의수준 $\alpha = 0.05$에서 F분포표의 값도 3.4668로 계산되어 F비와 비교할 수 있다.

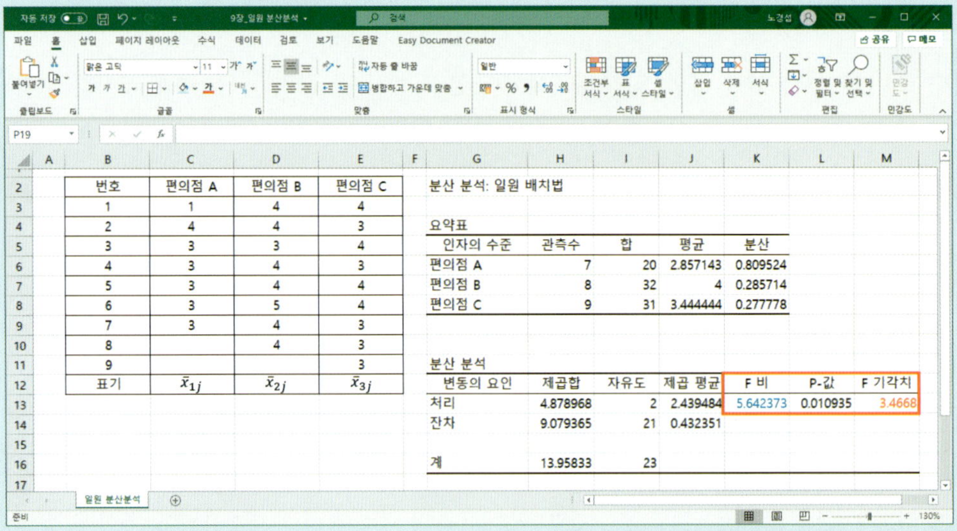


[그림 9-12] **일원 분산분석 결과**

[그림 9-12]에서는 G13셀과 G14셀에 '처리'와 '잔차'가 표시되어 있다. 처리는 요인변수를 구성하는 집단 간의 분산을 의미하고, 잔차는 요인변수인 집단 자체의 분산이다. 분산분석에 대한 개념을 이해하려면 이를 집단 간 혹은 집단 내로 이해해야 한다. '제곱 평균'에는 분산이 각각 2.439484와 0.432351로 계산되어 있다. [그림 9-12]와 [그림 9-13]을 비교하여 살펴보길 권한다.

**참고 SPSS Statistics를 이용한 일원 분산분석 결과**

[그림 9-13]은 SPSS Statistics26 통계 프로그램을 이용한 일원 분산분석 결과다.

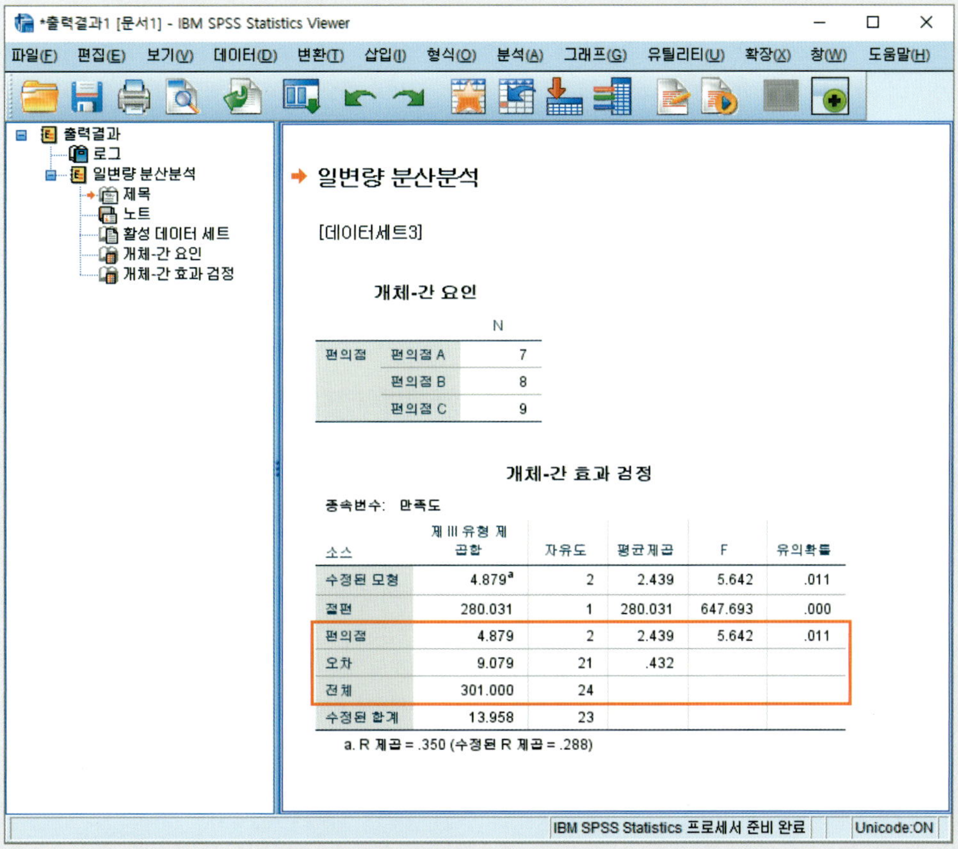


[그림 9-13] SPSS Statistics를 이용한 일원 분산분석 결과

여기서 제곱합은 편차의 제곱합, 평균제곱은 분산, F는 검정통계량, 유의확률은 검정통계량의 유의확률을 의미한다. 이처럼 분산분석에 필요한 결과를 하나의 표에서 모두 보여주고 있다.

평균제곱을 보면 (집단 간) = 2.439, (집단 내) = 0.432로 집단 내 분산이 더 크다는 것을 확인할 수 있다. 또한 F통계량에 대한 유의확률이 0.011 수준으로 유의한 것을 확인할 수 있다.

SECTION 03

# 이원 분산분석

- 이원 분산분석이 진행되는 과정을 이해한다.
- 이원 분산분석의 결과를 해석할 수 있다.

Keywords | 상호작용 효과 | 결과 해석 |

요인변수가 하나일 때는 단순히 평균의 분산으로 집단 간의 차이를 확인하면 된다. 그러나 이원 분산분석에서는 기준이 되는 요인변수가 2개이므로 고려해야 할 사항이 하나 더 늘어난다. 이 경우 각 요인으로 확인하고자 하는 결과의 평균 차이를 직접 비교할 수도 있지만, 요인변수 2개가 복합적으로 구성되어 나타나는 현상도 고려해야 한다. 이렇게 복합적으로 나타나는 현상을 '상호작용 효과'라 한다.

**편의점별 상권의 차이가 이용자의 만족도에 영향을 미칠까?**

[그림 9-14] 3개의 표본과 상권별 구분

국내의 편의점 3개를 표본으로 하여, 세 곳에 대한 만족도가 상권별로 차이가 있는지 확인할 수 있을까?

앞서 살펴본 편의점 브랜드에 따른 만족도 차이에 대한 조사와 달리, 여기서는 브랜드와 상권이라는 2개의 요인변수로 구분하여 만족도의 차이를 조사해야 한다.

## 상호작용 효과

이원 분산분석이 일원 분산분석과 다른 점은 독립변수가 2개라는 것이다.[16] 우리는 앞서 편의점 브랜드에 따른 만족도라는 1:1의 요인에 따라 나타나는 측정치에 대해 평균 비교를 진행했다. 그러나 이원 분산분석에서는 기준이 되는 요인이 2개다. 요인이 2개이므로

16 앞서 1절에서 분산분석의 기준이 되는 요인변수를 대개 '독립변수'라 부르고 있지만 원래의 개념에는 맞지 않는다고 설명했다. 하지만 보편적으로 사용되는 용어이므로 이후에는 '독립변수'로 설명한다. 하지만 원래의 개념에 맞지 않는 용어라는 점은 알고 있어야 한다.

각 요인에 해당하는 각각의 분석 결과만 비교해도 되지만, 인문/사회과학에서는 어떤 현상이라도 단순히 개별적으로만 나타나는 경우는 거의 없다. 모든 요인 간에 아주 조금이라도 영향을 주고받는 연관성이 있으며, 이 연관성으로 인해 확인하고자 하는 측정 결과가 달라질 가능성이 있다.

이원 분산분석에서는 단순히 독립변수에 해당하는 요인이 독립적으로 종속변수에 미치는 영향의 평균 차이를 확인하는 주효과 검정과 함께 독립변수들이 연관되어 종속변수에 영향을 미치는 **상호작용 효과**(interaction effect) 검정을 진행한다. 즉, 상호작용 효과는 2개의 독립변수가 동시에 작용하여 종속변수에 미치는 효과를 말한다.

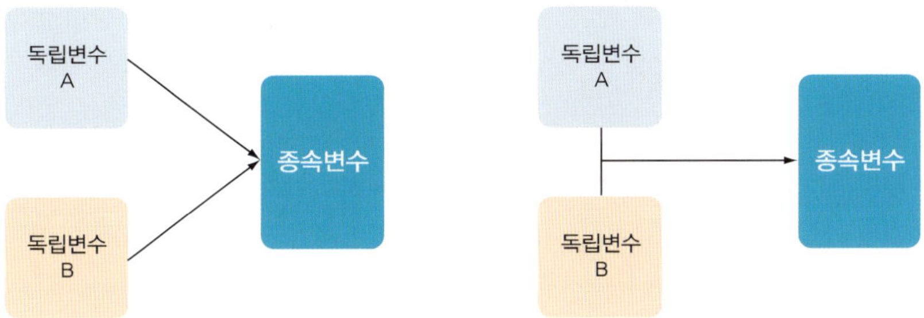

(a) 주효과 (b) 상호작용 효과

[그림 9-15] 주효과와 상호작용 효과

## 이원 분산분석의 과정

[표 9-6]은 국내 편의점 3개를 상권별로 조사하여 소비자의 만족도를 조사한 자료다. 이 조사에서 원인이 되는 변수(독립변수)는 3개의 편의점과 3개의 상권이고, 결과가 되는 변수(종속변수)는 소비자의 만족도다. 두 독립변수에 대한 소비자 만족도에 차이가 있는지를 $\alpha = 0.05$의 수준에서 알아보자.

[표 9-6] 편의점별-상권별 만족도 측정 데이터

| 구분 | 편의점 A | 편의점 B | 편의점 C |
|---|---|---|---|
| 강남 | 1 | 4 | 4 |
| | 4 | 4 | 3 |
| | 1 | 3 | 4 |
| 홍대 | 2 | 3 | 4 |
| | 2 | 2 | 3 |
| | 3 | 3 | 3 |
| 종로 | 2 | 4 | 2 |
| | 3 | 2 | 4 |
| | 2 | 3 | 4 |

## 가설 수립

조사 목적이 편의점별, 상권별 두 독립변수에 대해 소비자 만족도에 차이가 있는지에 맞춰져 있다. 따라서 가설은 기본적으로 2개이고 상호작용을 생각하면 총 3개의 가설을 수립할 수 있다.[17] 이를 위해 다음과 같이 정의해보자.

$\overline{x}$ : 전체 평균

$\overline{x}_i$ : 첫 번째 독립변수(편의점명)에 해당하는 관측값 $k$개의 평균

$\overline{x}_j$ : 두 번째 독립변수(편의점 위치)에 해당하는 관측값 $k$개의 평균

$\overline{x}_{ij}$ : 첫 번째 독립변수 $i$와 두 번째 독립변수 $j$의 관측값 $k$개의 평균

$\overline{x}_{ijk}$ : 첫 번째 독립변수 $i$번째와 두 번째 독립변수 $j$번째에 속하는 $k$번째 관측값

그러면 가설을 다음과 같이 나타낼 수 있다.

- 편의점별
  - $H_0^i$ : $\overline{x}_{Ai} = \overline{x}_{Bi} = \overline{x}_{Ci}$ ⇒ 편의점별 소비자 만족도에 차이가 없다.
  - $H_1^i$ : 편의점별 소비자 만족도에 차이가 있다.
- 상권별
  - $H_0^j$ : $\overline{x}_{Aj} = \overline{x}_{Bj} = \overline{x}_{Cj}$ ⇒ 상권별 소비자 만족도에 차이가 없다.
  - $H_1^j$ : 상권별 소비자 만족도에 차이가 있다.
- 상호작용
  - $H_0^{ij}$ : $\overline{x}_{Aij} = \overline{x}_{Bij} = \overline{x}_{Cij}$ ⇒ 상호작용에 의한 소비자 만족도에 차이가 없다.
  - $H_1^{ij}$ : 상호작용에 의한 소비자 만족도에 차이가 있다.

## 자료 구성

가설을 수립했다면 자료가 어떻게 구성되어 있는지 파악해야 한다. [표 9-6]의 자료를 재구성하면 [표 9-7]과 같다.

17 대립가설 $H_1$을 식(式)으로 표현하려면 조합을 통해 경우의 수를 구해야 하므로 여기서는 생략한다.

[표 9-7] 이원 분산분석의 자료 구성[18]

| 구분 | 편의점 A | 편의점 B | 편의점 C | 평균 |
|---|---|---|---|---|
| 강남 | 1 | 4 | 4 | $\bar{x}_{i1k}=3.111$ |
| | 4 | 4 | 3 | |
| | 1 | 3 | 4 | |
| $\bar{x}_{ij}$ | $\bar{x}_{11k}=2.000$ | $\bar{x}_{21k}=3.667$ | $\bar{x}_{31k}=3.667$ | |
| 홍대 | 2 | 3 | 4 | $\bar{x}_{i2k}=2.778$ |
| | 2 | 2 | 3 | |
| | 3 | 3 | 3 | |
| $\bar{x}_{ij}$ | $\bar{x}_{12k}=2.333$ | $\bar{x}_{22k}=2.667$ | $\bar{x}_{32k}=3.333$ | |
| 종로 | 2 | 4 | 2 | $\bar{x}_{i3k}=2.889$ |
| | 3 | 2 | 4 | |
| | 2 | 3 | 4 | |
| $\bar{x}_{ij}$ | $\bar{x}_{13k}=2.333$ | $\bar{x}_{23k}=3.000$ | $\bar{x}_{33k}=3.333$ | |
| 평균 | $\bar{x}_{1jk}=2.222$ | $\bar{x}_{2jk}=3.111$ | $\bar{x}_{3jk}=3.444$ | $\bar{x}=2.926$ |

이원 분산분석에서도 평균 차이를 확인하기 위하여 총편차를 확인해야 한다. 이원 분산분석의 편차들 사이에는 다음 식이 성립한다.

(총편차) = (독립변수 $i$의 편차) + (독립변수 $j$의 편차) + ($i$와 $j$의 상호작용) + (집단 내 편차)

$$SST = SSB_i + SSB_j + SSB_{ij} + SSW$$

이때 각각의 편차는 다음과 같이 구한다.

$$SST = \sum\sum\sum(\bar{x}_{ijk} - \bar{x})^2$$
$$SSB_i = \sum k_i(\bar{x}_{ik} - \bar{x})^2$$
$$SSB_j = \sum k_i(\bar{x}_{jk} - \bar{x})^2$$
$$SSB_{ij} = \sum k(\bar{x}_{ij} - \bar{x}_i - \bar{x}_j + \bar{x})^2$$
$$SSW = \sum\sum\sum(x_{ijk} - \bar{x})$$

자유도는 다음과 같이 구한다.

$$\text{자유도} : (i-1)+(j-1)+(i-1)\cdot(j-1)+i\cdot j\cdot(k-1)=i\cdot j\cdot k-1$$

[표 9-7]에 대한 편차를 구하면 각각 다음과 같다.

$$SST=(1-2.926)^2+(4-2.926)^2+\cdots+(4-2.926)^2=23.852$$

18 모든 손풀이는 소수점 4째자리에서 반올림하여 구한 수치다.

$$SSB_i = 9 \cdot (2.222 - 2.926)^2 + 9 \cdot (3.111 - 2.926)^2 + 9 \cdot (3.444 - 2.926)^2 = 7.183$$

$$SSB_j = 9 \cdot (3.111 - 2.926)^2 + 9 \cdot (2.778 - 2.926)^2 + 9 \cdot (2.889 - 2.926)^2 = 0.517$$

$$\begin{aligned} SSB_{ij} &= 3 \cdot (2.000 - 2.222 - 3.111 + 2.926)^2 + 3 \cdot (3.667 - 3.111 - 3.111 + 2.926)^2 \\ &\quad + 3 \cdot (3.667 - 2.222 - 3.111 + 2.926)^2 + \cdots + 3 \cdot (3.000 - 3.111 - 2.889 + 2.926)^2 \\ &\quad + 3 \cdot (3.333 - 3.444 - 2.889 + 2.926)^2 \\ &= 1.4 \end{aligned}$$

$SST$를 구하고 $i$, $j$에 해당하는 $SSB$와 상호작용에 대한 $SSB$를 구했으므로, $SSW$는 이들로부터 다음과 같이 구할 수 있다.

$$SSW = SST - SSB_i - SSB_j - SSB_{ij} = 14.6$$

## 이원 분산분석의 결과 해석

이제 각 집단 간의 평균을 비교하기 위해 다음과 같이 집단 간 평균제곱 $MSB$와 집단 내 평균제곱 $MSW$를 구해야 한다.

$$MSB_i = \frac{SSB_i}{i-1}, \qquad MSB_j = \frac{SSB_j}{j-1}$$

$$MSB_{ij} = \frac{SSB_{ij}}{(i-1)(j-1)}, \qquad MSW = \frac{SSW}{i \cdot j \cdot (k-1)}$$

[표 9-7]에 대한 평균제곱을 구하면 각각 다음과 같다.

$$MSB_i = \frac{7.183}{3-1} = 3.592, \qquad MSB_j = \frac{0.51}{3-1} = 0.259$$

$$MSB_{ij} = \frac{1.4}{(3-1)(3-1)} = 0.3, \qquad MSW = \frac{14.6}{3 \cdot 3 \cdot 2} = 0.81$$

[표 9-7]에 대한 이원 분산분석표를 정리하면 [표 9-8]과 같다. 분산비율 $F$는 독립변수 $i$와 $j$에 따라서 만족도의 차이가 어느 정도인지를 나타낸다.

[표 9-8] 이원 분산분석표

| 구분 | 편차(제곱합) | 자유도 | 평균제곱 | 분산비율 $F$ |
|---|---|---|---|---|
| 독립변수 $i$ | $SSB_i = 7.183$ | $i-1=2$ | $MSB_i = 3.592$ | $MSB_i / MSW = 4.40$ |
| 독립변수 $j$ | $SSB_j = 0.517$ | $j-1=2$ | $MSB_j = 0.259$ | $MSB_j / MSW = 0.31$ |
| $ij$ 상호작용 | $SSB_{ij} = 1.4$ | $(i-1)(j-1)=4$ | $MSB_{ij} = 0.3$ | $MSB_{ij} / MSW = 0.45$ |
| 집단 내 | $SSW = 14.6$ | $i \cdot j \cdot (k-1) = 18$ | $MSW = 0.81$ | |
| 합계 | $SST = 23.852$ | $n-1=26$ | – | – |

### 가설 채택

$MSB_i / MSW = 4.40$, $MSB_j / MSW = 0.31$, $MSB_{ij}/MSW = 0.45$라는 값 역시 표본을 통해 모수를 추정하는 것이므로, 이에 대한 확률적인 근거를 통해 $H_0$나 $H_1$ 중 어느 것을 채택해야 할지 판단해야 한다.

분산비율의 분포를 알려면 $F$분포표에서 유의수준에 해당하는 값을 찾아 분산비율과 비교해야 한다. $MSB_i$, $MSB_j$, $MSB_{ij}$의 자유도인 2, 2, 4를 기준으로 $F$분포표의 값은 3.55, 3.55, 2.93임을 확인할 수 있다.[19]

[표 9-8]을 보면 $MSB_i / MSW = 4.40$이므로 편의점별 $\alpha$에 해당하는 기준을 넘어서는 것을 확인할 수 있다. 그러므로 편의점별로 소비자 만족도에 차이가 있다는 귀무가설 $H_0^i$를 기각하고, 대립가설 $H_1^i$을 채택한다.

$H_0^i$ : $\overline{x}_{Ai} = \overline{x}_{Bi} = \overline{x}_{Ci}$ ⇒ 편의점별 소비자 만족도에 차이가 없다.

$H_1^i$ : 편의점별 소비자 만족도에 차이가 있다.

$MSB_j / MSW = 0.31$이므로 상권별 $\alpha$에 해당하는 기준인 3.55를 넘지 못하는 것을 확인할 수 있다. 그러므로 상권별로 소비자 만족도에 차이가 있다는 귀무가설 $H_0^i$를 기각하지 못한다.

$H_0^j$ : $\overline{x}_{Aj} = \overline{x}_{Bj} = \overline{x}_{Cj}$ ⇒ 상권별 소비자 만족도에 차이가 없다.

$H_1^j$ : 상권별 소비자 만족도에 차이가 있다.

$MSB_{ij} / MSW = 0.45$이므로 상호작용별 $\alpha$에 해당하는 기준인 2.93를 넘지 못하는 것을 확인할 수 있다. 그러므로 상호작용에 의한 소비자 만족도에 차이가 없다는 귀무가설 $H_0^{ij}$를 기각하지 못한다.

$H_0^{ij}$ : $\overline{x}_{Aij} = \overline{x}_{Bij} = \overline{x}_{Cij}$ ⇒ 상호작용에 의한 소비자 만족도에 차이가 없다.

$H_1^{ij}$ : 상호작용에 의한 소비자 만족도에 차이가 있다.

[그림 9-16]은 Excel을 이용하여 구한 이원 분산분석의 결과다. 손으로 계산한 결과와 동일한 것을 확인할 수 있다.

19 [표 9-5]의 $F$분포표에서 분모는 18, 분자는 각각 2, 2, 4에 해당하는 값을 확인한다.

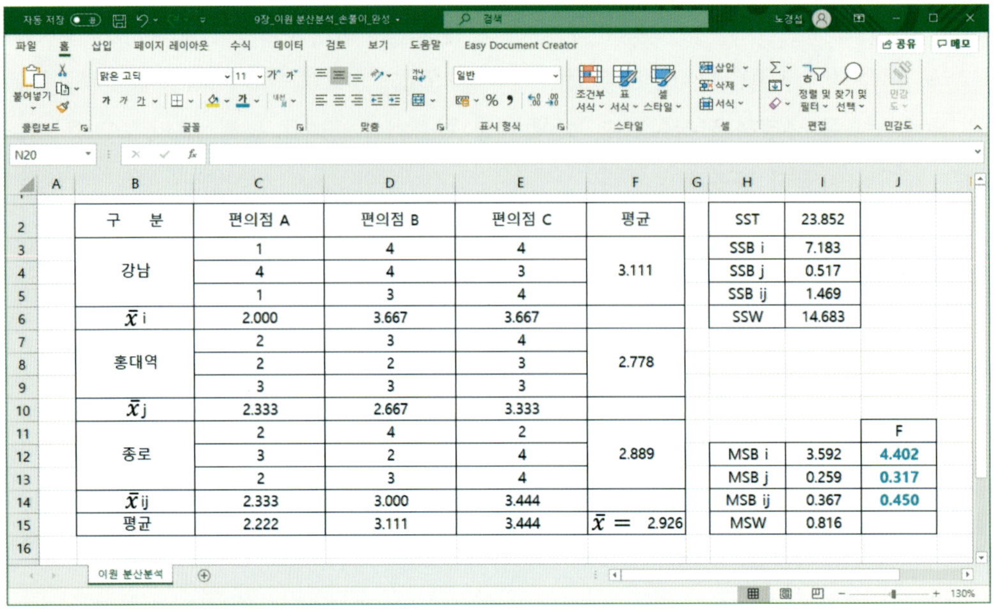


[그림 9-16] Excel로 계산한 이원 분산분석

## 예제 9-2 이원 분산분석

준비파일 | 9장_이원 분산분석.xlsx

Excel을 이용하여 [표 9-6]에 대한 이원 분산분석을 확인하라.

### 실습

**01** Excel을 실행하여 '9장_이원 분산분석.xlsx' 파일을 불러온다.

**02** ❶ **[데이터]** 탭을 클릭한 후 ❷ **[데이터 분석]** 메뉴를 클릭한다. **[통계 데이터 분석]** 창에서 ❸ '분산 분석: 반복 있는 이원 배치법'을 선택하고 ❹ **[확인]**을 클릭한다.

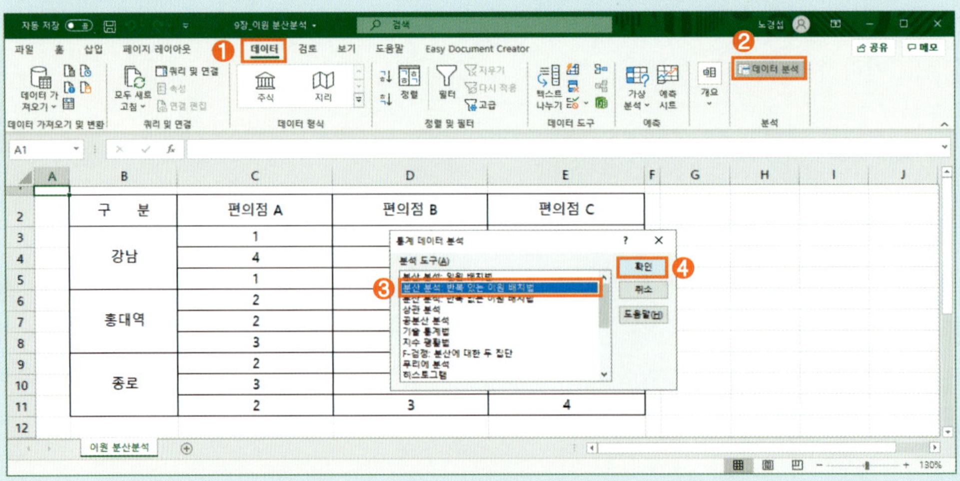


[그림 9-17] 통계 데이터 분석의 '분산분석: 반복 있는 이원 배치법' 선택

**03** **[분산 분석: 반복 있는 이원 배치법]** 창에서 ❶ '입력 범위(I):' 칸을 클릭한 후 ❷ B2셀부터 E11셀까지 드래그하여 입력한다. ❸ 표본당 3번씩 반복적으로 측정되었으므로 '표본당 행수(R):'에 '3'을 입력하고 ❹ '유의 수준(A)' 0.05를 확인한다. ❺ '출력 범위(O):' 칸을 클릭한 후 ❻ 결과가 나타나게 될 시작 위치 G2셀을 클릭하고 ❼ **[확인]**을 클릭한다.

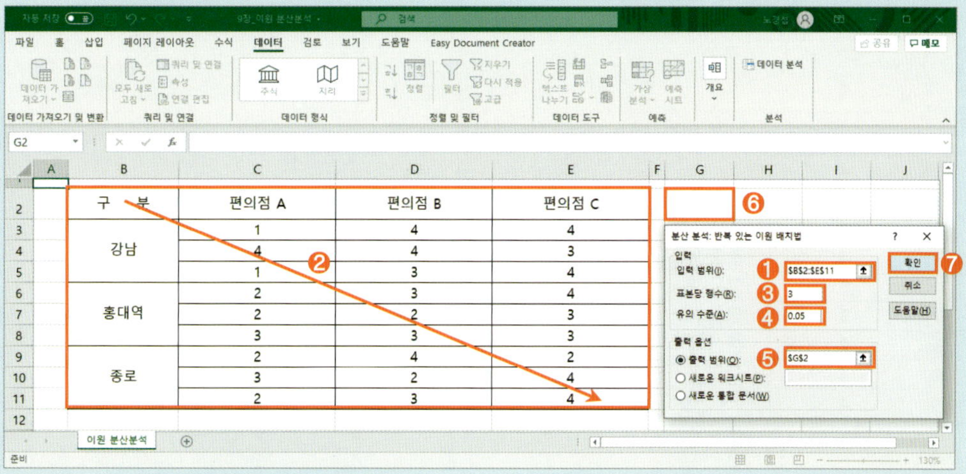

[그림 9-18] [분산분석: 반복 있는 이원 배치법] 설정

**04** 분산분석 결과를 확인할 수 있다. $p$값을 기준으로 보면 열방향인 인자 B(편의점별)만 유의수준 0.05에 포함되는 것을 확인할 수 있다.

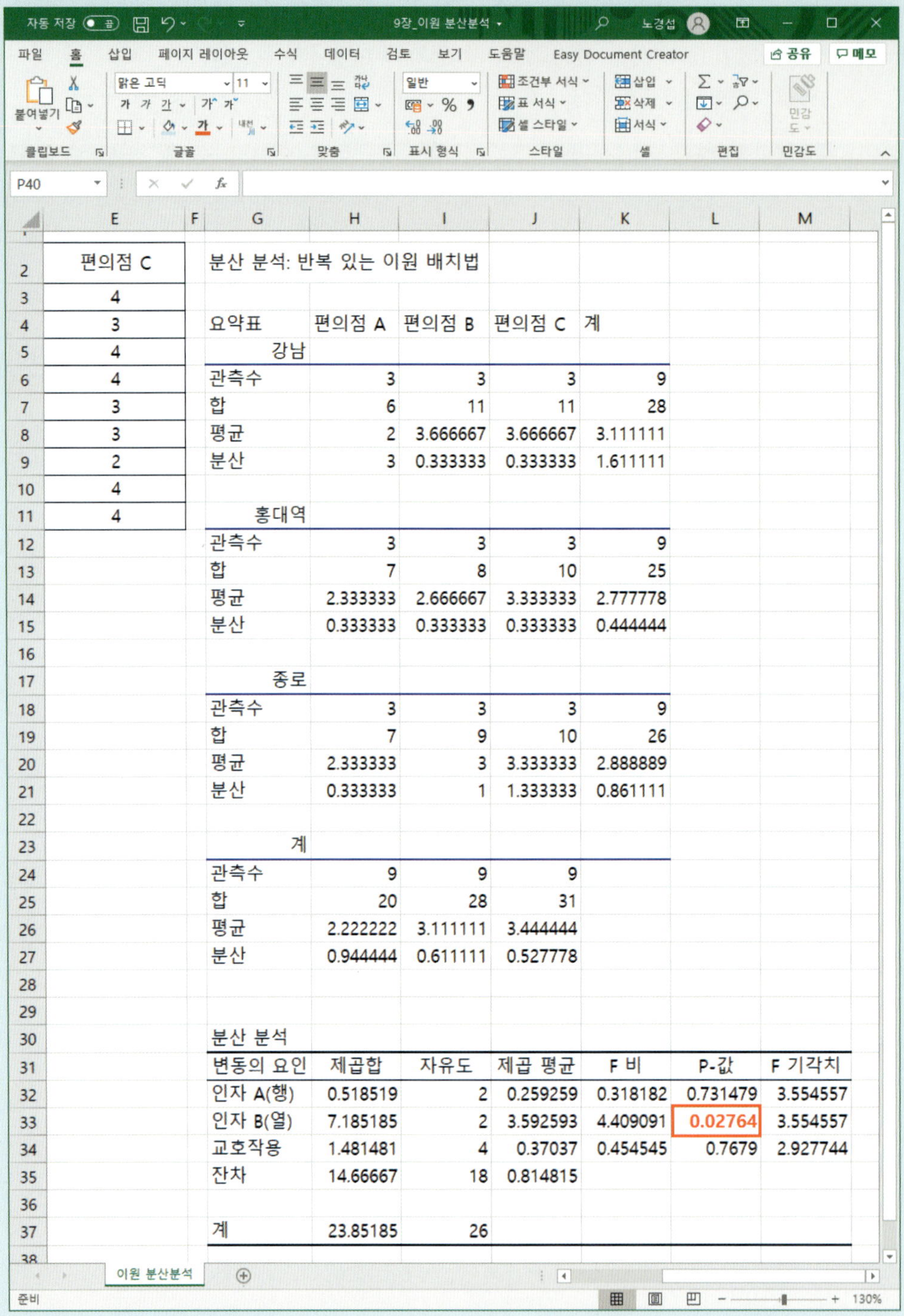

| | E | G | H | I | J | K | L | M |
|---|---|---|---|---|---|---|---|---|
| 2 | 편의점 C | 분산 분석: 반복 있는 이원 배치법 | | | | | | |
| 3 | 4 | | | | | | | |
| 4 | 3 | 요약표 | 편의점 A | 편의점 B | 편의점 C | 계 | | |
| 5 | 4 | 강남 | | | | | | |
| 6 | 4 | 관측수 | 3 | 3 | 3 | 9 | | |
| 7 | 3 | 합 | 6 | 11 | 11 | 28 | | |
| 8 | 3 | 평균 | 2 | 3.666667 | 3.666667 | 3.111111 | | |
| 9 | 2 | 분산 | 3 | 0.333333 | 0.333333 | 1.611111 | | |
| 10 | 4 | | | | | | | |
| 11 | 4 | 홍대역 | | | | | | |
| 12 | | 관측수 | 3 | 3 | 3 | 9 | | |
| 13 | | 합 | 7 | 8 | 10 | 25 | | |
| 14 | | 평균 | 2.333333 | 2.666667 | 3.333333 | 2.777778 | | |
| 15 | | 분산 | 0.333333 | 0.333333 | 0.333333 | 0.444444 | | |
| 16 | | | | | | | | |
| 17 | | 종로 | | | | | | |
| 18 | | 관측수 | 3 | 3 | 3 | 9 | | |
| 19 | | 합 | 7 | 9 | 10 | 26 | | |
| 20 | | 평균 | 2.333333 | 3 | 3.333333 | 2.888889 | | |
| 21 | | 분산 | 0.333333 | 1 | 1.333333 | 0.861111 | | |
| 22 | | | | | | | | |
| 23 | | 계 | | | | | | |
| 24 | | 관측수 | 9 | 9 | 9 | | | |
| 25 | | 합 | 20 | 28 | 31 | | | |
| 26 | | 평균 | 2.222222 | 3.111111 | 3.444444 | | | |
| 27 | | 분산 | 0.944444 | 0.611111 | 0.527778 | | | |
| 28 | | | | | | | | |
| 29 | | | | | | | | |
| 30 | | 분산 분석 | | | | | | |
| 31 | | 변동의 요인 | 제곱합 | 자유도 | 제곱 평균 | F 비 | P-값 | F 기각치 |
| 32 | | 인자 A(행) | 0.518519 | 2 | 0.259259 | 0.318182 | 0.731479 | 3.554557 |
| 33 | | 인자 B(열) | 7.185185 | 2 | 3.592593 | 4.409091 | 0.02764 | 3.554557 |
| 34 | | 교호작용 | 1.481481 | 4 | 0.37037 | 0.454545 | 0.7679 | 2.927744 |
| 35 | | 잔차 | 14.66667 | 18 | 0.814815 | | | |
| 36 | | | | | | | | |
| 37 | | 계 | 23.85185 | 26 | | | | |

[그림 9-19] 이원 분산분석 결과

## 참고 SPSS Statistics를 이용한 이원 분산분석 결과

[그림 9-20]은 SPSS Statistics26 통계 프로그램을 이용한 이원 분산분석 결과다. 이원 분산분석에서 확인하고자 하는 편의점, 상권, 편의점과 상권의 상호작용 효과, 여기에서 발생하는 오차와 총편차를 확인할 수 있다.

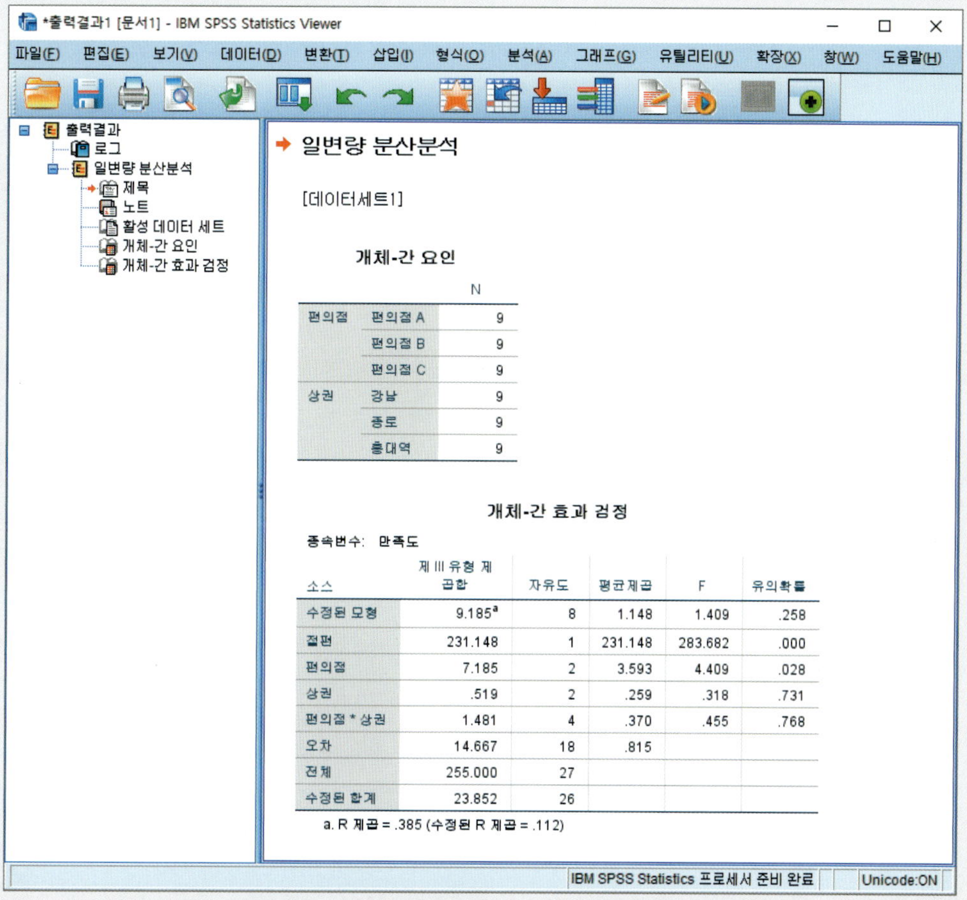


개체-간 요인

| | | N |
|---|---|---|
| 편의점 | 편의점 A | 9 |
| | 편의점 B | 9 |
| | 편의점 C | 9 |
| 상권 | 강남 | 9 |
| | 종로 | 9 |
| | 홍대역 | 9 |

개체-간 효과 검정

종속변수: 만족도

| 소스 | 제 III 유형 제곱합 | 자유도 | 평균제곱 | F | 유의확률 |
|---|---|---|---|---|---|
| 수정된 모형 | 9.185[a] | 8 | 1.148 | 1.409 | .258 |
| 절편 | 231.148 | 1 | 231.148 | 283.682 | .000 |
| 편의점 | 7.185 | 2 | 3.593 | 4.409 | .028 |
| 상권 | .519 | 2 | .259 | .318 | .731 |
| 편의점 * 상권 | 1.481 | 4 | .370 | .455 | .768 |
| 오차 | 14.667 | 18 | .815 | | |
| 전체 | 255.000 | 27 | | | |
| 수정된 합계 | 23.852 | 26 | | | |

a. R 제곱 = .385 (수정된 R 제곱 = .112)

[그림 9-20] SPSS Statistics를 이용한 이원 분산분석 결과

CHAPTER

# 09 연습문제

**1.** 분산분석의 개념에 대해 설명하고, $t$ 검정과 어떤 차이가 있는지 설명하라.

**2.** 분산분석의 종류와 차이점에 대해 설명하라.

**3.** 분산분석을 실시하기 위해 필요한 가정을 나열하고, 이에 대해 설명하라.

**4.** 국내 유명 낚시터 3곳에서 하루 3시간씩 낚시를 하여 각각의 낚시터에서 잡힌 물고기 수에 차이가 있는지 알아보고자 한다. 그 결과가 다음과 같을 때, $\alpha = 0.05$ 에서 검정하라.

| 횟수 | A 낚시터 | B 낚시터 | C 낚시터 |
|---|---|---|---|
| 1 | 7 | 5 | 3 |
| 2 | 5 | 8 | 4 |
| 3 | 8 | 10 | 3 |
| 4 | 4 | 4 | 7 |
| 5 | 6 | 8 | 5 |
| 6 | 2 | 6 | 3 |
| 7 | 3 | 7 | 3 |
| 8 | 5 | 5 | 2 |
| 9 | 3 | 8 | 4 |
| 10 | – | – | 5 |

**5.** **[컴퓨터 실습]** 연습문제.xlsx의 '9장_낚시터' 시트를 이용하여 [연습문제 4]를 구하라.

**6.** 인공지능 스피커로 서비스를 제공하는 A, B, C의 3개 회사를 기준으로 서울, 대전, 광주, 부산에 거주하는 소비자들의 서비스 품질 만족도를 조사한 결과가 다음과 같다. 통신사별, 지역별로 소비자들이 느끼는 품질의 만족도에 차이가 있는지 $\alpha = 0.05$ 에서 검정하라.

**7.** **[컴퓨터 실습]** 연습문제.xlsx의 '9장_AI 서비스' 시트를 이용하여 [연습문제 6]을 구하라.

**8.** 일원 분산분석과 이원 분산분석을 진행하는 과정에서 집단 간, 집단 내, 상호작용 항에 관한 자유도를 구하는 방법을 설명하라.

**9.** 이원 분산분석에서 상호작용 효과를 확인하는 이유는 무엇인지 설명하라.

**10.** **[컴퓨터 실습]** 한국, 미국, 일본의 ICT 전문가들의 연봉을 비교해보기 위해 각 나라에서 무작위로 3명의 기업 임원급 ICT 전문가들의 연봉을 조사하였다. 연습문제.xlsx의 '9장_연봉' 시트를 이용해 각 나라별로 연봉 차이가 있는지 $\alpha = 0.05$에서 확인하라.

CHAPTER

# 10

# 연관성 분석

Association Analysis

## 연관성 분석은 무엇일까?

지금까지는 집단을 대상으로 하여 집단을 하나씩 늘려가며 3집단 이상을 비교하는 방법까지 학습하였다. 이제부터는 집단과 관계없이 변수를 기준으로 내부적 의미 관계에 해당하는 연관성을 파악하는 분석 방법에 대해 알아보고자 한다.

변수들 간의 연관성을 파악하는 것은 연구조사의 시작이라 할 수 있다. 이 장에서는 변수들 사이의 관계를 파악하기 위한 기초 지식을 다룬다. 연관성 분석은 조사하고자 하는 변수들을 기준으로 비교하는 것이므로 집단을 대상으로 한 분석보다 훨씬 간단하다. 몇 가지 수식을 규칙적으로 반복하면서 수치를 비교하는 방식이므로 쉽게 이해할 수 있을 것이다.

연관성 분석 방법은 측정된 변수들의 척도에 따라 달라진다. 등간척도 및 비율척도와 같은 연속형 척도에 대한 연관성과 명목척도 및 서열척도와 같은 범주형 척도에 대한 연관성을 확인하는 방법이 각기 다르기 때문이다. 이 장에서는 연속형 척도의 연관성을 확인하는 상관분석과 범주형 척도의 연관성을 확인하는 교차분석에 대해 학습하도록 한다.

Contents

01_ 연관성 분석의 기본
02_ 상관분석
03_ 공분산과 상관계수
04_ 교차분석
연습문제

SECTION 01

# 연관성 분석의 기본

- 연관성 분석의 개념을 이해한다.
- 연관성 분석의 종류를 구분한다.

Keywords | 연관성 분석의 개념 | 연관성 분석의 구분 |

지금까지 살펴본 통계적 방법들은 단 하나의 목적만 놓고 조사를 진행했다. 그러나 실제 조사에서 이런 경우는 거의 없다. 조사 과정 자체가 많은 시간과 비용을 요구하기 때문에 효율성을 높이려면 사회현상을 다면적인 시각으로 살펴봐야 한다. 즉, 여러 변수에 대해 조사를 진행해야 한다. 이처럼 다수의 변수가 설정된 경우에는 이들 간의 관계를 파악하는 것이 중요하다. 이때 주의할 점은 변수들 간의 영향관계가 아니라, 변수 간 1:1 대응을 하여 서로 양(+)의 관계인지, 음(−)의 관계인지 방향성을 파악하는 것임을 유념해야 한다.

**연관성 분석**(association analysis)은 조사 대상에서 수집한 자료의 척도를 기준으로 변수들 간에 어느 정도 밀접한 관계가 있는지를 판단하기 위한 분석 방법이다. 수집된 자료의 척도를 기준으로 변수 간의 연관성을 파악하기 때문에 척도에 따라 연관성 분석 방법도 달라진다.

3장에서 척도를 크게 범주형과 연속형으로 구분했다. [표 10-1]과 같이 범주형 척도인 명목척도와 서열척도, 연속형 척도인 등간척도와 비율척도에 따라 연관성 분석 방법이 서로 다르다. 상관분석은 연속형 변수들 사이의 연관성을 분석하는 방법인데, 다른 변수들의 개입 여부에 따라 편상관분석과 피어슨 상관분석으로 구분한다. 범주형 변수의 경우, 서열로 구성된 변수들은 스피어만 서열 상관분석을 적용하고, 명목척도로 구성된 변수들은 교차분석으로 검정을 실시한다. 이 책에서는 연관성 분석의 기초가 되는 피어슨 상관분석과 교차분석에 대해 살펴볼 것이다.

[표 10-1] 척도에 따른 연관성 분석의 구분

| 구분 | 척도 | 분석 방법 | 기타 변수의 개입 여부 |
|---|---|---|---|
| 상관분석 | 등간척도, 비율척도 | 편상관분석 | ○ |
| | | 피어슨 상관분석 | × |
| | 서열척도 | 스피어만 서열 상관분석 | − |
| 교차분석 | 명목척도 | 교차분석 | − |

SECTION 02

# 상관분석

- 상관분석의 개념을 이해하고 상관분석을 실시하는 이유를 안다.
- 산포도의 개념을 이해한다.

Keywords | 상관분석의 개념 | 산포도 |

여기서는 일반적으로 상관분석이라 불리는 피어슨 상관분석에 대해 살펴보자.

**광고와 매출은 어떤 연관성이 있을까?**

[그림 10-1] 광고와 매출

A씨는 은퇴 이후 창업을 생각하고 있다. 창업 자금은 충분히 확보되었지만, '매출을 어떻게 올릴 것인가'가 고민이다. 광고를 하면 매출이 오를까? 혹시 비용만 더 많이 발생하는 것은 아닐까?

일반적으로 광고를 하면 매출이 오를 거라 예상하지만, 광고 방법에 따라 긍정적인 효과가 발생할 수도 있고, 반대로 부정적인 효과가 발생할 수도 있다. 따라서 어떤 광고를 해야 효과적인지 미리 알아야 한다. 즉, 매출액과 광고비의 상관관계를 파악하는 것이 중요하다.

## 상관분석의 개념

**상관분석**(correlation analysis)은 조사 목적에 맞게 구성된 변수들 간의 연관성을 분석하는 방법이다. 상관관계는 2개의 변수를 기준으로 양의 방향과 음의 방향으로 일정한 규칙이 나타나는 선형관계의 형태와 연관 정도를 수치로 나타낸다. 이때 연관성을 나타내는 수치를 **상관계수**(correlation coefficient)라 한다. 상관계수는 반드시 두 변수 간의 1:1 관계가 수치로 나타난다. 키와 몸무게의 관계, 광고비와 매출액의 관계, 흡연과 수명의 관계 등의 연관성을 파악하는 경우가 이에 속한다.

## 산포도

상관분석을 하기 위해서는 산포도를 이해해야 한다. 2개의 변수를 $x$와 $y$의 그래프로 나타내면, 이들의 분포 정도를 확인할 수 있다. 이러한 분포도를 **산포도**(scatter diagram)라 한다. 3장에서 산포도는 표본이 가지는 중심경향을 파악한 후 분포하고 있는 정도를 나타내는 것이라고 설명했다. 산포도를 나타내는 지표로는 분산, 표준편차, 범위, 사분위수, 백분위수가 있다. 그런데 이 수치들은 표본 내에서 측정치들이 흩어진 정도를 의미하는 것이기 때문에 변수들 사이의 연관성을 알 수 없다. 변수 간의 연관성을 수치적으로 파악하려면 공분산과 상관계수에 대해 이해해야 한다.

예를 들어, $X$와 $Y$라는 2개의 변수가 있을 때, 두 변수가 평균($\overline{X}$, $\overline{Y}$)으로부터 떨어져 있는 정도는 $\sum(X-\overline{X})(Y-\overline{Y})$를 표본의 개수로 나누어 계산한다. 이를 공분산이라 한다. 공분산은 두 가지 확률변수에 대한 흩어짐의 정도가 동일한 방향인 양(+)의 방향인지, 반대 방향인 음(−)의 방향인지를 나타내는 수치다. 두 변수가 서로 변하는 정도를 수치로 나타낸 것으로, $X$가 변하면 $Y$는 어떻게 어느 정도로 변하는지를 표현한 것이다.

만약 $X$와 $Y$의 값이 길이(cm)와 무게(kg)라면, 이로부터 계산된 공분산 값이 무엇을 의미하는지 가늠하기는 쉽지 않다. 그렇기 때문에 공분산 값을 이 둘의 표준편차의 곱으로 나누어 단위의 효과를 상쇄시키고 단위가 서로 다른 수치를 직접 비교할 수 있는 표준화 값으로 변경해야 한다. 이 값이 상관계수다.

그래프를 통한 산포도는 2개의 변수를 각각 $x$축과 $y$축으로 구성하여 이들의 흩어진 정도를 표시한 것이다. 도표로 표시하는 이유는 변수들 사이에 어떤 상관관계가 있는지를 직관적으로 판단하기 위해서다.

**Note** **산포도의 형태**

산포도는 [그림 10-2]와 같이 양의 상관관계, 음의 상관관계, 상관관계 없음의 세 가지 형태로 구분된다.

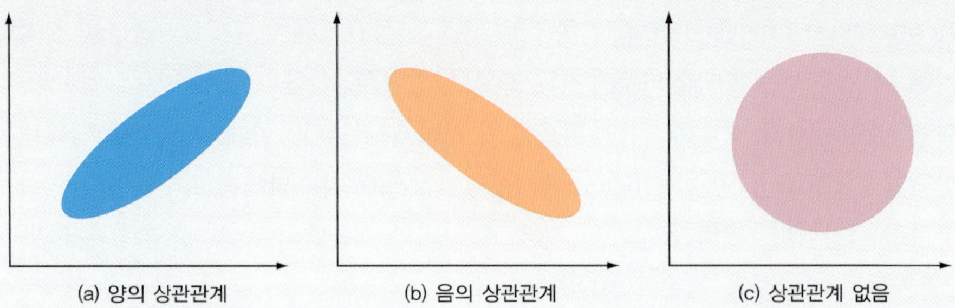


[그림 10-2] 산포도의 형태

## 예제 10-1 산포도 그리기

준비파일 | 10장_산포도.xlsx

A 주식회사에서는 광고비 지출이 매출에 어느 정도의 영향을 주는지를 파악하기 위해 광고비와 매출액 간의 관계를 조사하였다. 2006년부터 2020년까지 회사에서 지출한 광고비와 매출액을 조사한 결과가 다음 표와 같을 때, 광고비와 매출액 간의 연관성을 파악할 수 있도록 Excel을 이용하여 산포도를 구하라.

| 연도 | 2006 | 2007 | 2008 | 2009 | 2010 | 2011 | 2012 | 2013 | 2014 | 2015 | 2016 | 2017 | 2018 | 2019 | 2020 |
|---|---|---|---|---|---|---|---|---|---|---|---|---|---|---|---|
| 광고비 | 13 | 8 | 10 | 15 | 12 | 15 | 14 | 15 | 17 | 19 | 20 | 21 | 22 | 21 | 25 |
| 매출액 | 94 | 70 | 90 | 100 | 95 | 100 | 85 | 95 | 105 | 105 | 110 | 105 | 104 | 105 | 121 |

### 실습

**01** Excel을 실행하여 '10장_산포도.xlsx' 파일을 불러온다.

**02** ❶ B3셀부터 Q4셀까지 드래그하여 영역을 지정한다. ❷ [삽입] 탭을 클릭하고 ❸ [추천 차트] 메뉴(![]?)를 클릭한다.

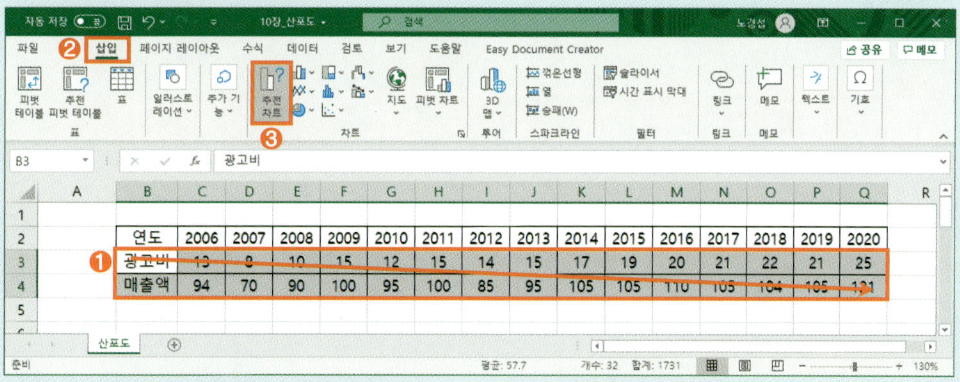


[그림 10-3] 산포도를 구성할 데이터의 영역 설정

**03** [차트 삽입] 창에서 ❶ [모든 차트] 탭을 클릭한 후 ❷ '분산형'을 선택한다. ❸ 그려진 산포도의 형태를 확인한 후 ❹ [확인]을 클릭한다.

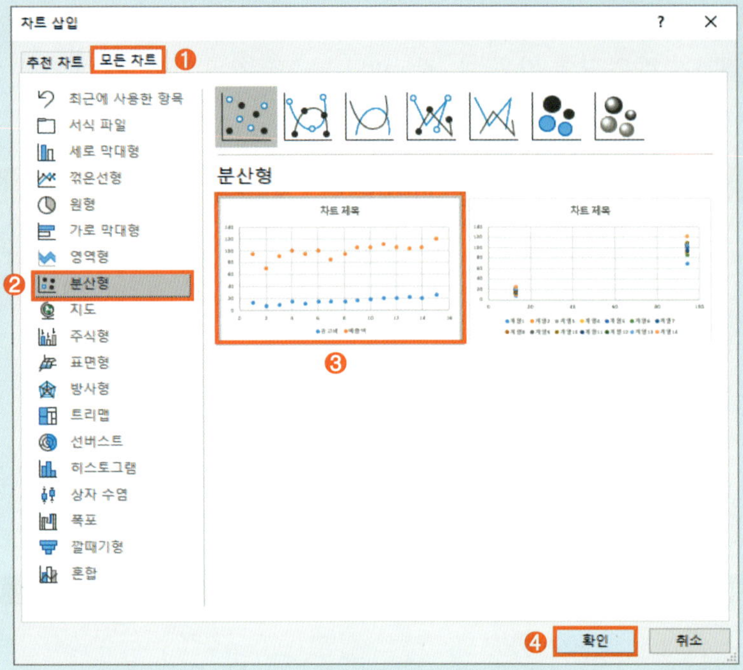


[그림 10-4] **차트 삽입**

**04** 출력된 차트를 확인할 수 있다. 그런데 산포도에서 세로축의 하한값이 70이므로, 그 이하의 공간에는 점이 표시되지 않고 모두 위쪽에만 점들이 표시되어 산포의 방향을 파악하기 어려울 수 있다.

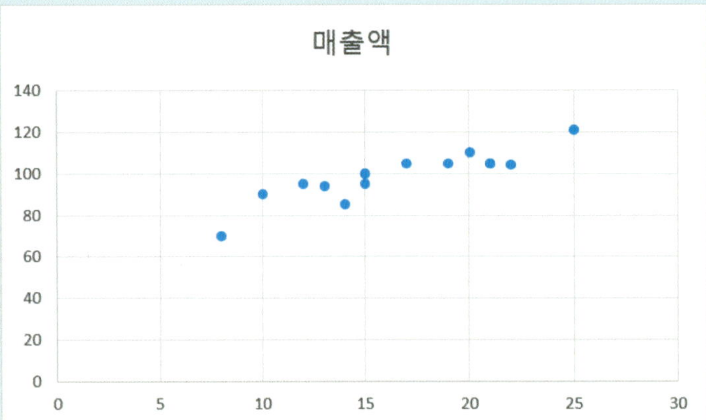


[그림 10-5] **차트 출력**

**05** ❶ 차트의 세로축에서 오른쪽 버튼을 클릭한 후 ❷ '축 서식(F)'을 클릭한다. ❸ '최소값'을 '60'으로 수정한 후 Enter↵ 를 누른다.

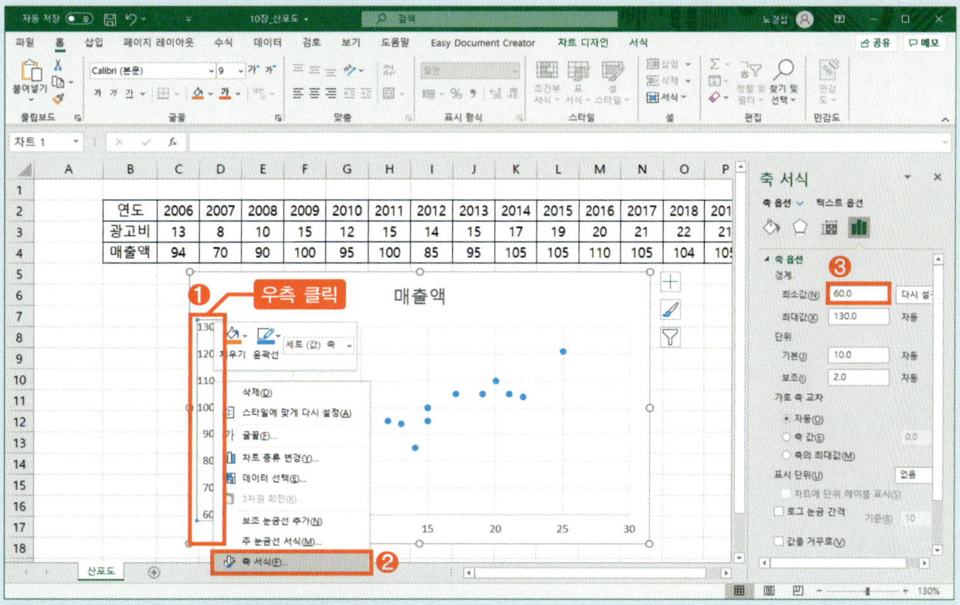


[그림 10-6] **차트 수정**

**06** 완성된 차트를 확인할 수 있다. $X$축이 증가할 때 $Y$축도 같이 증가하므로 광고비와 매출액은 서로 양의 상관관계에 있다고 할 수 있다.[1]

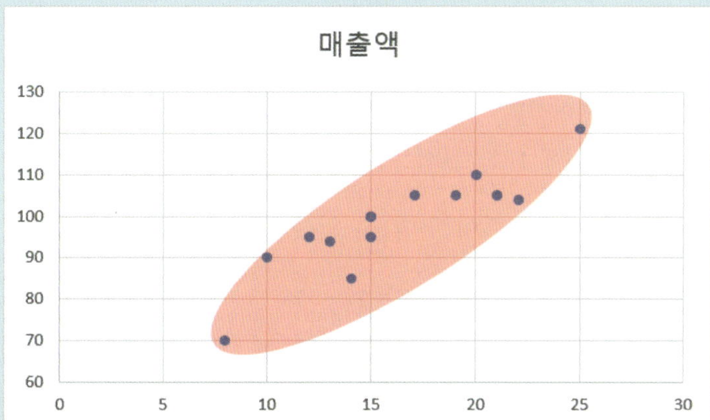


[그림 10-7] **차트 완성**

1 Excel에서는 [그림 10-7]과 같은 타원형 모양은 나타나지 않는다. 양의 상관관계를 이해할 수 있도록 그려넣은 것이다.

SECTION 03

# 공분산과 상관계수

- 공분산의 개념을 이해한다.
- 두 확률변수의 관계를 나타내는 상관계수에 대해 이해한다.

Keywords | 공분산 | 상관계수 |

서로 다른 두 변수의 흩어진 정도는 공분산과 상관계수로 나타낸다. 따라서 공분산과 상관계수로 서로 다른 두 변수의 연관관계를 확인할 수 있다.

## 공분산

**공분산**(covariance)은 두 확률변수의 흩어진 정도가 동일한 방향인 양(+)의 방향인지, 반대 방향인 음(−)의 방향인지를 나타내는 수치다. 즉, 두 변수가 서로 변하는 정도를 수치로 나타낸 것인데, 예를 들어 $x$가 변하면 $y$는 어떻게 어느 정도로 변하는지를 표현한다. 그런데 공분산은 $-\infty \le Cov \le \infty$ 범위의 수치이므로 정도의 차이는 파악할 수 있지만 그 수치가 어느 정도인지에 대한 강도는 확인할 수 없다.[2]

확률변수 $X$에 대한 흩어짐의 정도가 산포도이며, 이를 분산으로 표시할 수 있다. 마찬가지로 또 다른 확률변수 $Y$에 대한 흩어짐의 정도도 분산으로 표시할 수 있다. 이 각각의 분산에 대한 공통점이 공분산이며, 이에 대한 분석을 공분산 분석이라 한다.

공분산은 $Cov(X, Y)$로 표현하며, 다음과 같이 구할 수 있다.

$$Cov(X, Y) = \frac{\sum_{i=1}^{N}(X_i - \overline{X})(Y_i - \overline{Y})}{N}$$

이 식은 다음과 같은 의미를 갖는다.

$$(\text{공분산}) = \frac{[((\text{개별 } X \text{ 측정치})-(X\text{의 평균})) \times ((\text{개별 } Y \text{ 측정치})-(Y\text{의 평균}))]\text{의 총합}}{(\text{조합을 이루는 개수})}$$

$$= \frac{[(X\text{의 평균편차}) \times (Y\text{의 평균편차})]\text{의 총합}}{(\text{조합을 이루는 개수})}$$

2 예를 들어, 10,000,000이라는 공분산을 얻었다 해도 큰 수이기는 하나 무한대의 범위를 가지는 공분산에서 크다고도 할 수 없고 작다고도 할 수 없기 때문이다.

즉, $X$에 대한 평균편차와 $Y$에 대한 평균편차의 곱을 모두 합하여 총 관측치의 수로 나눈 값이 공분산이다.

**참고 공분산의 개념**

$X$와 $Y$가 같은 방향, 즉 똑같이 (+)값이거나 (-)값으로 서로 대응하는 경우 공분산은 커지며(곱하면 양수가 되므로), $X$와 $Y$가 서로 다른 방향, 즉 서로 (+)값과 (-)값으로 대응하는 경우 공분산은 작아진다(곱하면 음수가 되므로). $X$와 $Y$가 일정한 규칙 없이 대응하면 공분산은 0에 가까워진다.

## 예제 10-2 공분산 계산하기

준비파일 | 10장_공분산.xlsx

[예제 10-1]의 광고비와 매출액의 관계를 확인하기 위해 공분산을 구하라.

**풀이**

공분산을 구하기 위해 광고비와 매출액에 대한 평균을 구하면 각각 다음과 같다.

$$\bar{x}_{\text{광고비}} = \frac{13+8+\cdots+21+25}{15} = 16.467$$

$$\bar{y}_{\text{매출액}} = \frac{94+70+\cdots+105+121}{15} = 98.933$$

광고비의 편차와 매출액의 편차를 각각 계산하면 다음과 같다.

| 연도별 광고비-광고비 평균 | 연도별 매출액-매출액 평균 | 연도별 광고비편차×연도별 매출액 편차 |
|---|---|---|
| -3.467 | -4.933 | 17.103 |
| -8.467 | -28.933 | 244.976 |
| -6.467 | -8.933 | 57.77 |
| -1.467 | 1.067 | -1.565 |
| -4.467 | -3.933 | 17.569 |
| -1.467 | 1.067 | -1.565 |
| -2.467 | -13.933 | 34.373 |
| -1.467 | -3.933 | 5.77 |
| 0.533 | 6.067 | 3.234 |
| 2.533 | 6.067 | 15.368 |
| 3.533 | 11.067 | 39.1 |
| 4.533 | 6.067 | 27.502 |
| 5.533 | 5.067 | 28.036 |
| 4.533 | 6.067 | 27.502 |
| 8.533 | 22.067 | 188.298 |

각 연도별 광고비 편차와 연도별 매출액 편차를 곱한 값을 모두 더하면

$$17.103 + 244.976 + \cdots + 27.502 + 188.298 = 703.4$$

이다. 따라서 공분산은 연도의 수 15로 나누어 구할 수 있다.

$$\frac{703.4}{15} = 46.898$$

## 실습

**01** Excel을 실행하여 '10장_공분산.xlsx' 파일을 불러온다.

**02** ❶ **[데이터]** 탭을 클릭한 후 ❷ **[데이터 분석]** 메뉴를 클릭한다. **[통계 데이터 분석]** 창에서 ❸ '공분산 분석'을 선택하고 ❹ **[확인]**을 클릭한다.

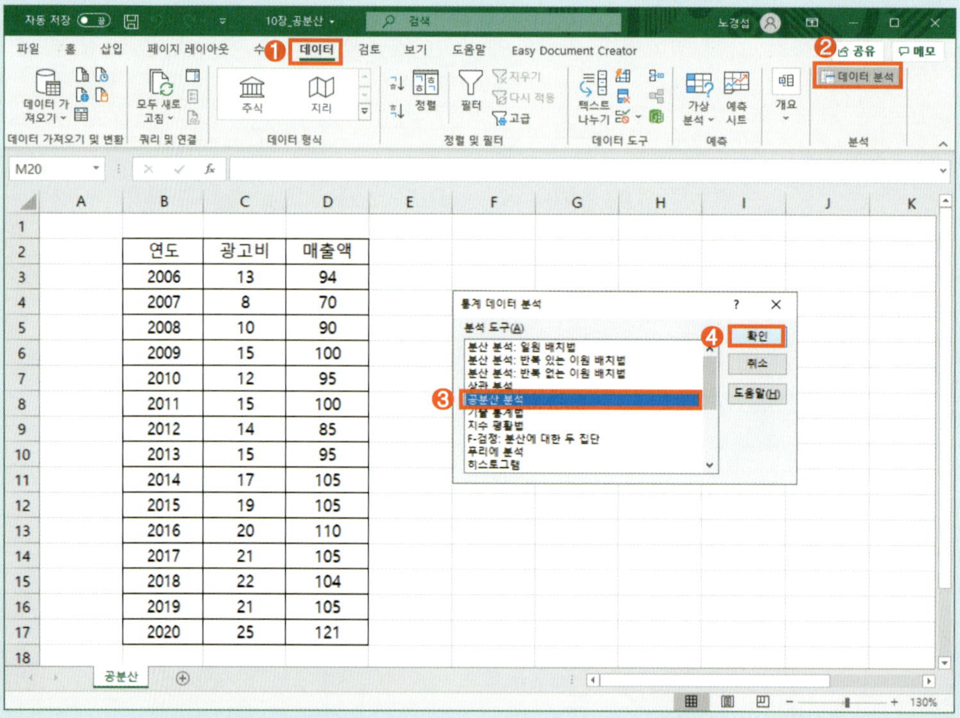


[그림 10-8] 통계 데이터 분석의 '공분산 분석' 선택

**03** [공분산 분석] 창에서 ❶ '입력 범위(I):' 칸을 클릭한 후 ❷ C2셀부터 D17셀까지 드래그하여 입력한다. ❸ '첫째 행 이름표 사용(L)'에 ☑ 표시를 하고 ❹ '출력 범위(O):' 칸을 클릭한 후 ❺ 결과가 나타나게 될 시작 위치인 F2셀을 클릭한다. ❻ [확인]을 클릭한다.

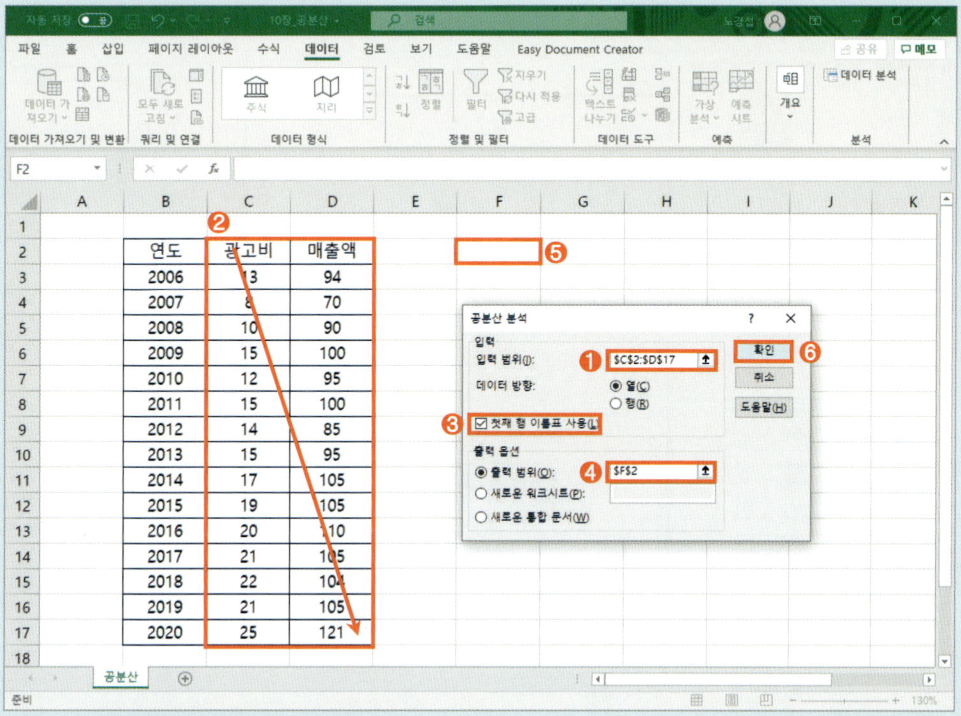

[그림 10-9] [공분산 분석] 설정

**04** 광고비와 매출액의 공분산이 46.89778임을 확인할 수 있다.

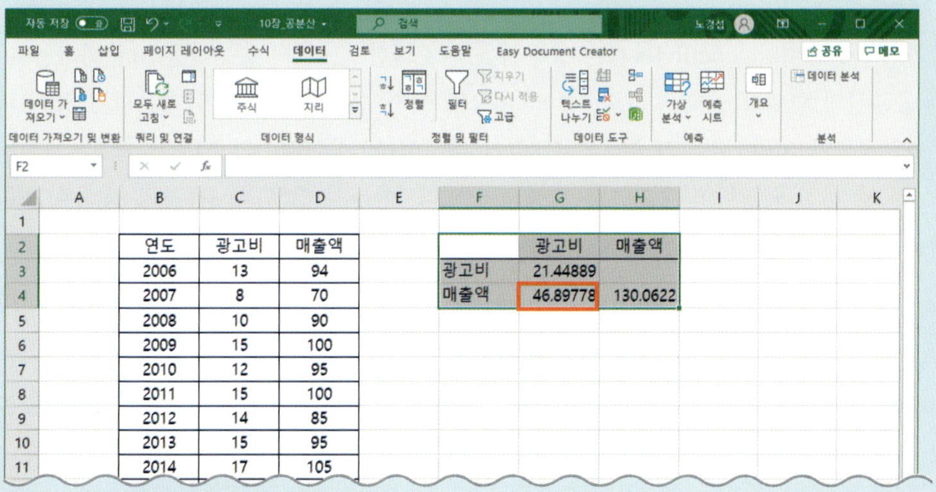

[그림 10-10] 공분산 분석 결과

**참고 AMOS를 이용한 공분산 분석 결과**

[그림 10-11]은 구조 방정식 모델을 계산하는 SPSS AMOS26 프로그램을 이용하여, 각 변수의 분산과 공분산을 나타낸 결과다. 광고비 및 매출액의 분산은 각 변수에 표시되어 있고, 이들 분산 간의 상호 연관성은 '↔'를 이용하여 표현하고 있다. 그 결과는 Excel에서 계산된 결과(소수점 셋째 자리에서 반올림)와 동일함을 확인할 수 있다.

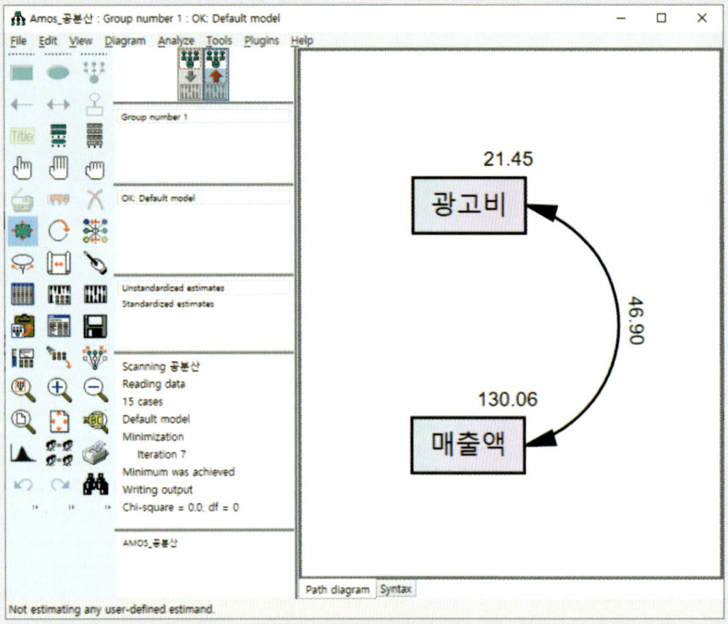


[그림 10-11] AMOS를 이용한 공분산 분석 결과

## 상관계수

**상관계수**(correlation coefficient)는 공분산을 표준화한 값이다. 공분산을 표준화하는 이유는 공분산의 범위가 $-\infty \leq Cov \leq \infty$이므로 어떤 수치로 공분산이 계산되든 양(+)과 음(−)의 정도만 파악되고 강도를 알 수 없기 때문이다. 상관계수의 범위는 $-1 \leq Corr \leq 1$이므로 하한과 상한이 -1과 1로 고정되어 있다. 따라서 양(+)과 음(−)의 정도에 대한 파악은 물론 연관성의 강도까지 확인할 수 있다.

[예제 10-2]에서는 개념을 파악하기 위해 공분산을 연도 15개를 기준으로 계산하여 46.89778의 값을 얻었으나, 실제로는 더 많은 경우가 나타날 수 있으므로 단순히 숫자로 표시해서는 관계를 정확하게 파악하기 어렵다. 이런 공분산의 한계를 극복하기 위해 표준화가 필요하며, 표준화된 공분산 계수를 상관계수라고 한다.[3]

3 [예제 10-2]는 값이 모두 비용(원)이므로 굳이 표준화할 필요가 없다고 생각할 수 있다. 그러나 만약 값이 길이(cm)와 무게(kg)처럼 단위가 다른 경우라면 반드시 표준화해야 한다.

공분산이

$$Cov(x,y) = \frac{\sum_{i=1}^{n}(x_i - \bar{x})(y_i - \bar{y})}{n}$$

일 때, 상관계수 $Corr(x,y)$는 다음과 같다.

$$Corr(x,y) = \frac{Cov(x,y)}{\sqrt{\frac{\sum(x_i - \bar{x})^2}{n} \times \frac{\sum(y_i - \bar{y})^2}{n}}}$$

복잡해 보이지만, 정리하면 다음과 같이 나타낼 수 있다.

$$Corr(x,y) = \frac{Cov(x,y)}{S.D(x) \times S.D(y)}$$ ($S.D(x)$ : $x$의 표준편차, $S.D(y)$ : $y$의 표준편차)

이 식은 다음과 같은 의미를 갖는다.

$$(\text{상관계수}) = \frac{(\text{공분산})}{(x\text{의 표준편차}) \times (y\text{의 표준편차})}$$

즉 공분산을 구하고, $x$의 표준편차와 $y$의 표준편차를 곱한 값으로 공분산을 나눈 값이 상관계수다.

**참고 상관계수의 개념**

$x$와 $y$가 서로 양(+)의 상관관계면 상관계수는 $0 < \rho_{(x,y)} \le 1$의 값을 가지며, $x$와 $y$가 서로 음(−)의 상관관계면 상관계수는 $-1 \le \rho_{(x,y)} < 0$의 값을 가진다. $x$와 $y$가 일정한 규칙 없이 (+)값과 (−)값이 동시에 대응하면 상관계수는 0이다.

## 상관계수의 가설검정

상관계수는 서로 다른 두 변수의 연관성 정도를 -1에서 1까지의 숫자로 나타내는데, 이 수치는 두 변수의 연관성 정도를 보여준다. 그러나 이 연관성이 정말 맞는지에 대한 사실관계는 나타내지 않는다. 따라서 표본을 통해 표본상관계수($r$)로 모상관계수($\rho$)를 추정하기 위해 추가분석을 하여 좀 더 정확한 정보를 얻어야 한다. 이런 과정을 상관계수의 가설검정이라 한다.

### 가설 수립

상관계수는 0으로 갈수록 상관관계가 0, −1이나 1로 갈수록 연관성이 두텁다는 것을 의미한다. 이 때문에 귀무가설은 상관관계가 없는 것으로 설정하고, 대립가설은 0이 아니라고 설정하면 된다.

$$H_0: \rho = 0 \Rightarrow \text{연관성이 없다.}$$
$$H_1: \rho \neq 0 \Rightarrow \text{연관성이 있다.}$$

### 검정통계량

상관계수의 검정통계량은 $t$분포를 이용한다. 이는 분산을 알지 못하는 상황에서 상관계수의 평균에 대한 표본분포를 확인하기 때문이다.

$$t_{n-2} = \frac{r}{\sqrt{\frac{1-r^2}{n-2}}} = r\sqrt{\frac{n-2}{1-r^2}}$$

검정통계량으로 계산된 값과 $\alpha$에서의 임계치를 비교하여 $t$분포를 이용하여 판단한다. 즉 검정통계량 $t$값이 임계치보다 작으면 귀무가설을 채택하고, 임계치보다 크면 귀무가설을 기각하고 대립가설을 채택한다.

**예제 10-3 상관계수 계산하기** 준비파일 | 10장_상관계수.xlsx

[예제 10-1]의 광고비와 매출액의 관계를 확인하기 위해 상관계수를 구하라.

**풀이**

상관계수를 구하기 위해서는 [예제 10-2]의 공분산을 구하는 과정에서 표준편차를 추가로 계산해야 한다. 광고비와 매출액의 표준편차를 구하면 다음과 같다.

$$s_{\text{광고비}} = \sqrt{\frac{(13-16.467)^2+(8-16.467)^2+\cdots+(21-16.467)^2+(25-16.467)^2}{15}}$$
$$= 4.631$$

$$s_{\text{매출액}}$$
$$= \sqrt{\frac{(94-98.933)^2+(70-98.933)^2+\cdots+(105-98.933)^2+(121-98.933)^2}{15}}$$
$$= 11.404$$

상관계수는 공분산을 표준편차의 곱으로 나누어 구하므로 다음과 같이 구할 수 있다.

$$r = \frac{\text{광고비와 매출액의 공분산}}{\text{광고비의 표준편차} \times \text{매출액의 표준편차}} = \frac{Cov_{(\text{광고비},\ \text{매출액})}}{s_{\text{광고비}} \times s_{\text{매출액}}}$$

$$= \frac{46.898}{4.631 \times 11.404} = 0.888$$

상관계수가 0.888로 계산되었다.[4] 이 상관계수는 광고비와 매출액의 연관성이 88.8% 있음을 의미한다.

**참고 상관계수를 구할 때 모표준편차를 구하는 이유**

상관계수를 계산할 때 사용하는 표준편차는 모표준편차다. 대부분의 통계량에서는 모집단 대비 표본에 대한 수치를 나타내기 때문에 $(n-1)$를 이용한 통계량을 활용하지만, 상관계수의 경우 변수별 측정된 수치를 모두 활용하여 변수 간의 상관관계를 확인하는 것이므로 투입되는 데이터 전부가 모집단으로 해석되어야 한다. 그러므로 상관계수를 계산할 때는 $(n-1)$를 이용한 통계량을 활용하지 않고 $(n)$을 이용한 모수인 모표준편차를 이용한다.

## 실습

**01** Excel을 실행하여 '10장_상관계수.xlsx' 파일을 불러온다.

**02** ❶ [데이터] 탭을 클릭한 후 ❷ **[데이터 분석]** 메뉴를 클릭한다. **[통계 데이터 분석]** 창에서 ❸ '상관 분석'을 선택하고 ❹ **[확인]**을 클릭한다.

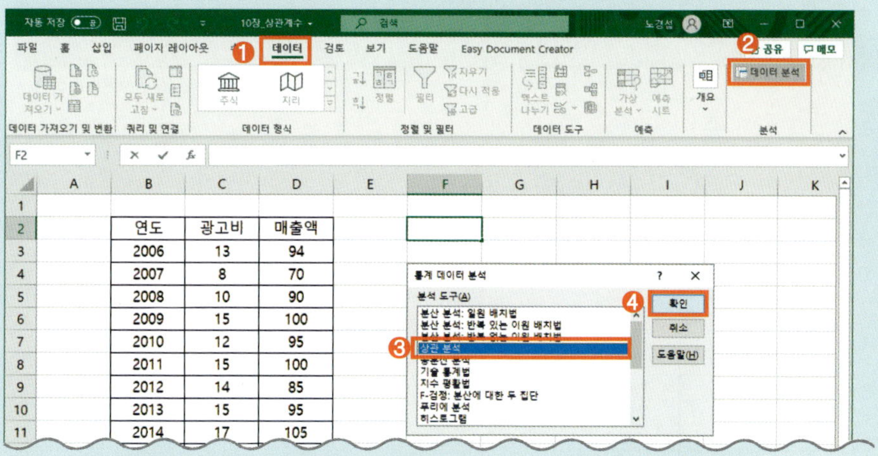


[그림 10-12] **통계 데이터 분석의 '상관 분석' 선택**

4 Excel의 함수를 이용하여 계산할 수도 있다. STDEVPA 함수를 사용하여, 광고비와 매출액 표준편차는 각각 '=STDEVPA(매출액 범위)', '=STDEV(표준편차)'로 구한다. 상관계수는 '=공분산/(광고비 표준편차×매출액 표준편차)'로 구한다.

**03** [상관 분석] 창에서 ❶ '입력 범위(I):' 칸을 클릭한 후, ❷ C2셀부터 D17셀까지 드래그하여 입력한다. ❸ '첫째 행 이름표 사용(L)'에 ☑ 표시를 하고 ❹ '출력 범위(O):' 칸을 클릭한 후 ❺ 결과가 나타나게 될 시작 위치 F2셀을 클릭하고 ❻ **[확인]**을 클릭한다.

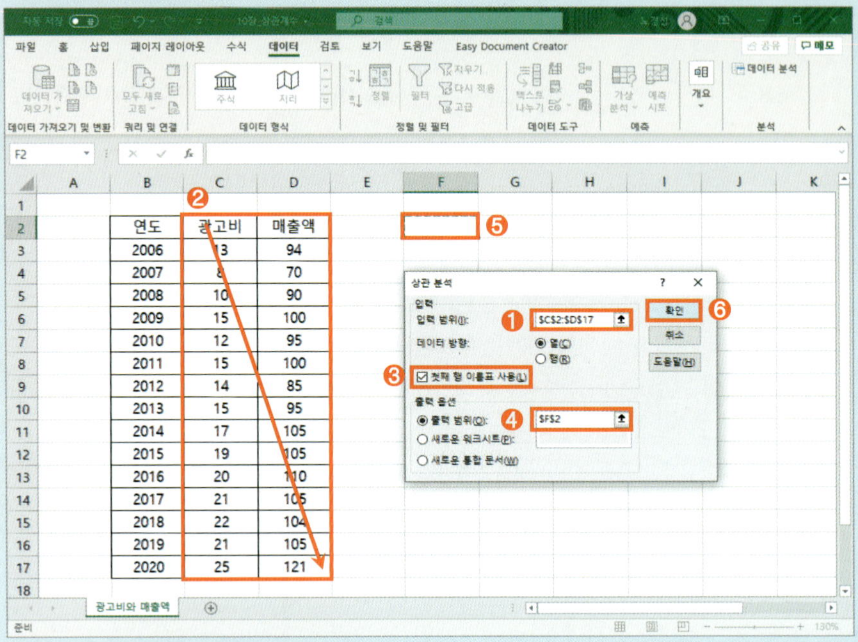


[그림 10-13] **[상관 분석] 설정**

**04** 광고비와 매출액의 상관계수가 0.887921임을 확인할 수 있다. 이는 광고비와 매출액의 연관성이 88.79%만큼 있다는 의미다.

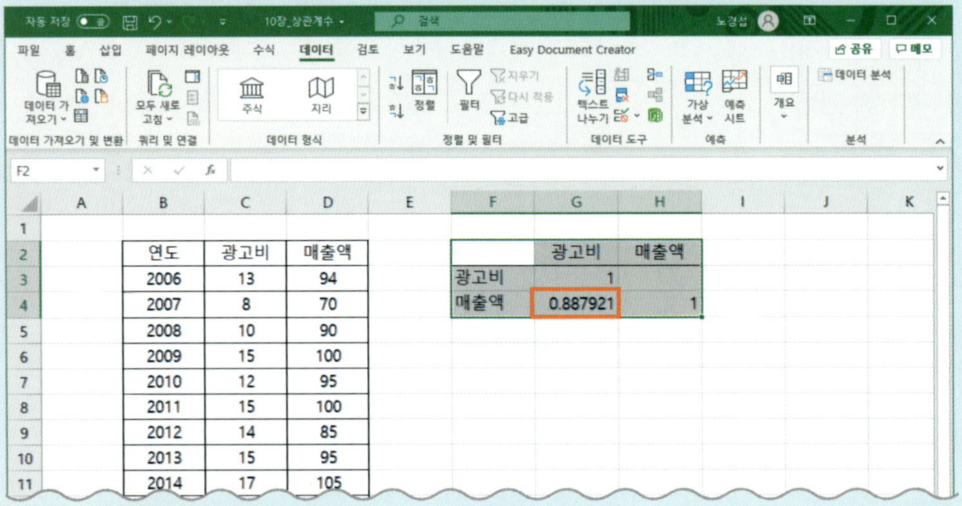


[그림 10-14] **상관분석 결과**

### 참고 AMOS 및 SPSS Statistics를 이용한 상관분석 계산 결과(Excel의 한계)

[그림 10-15]는 SPSS AMOS26을 이용하여 상관계수를 계산한 결과다. 공분산(Cavariances:) 표에서 공분산이 46.898임을, 상관계수(Correlaltions:) 표에서 상관계수가 0.888임을 확인할 수 있다. 또한 분산(Variances:) 표에는 광고비 및 매출액의 분산이 계산되어 있으며, 분산이 맞지 않을 가능성인 유의확률을 각각 0.008로 표시하고 있다.

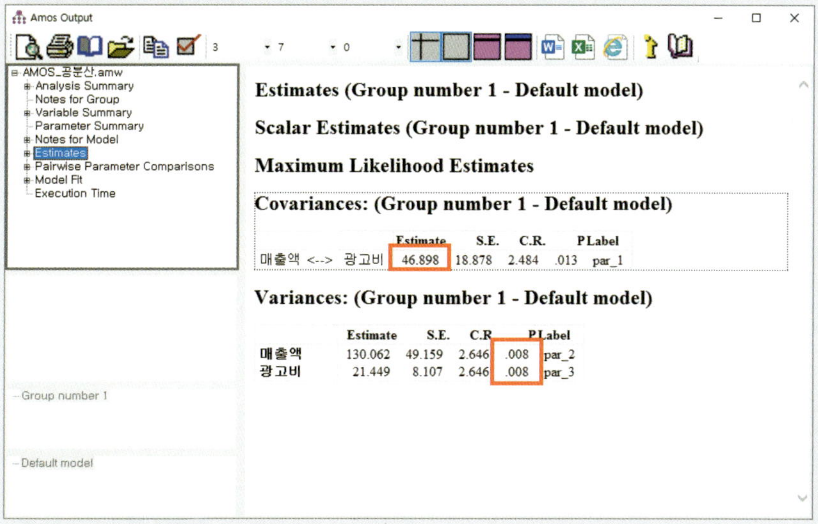


[그림 10-15] AMOS를 이용한 상관계수 계산 결과

[그림 10-16]은 SPSS Statistics를 이용하여 상관계수를 계산한 결과로, 이에 대한 유의확률을 표시하고 있다.

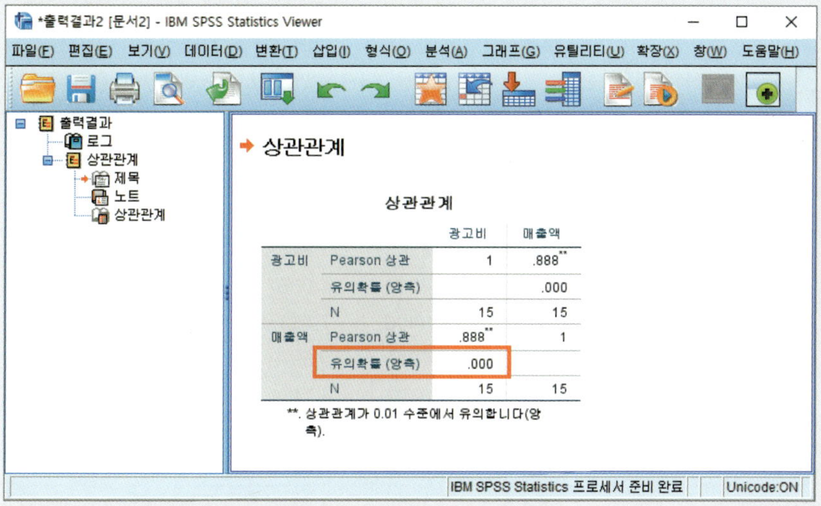


[그림 10-16] SPSS Statistics를 이용한 상관계수 계산 결과

AMOS와 SPSS Statistics는 모든 경우에 유의확률을 함께 표시하는 반면, Excel은 [그림 10-14]와 같이 유의확률이 표시되지 않고 상관계수만 출력된다. 그러므로 Excel에서는 도출된 상관계수 값에 대한 유의수준을 판단할 수 없다는 한계가 있다.

Excel 데이터 도구를 이용해서 상관계수를 계산하면 유의성을 확인할 수 없기 때문에 유의성을 판단하기 위해 한 번 더 계산해주어야 한다. '상관계수의 가설검정' 내용을 적용해 유의성을 확인해보자.

### 예제 10-4 상관계수의 유의성 판단하기

[예제 10-1]의 광고비와 매출액의 관계로 구한 상관계수와 $t$분포표를 이용하여 상관계수의 유의성을 판단하라.

#### 풀이

먼저 가설을 수립해야 한다. 상관계수는 0으로 갈수록 상관관계가 0에 가깝고, −1이나 1로 갈수록 연관성이 크다는 것을 의미하므로 가설은 다음과 같다.

$$H_0: \rho = 0 \Rightarrow \text{연관성이 없다.}$$
$$H_1: \rho \neq 0 \Rightarrow \text{연관성이 있다.}$$

광고비와 매출액의 표본 개수는 각각 15개이므로 $(n-2) = 28$이다. 따라서 $t$분포표에서 임계치를 확인하면 다음과 같다.

[표 10-2] $t$분포표

| $\alpha$(1 tail) | 0.05 | 0.025 | 0.01 | 0.005 | 0.0025 | 0.001 | 0.0005 |
|---|---|---|---|---|---|---|---|
| $\alpha$(2 tail) | 0.1 | 0.05 | 0.02 | 0.01 | 0.005 | 0.002 | 0.001 |
| df | | | | | | | |
| 1 | 6.3138 | 12.7065 | 31.8193 | 63.6551 | 127.3447 | 318.493 | 636.045 |
| 2 | 2.92 | 4.3026 | 6.9646 | 9.9247 | 14.0887 | 22.3276 | 31.5989 |
| 3 | 2.3534 | 3.1824 | 4.5407 | 5.8408 | 7.4534 | 10.2145 | 12.9242 |
| 4 | 2.1319 | 2.7764 | 3.747 | 4.6041 | 5.5976 | 7.1732 | 8.6103 |
| 5 | 2.015 | 2.5706 | 3.365 | 4.0322 | 4.7734 | 5.8934 | 6.8688 |
| 6 | 1.9432 | 2.4469 | 3.1426 | 3.7074 | 4.3168 | 5.2076 | 5.9589 |
| 7 | 1.8946 | 2.3646 | 2.998 | 3.4995 | 4.0294 | 4.7852 | 5.4079 |
| 8 | 1.8595 | 2.306 | 2.8965 | 3.3554 | 3.8325 | 4.5008 | 5.0414 |
| 9 | 1.8331 | 2.2621 | 2.8214 | 3.2498 | 3.6896 | 4.2969 | 4.7809 |
| 10 | 1.8124 | 2.2282 | 2.7638 | 3.1693 | 3.5814 | 4.1437 | 4.5869 |

| $\alpha$(1 tail) | 0.05 | 0.025 | 0.01 | 0.005 | 0.0025 | 0.001 | 0.0005 |
|---|---|---|---|---|---|---|---|
| $\alpha$(2 tail) | 0.1 | 0.05 | 0.02 | 0.01 | 0.005 | 0.002 | 0.001 |
| 11 | 1.7959 | 2.201 | 2.7181 | 3.1058 | 3.4966 | 4.0247 | 4.4369 |
| 12 | 1.7823 | 2.1788 | 2.681 | 3.0545 | 3.4284 | 3.9296 | 4.3178 |
| 13 | 1.7709 | 2.1604 | 2.6503 | 3.0123 | 3.3725 | 3.852 | 4.2208 |
| 14 | 1.7613 | 2.1448 | 2.6245 | 2.9768 | 3.3257 | 3.7874 | 4.1404 |
| 15 | 1.753 | 2.1314 | 2.6025 | 2.9467 | 3.286 | 3.7328 | 4.0728 |
| 16 | 1.7459 | 2.1199 | 2.5835 | 2.9208 | 3.252 | 3.6861 | 4.015 |
| 17 | 1.7396 | 2.1098 | 2.5669 | 2.8983 | 3.2224 | 3.6458 | 3.9651 |
| 18 | 1.7341 | 2.1009 | 2.5524 | 2.8784 | 3.1966 | 3.6105 | 3.9216 |
| 19 | 1.7291 | 2.093 | 2.5395 | 2.8609 | 3.1737 | 3.5794 | 3.8834 |
| 20 | 1.7247 | 2.086 | 2.528 | 2.8454 | 3.1534 | 3.5518 | 3.8495 |
| 21 | 1.7207 | 2.0796 | 2.5176 | 2.8314 | 3.1352 | 3.5272 | 3.8193 |
| 22 | 1.7172 | 2.0739 | 2.5083 | 2.8188 | 3.1188 | 3.505 | 3.7921 |
| 23 | 1.7139 | 2.0686 | 2.4998 | 2.8073 | 3.104 | 3.485 | 3.7676 |
| 24 | 1.7109 | 2.0639 | 2.4922 | 2.797 | 3.0905 | 3.4668 | 3.7454 |
| 25 | 1.7081 | 2.0596 | 2.4851 | 2.7874 | 3.0782 | 3.4502 | 3.7251 |
| 26 | 1.7056 | 2.0555 | 2.4786 | 2.7787 | 3.0669 | 3.435 | 3.7067 |
| 27 | 1.7033 | 2.0518 | 2.4727 | 2.7707 | 3.0565 | 3.4211 | 3.6896 |
| 28 | 1.7011 | 2.0484 | 2.4671 | 2.7633 | 3.0469 | 3.4082 | 3.6739 |
| 29 | 1.6991 | 2.0452 | 2.462 | 2.7564 | 3.038 | 3.3962 | 3.6594 |
| 30 | 1.6973 | 2.0423 | 2.4572 | 2.75 | 3.0298 | 3.3852 | 3.6459 |
| 31 | 1.6955 | 2.0395 | 2.4528 | 2.744 | 3.0221 | 3.3749 | 3.6334 |
| 32 | 1.6939 | 2.0369 | 2.4487 | 2.7385 | 3.015 | 3.3653 | 3.6218 |
| 33 | 1.6924 | 2.0345 | 2.4448 | 2.7333 | 3.0082 | 3.3563 | 3.6109 |
| 34 | 1.6909 | 2.0322 | 2.4411 | 2.7284 | 3.0019 | 3.3479 | 3.6008 |
| 35 | 1.6896 | 2.0301 | 2.4377 | 2.7238 | 2.9961 | 3.34 | 3.5912 |

임계치는 2.0484임을 확인할 수 있다. 이제 검정통계량 $t$값이 임계치보다 작으면 귀무가설을 채택하고, 크면 귀무가설을 기각하고 대립가설을 채택한다.

검정통계량을 계산하면 다음과 같다.

$$t_{n-2} = \frac{r}{\sqrt{\dfrac{1-r^2}{n-2}}} = r\sqrt{\frac{n-2}{1-r^2}} = 0.888 \times \sqrt{\frac{28}{1-0.888^2}} = 10.218$$

임계치 2.0484보다 검정통계량 10.218이 크므로 귀무가설을 기각하고 대립가설을 채택한다. 즉, 연관성이 있다고 할 수 있다.

SECTION 04

# 교차분석

- 교차분석과 카이제곱 검정의 개념을 이해하고, 카이제곱 검정을 하는 이유를 안다.
- 적합도 검정과 독립성 검정을 이해한다.

Keywords | 교차분석 | 카이제곱 검정 | 적합도 검정 | 독립성 검정 |

양적인 자료는 계산하기가 용이하다. 통계학은 여러 현상이나 결과물에 대해 수치를 적용하여 계산하는 과정을 거치므로 연속형 자료에 대해서는 거부감이 적다. 하지만 범주형 자료는 어떻게 통계학에 적용해야 할지 난처할 수 있다.

**대륙별로 최신 스마트폰에 대한 구매 의사에 차이가 있을까?**

[그림 10-17] 대륙별 스마트폰 구매 차이

기업들은 해마다 최신 기능으로 무장한 스마트폰을 시장에 내놓는다. 그리고 최신 스마트폰은 상대적으로 가격이 비싸다. 그렇다면 최신 스마트폰에 대한 소비자 반응 중 구매 의사(구매한다/구매하지 않는다)에 대한 생각이 각 대륙별로 차이가 있을까?

이와 같은 연구 문제가 있다면, 대륙별로 조사 대상을 구분하고, 구분된 소비자들의 구매 의사를 조사하게 될 것이다. 대륙별 차이는 명목척도로 조사될 것이고, 구매 의사 역시 '구매한다/구매하지 않는다'의 명목척도로 구성될 것이다. 이런 경우에 적합한 검정 방법이 카이제곱 검정이다.

## 교차분석과 카이제곱 검정

**교차분석**(cross-tabulation analysis)은 범주형 척도로 구성된 자료들 간의 연관관계를 확인하기 위해 교차표를 만들어 관계를 확인하는 분석 방법이다. 교차분석에서는 변수들의 빈도를 확인하고 이 빈도를 이용하여 상호 연관성을 판단하는데, 이때 검정통계량으로 카이제곱($\chi^2$) 통계량을 이용하기 때문에 카이제곱($\chi^2$) 검정이라고도 한다. 카이제곱 검정을 하려면 다음과 같은 몇 가지 개념을 미리 알고 있어야 한다.

### 교차표

2개의 조사 요인에 대한 자료값을 각각 행과 열로 배열하여 교차되는 항목에 대한 빈도를 나타낸 표를 **교차표**(cross-tabulation)라 한다. 교차표의 행과 열에 범주형 변수를 구분하여 넣으면, 서로 연관성이 있는 빈도를 확인할 수 있다. [표 10-3]은 지역을 1과 2로 구분하여 최신 스마트폰 구매 의사에 대해 각각의 $n_{ij}$에 해당하는 빈도를 표시한 교차표다.

[표 10-3] 교차표

| 행 \ 열 | | 구매 의사 | | 행의 합계 |
|---|---|---|---|---|
| | | 있음(1) | 없음(2) | |
| 지역 | 1 | $n_{11}$ | $n_{12}$ | $n_{1j}$ |
| | 2 | $n_{21}$ | $n_{22}$ | $n_{2j}$ |
| 열의 합계 | | $n_{i1}$ | $n_{i2}$ | $n$ |

### 관측빈도와 기대빈도

교차표를 작성할 때에는 직접 수집한 데이터를 기준으로 빈도를 입력해야 하는데, 이처럼 실제로 수집된 데이터의 빈도를 **관측빈도**(observed frequency)라 한다. 관측빈도는 $O_{ij}$로 표기한다.

**기대빈도**(expected frequency)는 전체 빈도 $n$에 대하여 행과 열의 합을 기준으로 보았을 때, 각 교차되는 셀에 몇 번의 빈도가 확인될 수 있을지를 예상하는 기대값이다. 기대빈도 $E_{ij}$는 $\frac{n_i}{n}$로 각 행에 대한 비율을 계산한 후 열의 빈도 $n_j$를 곱하여 계산한다.

$$E_{ij} = \frac{n_i \times n_j}{n}$$

[표 10-3]의 지역 1에서 관측빈도 $O_{11}$은 $n_{11}$이지만, 지역 1이면서 구매 의사가 있음에 대한 기대빈도 $E_{11}$은 구매 의사가 있는 열의 합계가 $n_{i1}$이면서 지역 1에 포함되어야 하므로 각각 곱해서 전체의 수로 나누어 계산할 수 있다.

### 카이제곱($\chi^2$) 통계량

카이제곱($\chi^2$) 통계량은 관측빈도와 기대빈도 사이에 유의한 차이가 있는지를 확인하는 통계량이다. 교차표에서 관측빈도와 기대빈도의 모든 차이를 더해줘야 하는데, 이때 음수가 나오면 각 셀을 상쇄하는 효과가 나타나므로 제곱을 해서 더해줘야 한다.

$$\chi^2 = \sum \frac{(O_{ij} - E_{ij})^2}{E_{ij}}$$

### 카이제곱($\chi^2$) 분포의 자유도

카이제곱 검정을 실시하는 경우에는 지금까지 배운 분석 방법들과 같이 $p$값을 이용할 수 있으며, 카이제곱 분포의 유의수준과 자유도에 따라 결과를 판단한다.

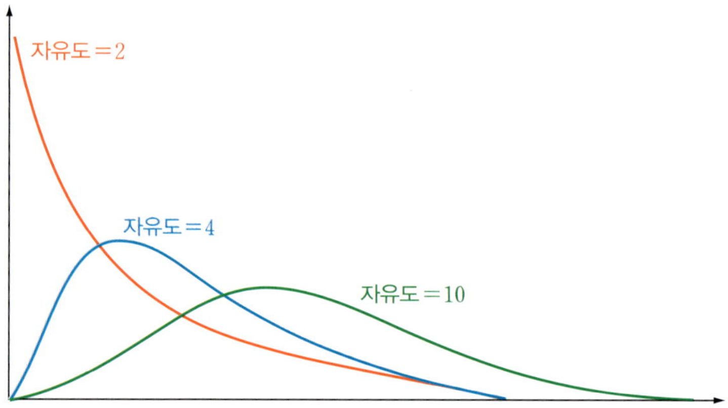


[그림 10-18] 자유도에 따른 카이제곱 분포

카이제곱 검정은 범주형 변수를 대상으로 연관성을 판단하므로 카이제곱 분포에서 자유도 $d.f$는 '(범주형 변수의 수)−1'로 계산한다.

$$d.f = k - 1 \quad (k\text{는 범주형 변수의 수})$$

계산된 자유도와 유의수준 $\alpha$를 기준으로 채택역과 기각역을 확인할 수 있다.

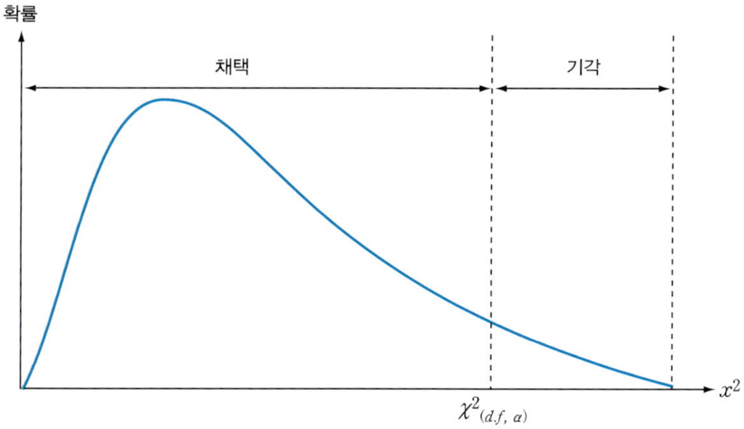


[그림 10-19] 카이제곱 분포의 자유도와 유의수준에 따른 채택역과 기각역

## 적합도 검정

표본으로부터 양자택일의 빈도를 조사할 때, 조사를 마치기 전까지는 그 누구도 결과를 예상할 수 없다. 만약 선호의 차이가 99%:1%처럼 분명하여 결과를 예상할 수 있었다면 굳이 조사를 할 필요가 없기 때문이다. 기초 정보가 없을 때, 양자택일의 기대빈도는 50%:50%로 예상할 수 있으며, 기대빈도와 관측빈도의 차이가 적으면 적을수록 적합한 기대라 할 수 있다. 예를 들어, 100명의 학생을 표본으로 하여 방학 때 바다로 놀러 갈지 산으로 놀러 갈지를 조사해 [표 10-4]의 결과를 얻었다고 가정해보자. 68%의 학생은 바다를 선택했고, 32%의 학생은 산을 선택했다. 과연 이러한 차이가 적합한 것일까? 이를 판단하는 검정 방법이 **적합도 검정**(goodness of fit test)이다.

[표 10-4] 휴가 계획 빈도표

| 휴가 계획 | 바다 | 산 | 합계 |
|---|---|---|---|
| | 68% | 32% | 100% |

[표 10-4]의 빈도를 기준으로 적합도 검정을 실시하려면 바다나 산에 대한 표본의 선호도를 기준으로 가설을 수립해야 한다.

$$H_0 : \text{바다에 대한 선호도} = \text{산에 대한 선호도}$$

$$H_1 : \text{바다에 대한 선호도} \neq \text{산에 대한 선호도}$$

가설을 수립하면 카이제곱 분포를 이용하여 바다와 산에 대한 선호도가 같은지 다른지를 검정을 할 수 있다.[5]

5 가설 수립이 잘 이해되지 않는다면 7장을 참고하기 바란다.

## 예제 10-5 적합도 검정을 위한 카이제곱 검정

[표 10-4]의 빈도표에 대해 95% 수준으로 카이제곱 검정을 하라.

### 풀이

양자택일이므로 '$H_0$ : 바다에 대한 선호도 = 산에 대한 선호도'의 기대빈도는 $100 \div 2 = 50$, $k$가 2이므로 자유도는 $2-1=1$이다.

카이제곱 통계량을 구하면

$$\chi^2 = \sum \frac{(O_{ij}-E_{ij})^2}{E_{ij}} = \frac{(68-50)^2}{50} + \frac{(32-50)^2}{50} = 6.48 + 6.48 = 12.96$$

이다. 카이제곱 분포표에서 $\alpha = 0.05, d.f = 1$의 임계치는 3.84146이므로 카이제곱 통계량 12.96보다 작다. 이는 [그림 10-19]에서 기각역에 속하여 귀무가설을 기각한다. 따라서 바다와 산에 대한 선호도는 같지 않다고 판단한다.

[표 10-5] $\chi^2$ 분포표($\alpha = 0.05$)

| 자유도 | $\alpha$ | | | | | | | |
|---|---|---|---|---|---|---|---|---|
| | 0.995 | 0.99 | 0.975 | 0.95 | 0.05 | 0.025 | 0.01 | 0.005 |
| 1 | 3.93E-05 | 0.000157 | 0.000982 | 0.003932 | 3.841459 | 5.023886 | 6.634897 | 7.879439 |
| 2 | 0.010025 | 0.020101 | 0.050636 | 0.102587 | 5.991465 | 7.377759 | 9.21034 | 10.59663 |
| 3 | 0.071722 | 0.114832 | 0.215795 | 0.351846 | 7.814728 | 9.348404 | 11.34487 | 12.83816 |
| 4 | 0.206989 | 0.297109 | 0.484419 | 0.710723 | 9.487729 | 11.14329 | 13.2767 | 14.86026 |
| 5 | 0.411742 | 0.554298 | 0.831212 | 1.145476 | 11.0705 | 12.8325 | 15.08627 | 16.7496 |
| 6 | 0.675727 | 0.87209 | 1.237344 | 1.635383 | 12.59159 | 14.44938 | 16.81189 | 18.54758 |
| 7 | 0.989256 | 1.239042 | 1.689869 | 2.16735 | 14.06714 | 16.01276 | 18.47531 | 20.27774 |

## 독립성 검정

적합도 검정에서는 분석을 단순화하기 위해 한 가지 범주만으로 계산했으나, 일반적으로 한 가지 범주만 검정하는 경우는 거의 없다. **독립성 검정**(independence test)은 여러 가지 범주를 대상으로 각 범주가 독립적인지를 판단하는 검정 방법이다. 예를 들어, [표 10-6]과 같이 지역을 A과 B로 구분하고, 구매 의사가 있음과 없음의 두 가지로 구분하여 $2 \times 2$ 교차표를 구성하면, 이 교차표는 총 네 가지 범주로 구성된다. 독립성 검정에서는 이 범주들이 서로 독립이라는 귀무가설을 설정하여 검정하게 된다.

[표 10-6] 지역-구매 의사별 교차표

| 행 \ 열 | | 구매 의사 | | 행의 합계 |
|---|---|---|---|---|
| | | 있음 | 없음 | |
| 지역 | 1 | 154 | 52 | 206 |
| | 2 | 7 | 112 | 119 |
| 열의 합계 | | 161 | 164 | 325 |

독립성 검정에서 기대빈도와 카이제곱 통계량 계산 방식은 적합성 검정과 동일하다. 다만, 범주에 대한 자유도는 교차표의 '(행의 수) − 1'과 '(열의 수) − 1'을 곱해서 계산한다.

$$d.f = (R-1)(C-1) \quad (R: \text{행의 수},\ C: \text{열의 수})$$

## 예제 10-6 독립성 검정을 위한 카이제곱 검정

[표 10-5]의 교차표에 대해 99% 수준으로 카이제곱 검정을 하라.

### 풀이

먼저 가설을 수립하면 다음과 같다.

$H_0$ : 지역과 구매 의사는 차이가 없다(관심 없다).

$H_1$ : 지역과 구매 의사는 차이가 있다.

독립성 검정의 자유도를 구하면

$$d.f = (R-1)(C-1) = (2-1)(2-1) = 1$$

이고, 기대빈도를 계산하면 다음과 같다.

지역1*구매의사 있음의 기대빈도 : $(161 \times 206)/325 = 102$

지역1*구매의사 없음의 기대빈도 : $(164 \times 206)/325 = 104$

지역2*구매의사 있음의 기대빈도 : $(161 \times 119)/325 = 59$

지역2*구매의사 없음의 기대빈도 : $(164 \times 119)/325 = 60$

계산된 기대빈도를 교차표에 반영하면 다음과 같다.

[표 10-7] 기대빈도를 추가한 교차표

| 행 \ 열 | | 구매 의사 | | 행의 합계 |
|---|---|---|---|---|
| | | 있음 | 없음 | |
| 지역 | 1 | 154 | 52 | 206 |
| | 기대빈도 | 102 | 104 | |
| | 2 | 7 | 112 | 119 |
| | 기대빈도 | 59 | 60 | |
| 열의 합계 | | 161 | 164 | 325 |

카이제곱 통계량을 구하면 다음과 같다.

$$\chi^2 = \sum \frac{(O_{ij}-E_{ij})^2}{E_{ij}} = \frac{(154-102)^2}{102} + \frac{(52-104)^2}{104} + \frac{(7-59)^2}{59} + \frac{(112-60)^2}{60}$$

$$= 26.509 + 26 + 45.831 + 45.067$$

$$= 143.407$$

카이제곱 분포표에서 $\alpha=0.01, d.f=1$의 임계치는 6.634897이므로 143.407보다 작다. 따라서 지역과 구매의사는 서로 독립적이라는 귀무가설을 기각하며, 지역에 따라 구매의사의 차이가 있다는 대립가설을 채택한다.

[표 10-8] $\chi^2$ 분포표($\alpha=0.01$)

| 자유도 | $\alpha$ | | | | | | | |
|---|---|---|---|---|---|---|---|---|
| | 0.995 | 0.99 | 0.975 | 0.95 | 0.05 | 0.025 | 0.01 | 0.005 |
| 1 | 3.93E-05 | 0.000157 | 0.000982 | 0.003932 | 3.841459 | 5.023886 | 6.634897 | 7.879439 |
| 2 | 0.010025 | 0.020101 | 0.050636 | 0.102587 | 5.991465 | 7.377759 | 9.21034 | 10.59663 |
| 3 | 0.071722 | 0.114832 | 0.215795 | 0.351846 | 7.814728 | 9.348404 | 11.34487 | 12.83816 |
| 4 | 0.206989 | 0.297109 | 0.484419 | 0.710723 | 9.487729 | 11.14329 | 13.2767 | 14.86026 |
| 5 | 0.411742 | 0.554298 | 0.831212 | 1.145476 | 11.0705 | 12.8325 | 15.08627 | 16.7496 |
| 6 | 0.675727 | 0.87209 | 1.237344 | 1.635383 | 12.59159 | 14.44938 | 16.81189 | 18.54758 |
| 7 | 0.989256 | 1.239042 | 1.689869 | 2.16735 | 14.06714 | 16.01276 | 18.47531 | 20.27774 |

CHAPTER

# 10 연습문제

1. 연관성 분석을 하는 이유와 그 종류에 대해 설명하라.

2. 상관분석에 대해 설명하고, 산포의 종류에 따른 상관의 의미를 설명하라.

3. 공분산에 대해 설명하고, 공분산으로 계산된 수치가 무엇을 의미하는지 설명하라.

4. [컴퓨터 실습] 스마트폰 사용 시간과 성적 간의 관계를 조사하고자 한다. 임의로 지난 학기 통계학 수업을 듣는 25명을 대상으로 하루 평균 스마트폰 이용 시간과 성적에 대한 자료를 수집하였다. 연습문제.xlsx의 '10장_스마트폰과 성적' 시트를 이용하여 스마트폰의 사용 시간과 성적의 관계를 확인하기 위해 공분산을 구하라.

5. 상관계수에 대해 설명하고, 상관계수의 특징을 설명하라.

6. [컴퓨터 실습] 연습문제.xlsx의 '10장_스마트폰과 성적' 시트를 이용하여 상관계수를 구하라.

7. 교차분석과 카이제곱 검정의 관계를 설명하라.

8. 교차표에 나타나는 빈도에 대해 설명하고, 이때 활용하는 카이제곱 통계량에 대해 설명하라.

9. 교차분석에서 적합도 검정을 하는 이유를 설명하라.

**10.** 대학에 입학한 A군에게 폴더블 스마트폰과 롤러블 스마트폰 중 하나를 선물하려 한다. 최근 바 타입에서 새로운 폼펙터로 유행이 옮겨 갔다고 판단했기에 어떤 것이 더 유익할지를 주위 사람들에게 물어서 조사하였다. 그 결과 다음 빈도표를 얻었을 때, 95% 수준으로 카이제곱 검정을 하라.

| 스마트폰 | 폴더블 스마트폰 | 롤러블 스마트폰 | 합계 |
|---|---|---|---|
| | 9 | 6 | 15 |

**11.** 교차분석에서 독립성 검정을 하는 이유를 설명하라.

**12.** **[컴퓨터 실습]** 12개월 동안 영어를 배우기 위해 미주 지역이나 영어를 사용하는 동남아시아 지역으로 연수를 가는 학생들을 대상으로 조사를 진행하고자 한다. 연수 프로그램은 12개월 중 6개월은 한국에서 준비하다 6개월을 현지에서 머무는 프로그램과, 현지에서 12개월 모두를 보내는 프로그램으로 구분되어 있다. 연습문제.xlsx의 '10장_영어연수' 시트를 이용하여 독립성 검정을 위해 95% 수준으로 카이제곱 검정을 하라.

CHAPTER

# 11

# 회귀분석

Regression

## 통계학의 꽃, 회귀분석이란?

10장에서 변수들 사이의 연관성을 파악하는 상관분석과 교차분석을 살펴보았다. 상관분석까지 학습했다면 기초 통계학을 대부분 학습했다고 해도 과언이 아니다. 그러나 상관관계로는 변수들 사이의 밀접도는 확인할 수 있지만, 그 결과에 따른 영향에 대해서는 확인할 수 없다. 예를 들어, 앞서 살펴본 광고비와 매출액의 관계에서 광고비가 올라가면 매출액도 올라간다는 정도는 알 수 있지만, 광고비를 어느 정도 지출할 때 매출액이 어느 정도 올라가는지 등은 알 수 없다. 즉, 광고비를 원인으로 하여 매출액이라는 결과가 어떻게 나온다는 인과관계에 대한 정보를 얻을 수 없다.

회귀분석은 원인이 되는 변수가 변화하면서 연결된 변수에 어떤 영향을 미치는지에 대한 해답을 준다. 따라서 회귀분석을 통해 최종적인 의사결정을 내릴 수 있고, 사회현상을 해석하거나 변화 상황에 대한 예측까지도 가능하기 때문에 회귀분석을 통계학의 꽃이라고 표현하기도 한다. 이 장에서는 독립변수 1개를 원인으로 하고, 그에 따라 변화된 종속변수를 분석하는 단순회귀분석과 독립변수가 2개 이상인 경우를 분석하는 다중회귀분석을 살펴볼 것이다.

Contents

01_ 회귀분석의 기본

02_ 단순회귀분석

03_ 다중회귀분석

연습문제

SECTION 01

# 회귀분석의 기본

• 단순회귀분석을 실시하기 위한 기본적인 개념과 특징에 대해 살펴본다.

Keywords | 독립변수 | 종속변수 | 회귀분석의 기본 가정 |

인문/사회과학에서 통계학을 이용한 연구로 변수들 간의 연관성이 밝혀졌다면 그 자체로 의미가 있다고 할 수 있다. 그런데 변수들 간의 영향이 미치는 정도를 파악할 수 있어서 종국적으로 어떤 결과를 가져오는지 그 규칙을 수식으로 제시할 수 있다면 더 좋은 결과라 할 수 있을 것이다. 회귀분석은 단순히 차이가 있는지 없는지를 검정하는 것에서 더 나아가 어떤 원인이 어떠한 결과를 가져오는지 확인할 수 있는 방법이다. 즉 한 변수의 변화가 원인이 되어 다른 변수의 변화에 미치는 영향을 측정하는 방법으로, 두 변수 간의 인과관계(casual relationship)를 분석할 때 많이 사용한다.

**현재까지의 성과로 미래를 판단할 수 있을까?**

[그림 11-1] 현재의 성과 확인

인류는 현재 상황을 파악하고 미래를 알기 위해 많은 노력을 해왔다. 인류 문명이 늘 발전하고 번영할 수만 있다면 좋겠지만 뜻하지 않은 문제나 손실이 발생하는 경우가 종종 있다. 따라서 손실을 최소한도로 줄이기 위해 많은 고민을 하게 된다.

이 같은 문제에 대한 해결 범법을 찾기 위해 과거부터 현재까지 수많은 데이터를 축적하고 있다. 그렇다면 축적한 데이터에서 임의의 변수를 변화시켰을 때 결과는 어떻게 변할 것인지, 좋은 결과를 내기 위해 앞으로는 어떤 조치를 취해야 할지 예측할 수 있을까?

## 독립변수와 종속변수

회귀분석을 진행하려면 먼저 독립변수와 종속변수의 개념을 이해해야 한다. 앞서 분산분석을 다룰 때, 분산분석은 요인변수를 대상으로 하기에 독립변수와 종속변수의 개념을 대입하는 것은 적절하지 않다고 하였다. 독립변수와 종속변수는 원인과 결과를 설명하기 위한 분석 방법에서 더 적절한 개념이다.

**독립변수**(independent variable)는 연구모델에서 변수에 일어나는 현상을 설명하거나 변수가 원인이 되어 다른 변수에 영향을 주는 변수다. **종속변수**(dependent variable)는 연구모델에서 설명되거나 결과가 되어 다른 변수로부터 영향을 받는 변수다.

[그림 11-2] **독립변수와 종속변수**

회귀분석의 결과로 나온 독립변수와 종속변수 간의 관계는 아주 정확하지는 않고 확률적이다. 즉, 독립변수에 대한 종속변수 값의 추정치와 예측치를 제공하며, 수식으로 나타낼 수 있다. 또한 일반적인 회귀분석은 등간척도와 비율척도로 측정된 데이터를 분석할 때 이용한다. 특수하게 명목척도와 서열척도로 측정된 경우에는 더미변수(dummy variable) 회귀분석과 로지스틱 회귀분석(로짓분석)을 통해 분석할 수 있다.[1]

## 회귀분석을 하는 이유

회귀분석을 진행하는 이유는 다음과 같다.

첫째, 독립변수와 종속변수의 관계 정도와 강도를 파악하기 위해서다. 상관분석에서 변수 간의 연관관계를 확인했지만 회귀분석에서는 더욱 정확한 관계를 제시할 수 있다. 또한 연관성의 강도까지 확인할 수 있다.

둘째, 독립변수와 종속변수의 관계가 양(+)인지 음(−)인지 파악하기 위해서다. 회귀분석을 통해 계산된 $\beta$값으로 변수 간 관계의 기울기를 표현하여 양(+)이나 음(−)으로 구분해서 더욱 정확한 수치를 제시할 수 있다.

셋째, 독립변수와 종속변수의 관계를 파악했다면 그 크기의 정도가 어느 정도인지 확인하기 위해서다.

## 회귀분석의 가정

회귀분석을 실시하기 위한 기본 가정은 다음과 같다.

1 연속형 변수가 아닌 범주형 변수로 이루어진 회귀분석은 기초통계학의 범위를 벗어나므로 이 책에서는 다루지 않는다.

**■ 독립변수와 종속변수가 나타내는 값의 분포는 선형이다.**

독립변수를 $X$, 종속변수를 $Y$로 표현하여 측정치들을 나타내면 2차원 평면 위에서 산포를 확인할 수 있는데, 회귀분석을 하려면 산포의 모양이 양(+)이나 음(−)으로 나타나는 선형이어야 한다. 회귀분석의 목적이 그래프상에서 산포하는 관측치들의 모양에 관한 기울기를 측정하는 것이기 때문이다.

**■ 수집된 데이터의 분산이 정규분포를 구성한다.**

수집된 데이터는 물론이고 분산의 산포 역시 정규분포를 구성해야 한다. 표본 개수가 많아지면 자연스럽게 정규분포를 구성하게 된다. 하지만 이러한 정규성을 모르는 경우에도 통계학을 적용하기 위해서는 정규분포를 구성한다는 가정이 있어야 한다.

**■ 오차항(잔차)의 기대값(평균)은 0이다.**

통계학에서는 잔차를 0으로 가정하여 회귀식을 $Y = \beta_0 + \beta_1 \cdot X_1$으로 한다고 했다. 산포하는 측정치를 대상으로 정확하게 평균을 구성하는 회귀선을 그려보면 모든 잔차의 합은 0이 된다. 그러므로 회귀분석을 실시하는 경우 잔차의 기대값은 0이라는 가정이 필요하다.

**■ 오차항(잔차)의 분산은 모두 동질적이다. (등분산성의 가정)**

잔차의 기대값이 0이고 각 변수별로 잔차의 분산이 0이라는 것은 모든 변수의 분산이 동일하다는 가정이다. 이는 변수들 간의 비교는 물론 영향 관계를 확인할 때 아주 중요한 가정이 된다.

**■ 독립변수는 사전에 주어진 값, 즉 고정값이다.**

원인과 결과에 대한 의미를 찾아가는 회귀분석에서 원인이 되는 변수는 사전에 모두 정해져 있다. 이는 정해진 독립변수의 투입에 따라 종속변수가 어떻게 변하는지 확인하는 과정을 다루기 때문이다.

**■ 데이터는 독립적으로 추출되어야 한다.**

회귀분석의 대상이 되는 모든 데이터는 독립적으로 추출되어야 한다. 이는 변수들 간에 서로 편의가 발생하여 원인에 따른 결과를 확인하는 과정에서 결과가 왜곡되는 것을 배제하기 위함이다.

**■ 각 오차는 서로 독립적이다.**

데이터가 어떤 영향 관계 없이 독립적으로 추출되었듯이 데이터에 나타나는 오차도 독립적으로 나타나야 한다.

SECTION 02

# 단순회귀분석

• 단순회귀분석의 개념과 특징에 대해 살펴본다.
• 최소자승법의 개념과 최소자승법이 사용되는 이유를 알아본다.

Keywords | 단순회귀분석의 개념 | 단순회귀분석의 특징 | 최소자승법 | 적합도 검정 | 회귀계수 | 유의성 검정 |

어떤 결과에 이르기까지 다양한 원인이 있기 마련이다. 단순회귀분석은 원인이 되는 요인을 단 한 가지로 제한해서 결과에 이르는 영향력을 판단하는 분석 방법이다. 그렇다면 원인을 단 한 가지로 제한하는 이유는 뭘까? 하나의 영향력을 판단한 후에 다양한 원인으로 확장시키면 학습하기가 더 수월하기 때문이다.

**광고비와 매출액 간의 인과관계를 알 수 있을까?**

[표 11-1]은 10장에서 살펴본 A 주식회사의 매출액과 광고비에 대한 자료다. 상관관계를 살펴본 결과, A 주식회사의 광고비와 매출액은 양의 상관이 있는 것으로 나타났다. 그렇다면 2021년도에는 광고비에 따른 매출액이 어떨지 미리 예상해볼 수 있을까?

[표 11-1] 광고비와 매출액

| 연도 | 2006 | 2007 | 2008 | 2009 | 2010 | 2011 | 2012 | 2013 | 2014 | 2015 | 2016 | 2017 | 2018 | 2019 | 2020 |
|---|---|---|---|---|---|---|---|---|---|---|---|---|---|---|---|
| 광고비 | 13 | 8 | 10 | 15 | 12 | 15 | 14 | 15 | 17 | 19 | 20 | 21 | 22 | 21 | 25 |
| 매출액 | 94 | 70 | 90 | 100 | 95 | 100 | 85 | 95 | 105 | 105 | 110 | 105 | 104 | 105 | 121 |

## 단순회귀분석의 개념과 특징

하나의 원인에 대한 결과를 확인하는 것은 회귀분석의 첫 번째 관문이다. 단순회귀분석은 개념상으로는 쉬울 수 있으나 통계학의 다양한 특징이 나타난다.

### 단순회귀분석의 개념

**단순회귀분석**(simple regression analysis)은 독립변수 $X$가 종속변수 $Y$에 미치는 영향을 회귀식(회귀방정식)을 이용하여 분석하는 방법이다. 단순회귀분석에서 $X$와 $Y$는 회귀식이라는 수학적인 방정식으로 표현된다. 회귀식을 이용하여 변수 $X$를 원인으로 $Y$가 어떻게 될지를 추정하는 것을 목적으로 한다.

## 단순회귀분석의 특징

### ■ 선형

선형은 그래프가 직선이라는 뜻이다. 산포도의 모양을 보고 선형 여부를 판단해야 한다. [그림 11-3]의 산포도 그래프에는 파란 선으로 선형이 표현되어 있으나 연구자가 직접 산포도를 보고 직접 파란 선을 그려보아야 한다. 점들이 분포된 모양을 보고 '선형이다' 혹은 '비선형이다'라고 판단하는 것은 연구자의 몫이다. $X$값이 증가하면 꾸준히 $Y$값이 증가하는 모양으로 나타나므로 이러한 추세를 확인하여 선형이라고 판정하는 것이다.

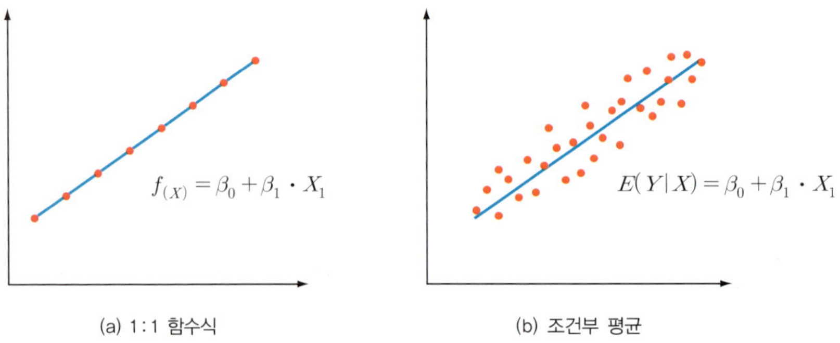


[그림 11-3] 1:1 함수식과 조건부 평균의 비교

### ■ 회귀선의 절편과 기울기

자연과학에서는 $X$의 변화로 인해 $Y$가 받는 영향이 1:1로 짝을 이루어 계산되므로 회귀식을 [그림 11-3(a)]와 같이 특정한 함수식 $f_{(X)} = \beta_0 + \beta_1 \cdot x_1$로 도출할 수 있다. 그러나 인문/사회과학에서는 고려해야 할 변수가 많다. 예를 들어, [표 11-1]의 광고비와 매출액을 보더라도 지난 15년간 국내 경기 상황도 변화무쌍했고, A 주식회사의 기술력이나 업무 능력도 매년 동일하지 않았다. 이로 인해 두 변수 $X$와 $Y$를 정확한 식으로 도출하기 어려우므로, 독립변수 $X$와 종속변수 $Y$의 관계는 [그림 11-3(b)]와 같이 조건부 평균 $E(Y|X) = \beta_0 + \beta_1 \cdot X_1$이 된다.

이때 $\beta_0$는 $x_i = 0$일 때의 $Y$값이다. 즉 $\beta_0$는 상수값이며, 그래프에서는 $Y$축의 절편을 의미한다. $\beta_1$은 $X$가 증가할 때 $Y$의 변화량을 의미한다. 그래프에서 $\beta_1$은 $\frac{\Delta Y}{\Delta X}$를 나타내므로, 이는 곧 회귀선의 기울기를 나타낸다.

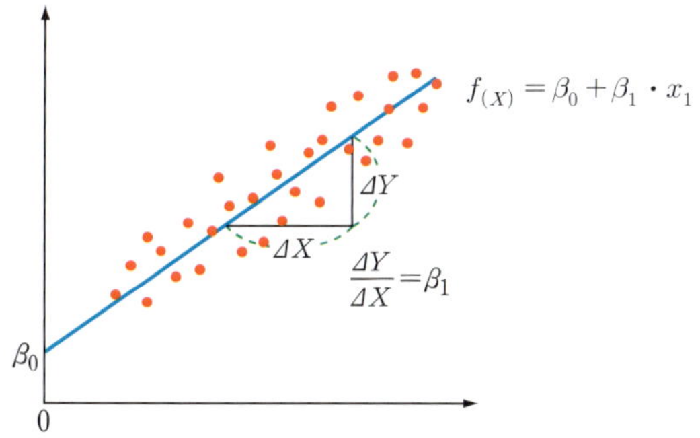

[그림 11-4] 절편과 기울기

### ■ 잔차

실제 데이터를 측정하다보면 독립변수에 따라 종속변수가 변화하는 정도가 다르게 나타나기도 한다. 예를 들어, 세계 경제 상황은 COVID19로 인해 2020년도에 다르게 나타났지만 회귀식이 이런 양상을 모두 반영한다고 볼 수는 없다. 그렇기 때문에 개별 측정치들 간에 차이가 발생할 수 있는데, 이러한 차이를 **잔차**(residual)라고 한다.

잔차는 회귀식에 반영하며, 잔차를 포함하는 확률적 회귀모형은 $Y = \beta_0 + \beta_1 \cdot X_1 + \epsilon$로 표시한다. 하지만 잔차는 조건부 평균 $E(Y|X) = \beta_0 + \beta_1 \cdot X_1$이 실제로 측정된 $Y$와 다르게 나타나는 부분을 의미하며, 특정한 패턴(규칙성)을 나타내지는 않는다. 종속변수에 미치는 독립변수들 간에 특정 패턴을 보인다는 것은 회귀식에 $\beta_2$라는 새로운 변수를 넣어야 한다는 의미가 되기 때문이다. 즉, 변수를 더 고려해야 하므로 회귀식이 더 복잡해지는 결과로 나타난다.

## 최소자승법

회귀분석을 통해 모수를 추정할 때 최소자승법(method of least squares)과 최대우도법(maximum likelihood method)이 가장 널리 사용된다. 이 책에서는 최소자승법 위주로 설명한다.

지금부터 측정된 표본에서 표본 회귀식을 구하고, 표본 회귀식의 모회귀식을 추정해보자. 표본으로부터 도출된 회귀식을 $\widehat{Y}_i = \hat{\beta}_0 + \hat{\beta}_1 X_i$라 하고, 추정하고자 하는 미지의 모회귀식을 $Y_i = \beta_0 + \beta_1 X_i$라 하자. $\hat{\beta}_0 \to \beta_0$, $\hat{\beta}_1 \to \beta_1$과 같이 표본의 $\hat{\beta}$를 모수 $\beta$에 가장 가깝게 추정한 회귀식을 도출하는 것이 가장 잘한 분석일 것이다. $Y = \beta_0 + \beta_1 X_1$에서도 물론이지만, $\widehat{Y}_i = \hat{\beta}_0 + \hat{\beta}_1 X_i$에서도 회귀식과 측정치 간의 차이인 잔차 $\hat{\epsilon}_i$가 필연적으로 발

생한다.[2] 그러므로 추정 회귀모형은 $\widehat{Y}_i = \hat{\beta}_0 + \hat{\beta}_1 X_i + \hat{\epsilon}_i$가 되며, 추정 회귀식으로부터 잔차 $\hat{\epsilon}_i$의 모든 합이 최소가 되는 회귀식을 구하면 된다. 다만 잔차는 추정 회귀식 $\widehat{Y}_i = \hat{\beta}_0 + \hat{\beta}_1 X_i$의 위(+)와 아래(−)로 분포되어 합이 0이 되므로 모두 제곱하여 합을 구한다.

[그림 11-5]를 통해 최소자승법을 살펴보자. $\widehat{Y}_i = \hat{\beta}_0 + \hat{\beta}_1 X_i + \hat{\epsilon}_i$는 모든 측정치를 대상으로 추정 회귀선을 나타내는 식이다. 측정치들을 모두 만족하는 회귀선은 존재하지 않으며, 가장 이상적인 회귀선을 긋는다 해도 잔차가 발생할 수밖에 없기에 오차를 제곱하여 모두 더한 제곱합(sum of squares)이 최소가 되게 하는 함수를 구한다. 이처럼 잔차의 제곱합 $\sum \hat{\epsilon}_i^2$을 최소로 하는 방법을 **최소자승법**(method of least squares) 혹은 **최소제곱법**이라 한다.

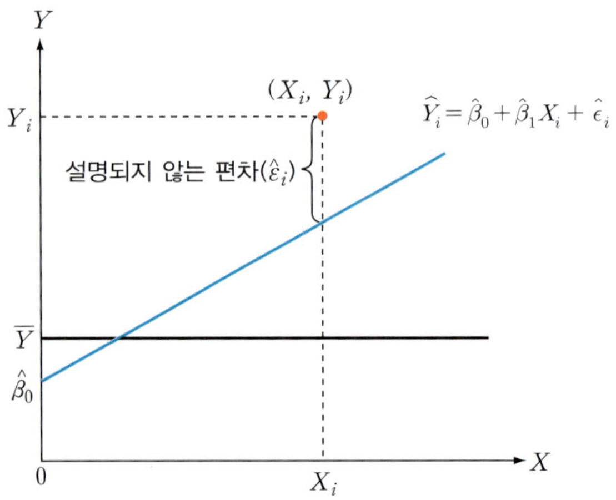


[그림 11-5] **최소자승법으로 추정된 회귀선**

[그림 11-5]는 회귀선과 측정치가 떨어진 정도(오차)의 관계를 나타내고 있다. 이 오차를 최소로 할 수 있다면 가장 이상적인 회귀선을 찾을 수 있을 것이다. ±오차의 합은 0이 되므로 직접 더할 수 없다. 따라서 오차를 제곱해서 더한 오차의 제곱합이 최소가 되는 선을 찾으면 가장 이상적인 회귀선이 된다. 결국 $\hat{\beta}_0 = \overline{Y} - \beta_1 \overline{X}$과 $\hat{\beta}_1 = \dfrac{\sum (X_i - \overline{X})(Y_i - \overline{Y})}{\sum (X_i - \overline{X})^2}$를 통해 구한 $\hat{Y} = \hat{\beta}_0 + \hat{\beta}_1 X_1$이 가장 잘 추정된 회귀식이다.

2 오차, 편차, 잔차는 회귀분석에서 모두 동일한 의미로 사용되므로 용어가 달라지더라도 혼동하지 않기 바란다.

**Note** **최소자승법과 최대우도법**

최소자승법이 측정치를 기준으로 오차의 제곱합이 최소로 되는 회귀선을 찾아가는 방법이라면, **최대우도법**(maximum likelihood method)은 어떤 하나의 함수가 최대한 모수를 갖는 함수로 접근하도록 하는 방법이다. 최대우도법에서 우도(likehood)란 회귀식이 측정치를 가장 잘 설명할 수 있도록 가능성(우도 함수)을 최대로 올린다는 개념이다. 가능성(우도 함수)을 확률과 같은 개념으로 생각할 수 있는데, 4장에서 배운 확률은 정해진 비율이다. 그러나 우도를 높이는 우도 함수는 측정치를 최대한 포함하도록 변동하면서 최적의 회귀식을 추정하는 것이다.

결국 최소자승법은 확률분포 곡선을 염두에 두고 측정치를 확인하면서 오차를 최소화하는 방법인 데 반해, 최대우도법은 측정치를 염두에 두고 확률분포 곡선으로 측정치를 가장 잘 설명할 수 있도록 함수의 우도를 최대화하는 방법이다. 오차를 최소로 하는 최소자승법에서처럼 최대우도법의 경우에도 확률 표본에 가장 적합한(최대 우도화하는) 우도 함수를 찾는 것이므로, 결국 최소자승법과 최대우도법의 추정치는 동일하게 된다.

**참고** **단순 회귀식의 계수 도출**

회귀선을 구한다는 것은 절편과 기울기를 찾는 과정이므로, 결국 $\beta_0$와 $\beta_1$을 찾는 것이다. [그림 11-5]에서 잔차의 제곱합은 $\sum\hat{\epsilon}_i^2$이고 $\hat{\epsilon}$은 $Y$축에서 확인되는 값이므로, 잔차는 각 측정치 $Y_i$에서 평균 $\overline{Y}$를 뺀 후 더해주면 된다. 단, 이때도 합이 0이 되므로 제곱을 해서 빼야 한다.

따라서 $\sum\epsilon^2=\sum(Y_i-\hat{\beta}_0-\hat{\beta}_1X_i)^2$의 값이 최소가 되는 $\hat{\beta}_0$와 $\hat{\beta}_1$을 찾으면 된다. $\sum\hat{\epsilon}^2$을 최소화하려면 $\hat{\beta}_0$에 대해 편미분한 결과, 즉 $\dfrac{\partial\sum\epsilon^2}{\partial\hat{\beta}_0}=-2(\sum Y_i-n\hat{\beta}_0-\hat{\beta}_1\sum X_i)$가 0이 되어야 한다.[3]

$$\sum Y_i-n\hat{\beta}_0-\hat{\beta}_1\sum X_i=0$$

그러면 절편 추정치는 $\hat{\beta}_0=\overline{Y}-\hat{\beta}_1\overline{X}$가 된다. $\sum\hat{\epsilon}^2=\sum(Y_i-\hat{\beta}_0-\hat{\beta}_1X_i)^2$에 $\hat{\beta}_0=\overline{Y}-\hat{\beta}_1\overline{X}$를 대입하면, $\sum\hat{\beta}^2=\sum[(Y_i-\overline{Y})-\hat{\beta}_1(X_i-\overline{X})]^2$이 된다.

$\beta_1$에 대해 편미분하여 $\dfrac{\partial\sum\hat{\epsilon}^2}{\partial\hat{\beta}_1}=-2[\sum(X_i-\overline{X})(Y-\overline{Y})-\hat{\beta}_1\sum(X_i-\overline{X})^2]$이 0이 되어야 한다.

$$\sum(X_i-\overline{X})(Y-\overline{Y})=\hat{\beta}_1\sum(X_i-\overline{X})^2$$

그러면 기울기 추정치는 $\hat{\beta}_1=\dfrac{\sum(X_i-\overline{X})(Y_i-\overline{Y})}{\sum(X_i-\overline{X})^2}=\dfrac{\sigma_{XY}}{\sigma_X}$가 된다.[4]

3 $\partial$는 편미분 기호이며 '라운드 디'로 읽는다.

4 ($X$의 분산) $=\dfrac{\sum(X-\overline{X})^2}{n}$과 ($X$와 $Y$의 공분산) $=\dfrac{\sum(X-\overline{X})(Y-\overline{Y})}{n}$이므로 약분하면 $\dfrac{\sigma_{XY}}{\sigma_X}$임을 알 수 있다.

**참고 가우스-마르코프 정리**

$Y = \beta_0 + \beta_1 \cdot X_1$과 같은 회귀식을 추정할 때, 최소자승법이 가장 좋다는 것을 가우스(Carl Rriedrich Gauss)와 마르코프(Andrey markov)가 증명하였는데, 이 정리를 가우스-마르코프 정리(Gauss-markov Theorem)라 한다. 가우스-마르코프 정리에서는 다음과 같이 세 가지를 가정하였다.

① 독립변수는 랜덤하지 않다.
② $E(\epsilon_i) = 0$이다.
③ $E(\epsilon_i, \epsilon_j) = 0$, $E(\epsilon_i, \epsilon_j) = \sigma^2$으로 모든 잔차를 0, 공분산은 0(상관성=0)이다.

이러한 가정하에 '최소자승법은 BLUE다.'라는 것이 가우스-마르코프 정리다.

**B**는 Best를 의미하며 추정치의 분산이 최소가 되는 것이다.
**L**은 Linear를 의미하며 선형 모델을 따른다는 뜻이다.
**U**는 Unbiased를 의미하는데, $\beta$로부터 치우치지 않는다는 것이다.
**E**는 Estimator, 즉 추정량을 의미한다.

즉, BLUE는 최적이면서도 선형이며 치우치지 않은 추정량을 의미한다.

## 예제 11-1 단순회귀분석

[표 11-1]에 대한 회귀식을 도출하라.

**풀이** [5]

먼저 $\hat{\beta}_0$, $\hat{\beta}_1$을 구하면 다음과 같다.

$$\hat{\beta}_1 = \frac{\sum(X_i - \overline{X})(Y_i - \overline{Y})}{\sum(X_i - \overline{X})^2}$$

$$= \frac{[(13 \cdot 16.467)(94 \cdot 98.933) + (8 \cdot 16.467)(70 \cdot 98.933) + \cdots]}{[(13 \cdot 16.467)^2 + (8 \cdot 16.467)^2 + \cdots]} = 2.186$$

$$\hat{\beta}_0 = \overline{Y} - \hat{\beta}_1 \cdot \overline{X} = 98.933 - 2.186 \cdot 16.467 = 62.929$$

따라서 회귀식은 $\hat{Y} = 62.929 + 2.186 \cdot X_i$가 된다.

회귀식에서 절편 $\hat{\beta}_0$는 광고비를 전혀 지출하지 않더라도 62.929만큼의 매출이 발생

5 Excel의 통계 기능을 이용한 실습은 유의수준까지 함께 제시되므로 손으로 계산하는 과정을 모두 마친 후에 실습한다.

하고 있다는 것을 의미한다. $\hat{\beta}_1$에서 A 주식회사의 광고비와 매출액의 인과관계를 판단할 수 있는데, 광고비가 1단위 증가할 때 매출액은 2.186만큼 증가한다는 것을 의미한다.

## 적합도 검정과 분산분석

계수를 구해 회귀식을 도출했다면, 이 회귀식이 표본을 얼마나 잘 나타내는지 혹은 그 설명력이 어느 정도인지를 확인하는 과정이 필요하다. 이를 위해 적합도 검정과 분산분석을 실시한다.

### 적합도 검정

**적합도 검정**(goodness-of-fit test)은 **도출한 회귀선** $Y = \beta_0 + \beta_1 \cdot X_1$**이 표본 측정치를 얼마나 잘 설명하는지를 확인하는 것**이다. 추정된 회귀선이 측정치들과 일치하는 정도를 표본에 대한 회귀선의 설명력($R^2$)이라고 한다. 설명력은 0~1까지의 숫자로 나타내거나 몇 %의 설명력을 가지는지 확률로 표현한다.

회귀선이 측정 자료와 100% 일치하면 [그림 11-6(a)]와 같이 모든 측정치가 회귀선 위에 나타난다. 어느 정도 선형 관계가 있다면 [그림 11-6(b)]와 같이 0보다는 크고 100%보다는 작은 설명력을, 전혀 선형관계가 나타나지 않으면 [그림 11-6(c)]와 같이 0%의 설명력을 가진다. [그림 11-6]에서 보듯이 $R^2$의 값은 1에 근접할수록 회귀선이 측정치를 잘 반영하고 있다고 할 수 있다.

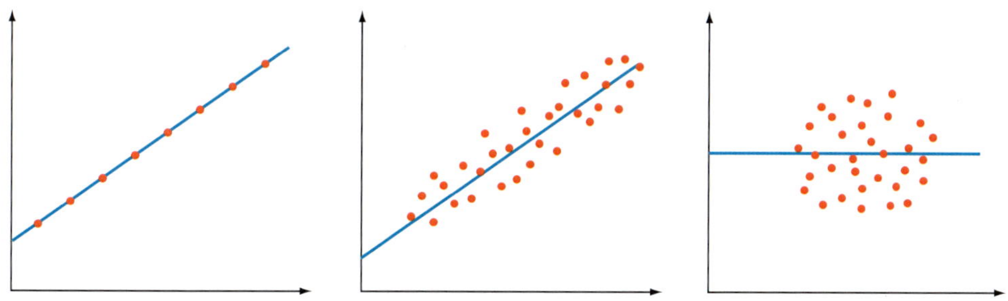

(a) $R^2 = 1$ (b) $0 < R^2 < 1$ (c) $R^2 = 0$

[그림 11-6] 회귀선의 설명력

$R^2$은 결정계수라고도 하며 다음과 같이 계산한다.

$$결정계수\ (R^2) = \frac{회귀\ 제곱합(SSR)}{총제곱합(SST)}$$

즉, 총제곱합 중에서 회귀 제곱합이 차지하는 비중이 표본에 대한 회귀식의 설명력이 된다. 추정된 회귀선 $\hat{Y} = \hat{\beta}_0 + \hat{\beta}_1 X_i$와 측정치, 편차는 [그림 11-7]과 같이 표현할 수 있다. 이때 $\hat{Y}$는 측정치로 확인된 종속변수의 값이고, $\overline{Y}$는 측정치의 평균이다. 설명되지 않는 편차$(Y_i - \hat{Y})$와 설명되는 편차$(\hat{Y} - \overline{Y})$의 합은 총편차$(Y_i - \overline{Y})$를 나타낸다.

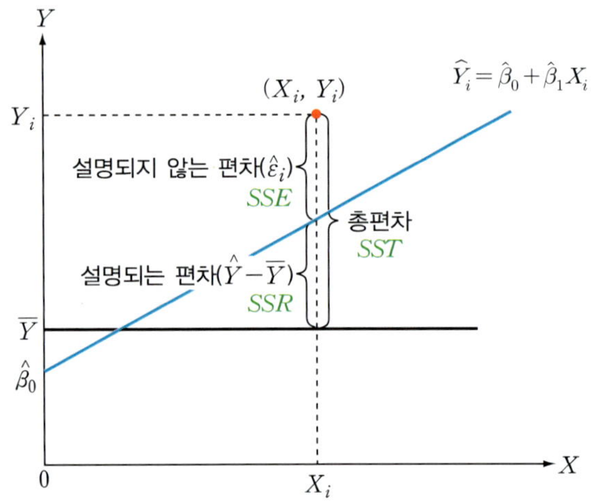


[그림 11-7] **회귀선과 편차**

**Note 결정계수의 특징**

결정계수는 회귀선의 설명력($R^2$)을 의미하며 추정된 회귀선이 측정치들과 서로 일치하는 정도를 나타낸다. 결정계수에는 다음과 같은 특징이 있다.

- 총변동 중에서 회귀식에 의해 설명되는 변동의 비율을 뜻한다.
- 독립변수의 수가 늘어나면 결정계수는 커진다.
- 모든 측정값이 추정 회귀직선상에 있는 경우 결정계수는 1이다.
- $R^2$의 값이 1에 근접할수록 회귀선이 측정치(총변동량)를 잘 반영하며, 0에 가까울수록 반영하지 못한다.
- 단순회귀의 경우, 독립변수와 종속변수 간의 표본상관계수의 제곱과 같다.

**참고 결정계수 도출**

(총편차) = (설명되지 않는 편차) + (설명되는 편차) $\Rightarrow$ $Y_i - \overline{Y} = (Y_i - \widehat{Y}_i) + (\widehat{Y}_i - \overline{Y})$

설명되지 않는 편차는 오차($\epsilon$)이고, 설명되는 편차는 회귀식으로부터 계산되므로 회귀제곱합이라 한다. 각각을 제곱해서 더해주면 다음과 같다.

$$\sum(Y_i - \overline{Y})^2 = \sum(Y_i - \widehat{Y}_i)^2 + \sum(\widehat{Y}_i - \overline{Y})^2$$

총제곱합 = 오차 제곱합 + 회귀 제곱합

이를 총제곱합(sum of squares, SST), 오차 제곱합(error sum of squares, SSE), 회귀 제곱합(regression sum of squares, SSR)으로 다시 표현하면 다음과 같다.

$$SST = SSE + SSR \quad \Rightarrow \quad SSR = SST - SSE \quad \Rightarrow \quad \frac{SSR}{SST} = 1 - \frac{SSE}{SST}$$

결정계수는 총편차 중 회귀선으로 설명되는 양을 나타내므로, 설명되는 비율이 높다면 1에 수렴하게 된다. 또한 $SSE$가 $0$에 가까울수록 설명력이 높아진다.

## 분산분석

회귀분석에서 분산분석이 등장하는 이유는 총편차를 분해하는 과정이 분산분석과 동일하기 때문이다. 각 제곱합 $SST$, $SSR$, $SSE$를 구한 후에는 분산분석의 평균제곱을 구하기 위해 각각의 자유도를 알아야 한다.

$SST$의 자유도 : $n-1$

$SSR$의 자유도 : $1$

$SSE$의 자유도 : $n-2$

**참고 SST, SSR, SSE의 자유도**

$SST$의 자유도는 전체에서 $\sum(Y_i - \overline{Y}) = 0$이 되어야 하는 제약 1개로 구성되므로 $n-1$이다. $SSR$의 자유도는 $\widehat{Y}_i$가 독립변수 $X_i$에 따라 제약되므로 1이다. $SSE$의 자유도는 모수 $\hat{\beta}_0$, $\hat{\beta}_1$의 2개를 추정하므로 $n-2$다.

분산비율 $F$값을 알기 위해서 총제곱합의 구성 부분인 오차 제곱합과 회귀 제곱합을 각각의 자유도로 나누면 **평균 오차제곱**(mean square of error, MSE)과 **평균 회귀제곱**(mean square of regression, MSR)을 다음과 같이 구할 수 있다.

$$MSE = \frac{SSE}{n-2}, \quad MSR = \frac{SSR}{1}$$

또한 회귀와 잔차에 대한 분산비율 $F$는 다음과 같이 구할 수 있다.[6]

$$F = \frac{SSR/1}{SSE/(n-2)} = \frac{MSR}{MSE}$$

**참고 추정된 표준오차**

다음 식을 $\sqrt{\sum(X_i - \overline{X})^2}$ 으로 나누어보자.

$$\sqrt{MSE} = \sqrt{\frac{SSE}{n-2}} = \sqrt{\frac{\sum(Y_i - \widehat{Y}_i)^2}{n-2}} = \sqrt{\frac{\sum(Y_i - \beta_0 - \beta_1 \cdot X_i)^2}{n-2}}$$

그러면 다음과 같은 결과를 얻는다.

$$\sqrt{\frac{\sum(Y_i - \widehat{Y})^2/(n-2)}{\sum(X_i - \overline{X})^2}}$$

이것을 **추정된 표준오차**(standard error of estimate)라 한다. $\sqrt{MSE} = \sqrt{\sum(Y_i - \widehat{Y})^2/(n-2)}$ 가 0으로 수렴할수록 회귀선은 독립변수와 종속변수의 관계를 잘 설명한다고 할 수 있다.

**참고 회귀분석과 분산분석의 변수 분해**

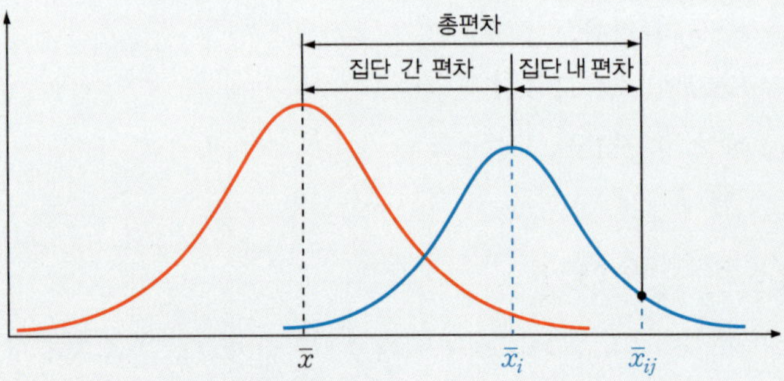


[그림 11-8] [그림 9-2] 분산분석의 편차

회귀분석에서 변수를 분해하는 과정은 분산분석에서 변수를 분해하는 과정과 동일하다. [그림 11-7]을 앞서 9장에서 나온 '분산분석의 편차'(그림 9-2)와 비교하면, 변수를 $X$축, $Y$축으로 분해한 것과 수직선 상에서 분해한 것이 동일함을 알 수 있다. 이 때문에 분산분석을 회귀분석의 일종으로 설명하는 책들이 있는데, 이는 잘못된 설명이다. 과정은 동일하지만 측정치들의 척도와 표현 방법이 완전히 다르므로 이를 구분해야 한다.

6 분산분석에 대한 내용이 잘 이해되지 않는다면 9장을 참고하기 바란다.

## 예제 11-2 단순회귀분석의 결정계수와 분산비율 계산하기

[표 11-1]에 대해 결정계수 $R^2$과 분산비율 $F$를 구하라.

**풀이**

총제곱합 $SST$, 회귀제곱합 $SSR$, 오차 제곱합 $SSE$를 구하면 다음과 같다.

$$SST = \sum (Y_i - \overline{Y})^2$$
$$= (94 - 98.933)^2 + \cdots + (121 - 98.933)^2 = 1950.933$$

$$SSR = \sum (\hat{Y}_i - \overline{Y})^2$$
$$= (91.354 - 98.933)^2 + \cdots + (117.591 - 98.933)^2 = 1538.123$$ [7]

$$SSE = \sum (Y_i - \hat{Y}_i)^2$$
$$= (94 - 91.354)^2 + \cdots + (121 - 117.591)^2 = 412.811$$

따라서 결정계수 $R^2$을 구하면

$$R^2 = \frac{SSR}{SST} = \frac{1538.123}{1950.933} = 0.788$$

이다. 즉, 회귀식은 78.8%의 설명력을 가진다. 또한 분산비율 $F$을 구하면 다음과 같다.

$$F = \frac{SSR/1}{SSE/(n-2)} = \frac{1538.123/1}{412.811/13} = 48.438$$

## 유의성 검정과 회귀계수의 신뢰구간

회귀식의 설명력에 대한 검정이 마무리되었다면, 표본을 설명하는 회귀식이 유의한지 확인해야 한다.

### 회귀식의 유의성 검정

단순회귀분석에서 회귀식 $\hat{Y} = 62.929 + 2.186 \cdot X_i$에 대하여 $F$ 검정을 통해 회귀식의 유의성을 검정해야 한다. 회귀식의 유의성을 검정하는 방법은 회귀와 잔차에 대한 분산비

7 $\hat{Y}_i$는 각 연도별 $X_i$를 활용하여 $\hat{Y} = 62.929 + 2.186 \cdot X_i$에 대입하여 구한다.

율 $F$값을 계산해서 $F$분포표의 값보다 더 크면 귀무가설을 기각하고 대립가설을 채택하는 것이다.

**참고 분산비율 $F$와 $F$분포표의 값을 비교하는 의미**

분산비율 $F$는 평균 회귀제곱(MSR)을 평균 오차제곱(MSE)으로 나눈 값으로, 표준오차보다 회귀식으로 설명되는 부분이 어느 정도 더 많은지를 나타내는 수치다. 그러므로 $F$값이 분포표의 임계치보다 크다는 것은 회귀식으로 설명할 수 있는 부분이 더 많다는 뜻이므로, 회귀식이 유의하다는 판단을 내릴 수 있는 근거가 된다.

### 예제 11-3 단순 회귀식의 유의성 검정하기

다음은 A 주식회사의 연도별 광고비와 매출액을 기준으로 작성된 분산분석 결과다. 이를 기반으로 회귀식이 유의한지 $\alpha = 0.05$에서 검정하라.

| 모형 | 제곱합 | 자유도 | 평균제곱 | 분산비율 $F$ |
|---|---|---|---|---|
| 회귀모형 | 1538.123 | 1 | 1538.123 | 48.438 |
| 잔차 | 412.811 | 13 | 31.755 | – |
| 합계 | 1950.933 | 14 | – | – |

**풀이**

회귀식에 대한 유의성을 검정하기 위해 회귀식에 대한 가설을 수립한다.[8]

$H_0$ : 회귀식이 유의하지 않다.

$H_1$ : 회귀식이 유의하다.

분산비율이 $F = 48.438$이고, $F$분포표에서 $F_{1,13} = 4.67$이다. $F$값이 임계치보다 크므로 귀무가설을 기각하고 대립가설을 채택한다. 따라서 회귀식은 유의하다.

8 이 연구의 목적은 회귀식의 유의성을 찾는 것이므로 연구가설($H_1$)을 '회귀식은 유의하다'로 수립할 수 있고, 귀무가설($H_0$)은 '회귀식이 유의하지 않다'로 수립할 수 있다.

### 회귀계수 $\beta_0$, $\beta_1$의 유의성

표본에서 도출한 회귀식 $\hat{Y} = \hat{\beta}_0 + \hat{\beta}_1 X_i$에서 $\hat{\beta}_0$는 회귀선의 절편, $\hat{\beta}_1$은 기울기를 의미한다. 상수항을 나타내는 절편 $\hat{\beta}_0$에 대한 유의성 검정과 독립변수와 종속변수 간의 인과관계를 나타내는 기울기 $\hat{\beta}_1$에 대한 유의성을 검정해야 한다.

실제 연구조사에서는 상수항으로 표현되는 절편 $\hat{\beta}_0$의 값이 유의하지 않더라도 최종 보고서에 그대로 사용한다. 왜냐하면 회귀분석이 인과관계를 분석하는 연구이기 때문에 상수항의 크기가 절대적인 영향을 주거나 받는 경우가 아니라면 독립변수와 종속변수 간의 인과관계를 설명하는 데 무리가 없기 때문이다. 회귀분석은 독립변수가 한 단위 변화했을 때 종속변수가 어느 정도 변하는지를 확인하는 분석 방법이므로 독립변수의 변화 이전에 주어진 상황은 큰 의미가 없다.[9]

표본에서 도출한 회귀식 $\hat{Y} = \hat{\beta}_0 + \hat{\beta}_1 X_i$에서 회귀계수 $\hat{\beta}_0$와 $\hat{\beta}_1$을 확인하고 이를 검정한다는 것은 표본에서 도출한 회귀식에 의미가 있는지 여부를 판단하는 의미다. 아무런 의미가 없다면 $\hat{\beta}_0 = 0$ 또는 $\hat{\beta}_1 = 0$으로 가설을 수립할 수 있다. 반면, 어떤 유의미한 역할을 한다면 영향력이 0이 아니라는 의미에서 $\hat{\beta}_0 \neq 0$ 또는 $\hat{\beta}_1 \neq 0$으로 가설을 수립할 수 있다.

가설이 수립되면 $\hat{\beta}_0$와 $\hat{\beta}_1$에 대한 검정통계량을 다음과 같이 계산한다.

$$(t_{n-2}\text{의 검정통계량}) = \frac{\hat{\beta}_0 - \beta_0}{s_{\hat{\beta}_0}} = \frac{\hat{\beta}_0 - 0}{s_{\hat{\beta}_0}} = \frac{\hat{\beta}_0}{s_{\hat{\beta}_0}}$$

$$(t_{n-2}\text{의 검정통계량}) = \frac{\hat{\beta}_1 - \beta_1}{s_{\hat{\beta}_1}} = \frac{\hat{\beta}_1 - 0}{s_{\hat{\beta}_1}} = \frac{\hat{\beta}_1}{s_{\hat{\beta}_1}}$$

**참고 회귀계수의 신뢰구간 검정통계량을 $t$로 하는 이유**

최소자승법을 이용하여 표본에서 표본 회귀계수를 계산하며, 표본에서 도출된 회귀계수는 표본의 구성에 따라 변한다. 이때 표본의 회귀계수에 대한 분포를 확인해야 하는데, 표본의 잔차에서 구한 분산을 이용한다. 모수를 알 수 있다면 $z$분포를 이용할 수 있으나, 그렇지 않으므로 $t$분포를 이용한다. $t$분포는 자유도에 따라 민감하게 반응하므로 자유도가 중요한 개념이 된다.

9 실제로 상수항의 의미가 절대적이라면 회귀분석을 진행하는 자체가 의미가 없다고 할 수 있다.

### 참고 표준오차 $s_{\hat{\beta}_0}$, $s_{\hat{\beta}_1}$ 도출하기

$\hat{\beta}_1$의 표준편차가 크다는 의미는 $\beta_1$을 추정할 때 오차가 크다는 의미다. 반면, $\hat{\beta}_1$의 표준편차가 작다는 의미는 $\beta_1$의 추정을 잘했다는 의미다. $\hat{\beta}_1$의 표준편차는 $\frac{\sigma_\epsilon^2}{\sum(X_i-\overline{X})^2}$으로 계산하는데, 잔차항의 분산($\sigma_\epsilon^2$)을 알 수가 없으므로, 표본으로부터 알 수 있는 잔차 $\epsilon$를 이용한다. 왜냐하면 잔차항의 분산이 크다면 종속변수 $Y$에 대한 설명을 잘 못한다는 것이고, 잔차항의 분산이 작다면 종속변수 $Y$를 잘 설명한다는 것이기 때문이다. 또한 표본으로부터 추정한 잔차의 분산 $s_\epsilon^2$이 크거나 작다는 것 역시 회귀선을 추정할 때 오차가 일정하지 않다는 의미이므로 자유도로 나누어 표본 회귀선의 불편추정량(unbiased)으로 만드는 $\sqrt{\frac{\sum(Y_i-\hat{Y})^2}{n-2}}$을 사용한다. $(Y_i-\hat{Y})=\epsilon$이므로 잔차의 표준오차는 $s_\epsilon=\sqrt{\frac{\sum\epsilon^2}{n-2}}$이 된다.

$\sigma_{\hat{\beta}_1}$은 $\beta_1$을 추정하기 위한 $\hat{\beta}_1$의 표준편차인데, 역시 $\sigma_{\hat{\beta}_1}$을 알 수 없으므로 $s_{\hat{\beta}_1}$을 사용한다. 표본으로부터 추정된 회귀계수 $\hat{\beta}_1$은 표본에 따라 변하며, $\hat{\beta}_1$의 표준오차($s_{\hat{\beta}_1}$)가 작을수록 $\hat{\beta}_1$이 $\beta_1$을 더 잘 추정했다고 할 수 있다. $s_{\hat{\beta}_1}=\sqrt{\frac{s^2}{\sum(X_i-\overline{X})^2}}$이므로, $\sum(X_i-\overline{X})^2$의 크기가 커지면 $s_{\hat{\beta}_1}$의 값이 작아짐을 알 수 있다.

$\beta_1$의 표본분포가 $s_{\hat{\beta}_1}=\sqrt{MSE/\sum(X_i-\overline{X})^2}=\sqrt{\frac{\sum(Y_i-\hat{Y})/(n-2)}{\sum(X_i-\overline{X})^2}}=\sqrt{\frac{\sum\epsilon/(n-2)}{\sum(X_i-\overline{X})^2}}$과 같으므로, $\beta_1=0$의 가설검정을 위한 $\beta_1$에 대한 검정통계량은 $t_{n-2}=\frac{\hat{\beta}_1}{s_{\hat{\beta}_1}}$이 된다. $\beta_0$의 표본분포는 $s_{\hat{\beta}_0}^2=\left(\frac{1}{n}+\frac{\overline{X}^2}{\sum(X_i-\overline{X})^2}\right)MSE$이며, $s_{\hat{\beta}_0}=\sqrt{\left(\frac{1}{n}+\frac{\overline{X}^2}{\sum(X_i-\overline{X})^2}\right)MSE}$이므로, $\beta_0=0$의 가설검정을 위한 $\beta_0$에 대한 검정통계량은 $t_{n-2}=\frac{\hat{\beta}_0}{s_{\hat{\beta}_0}}$이 된다.

### 예제 11-4 회귀계수의 유의성 검정하기

[예제 11-3]의 근거로부터 [예제 11-1]에서 도출한 회귀계수 $\hat{\beta}_0$와 $\hat{\beta}_1$에 대한 유의성을 판단하라.

#### 풀이

$\beta_0$, $\beta_1$의 유의성을 검정하기 위해 $\hat{\beta}_0$와 $\hat{\beta}_1$에 대한 가설을 수립한다.

$$H_0:\ \beta_0=0,\ H_1:\ \beta_0\neq 0$$
$$H_0:\ \beta_1=0,\ H_1:\ \beta_1\neq 0$$

$\beta_0 = 62.929$, $\beta_1 = 2.186$, $MSE = 31.755$, $\sum(X_i - \overline{X})^2 = 321.733$이므로 $s_{\hat{\beta}_0}$와 $s_{\hat{\beta}_1}$를 구하면 다음과 같다.

$$s_{\hat{\beta}_0} = \sqrt{\left(\frac{1}{n} + \frac{\overline{X}^2}{\sum(X_i - \overline{X})^2}\right) MSE} = \sqrt{\left(\frac{1}{15} + \frac{16.467^2}{321.733}\right) 31.755} = \sqrt{28.88}$$
$$= 5.374$$
$$s_{\hat{\beta}_1} = \sqrt{MSE / \sum(X_i - \overline{X})^2} = \sqrt{\frac{31.755}{321.733}} = 0.314$$

$\hat{\beta}_0$와 $\hat{\beta}_1$에 대한 $t_{n-2}$의 검정통계량을 구하면 각각 다음과 같다.

$$\frac{\hat{\beta}_0}{s_{\hat{\beta}_0}} = \frac{62.929}{5.374} = 11.710, \quad |\pm t_{(\alpha/2,\ 0.025)}| = 2.1604$$
$$\frac{\hat{\beta}_1}{s_{\hat{\beta}_1}} = \frac{2.186}{0.314} = 6.960, \quad |\pm t_{(\alpha/2,\ 0.025)}| = 2.1604$$

그러므로 $\hat{\beta}_0$와 $\hat{\beta}_1$ 모두 귀무가설을 기각하고 대립가설을 채택한다.

### 회귀계수 $\beta_0$, $\beta_1$의 신뢰구간

최소자승법을 이용하여 회귀식 $Y = \beta_0 + \beta_1 X_1$을 도출했지만, 이 회귀식은 모집단을 대상으로 도출한 회귀식이 아니라 표본을 대상으로 계산한 회귀식이다. 그러므로 모회귀식 $E(Y|X) = \beta_0 + \beta_1 X_1$과 추정된 회귀식을 구분하기 위하여 추정된 회귀식을 $\hat{Y} = \hat{\beta}_0 + \hat{\beta}_1 X_1$이라 하자. [예제 11-4]를 통해 회귀계수 $\hat{\beta}_0$와 $\hat{\beta}_1$에 대한 유의성을 $t$값으로 판단할 수 있지만, 유의수준을 기준으로 $\beta_0$와 $\beta_1$의 신뢰구간을 추정할 수 있다.

$\hat{\beta}_0$와 $\hat{\beta}_1$의 신뢰구간은 다음과 같이 구할 수 있다.

$$\beta_0\text{의 신뢰구간 : } \hat{\beta}_0 - t_{(\alpha/2,\, n-2)} \cdot s_{\hat{\beta}_0} < \beta_0 < \hat{\beta}_0 + t_{(\alpha/2,\, n-2)} \cdot s_{\hat{\beta}_0}$$
$$\beta_1\text{의 신뢰구간 : } \hat{\beta}_1 - t_{(\alpha/2,\, n-2)} \cdot s_{\hat{\beta}_1} < \beta_1 < \hat{\beta}_1 + t_{(\alpha/2,\, n-2)} \cdot s_{\hat{\beta}_1}$$

**참고** $\beta_0$, $\beta_1$의 신뢰구간 유도 과정

$\beta_0$과 $\beta_1$의 신뢰구간을 유도하는 방법이 동일하므로 $\beta$로 표기하여 유도해보자. $t_{n-2}=\dfrac{\hat{\beta}-\beta}{s_{\hat{\beta}}}$일 때, 유의수준 $(1-\alpha)$에 대한 신뢰구간은 $P\left(-t_{(\frac{\alpha}{2},n-2)}<\dfrac{\hat{\beta}-\beta}{s_{\hat{\beta}}}<t_{(\frac{\alpha}{2},n-2)}\right)$로 표현할 수 있다.

$$-t_{(\frac{\alpha}{2},n-2)}<\frac{\hat{\beta}-\beta}{s_{\hat{\beta}}}<t_{(\frac{\alpha}{2},n-2)}$$

$$-t_{(\frac{\alpha}{2},n-2)}\cdot s_{\hat{\beta}}<\hat{\beta}-\beta<t_{(\frac{\alpha}{2},n-2)}\cdot s_{\hat{\beta}}$$

$$\hat{\beta}-t_{(\frac{\alpha}{2},n-2)}\cdot s_{\hat{\beta}}<\beta<\hat{\beta}+t_{(\frac{\alpha}{2},n-2)}\cdot s_{\hat{\beta}}$$

따라서 $\beta_0$와 $\beta_1$의 신뢰구간은 $\hat{\beta}-t_{(\frac{\alpha}{2},n-2)}\cdot s_{\hat{\beta}}<\beta<\hat{\beta}+t_{(\frac{\alpha}{2},n-2)}\cdot s_{\hat{\beta}}$가 된다.

## 예제 11-5 회귀계수 $\beta_0$, $\beta_1$에 대한 신뢰구간

[예제 11-1]에서 구한 $\hat{\beta}_0=62.929$, $\hat{\beta}_1=2.186$인 회귀식 $\hat{Y}=62.929+2.186\cdot X_i$에 대해 회귀계수 $\hat{\beta}_0$, $\hat{\beta}_1$에 대한 95%의 신뢰구간을 구하라.

**풀이**

$\hat{Y}=62.929+2.186X_i$이고, $n=15$, $t_{(0.025,\,13)}=2.1604$이다. 따라서 $\hat{\beta}_0$의 신뢰구간을 구하면 다음과 같다.

$$62.929-2.1604\times5.374<\beta_0<62.929+2.1604\times5.374$$
$$51.319<\beta_0<74.539$$

$\hat{\beta}_1$의 신뢰구간을 구하면 다음과 같다.

$$2.186-2.1604\times0.314<\beta_1<2.186+2.1604\times0.314$$
$$1.508<\beta_1<2.864$$

**참고** $s^2_{\hat{\beta}_0}$, $s^2_{\hat{\beta}_1}$과 $\hat{\beta}_0$, $\hat{\beta}_1$의 신뢰구간

표본의 분포가 정규분포를 구성하고, $\hat{\beta}_1$의 기대값이 $E(\hat{\beta}_1)=\beta_1$, $\hat{\beta}_1$의 분산이 $\sigma^2_{\hat{\beta}_1}$일 때, $\hat{\beta}_1$을 표준화하면 다음과 같다.

$$z=\frac{\hat{\beta}_1-\beta_1}{\sqrt{\sigma^2_{\hat{\beta}_1}}}=\frac{\hat{\beta}_1-\beta_1}{\sqrt{\sigma^2/\sum(X_i-\overline{X})^2}}$$

그러나 $\sigma^2$의 값을 알 수 없으므로, 표본으로부터 구한 잔차($\epsilon$)를 이용한 $s^2_{\hat{\beta}_1}$을 이용하여 다음과 같이 계산한다.

$$t_{n-2}=\frac{\hat{\beta}_1-\beta_1}{\sqrt{MSE/\sum(X_i-\overline{X})^2}}=\frac{\hat{\beta}_1-\beta_1}{s_{\hat{\beta}_1}}$$

그러므로 $\beta_1$에 대한 신뢰구간은 다음과 같다.

$$\hat{\beta}_1-t_{(\alpha/2,n-2)}\cdot s_{\hat{\beta}_1}<\beta_1<\hat{\beta}_1+t_{(\alpha/2,n-2)}\cdot s_{\hat{\beta}_1}$$

$\hat{\beta}_0$도 $\sigma^2$의 값을 알 수 없으므로 표본으로부터 구한 잔차($\epsilon$)를 이용한 $s_{\hat{\beta}_0}$을 이용하여 다음과 같이 계산한다.

$$t_{n-2}=\frac{\hat{\beta}_0-\beta_0}{\sqrt{\left(\frac{1}{n}+\frac{\overline{x}^2}{n\cdot s_x^2}\right)MSE}}=\frac{\hat{\beta}_0-\beta_0}{s_{\hat{\beta}_0}}$$

그러므로 $\beta_0$에 대한 신뢰구간은 다음과 같다.

$$\hat{\beta}_0-t_{(\alpha/2,n-2)}\cdot s_{\hat{\beta}_0}<\beta_0<\hat{\beta}_0+t_{(\alpha/2,n-2)}\cdot s_{\hat{\beta}_0}$$

지금까지 수식 풀이를 통해 회귀분석을 살펴보았다. 이제부터는 Excel의 통계 기능을 활용하여 회귀분석을 살펴보자.

## 예제 11-6 단순회귀분석 출력하기

준비파일 | 11장_단순회귀분석.xlsx

[예제 11-1]에 대해 Excel을 이용하여 단순회귀분석을 실시하라.

### 실습

**01** Excel을 실행하여 '11장_단순회귀분석.xlsx' 파일을 불러온다.

**02** ❶ [데이터] 탭을 클릭한 후 ❷ [데이터 분석] 메뉴를 클릭한다. [통계 데이터 분석] 창에서 ❸ '회귀 분석'을 선택하고 ❹ [확인]을 클릭한다.

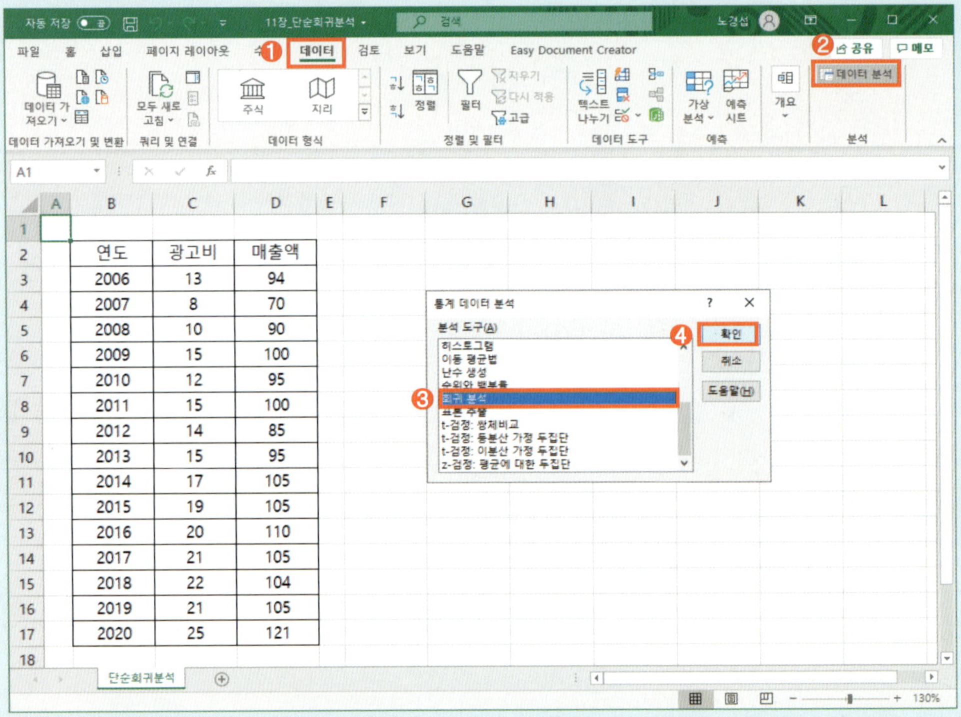


[그림 11-9] 통계 데이터 분석의 '회귀분석' 선택

**TIP** Excel에서 회귀분석 기능을 이용하려면 데이터 정렬을 세로로 구성해야 한다. 데이터가 가로로 정렬되어 있으면 Excel은 열에 대한 레코드를 모두 변수로 인식하므로 올바른 회귀분석이 이루어지지 않는다.

**03** [회귀 분석] 창에서 ❶ 'Y축 입력 범위(Y)' 칸을 클릭한 후 ❷ D2셀부터 D17셀까지 드래그하여 입력한다. ❸ 'X축 입력 범위(X)' 칸을 클릭한 후 ❹ C2셀부터 C17셀까지 드래그하여 입력한다. ❺ '이름표(L)'에 ☑ 표시를 하고 ❻ '신뢰 수준(F)'을 95%로 ☑ 표시한다. ❼ '출력 범위(O):' 칸을 클릭한 후 ❽ 결과가 나타나게 될 시작 위치인 F2셀을 클릭하고 ❾ [확인]을 클릭한다.

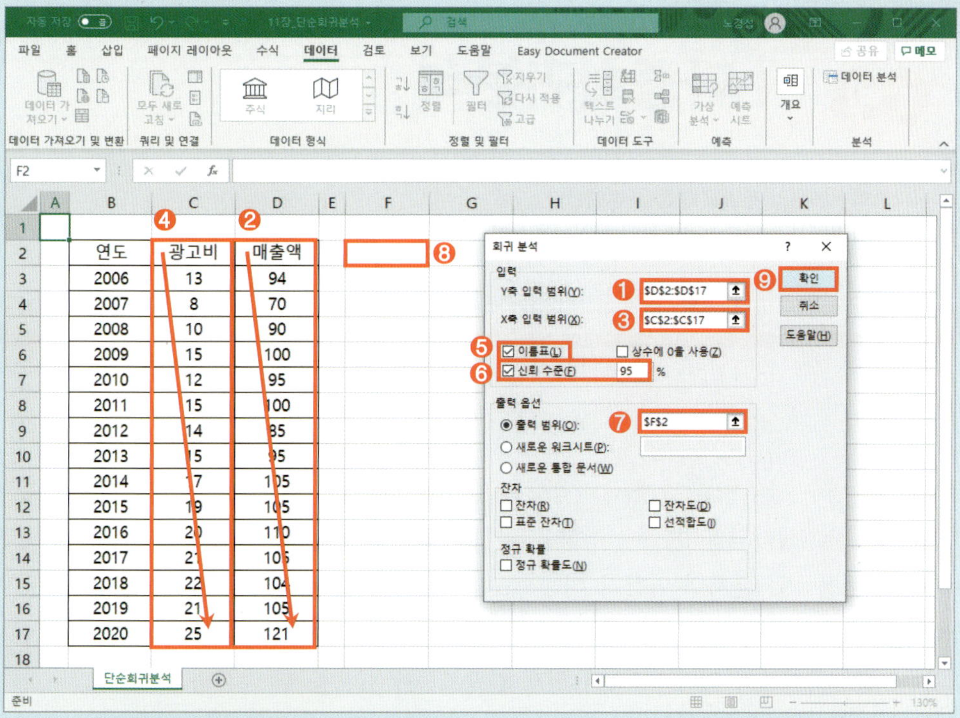


[그림 11-10] 단순회귀분석을 위한 [회귀 분석] 설정

**04** 소수 넷째 자리에서 반올림하면 절편이 62.929, 광고비에 대한 계수가 2.186임을 확인할 수 있다. 그러므로 회귀식은 $Y = 62.929 + 2.186 \cdot X$가 된다.

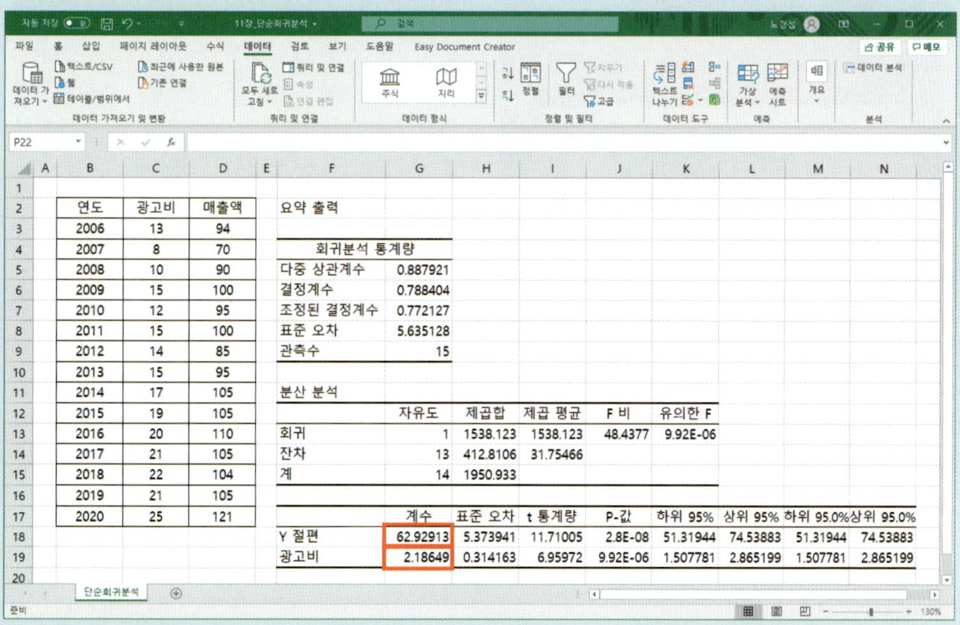


[그림 11-11] 단순회귀분석 결과

SECTION 03

# 다중회귀분석

- 다중회귀분석의 개념과 특징을 이해한다.
- 다중회귀분석과 단순회귀분석의 차이점을 안다.

Keywords | 다중회귀분석 | 다중회귀분석과 단순회귀분석의 차이점 | 수정된 $R^2$ |

앞에서 두 변수 간의 인과관계를 파악하는 단순회귀분석을 살펴보았다. 그러나 실생활에서 종속변수로 생각되는 변수에 영향을 미치는 요소는 단순히 하나로 끝나지는 않는다. 어떠한 영향을 미치는지 확인하기 위해 조사 전에 그런 인과관계를 가정했을 뿐이다. 이러한 가정은 조사나 실험을 단순화하여 인과관계를 찾는 과정은 보여줄 수 있으나, 실제 활용 면에서는 한계가 있다. 따라서 실제 연구조사에서는 좀 더 자세하고 의미 있는 결과를 얻기 위해 다양한 독립변수들을 요인으로 투입하여 종속변수에 미치는 영향 관계를 확인하려고 노력한다.

**스마트폰에 만족감을 느끼게 하는 요소는 무엇일까?**

[그림 11-12] 스마트폰

짧은 기간에 통신기기는 급격한 변화를 이루어 우리 삶의 많은 부분을 바꾸었다. 스마트폰이 특히 그렇다. 그렇다면 사람들은 왜 스마트폰을 구입할까? 스마트폰의 외관이나 유용성 등 스마트폰에 만족감을 느끼게 하는 요소는 다양할 것이다.

스마트폰을 사용하면서 느끼는 만족감의 원인은 무엇인지, 어느 정도로 만족감을 느끼게 하는지 등을 어떻게 확인할 수 있을까? 다중회귀분석을 사용하면 이처럼 다양하고 복잡한 원인이 되는 변수들을 기준으로 분석하여 의미 있는 결과를 제시할 수 있다.

## 다중회귀분석의 개념과 특징

단순회귀분석에서 언급했듯이 어떤 결과에 영향을 미치는 요소는 다양하게 있을 수 있다. 다중회귀분석은 단순회귀분석을 확장하여 결과에 미치는 영향 요소 2개 이상에 대해 각각 어느 정도로 결과에 영향을 미친 것인지를 확인하는 분석이다.

### 다중회귀분석의 개념

광고비가 매출액에 어떻게 영향을 미치는가와 같은 사회현상을 분석할 때, 회귀분석은 현재까지의 자료를 바탕으로 예측까지 할 수 있는 근거를 제시해준다. 그런데 매출액에 영향을 미치는 요소가 광고비뿐이라고 단정할 수 없다. 즉, 다양한 변수가 매출액에 영향을 줄 수 있다. **다중회귀분석**(multiple regression analysis)은 종속변수에 영향을 미치는 독립변수가 여러 개인 경우에 실시하는 회귀분석이다.

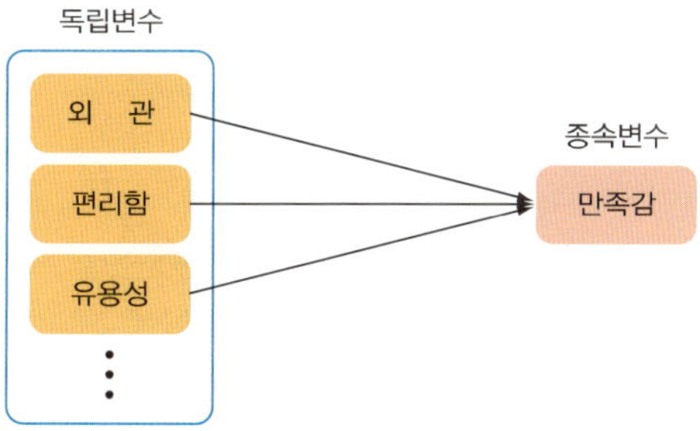


[그림 11-13] 스마트폰에 관한 독립변수와 종속변수

[그림 11-13]은 스마트폰을 사용하는 소비자의 만족감(종속변수)에 영향을 주는 요소들(독립변수)이 무엇인지 조사할 수 있는 연구모델이다. 물론 그림에서 설정한 독립변수 3개만으로 종속변수를 설명할 수는 없겠지만, 다른 변수들은 배제하고 조사자가 3개의 독립변수에 대해서만 조사한다고 가정하자.

### 다중회귀분석의 특징

다중회귀모형에서는 독립변수의 개수가 $i$개라면 $X_i$와 각 독립변수의 측정치 개수를 $j$로 구분하여 설명할 수 있다.[10] 그러므로 다중회귀모형의 회귀식은 다음과 같이 표현할 수 있다.

$$E(Y|X_{ij}) = \beta_0 + \beta_1 X_{1j} + \beta_2 X_{2j} + \cdots + \beta_i X_{ij}$$

10 단순회귀분석은 독립변수가 1개이므로 $X_i$가 독립변수 내의 개별 측정치를 의미했다면, 다중회귀분석에서는 독립변수가 여러 개이므로 $i$개의 독립변수 $X_i$는 각각 다른 독립변수를 의미한다.

다중회귀분석에서도 개별 측정치들 사이의 차이인 잔차가 발생할 수 있으며, 이를 회귀식에 반영한 확률적 회귀모형은 다음과 같다.

$$\hat{Y} = \hat{\beta}_0 + \hat{\beta}_1 X_{1j} + \hat{\beta}_2 X_{2j} + \cdots + \hat{\beta}_i X_{ij} + \epsilon_i$$

**참고 종속변수가 여러 개인 경우의 회귀분석**

기본적으로 회귀분석은 독립변수가 1개 이상이며, 종속변수는 1개로 정한다. 회귀분석에서 모든 독립변수는 하나의 결과에 미치는 영향을 파악하기 위해 활용된다. 다시 말해, 회귀분석은 종속변수가 여러 개인 경우에는 실시할 수 없다는 의미다. 그러나 변수들 간의 인과관계를 파악하기 위해 연구모델을 설정할 때 독립변수를 고려한 연구모델이 최종적으로 결정되겠으나, 더욱 정교한 모델을 구성하기 위해서는 [그림 11-14]와 같이 종속변수가 다수인 경우도 생각할 수 있다. 과연 이러한 경우는 어떻게 분석을 해야 할까?

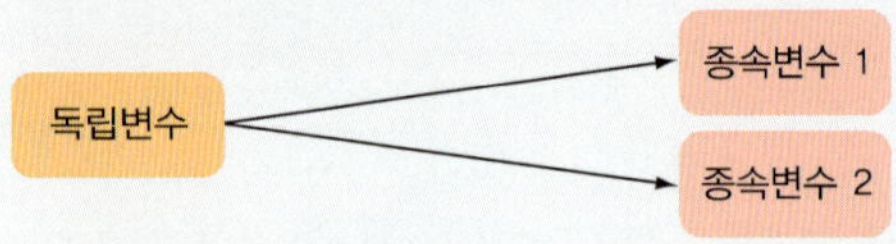


[그림 11-14] **다수의 종속변수**

종속변수의 개수만큼 회귀분석을 실시하면 된다. 즉, 독립변수가 종속변수1에 미치는 영향을 먼저 확인한 후, 다시 독립변수가 종속변수2에 미치는 영향을 확인해야 한다. 회귀분석은 독립변수와 종속변수 간의 인과관계를 표현하여 사회현상을 잘 설명할 수 있는 분석 방법이지만, 종속변수의 개수에 대해 분석 방법을 반복해야하므로 번거로울 수도 있다.[11]

다중회귀분석에서 회귀계수 $\hat{\beta}_i$를 계산하는 방법은 독립변수의 수가 늘었다는 것 외에는 단순회귀분석과 동일하다. 다중회귀분석에서도 $Y = \beta_0 + \beta_1 X_{1j} + \beta_2 X_{2j} + \cdots + \beta_i X_{ij}$에서 $\hat{Y} = \hat{\beta}_0 + \hat{\beta}_1 X_{1j} + \hat{\beta}_2 X_{2j} + \cdots + \hat{\beta}_i X_{ij} + \hat{\epsilon}_i$를 뺀 $Y - \hat{Y}$의 나머지 $\sum \epsilon_i$를 최소로 하는 최소자승법을 사용한다.

11 종속변수의 개수에 따라 분석을 반복해야 하는 단점 때문에 최근 구조방정식 모델(structural equation model, SEM)이 많이 활용되고 있다. 구조방정식 모델로 분석하면 다수의 독립변수와 다수의 종속변수인 연구모델에 대해서도 단 한 번만 분석하여 모든 분석 결과를 얻을 수 있다. 《제대로 알고 쓰는 논문 통계분석: SPSS & AMOS (개정증보판)》(한빛아카데미, 2019)에서 AMOS를 이용하여 구조방정식 모델을 분석하고 있으니 참고하기 바란다.

**참고 다중 회귀식의 계수 도출**

단순회귀분석에서처럼 잔차의 제곱합은 $\sum \hat{\epsilon}_i^2$이고 $\hat{\epsilon}$는 $Y$축에서 확인되는 값이므로, 각 측정치 $Y_i$에서 평균 $\overline{Y}$를 뺀 후 더해주면 된다. 단, 이때도 합은 0이 되므로 제곱을 해서 빼야 한다.

따라서 $\sum \epsilon^2 = \sum (Y_i - \hat{\beta}_0 - \hat{\beta}_1 X_{1j} - \hat{\beta}_2 X_{2j} - \cdots - \hat{\beta}_i X_{ij})^2$의 값이 최소가 되는 $\hat{\beta}_i$를 찾으면 된다. 독립변수가 여러 개이므로 $\sum \hat{\epsilon}^2$을 최소화하기 위해 $\hat{\beta}_i$에 대해 편미분하여 각각의 $\hat{\beta}_i$를 구한다. 여러 개의 독립변수가 있는 경우에는 행렬을 이용하여 계산한다.[12]

## 다중회귀분석의 가정

다중회귀분석에서도 단순회귀분석에서와 마찬가지로 다음과 같은 기본 가정을 갖는다.

- 독립변수는 서로 독립이다.
- 수집된 데이터의 분산이 정규분포를 구성한다.
- 오차항의 기대값(평균)은 0이다.
- 잔차의 분산은 모두 동질적(등분산성의 가정)이다.
- 독립변수는 사전에 주어진 값, 즉 고정값이다.

### 예제 11-7 회귀계수 $\hat{\beta}_i$ 계산하기

준비파일 | 11장_다중회귀분석의 회귀계수.xlsx

독립변수가 외관, 편의성, 유용성의 세 가지이고, 종속변수가 만족감으로 구성된 회귀모델에서 각각의 독립변수가 종속변수에 미치는 영향에 대한 회귀계수를 Excel을 이용하여 확인하라.

**실습**

**01** Excel을 실행하여 '11장_다중회귀분석의 회귀계수.xlsx' 파일을 불러온다.

12 행렬의 풀이 과정은 기초 통계학의 범위를 벗어나므로 이 책에서는 Excel의 함수 기능을 이용하여 계수를 계산하도록 한다.

**02** ❶ G4셀에 셀 포인터를 두고 ❷ *fx*를 클릭한다. **[함수 마법사]** 창에서 ❸ '함수 검색(S):'에 '최소 자승법'을 입력한 후 ❹ **[검색]**을 클릭한다. ❺ '함수 선택(N):'에서 'LINEST' 함수를 선택한 후 ❻ **[확인]**을 클릭한다.

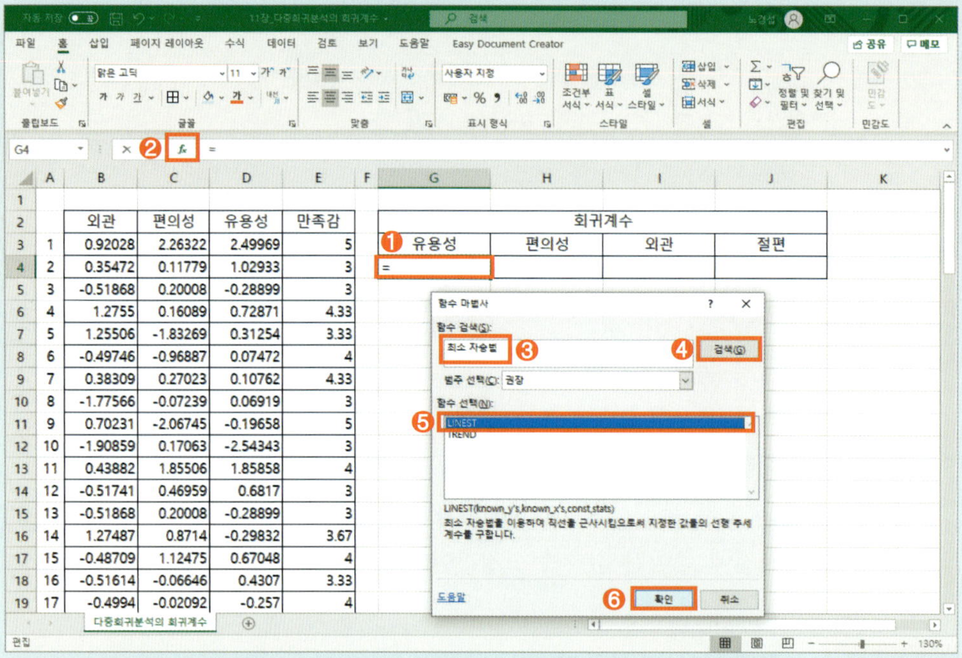

[그림 11-15] **다중회귀분석의 계수를 구하는 함수 선택**

**03** **[함수 인수]** 창에서 ❶ 'Known_y's' 칸을 클릭한 후 ❷ 종속변수의 인수열을 E3셀부터 E82셀까지 드래그하여 입력한다.[13] ❸ 'Known_x's' 칸을 클릭한 후 ❹ 독립변수의 인수열 3개를 B3셀에서 D82셀까지 드래그하여 입력한 후 '로 입력한 후 ❺ **[확인]**을 클릭한다.[14]

13 마우스로 드래그하는 것이 불편하다면 E3셀을 클릭한 후 Ctrl+Shift+↓를 차례로 동시에 눌러주면 E82셀까지 지정된다.

14 마우스로 드래그하는 것이 불편하다면 B3셀부터 D3셀까지 드래그한 후, Ctrl+Shift+↓를 차례로 동시에 눌러주면 B3:D82 범위를 지정할 수 있다.

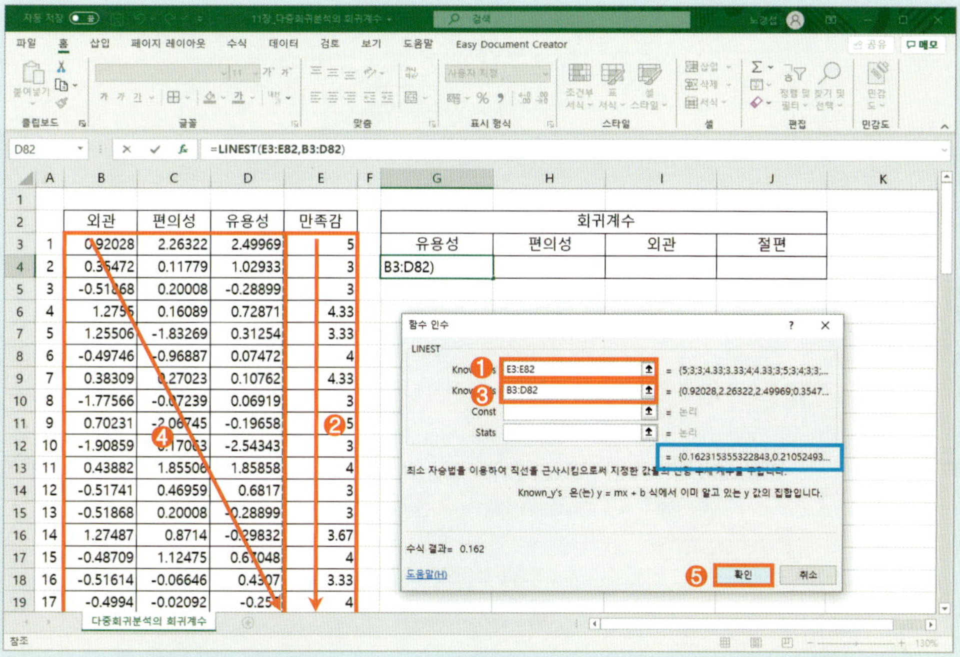


[그림 11-16] LINEST 함수의 인수 입력

**TIP** [그림 11-16]의 [파란 상자]에서는 ❺의 [확인]을 클릭하기 전에 계산 결과가 0.1623xxx, 0.2105xxx와 같이 여러 개 출력될 것을 미리 보여준다.

**04** 계산 결과를 확인할 수 있다. 첫 번째 셀 G4에는 마지막 변수인 '유용성'에 해당하는 계수가 반환되었고 역순으로 '편의성', '외관', '절편'의 계수가 반환되었다.

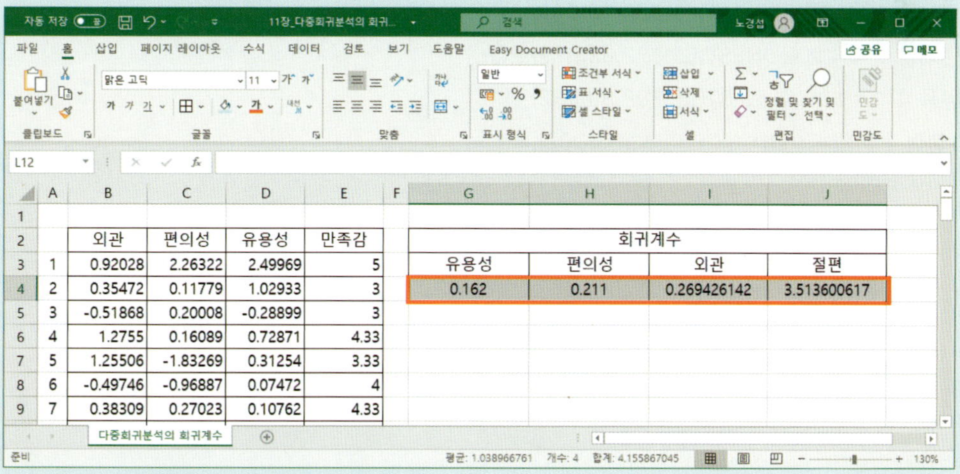


[그림 11-17] 계수 확인

그러므로 회귀식은 다음과 같다.

$$\hat{Y} = 3.514 + 0.269X_1 + 0.211X_2 + 0.162X_3$$

(단, $X_1$ : 외관, $X_2$ : 편의성, $X_3$ : 유용성)[15]

**참고 이전 버전의 MS-Excel에서 계수 출력하기**

Office365의 경우 변경된 기능이 가장 최우선으로 적용되므로 문제가 없으나, 이전 버전의 LINEST 함수는 각각의 계수를 모두 출력해주지 못하므로 다시 INDEX 함수로 분해하는 과정을 거쳐야 한다.

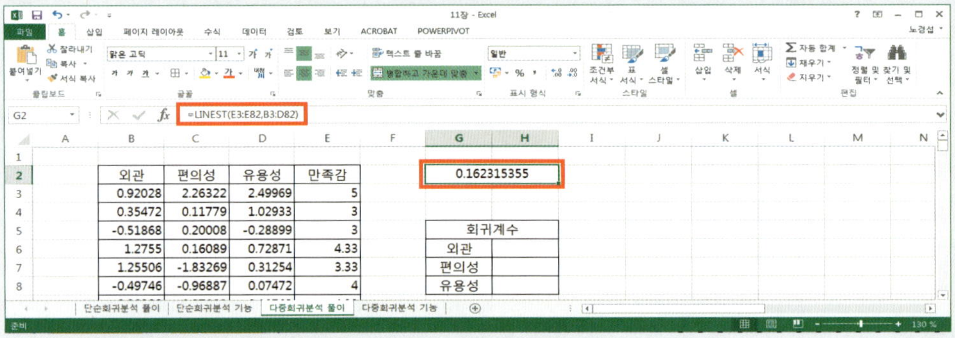


[그림 11-18] LINEST 함수로 출력

출력된 LINEST 함수를 외관, 편의성, 유용성, Y절편으로 구분해보자. [그림 11-18]을 기준으로 H6셀에서 H9셀까지 다음과 같이 INDEX 함수를 차례로 입력한다.

**외 관 : =INDEX(LINEST(E3:E82,B3:D82),3)**
**편의성 : =INDEX(LINEST(E3:E82,B3:D82),2)**
**유용성 : =INDEX(LINEST(E3:E82,B3:D82),1)**
**Y절편 : =INDEX(LINEST(E3:E82,B3:D82),4)**

15 $SST$를 구할 때 이 회귀식을 활용하도록 한다.

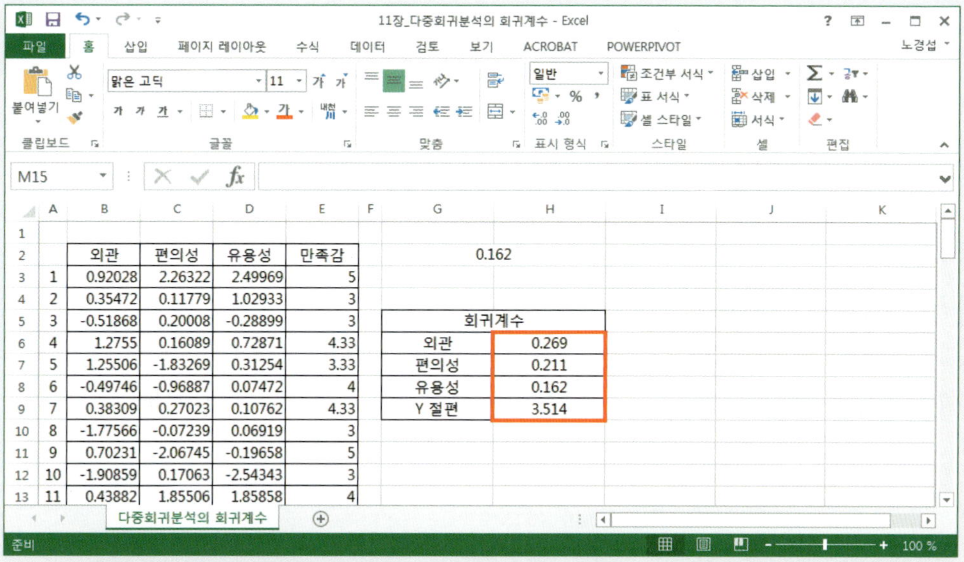

[그림 11-19] INDEX 함수를 통한 회귀계수의 분해

## 적합도 검정과 분산분석

회귀계수를 도출하여 회귀식을 도출했다 하더라도 그 회귀식이 측정치를 100% 설명하는 경우는 있을 수 없다. 그렇다면 도출된 회귀식이 어느 정도 측정치를 설명할 수 있는지에 대한 분석도 필요하다. 이를 위해 적합도 검정과 분산분석을 실시해야 한다.

### 적합도 검정

적합도 검정은 도출한 회귀식이 어느 정도 측정치들을 설명할 수 있는지를 검정하는 것이다. 다중회귀분석에서 결정계수($R^2$)는 다음과 같이 계산한다.

$$R^2 = \frac{SSR}{SST} = 1 - \frac{SSE}{SST}$$

그러나 다중회귀분석은 단순회귀분석의 경우처럼 간단하지 않다. 독립변수가 $i$개로 늘어나기 때문에 회귀식의 종속변수에 대한 설명력은 단순회귀분석의 경우보다 높아진다. 그러므로 독립변수의 개수가 늘어나는 만큼 $R^2$이 변화하는 정도를 수정해야 한다. $R^2$이 변화하는 정도를 반영하면서 각 자유도로 나누어 불편추정량을 계산하면 **수정된** $R^2$ (adjusted $R^2$)을 계산할 수 있다.

$$수정된\ R^2 = \frac{\frac{SSR}{i}}{\frac{SST}{n-1}} = 1 - \frac{\frac{SSE}{n-i-1}}{\frac{SST}{n-1}}$$

## 분산분석

다중회귀분석도 단순회귀분석과 마찬가지로 총편차를 분해하는 과정이 분산분석과 동일하다. 각 제곱합 $SST$, $SSR$, $SSE$를 구한 후에는 분산분석의 평균제곱을 구하기 위해 각각의 자유도를 알아야 한다.

$$SST의\ 자유도 : n-1$$
$$SSR의\ 자유도 : i$$
$$SSE의\ 자유도 : n-i-1$$

**참고 $SST$, $SSR$, $SSE$의 자유도**

$SST$의 자유도는 전체에서 $\sum(Y_i - \overline{Y}) = 0$이 되어야 하는 제약 1개로 구성되므로 자유도는 $n-1$이고, $SSR$의 자유도는 $\widehat{Y}_i$가 독립변수의 개수 $X_i$에 따라 제약되므로 자유도는 $i$이다. $SSE$의 자유도는 모수 $\hat{\beta}_0$, $\hat{\beta}_i$가 $i+1$개이므로 $n-(i+1) = n-i-1$이다.

분산비율 $F$값을 알기 위해서 총제곱합의 구성 부분인 오차 제곱합과 회귀 제곱합을 각각의 자유도로 나누면 평균 오차제곱(MSE)과 평균 회귀제곱(MSR)을 다음과 같다.

$$MSE = \frac{SSE}{n-i-1}, \quad MSR = \frac{SSR}{i}$$

또한 회귀와 잔차에 대한 분산비율 $F$는 다음과 같이 구할 수 있다.

$$F = \frac{SSR/i}{SSE/(n-i-1)} = \frac{MSR}{MSE}$$

## 예제 11-8 다중회귀분석의 결정계수와 분산비율 계산하기

[예제 11-7]를 이용하여 결정계수 $R^2$과 분산비율 $F$를 구하라.

### 풀이

총제곱합 $SST$, 회귀 제곱합 $SSR$, 잔차 제곱합 $SSE$를 구하면 다음과 같다.

$$SST = \sum(Y_i - \overline{Y})^2$$
$$= (5-3.475)^2 + (3-3.475)^2 + \cdots + (1.33-3.475)^2 = 45.992$$

$$SSR = \sum(\hat{Y}_i - \overline{Y})^2$$
$$= (4.644-3.475)^2 + (3.801-3.475)^2 + \cdots + (2.002-3.475)^2 = 17.165$$ [16]

$$SSE = \sum(Y - \hat{Y})^2$$
$$= (5-4.644)^2 + (3-3.801)^2 + \cdots + (1.33-2.002)^2 = 28.827$$

따라서 결정계수 $R^2$을 구하면

$$R^2 = \frac{SSR}{SST} = \frac{17.165}{45.992} = 0.373$$

이다. 그러나 $R^2$을 불편추정량으로 변경하기 위하여 $SSE$와 $SST$를 자유도로 나눈 값을 이용하여 수정된 $R^2$을 계산해야 한다.

$$\text{수정된 } R^2 = 1 - \frac{SSE/(n-i-1)}{SST/(n-1)} = 1 - \frac{28.827/(80-3-1)}{45.992/(80-1)} = 1 - \frac{0.379}{0.582} = 0.349$$

따라서 회귀식은 34.9%의 설명력을 가진다. 또한 분산비율 $F$를 구하면 다음과 같다.

$$\frac{SSR/i}{SSE/(n-i-1)} = \frac{17.165/3}{28.827/76} = 15.084$$

16 도출한 회귀식에서 각각의 수치를 입력해서 구한 연도별 데이터를 계산에 이용한다.

## 유의성 검정과 회귀계수의 신뢰구간

적합도 검정과 분산분석으로 도출된 회귀식의 설명력을 확인했다. 그러나 그 회귀식이 정말 유의한 것인지에 대한 검정을 하지는 않았다. 유의성 검정을 통해 회귀식의 유의성을 판단할 수 있다.

### 회귀식의 유의성 검정

다중회귀분석에서 회귀식 $\hat{Y} = 3.514 + 0.269X_1 + 0.211X_2 + 0.162X_3$에 대해 $F$검정을 통해 회귀식의 유의성을 검정해야 한다. 회귀식의 유의성을 검정하는 방법은 회귀와 잔차에 대한 분산비율 $F$값을 계산해서 $F$분포표의 값보다 더 크다면 귀무가설을 기각하고 대립가설을 채택하는 것이다.

**예제 11-9 다중회귀식의 유의성 검정하기**

다음은 스마트폰의 만족도에 영향을 주는 세 가지 요인으로 외관, 편의성, 유용성에 대해 회귀분석을 실시한 결과다. 이를 기반으로 회귀식이 유의한지 $\alpha = 0.05$에서 검정하라.

| 모형 | 제곱합 | 자유도 | 평균제곱 | 분산비율 $F$ |
|---|---|---|---|---|
| 회귀모형 | 17.165 | 3 | 5.722 | 15.084 |
| 잔차 | 28.827 | 76 | 0.379 | – |
| 합계 | 45.992 | 79 | – | – |

**풀이**

회귀식의 유의성을 검정하기 위해 회귀식에 대한 가설을 수립한다.

$H_0$ : 회귀식이 유의하지 않다.

$H_1$ : 회귀식이 유의하다.

분산비율이 $F = 15.084$이고, $F$분포표에서 $F_{(3, 76)} = 2.72$다. $F$값이 임계치보다 크므로, 귀무가설을 기각하고 대립가설을 채택한다. 따라서 회귀식은 유의하다.

### 회귀계수의 신뢰구간

표본에서 도출한 회귀식 $\hat{Y}=\hat{\beta}_0+\hat{\beta}_1X_{1j}+\hat{\beta}_2X_{2j}+\cdots+\hat{\beta}_iX_{ij}+\hat{\epsilon}_i$에서 $\hat{\beta}_i$는 $\sum\hat{\epsilon}_i=0$인 경우를 유의한 경우로 가설을 수립하면 $H_0:\hat{\beta}_i=0$과 $H_1:\hat{\beta}_i\neq 0$으로 설정할 수 있다.

가설이 수립되면 $\hat{\beta}_i$에 대한 검정통계량을 다음과 같이 계산한다.

$$(t_{n-i-1}\text{의 검정통계량})=\frac{\hat{\beta}_i-\beta_i}{s_{\hat{\beta}_i}}=\frac{\hat{\beta}_i-0}{s_{\hat{\beta}_i}}=\frac{\hat{\beta}_i}{s_{\hat{\beta}_i}}$$

$\hat{\beta}_i$의 $t$ 검정통계량의 자유도가 $(n-i-1)$임을 기억하자. $\beta_i$가 $t$분포를 따르므로 유의수준 $\alpha$를 이용하여 $\beta_i$에 대한 신뢰구간을 다음과 같이 구할 수 있다.

$$\hat{\beta}_i-t_{(\alpha/2,\,n-i-1)}\cdot s_{\hat{\beta}_i}<\beta_i<\hat{\beta}_i+t_{(\alpha/2,\,n-i-1)}\cdot s_{\hat{\beta}_i}$$

#### 예제 11-10 회귀계수 $\beta_i$에 대한 신뢰구간 구하기

[예제 11-7]에서 구한 회귀식 $\hat{Y}=3.514+0.269\cdot X_1+0.211\cdot X_2+0.162\cdot X_3$에 대해 회귀계수 $\beta_i$에 대한 95%의 신뢰구간을 구하라.

**풀이**

$\hat{\beta}_0=3.514$, $\hat{\beta}_1=0.269$, $\hat{\beta}_2=0.211$, $\hat{\beta}_3=0.162$의 95%에 대한 신뢰구간을 구하기 위한 $t_{(\alpha/2,\,n-i-1)}=2.72$이고, 표준오차는 $s_{\hat{\beta}_0}=0.051$, $s_{\hat{\beta}_1}=0.055$, $s_{\hat{\beta}_2}=0.055$, $s_{\hat{\beta}_3}=0.056$이다.

그러므로 다음과 같이 신뢰구간을 계산할 수 있다.

$$3.514-2.72\cdot 0.051<\beta_0<3.514+2.72\cdot 0.051 \Rightarrow 3.374<\beta_0<3.653$$
$$0.269-2.72\cdot 0.055<\beta_1<0.269+2.72\cdot 0.055 \Rightarrow 0.121<\beta_1<0.418$$
$$0.211-2.72\cdot 0.055<\beta_2<0.211+2.72\cdot 0.055 \Rightarrow 0.061<\beta_2<0.360$$
$$0.162-2.72\cdot 0.056<\beta_3<0.162+2.72\cdot 0.056 \Rightarrow 0.010<\beta_3<0.314$$

## 예제 11-11 다중회귀분석 출력하기

준비파일 | 11장_다중회귀분석.xlsx

[예제 11-7]를 이용하여 다중회귀분석을 출력하라.

### 실습

**01** Excel을 실행하여 '11장_다중회귀분석.xlsx' 파일을 불러온다.

**02** ❶ [데이터] 탭을 클릭한 후 ❷ [데이터 분석] 메뉴를 클릭한다. [통계 데이터 분석] 창에서 ❸ '회귀 분석'을 선택하고 ❹ [확인]을 클릭한다.

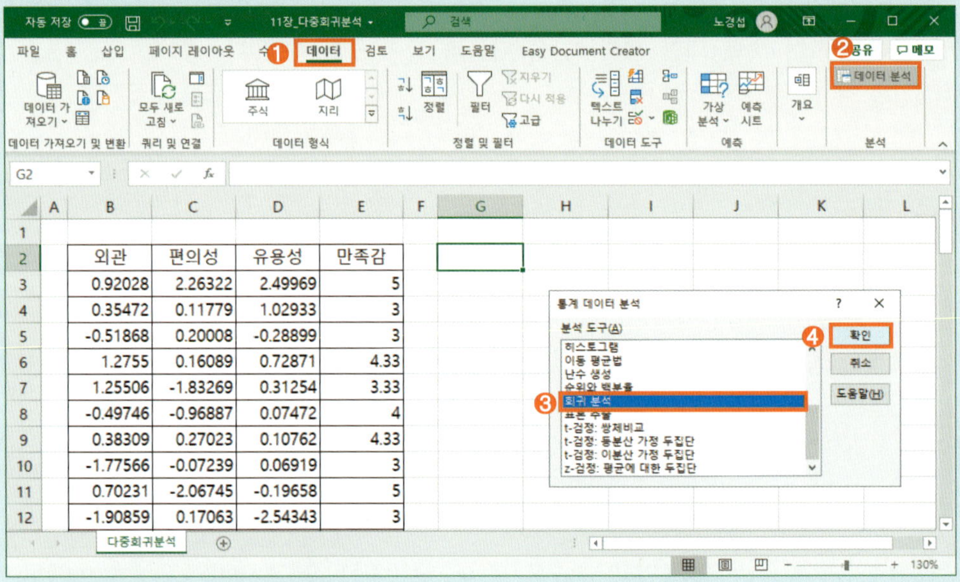

[그림 11-20] 통계 데이터 분석의 '회귀 분석' 선택

**03** [회귀 분석] 창에서 ❶ 'Y축 입력 범위(Y)' 칸을 클릭한 후 ❷ E2셀부터 E82셀까지 드래그하여 입력한다. ❸ 'X축 입력 범위(X)' 칸을 클릭한 후 ❹ B2셀에서 D82셀까지 드래그하여 입력한다. ❺ '이름표(L)'에 ☑ 표시를 하고 ❻ '신뢰 수준(F)을 95%로 ☑ 표시를 한다. ❼ '출력 범위(O):' 칸을 클릭한 후 ❽ 결과가 나타나게 될 시작 위치인 G2셀을 클릭하고 ❾ [확인]을 클릭한다.

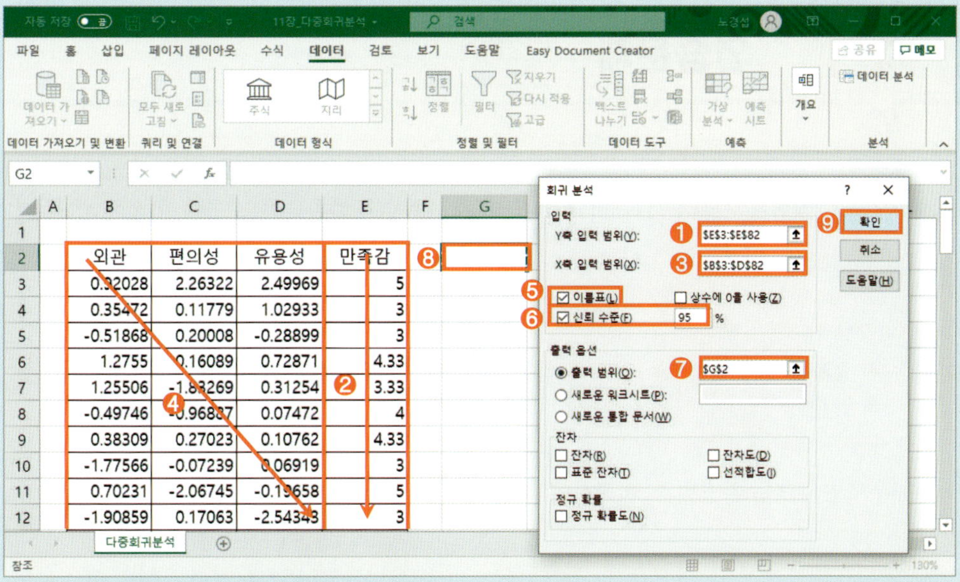


[그림 11-21] 다중회귀분석을 위한 [회귀 분석] 설정

## 04 다중회귀분석 결과를 확인할 수 있다.

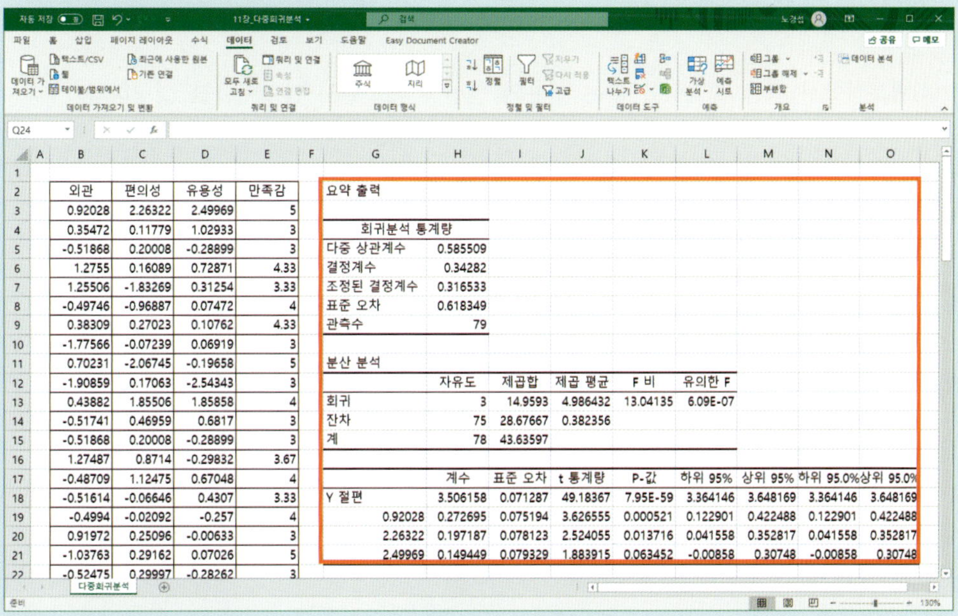


[그림 11-22] 다중회귀분석 결과

CHAPTER 11

# 연습문제

1. 회귀분석의 개념을 상관분석과 비교하여 설명하고, 단순회귀분석을 하는 이유에 대해 설명하라.

2. 모수를 정확하게 추정할 수 있도록 하는 최소자승법에 대해 설명하라.

3. 최대우도법을 최소자승법과 비교하여 설명하라.

4. **[컴퓨터 실습]** 한 달 동안 PC방에 가는 빈도가 성적에 어느 정도의 영향을 미치는지 조사하였다. 연습문제.xlsx의 '11장_PC방_성적' 시트를 이용하여 PC방 출입 빈도가 성적에 어떤 영향을 미치는지에 대한 회귀분석을 실시하라.

5. 회귀분석에서 적합도 검정을 하는 이유와 분산분석을 실시하는 이유를 설명하라.

6. **[컴퓨터 실습]** 연습문제.xlsx의 '11장_PC방_성적' 시트를 이용하여 결정계수와 분산비율을 구하라.

7. 회귀분석을 진행할 때 분산분석표를 작성하는 이유는 무엇인지 설명하라.

8. **[컴퓨터 실습]** [연습문제 6]에서 계산한 분산분석 결과를 이용하여 회귀식이 유의한지 $\alpha = 0.05$에서 검정하라.

9. **[컴퓨터 실습]** [연습문제 8]의 결과에서 회귀식의 계수에 대한 유의성을 판단하라.

10. **[컴퓨터 실습]** [연습문제 4]에서 회귀식을 구성하는 계수의 95%의 신뢰구간을 구하라.

**11.** 단순회귀분석과 다중회귀분석의 차이점을 설명하고, 각각의 장단점에 대해 설명하라.

**12.** **[컴퓨터 실습]** 인싸 유튜버가 되기 위해 장비를 구입하고자 한다. 연습문제.xlsx의 '11장_인싸 유튜버' 시트를 보면 유튜브 조회수가 올라가는 정도를 1~5로 표시하였고, 카메라와 마이크를 중요도에 따라 1~5로 구분하여 데이터를 수집했다. 독립변수를 카메라와 마이크로 하고 종속변수를 유튜브 조회수로 하는 회귀 모델에서 각각의 독립변수가 종속변수에 미치는 영향에 대한 계수를 계산하여 회귀식을 구하라.

**13.** **[컴퓨터 실습]** [연습문제 12]에서 적합도 검정을 위한 $R^2$과 수정된 $R^2$을 계산하고, 분산분석을 활용하여 분산비율을 구하라.

**14.** **[컴퓨터 실습]** [연습문제 13]의 결과에서 회귀식의 계수에 대한 유의성을 $\alpha = 0.05$에서 검정하라.

**15.** **[컴퓨터 실습]** [연습문제 12]에서 회귀식을 구성하는 계수의 95% 신뢰구간을 구하라.

# 찾아보기

ㄱ


가설(hypothesis) 201
가설 검정력(power of hypothesis testing) 203
가설검정의 기본 요소 207
가설검정의 오류 202
가설검정의 절차 205
가설 수립 205
가우스-마르코프 정리 330
가우스분포(Gaussian distribution) 42
검색 24
검정 19
검정통계량 206
결과의 해석 206
결정계수 ($R^2$) 332
경험적 확률 116
계승값(factorial) 151
곱사건 117
공분산(covariance) 298
공분산 분석 298
공분산의 개념 299
공유 24
공통 비율 256
공통 비율을 이용한 가설검정 256
관측빈도(observed frequency) 311
교차분석(cross-tabulation analysis) 292, 310, 311
교차표(cross-tabulation) 311
구간추정(interval estimation) 168, 170
군집 표본추출 39
귀무가설(歸無假說, null hypothesis) 201
규칙성 15
균등분포(uniform distribution) 137
그리스 문자 36
기각역 설정 205
기대값(expected value) 125
기대빈도(expected frequency) 311
기술통계(descriptive statistics) 15, 62
기술통계량(descriptive statistic) 79
기술통계분석 59, 62
기하평균(geometric mean) 80


ㄴ·ㄷ


난수표 38
다단계 층화 표본추출 39
다변량 분산분석(multi-variate ANOVA) 266
다원 분산분석(multi-way ANOVA) 265
다중회귀분석(multiple regression analysis) 344, 345
다중회귀분석 출력 356
다중회귀분석의 가정 347
다중회귀분석의 개념 345
다중회귀분석의 특징 345
다중 회귀식의 계수 도출 347
단순 무작위 표본추출 38
단순회귀분석(simple regression analysis) 325
단순회귀분석의 개념 325
단순회귀분석의 개념과 특징 325
단순회귀분석의 특징 326
단순회귀분석 출력 342
단순 회귀식의 계수 도출 329
단측검정(one-sided test) 204
대립가설(對立假說, antihypothesis) 201
대응표본(paired sample) 232
대응표본의 t검정 233
대표값 79
대표성 34
더미변수(dummy variable) 323
데이터(data) 58
데이터 분석 메뉴 26
도서관 19
도수분포표(frequency distribution table) 62
독립변수(independent variable) 323
독립성 검정(independence test) 315
독립표본(independent sample) 238
독립표본의 $t$검정 246
동질성 39
동질적 324
된장찌개 78
두 집단에서 $\hat{p}_a - \hat{p}_b$의 표준화 252
등간척도(interval scale) 60
등분산 239
등분산성 207
등분산성의 가정 324


ㄹ


레시피 78
로그인 정보 24
로지스틱 회귀분석(로짓분석) 323
룰렛 124
리본 메뉴 25
리본 탭 24

## ㅁ


막대그래프 72
메모 24
명목척도(nominal scale) 59
모분산($\sigma^2$) 35
모분산(population variance) 90
모분산을 모르는 경우의 가설검정 211
모분산을 아는 경우의 가설검정 208
모비율($p$) 35
모수(parameter) 20, 35
모집단(population) 20, 34
모집단 분산의 가설검정 223
모집단 분산의 구간추정 190
모집단 비율의 가설검정 219
모집단 비율의 구간추정 187
모집단에 대한 대표성 37
모집단의 분산을 모르는 경우 179
모집단의 분산을 아는 경우 175
모평균($\mu$) 35
모평균의 신뢰구간 175
모표준편차($\sigma$) 35
무작위 추출 207


## ㅂ


바람직한 점추정량의 조건 169
배반사건 118
범용성 12
범주형 척도(categorical scale) 59
베르누이 분포(Bernoulli's distribution) 148
베르누이 시행(Bernoulli's trials) 148
변동계수(coefficient of variation) 103
변수(variable) 58
분산분석(ANnalysis Of VAriance, ANOVA) 262, 333, 352
분산분석의 가정 267
분산분석의 개념 262
분산분석의 구분 264
분산비율($F$) 263
분산비율 $F$와 $F$분포표의 값을 비교하는 의미 336
분산 차이 검정 267
불규칙성 15
불편성(unbiased estimator) 169
불편성(unbiasedness) 169
불편추정량 169
불확실성 16, 18
비대칭도 79, 109
비례 층화 표본추출 38
비율 차이에 대한 검정 251
비율척도(ratio scale) 61
비확률적 표본추출 방법(non-probability sampling method) 37, 39
빅데이터(Big Data) 12, 16, 18
빈도분석 59
빠른 실행 도구 모음 24


## ㅅ


사건 121
사분위수(quartile) 104
사전(ex-ante) 233
사후(ex-post) 233
삭제 30
산술평균(arithmetic mean) 80
산포도(dispersion) 79, 88
산포도(scatter diagram) 294
산포도의 특징 88
산포도의 형태 294
산포의 제곱합 263
상관계수(correlation coefficient) 293, 302
상관계수를 구할 때 모표준편차를 구하는 이유 305
상관계수의 가설검정 303
상관계수의 개념 303
상관계수의 유의성 308
상관분석(correlation analysis) 293
상자수염그림 74
상태 표시줄 25
상호작용 효과(interaction effect) 278, 279
서열척도(ordinal scale) 60
선형 324, 326
설명되는 편차 332, 333
설명되지 않는 편차 332, 333
성별 확인 147
셀 25
셀 포인터 25
수식 입력줄 25
수정 29
수정된 $R^2$(adjusted $R^2$) 351
수집 18
수치화 14
수학적 확률 115
순열 공식 50
스튜던트의 $t$ 45
스피어만 서열 상관분석 292
시메옹 드니 포아송(Siméon-Denis Poisson) 154
시트 탭 25
신뢰구간(confidence interval) 171
신뢰구간 $1-\alpha$의 도출 175
신 포도(sour grapes) 22
신뢰도 13

신뢰성 19
신약의 효과성 검정 232
실증 자료 14

ㅇ

아노바 263
알카라인 건전지 238
양(+)의 왜도(정적 왜도 : positive skew) 109
양측검정(two-sided test) 203
양측검정과 단측검정 203
여사건 118
연관성 17
연관성 분석(association analysis) 292
연구가설(研究假說, research hypothesis) 201
연속 균등분포(continuous uniform distribution) 137
연속성 수정(continuity correction) 152, 153
연속형 척도(continuous scale) 60
연속 확률변수(continuous random variable) 120
열 머리글 25
영가설(零假說) 201
예측(statistical prediction) 17, 20
예측 가능성 18, 137
오차제곱(MSE) 352
오차 제곱합(error sum of squares, SSE) 333
왜도(skewness) 79, 109
요약 16
요인별 제곱합 263
우편 19
워크시트 25
위험 기피자(risk-averter) 135
위험 선호자(risk-lover) 135
유의수준(significance level) 206
유의수준 결정 205
유의수준과 $p$값 206
유효성(efficiency) 169
윷놀이에서 확률변수 122
의사결정 13, 16, 205
이름 상자 25
이산 균등분포(discrete uniform distribution) 137
이산 확률변수(discrete random variable) 120
이원 분산분석(two-way ANOVA) 265, 278
이원 분산분석의 결과 해석 282
이원 분산분석의 과정 279
이항분포(binomial distribution) 147, 148
인과관계(casual relationship) 322
인구통계학적 특성 62
일원 분산분석(one-way ANOVA) 264, 268
일원 분산분석의 결과 해석 271
일원 분산분석의 과정 268
일원 분산분석의 편차 269
일치성(consistency) 169
임계치 206
입력 29

ㅈ

자동 저장 24
자료 수집 18
자료 정제 19
자발적 표본추출 40
자유도(degree of freedom, df) 98
잔차(residual) 327
적절한 표본의 개수 54
적합도 검정(goodness of fit test) 313, 331, 351
적합성 19
전자 질의 19
전화 19
절사평균(truncated mean) 81
점추정(point estimation) 168, 169
정규근사(asymptotic normality) 152, 153
정규분포(normal distribution) 42, 43, 139
정규분포의 가정 42
정규분포의 성질 140
정규분포의 표준화 과정 44, 141
정규성 207
정제 19
제대로 알고 쓰는 논문 통계분석: SPSS & AMOS (개정증보판) 28
제목 표시줄 24
제1사분위수 104
제1종 오류 202
제2사분위수 104
제2종 오류 202
제3사분위수 104
제4사분위수 104
조건부 확률(conditional probability) 119
조합 공식 50
조화평균(harmonic mean) 81
종속변수(dependent variable) 323
종속변수가 여러 개인 경우의 회귀분석 346
주효과 279
중간값(median) 81
중간값(중위수, 중앙값, 중앙치) 81, 85
중심경향도(measure of central tendency) 79, 80
중심경향 측정치 79
중심경향화 값 79
중심극한정리(Central Limit Theorem, CLT) 42, 53, 54
직접 인터뷰 19
집단 간 변동 264

집단 간 편차(Sum of Squares Between samples, SSB) 263, 264, 270
집단 간 평균제곱(Mean Squares Between samples, MSB) 264, 271
집단 내 변동 264
집단 내 편차(Sum of Squares Within samples, SSW) 263, 264, 270
집단 내 평균제곱(Mean Squares Within samples, MSW) 264, 271
집단 내의 자유도가 $(n-i)$인 이유 272

### ㅊ

척도 59
첨도(kurtosis) 79, 110
체계적 표본추출 38
총제곱합(sum of squares, SST) 332, 333
총편차(Sum of Squares Total, SST) 263, 264, 270, 332, 333
최대우도법(maximum likelihood method) 327, 329
최빈수(mode) 82, 86
최빈수의 특징 82
최소자승법(method of least squares) 327, 328, 329
최소제곱법 328
추론(inference) 15, 22
추론통계학 54
추세 17
추정(statistical estimation) 19, 20, 168
추정된 표준오차(standard error of estimate) 334
추정량(estimator) 168
추정치(estimate) 168
충분성(sufficiency) 170

### ㅋ

카이제곱($\chi^2$) 분포의 자유도 312
카이제곱($\chi^2$) 통계량 312
카지노 124

### ㅌ

통계분석의 한계 21
통계량(statistic) 20, 35, 79
통계량의 계산 205
통계적 독립성 207
통계적 판단 202
통계적 확률 115, 116

### ㅍ

판단 표본추출 39
편상관분석 292
편의(biased) 169
편의(편견, biasness) 36
편의점별 상권의 차이 278
편의점 브랜드 262
편의 표본추출 39
평균 83
평균 오차제곱(mean square of error, MSE) 170, 333
평균을 표현하는 기호 35
평균편차(mean deviation) 103
평균 회귀제곱(mean square of regression, MSR) 333, 352
포아송분포(poisson distribution) 154
포아송분포와 정규분포의 관계 162
포아송분포의 확률 계산 156
포아송분포의 확률함수 유도 155
표본(sample) 20, 35
표본분산($s^2$, sample variance) 35, 97
표본분산의 확률분포 46
표본분포(sample distribution) 49
표본비율($\hat{p}$) 35, 48
표본비율의 특성 48
표본비율의 확률분포 48
표본의 개수가 충분하고, 모분산 간의 동일성을 모르는 경우 241
표본의 개수가 충분하고, 모분산이 동일한 경우 241
표본의 개수가 충분하지 않고, 모분산 간의 동일성을 모르는 경우 244
표본의 개수가 충분하지 않고, 모분산이 동일한 경우 242
표본의 크기 207
표본의 크기 결정 182, 189
표본이 작은 경우의 가설검정 211
표본이 충분하지 못한 경우 45
표본이 큰 경우의 가설검정 211
표본조사 37
표본추출 방법 37
표본통계량과 합동 분산 추정량 246
표본평균($\bar{x}$) 35
표본평균의 오차 51
표본평균의 확률분포 44
표본표준편차($s$) 35
표준오차(standard error) 178
표준오차 $s_{\hat{\beta}_0}$, $s_{\hat{\beta}_1}$ 도출하기 338
표준정규분포(standard normal distribution) 44, 140
표준정규분포의 관계 43
표준편차(standard deviation) 103, 178
표준화(standardization) 42, 43

피벗테이블 16
피어슨 상관분석 292
피어슨의 비대칭도(Pearson's coefficient of skewness) 109


ㅎ

학술정보원 19
할당 표본추출 40
합동 분산 추정량(pooled variance estimator) 242
합사건 117
허용오차(tolerance 혹은 permissible error) 183
허용오차의 도출 183
화면 설정 25
화면 확대/축소 25
확률(probability) 15, 121
확률론 115
확률밀도함수 43
확률변수(random variable) 120, 121
확률변수 분산(표준편차)의 성질 127
확률변수의 분산 125
확률변수의 평균 125
확률변수 평균의 성질 127
확률분포(probability distribution) 134, 135
확률분포도 136
확률분포표 136
확률의 곱셈법칙(multiplication rule of probability) 119
확률의 덧셈법칙(addition rule of probability) 116, 117
확률적 표본추출 방법(probability sampling method) 37, 38
확률함수 121
활용 가능성 19
회귀계수 $\beta_0$, $\beta_1$의 신뢰구간 339
회귀계수 $\beta_0$, $\beta_1$의 유의성 337
회귀계수의 신뢰구간 355
회귀계수의 신뢰구간 검정통계량을 $t$로 하는 이유 337
회귀분석 322
회귀분석과 분산분석의 변수 분해 334
회귀분석을 하는 이유 323
회귀분석의 가정 323
회귀선의 기울기 326
회귀선의 설명력($R^2$) 331
회귀선의 절편 326
회귀식의 유의성 검정 335, 354
회귀 제곱합(regression sum of squares, $SSR$) 332, 333
히스토그램 68


숫자

$1-\alpha$ 202
$1-\beta$ 202
1차 자료 18
2차 자료 18, 19


영문

AI 12
ANOVA 263
Bartlett-Box의 등분산 검정 243
Best 330
BLUE 330
$\beta_0$, $\beta_1$의 신뢰구간 유도 과정 340
decision making 16
Estimator 330
$F$분포 47
Linear 330
$p$값($p$-value) 206
$p$값을 이용한 가설검정 215
$p$값의 다른 표현들 216
$\hat{p}$ 분포 48
SST, SSR, SSE의 자유도 333, 352
$s^2_{\hat{\beta}_0}$, $s^2_{\hat{\beta}_1}$과 $\hat{\beta}_0$, $\hat{\beta}_1$의 신뢰구간 341
$t$검정과 $z$검정의 관계 212
$t$분포 45
$t$분포와 $z$분포의 차이 235
$t$분포의 특징 45
Unbiased 330
$z$분포 44
$z$분포와 $t$분포의 관계 45
$\chi^2$ 분포 46